グローバル化への挑戦と開放マクロ経済分析

A Challenge to the Increasing Globalization and
Open Economy Macroeconomic Analyses

岡田義昭 著

成文堂

は し が き

　今日，世界経済は，情報通信技術の革命的進歩により，市場の規制緩和・取引自由化と相俟って，市場間の結合度が飛躍的に高まった。その結果，世界の経済取引は短時間のうちに大量且つ地球的規模で行われるようになった。かくして，グローバル化した世界経済は，同方向で即時的な景気の伝播をもたらした。

　三極体制下にある世界経済において，日本は1990年代初頭における資産価格バブルの崩壊後，長期にわたるデフレ・スパイラル的景気低迷に悩んできた。また米国は，リーマンショック以降，"100年に1度あるかないか"（グリーンスパン前FRB議長の下院公聴会における答弁）というほどの深刻な信用不安・信用収縮に陥った。さらに欧州に目を転ずるならば，ギリシャの大幅財政赤字問題に端を発し，ユーロ圏の存立そのものが根底から問われる事態に陥った。東アジア経済を牽引してきた中国も，改革開放政策導入後の30年間で平均10％の成長率を謳歌してきたが，今や「中所得国の罠」が懸念され始めた。そこで，こうしたグローバル化する主要国経済の多面的・重層的現状を的確に分析し，有効な政策命題を導出するマクロ経済学的枠組みの構築が焦眉の急となった。それゆえ本書において，動学的一般均衡理論の開放化を図った新開放マクロ経済学を基底に据え，現実経済が提起した錯綜する問題点に対し，透徹した論理による体系的・総体的解明を試みた。

　今からおよそ40年前の1973年2〜3月に主要通貨は変動相場制へ移行した。それより1年半前の1971年8月，米国政府は金ドル交換停止を含む新経済政策を発表した。この発表をもって，戦後の国際通貨制度を支えたブレトン・ウッズ体制は事実上崩壊した。変動相場制に移行すると，為替レートは市場参加者の需給に応じて完全競争下の市場メカニズムにより決まることとなった。したがって，売買される各国通貨の市場価格であり，各種通貨の交換比率を表す為替レートは，他の主要マクロ経済変数，例えばGDP，消費，投資，経常収支，雇用量，貨幣残高，財サービス価格，利子率，賃金な

どとの相互関連性・相互依存性が重要な関心事となった。こうした定量的関係は，一部の権威が独占していた IMF の条項解釈論や金為替本位制における金・通貨の本源的・副次的機能論などで理解することはもはや困難となり，学部・大学院で誰もが学ぶオーソドックスなミクロ経済学，マクロ経済学，計量経済学の延長上で把握し得る内容のものであるとの認識が一般的となった。まさに国際金融論の大転換＝パラダイム・シフトであった。筆者が英国 LSE 大学院に留学していたちょうどこの時期（1980-82 年），ワークショップやセミナー，研究会などでは新パラダイムのフロンティアに関する議論に連日沸き立っていた。ライオネル・ロビンズ LSE 大学図書館の書架からは，多くの国際金融論分野の書籍・学術誌・論文抜き刷りなどが貸し出し中で払底していた。

かくして変動相場制への移行から今日まで約半世紀弱が経った。国際金融論は，グローバル化の進展する現実経済が提起する諸問題に応えるべく各種変遷を遂げた。その最たるものは，オブズフェルド＝ロゴフ・モデルがマンデル＝フレミング＝ドーンブッシュ・モデルに替わって国際金融論における主役の座を仕留めたことであろう。換言すれば，$IS\text{-}LM$ モデルの開放化＝開放マクロ経済学から動学的一般均衡モデルの開放化＝"新"開放マクロ経済学（New Open Economy Macroeconomics; NOEM）への発展である。今日，個別経済主体の最適化行動というミクロ的基礎付けを有し，且つ予想の役割が明示的に定式化された新開放マクロ経済学の理論的特色を活かして，多くの叡智が現実経済の解明に向けた格闘を繰り広げている。本書も微力な試みではあるがまさに現実が要請する喫緊の研究課題に対し，枢要な論点を抉別すべく一つの試作品を提示した。今後，広くコメントや御批判を頂戴し，最終作品に向けて彫琢を施しつつより完成度を高めたい。

本書が完成に至るまでには，愛知学院大学商学部の伝統的に研究を重んずる環境と，そしてまた各種研究会・ワークショップを通じた参加者との討論に負うところが大であった。ここに深く感謝申し上げたい。また，今からはるか四半世紀前，英国ロンドン・スクール・オブ・エコノミクス大学院に留学した際，変動相場制移行以後の国際金融事象に対して印象論や時事評論

（pamphlet）に堕することなく理論的に捉えることの必要性と重要性とをご教授賜った故森嶋道夫ロンドン大学名誉教授（個人研究スーパーバイザー）の学恩にも併せて深謝申し上げるものである。なお本書出版に対しては，成文堂専務取締役・阿部成一氏のご高配に与った。厳しい出版事情の下，この種学術図書の上梓に深い理解を示された同氏にここに重ねて感謝の意を表したい。加えて，煩雑な編集作業の労を執られた同社編集部・篠崎雄彦氏にも御礼申し上げる次第である。

2013 年 10 月

岡　田　義　昭

目　次

はしがき

序　本書の課題と構成 …………………………………………… *1*
　1　本書の課題 ……………………………………………………… *1*
　2　本書の構成 ……………………………………………………… *6*

第1章　経済分析のための理論的枠組み：理論史的変遷 ……… *10*
　1　はじめに ………………………………………………………… *10*
　2　議論の変遷：理論史的考察 …………………………………… *11*
　3　マクロ経済学的枠組み ………………………………………… *27*
　4　新 IS-LM モデルと金融政策 ………………………………… *33*
　5　統計的検証 ……………………………………………………… *45*
　6　結　び …………………………………………………………… *51*
　補論1　マルコフ連鎖モンテカルロ法によるベイズ推定法 …… *52*
　補論2　線形合理的予想モデルの解法 ………………………… *59*
　BI-MCMC 推計添付図 …………………………………………… *63*

第2章　動学的一般均衡モデルとその開放化：
　　　　基本モデル ………………………………………………… *67*
　1　はじめに ………………………………………………………… *67*
　2　理論モデル ……………………………………………………… *70*
　3　対数線形化とカリブレーション ……………………………… *95*
　4　計量分析 ………………………………………………………… *106*
　5　結　び …………………………………………………………… *111*
　補論　対数線形化の方法 ………………………………………… *112*

第3章　日米金融政策の比較分析 ……………………… *114*
1　はじめに …………………………………………………… *114*
2　理論モデル ………………………………………………… *116*
3　計量分析 …………………………………………………… *123*
4　結　び ……………………………………………………… *138*

第4章　雇用，賃金，およびインフレーション ……… *141*
1　はじめに …………………………………………………… *141*
2　議論の経緯 ………………………………………………… *142*
3　理論モデル ………………………………………………… *146*
4　対数線形化とカリブレーション ………………………… *162*
5　結　び ……………………………………………………… *172*

第5章　不況，デフレ，および金融危機 ……………… *174*
1　はじめに …………………………………………………… *174*
2　理論モデル ………………………………………………… *177*
3　対数線形化とカリブレーション ………………………… *201*
4　結　び ……………………………………………………… *215*
補論　レバレッジ比率と外部資金プレミアム …………… *216*

第6章　財政金融リスクとマクロ経済へのインパクト：
　　　　欧州の事例 ………………………………………… *220*
1　はじめに …………………………………………………… *220*
2　欧州財政金融危機の経緯 ………………………………… *222*
3　理論的分析 ………………………………………………… *230*
4　対数線形化 ………………………………………………… *245*
5　金融財政政策 ……………………………………………… *249*
6　結　び ……………………………………………………… *263*
補論1　社会的厚生関数 …………………………………… *265*
補論2　労働市場 …………………………………………… *268*

第 7 章　中国のインフレーション：統計的分析……270
　　1　はじめに……270
　　2　中国のインフレ動向……272
　　3　インフレ発生のメカニズム……281
　　4　金融政策と物価の制御……308
　　5　結　び……316
　　補論 1　データ説明……318
　　補論 2　識別問題……320

最終章　ポスト・クライシス時代の新たな国際通貨制度……325
　　1　はじめに……325
　　2　戦後の国際通貨制度……327
　　3　国際通貨金融危機……337
　　4　米国金融危機……347
　　5　欧州財政金融危機……353
　　6　結び――新たな国際通貨制度の構築に向けて――……359

参考文献……365
論文初出一覧……384

事項索引……385
人名索引……390

序　本書の課題と構成

1　本書の課題

　戦後日本の経済は，1956年の『経済白書』において「もはや戦後ではない」として敗戦にともなう経済混乱の克服を高らかに宣言したあと，一方的な右肩上がり経済という幸せな時期＝高成長期を経験した。その後，1973年秋の石油危機を契機として資源の有限性を前提とした安定成長期に入った。しかしながら，1990年を境にバブル経済が崩壊すると，一転して日本経済は長期停滞に陥った。「失われた10年」とも「失われた15年」とも言われるような戦後初めての長期に亘る停滞期を経験した日本は，"ゼロ金利"に加え，2001年から06年まで量的緩和政策という未曾有の非伝統的金融緩和政策が採られた。だが，2008年秋のリーマン・ショックによる100年に1度あるかないか（グリーンスパン前FRB議長の下院公聴会における答弁）の世界同時大不況や，2011年3月の"1000年に1度"と言われる"貞観地震"以来の東日本大震災で，こうした政策努力の効果も大幅に減じられた。他方，米国においても同様に景気悪化に苦しめられた。ITバブル崩壊にともなう不況回避や2001年の同時多発テロによる景気落ち込みを防ぐため，米連邦準備制度理事会は政策金利を4年近くにわたって引き下げた。こうした金融緩和策が2008年秋のリーマン・ショックをもたらす一因につながり，世界同時不況の引き金となった。その後，米国政府は，3度にわたる量的緩和（QE）政策や低金利政策，政府の債務上限引き上げなど金融面・財政面から懸命な努力がはかられた。加えて，不況脱出に対する景気対策のみならず軍事費や社会保障・医療関連給付の増大などにより財政収支は悪化し，将来に亘る財政の持続可能性すら問われる状況となった。それにともない，基

軸通貨である米ドルの信認は揺らぎ，この10年間で他の主要通貨に対して平均3割近くも下落した[1]。欧州に目を転じても状況は同じだ。戦争と平和の歴史を繰り返した欧州にとって長年の悲願であった欧州統合の道筋を，1999年1月の共通通貨"ユーロ"導入により漸くにして完成させた。しかしながら，大幅財政赤字という"ギリシャ問題"に端を発した南欧その他周縁国経済の動揺は今やユーロ圏全体にまで及び，域内格差問題が顕著となるに及んで，市場統合，共通通貨，ならびに集権的単一中央銀行という3本の柱によって構築されたユーロ圏の制度基盤そのものが揺らぎ始めている。翻って東アジア経済はどうか。GDP統計でみて米国に次ぐ世界の主要大国となった中国経済は，2008年秋からの米国金融危機発生にともなう世界的な同時不況により，一時的に景気後退を余儀なくされた。これに対し，中国政府当局は4兆元に達する景気刺激策や金利・預金準備率の引き下げという金融緩和政策を採ったことから，これが功を奏して中国経済はV字型回復を遂げ，成長率を再び加速させた。だが2011年に至り，景況感に再び陰りが見え始めた。その直接的理由としては，欧州財政金融危機や日中間領土問題などの影響で，中国からの対日・対欧輸出の鈍化したことなどが指摘できる。また，間接的には景気の過熱や不動産バブルによるインフレ昂進への対策としての昨今の景気引き締め策も影響した。こうした循環的動向に加え，中国経済では最近に至り構造的要因の変化も無視し得なくなった。中国は，改革開放政策導入後今日までの30年間で平均10％の経済成長率を謳歌し，東アジア経済を牽引してきた。しかしながら，近年，農村から都市への労働力供給が頭打ちとなり（i.e. ルイスの転換点），且つ生産年齢人口がその他の年齢層を上回る「人口ボーナス」もピークの終焉を迎えつつあるとの兆候が観察され始めたのだ。かくして，かつての高成長を享受した中国経済に潜在成長力低下の兆しが意識され，「中所得国の罠」[2]が懸念され始めた。そこ

---

1) 米ドル名目実効為替レート・ベース（2005＝100.0）。2001年1月より2013年3月の間，最大値：2002年2月＝118.54に対し最小値：2011年7月＝84.93で，下落率は28.4％であった（IMF (2013)）。
2) 最近の世界銀行報告書などでしばしば使用されるようになった表現で，経済成長によって一人当たりGDPが数千ドルという中所得国になった国が，1万ドルを超えるような先進国になかなか移行できず成長が止まってしまう現象を指している。

で，昨今の経済成長率低下は一時的なものに過ぎず，発展途上国の持つ後発優位性を最大限活用することで技術革新や産業の高度化をはかり，今後ともある程度の成長率を確保できるのか，それとも"改革も成長も"二兎を追う中国指導部の力量不足が露呈するのか，中国経済は今や一つの岐路に立たされていると言える。

こうして今日，デフレ不況に悩む日本経済やリーマン・ショック後の後遺症脱却を模索する米国経済，財政金融問題で動揺する欧州主要国経済，そして高成長に陰りの見え始めた東アジアの大国たる中国経済など，グローバル化の進展する各国経済の現状は，従来にも増して多面的・重層的様相を帯びている。それゆえ，各国経済の現状を的確に分析し，有効な経済政策効果を把握するマクロ経済学的枠組みの構築が焦眉の急となっている。

ところで，これら重要な現実的諸問題に答えんとする経済学は，現在どのような地点に立脚しているであろうか。

経済学は，18世紀後半のフランソワ・ケネー（1694～1774）の「経済表」（Tableau Economique）ないしはアダム・スミス（1723～1790）の「国富論」（An Inquiry into the Nature and Causes of the Wealth of Nations）から今日まで，二百有余年の長きに亘る歩みのなかで培った叡智を現代の課題に照射し，未来に向けて新たな可能性を切り拓く学問として発展を遂げた。ただし経済学は，経済と政治とが互いに分けがたく融合した現実に鑑みて，当初はPolitical Economyとして，市場と国家との関係・制度等を対象として取り扱うのが主たる内容であった。しかしながら，経済学はやがてPolitical Economyから経済的要素のみが抽出され，純化されて自己完結的なscienceとしてのEconomicsへと脱皮する。そうしたなか，経済学とはNatural Science（自然科学）に対するMoral Science，すなわち，「人間学」であると同時に，人間と人間との関係を律する社会の科学でもあることを強調したのはJ. M. Keynesであった。ケインズは，「…彼（経済学者：筆者注）は，ある程度まで，数学者で，歴史家で，政治家で，哲学者でなければならない。彼は記号も分かるし，言葉も話さなければならない。彼は普遍的な見地から特殊を考察し，抽象と具体とを同じ思考の動きのなかで取り扱わなければならない。彼は未来の目的のために，過去に照らして現在を研究しなければなら

ない。人間の性質や制度のどんな部分も、まったく彼の関心の外にあってはならない。彼はその気構えにおいて目的意識に富むと同時に公平無私でなければならず、芸術家のように超然として清廉、しかも時には政治家のように世俗に接近していなければならない。」[3]として、経済学ならびに経済学者の多面性・多様性を強調した。これは、自身が20世紀最大の経済学者であるばかりでなく、官吏、大学教師、対外経済折衝の担当者、哲学者、伝記作家、雑誌編集者、会計官、投機家、ビジネスマン、芸術のパトロン、古書・絵画の蒐集家など、多彩で豊穣な生涯を送った人だからこそ言い得たものであろう。しかしながら、経済学は、その後「新古典派総合」、「マネタリズム」、「合理的期待形成論」、「リアル・ビジネス・サイクル論」、「内生的成長論」、「ネオ・ケインジアン理論」、「ニュー・ケインジアン理論」、「動学的一般均衡論」、「アロー・ドブリュー流一般均衡論」、「産業連関論」、「ゲーム論」、「情報・インセンティブ・契約理論」、「サーチ理論」などの主要分野に見られるごとく、ケインズが描いた経済学＝モラル・サイエンスの方向とは異なり、①孤立系の仮定、②方法論的個別主義、③定量化、を徹底する方向に進んだ。①の孤立系の仮定とは、経済現象は他の現象、例えば政治的・社会的・文化的現象から独立に自己完結的に構成されるとする。②の方法論的個別主義とは、すべての経済現象はある個別単位の動きの総和として把握・説明（i.e. 方法論的に）が可能であるというものである。③の定量化とは、対象とされるすべての要因は量に還元し得るとする。かくして今日の経済学は、人間の全体像を総合的に探る科学というよりは piecemeal engineering としての色彩を強めた。また研究者の業績は、時間をかけて推敲が重ねられた一冊の体系的な学術著書によって世に問われるというよりは、査読付き学術誌の論文という形で、しかもオンライン・ジャーナルでの電子論文形式で"瞬時"に公刊されるスタイルが圧倒的となった。そこでは、取り扱われるテーマの意義、論文の完成度、論証の説得性、理論の含意、現実的レリバンシーなどもさることながら、アイデアの新規性・斬新性や個別分野の"1番

---

3) Keynes, J. M. (1933), "Alfred Marshall,"（大野忠男訳（1980）『人物評伝』東洋経済新報社, p.233）。

手"ということも重要視されるに至った。1969年から始まったノーベル経済学賞の受賞者を見ても，1970年代・80年代は経済学史上の巨星や各経済学会の中心者が獲得していたが，1990年代・2000年代になると，個別特定分野の先駆者・代表者が受賞している。ケインズ以降の経済学の特色をまとめると，以上のごとくである。

　こうして長い歴史を有する経済学は，時とともに学問的体系の構造的特質やアプローチ法，さらには研究成果公刊のスタイルまで大きく変えた。だがこうした変容にもかかわらず，"真理の探究"という学問すべてに共通する本質は古より一貫して変わらない。不況や恐慌を回避しつつ貧困を撲滅し，パレート効率的な資源配分を達成することにより，"豊かな"社会を実現するために「経済学」は知的ストックを結集し，その時々の課題に最適と思われる解を提起してきた。たとえば，経済学説史上，革命的変革をもたらしたと言われる先のケインズは，世界大恐慌に端を発した不況を前にし，非自発的失業の存在を有効需要不足に起因するとしてそのために財政政策・金融政策の積極的な係わり合いを主張した。しかしながら，彼の理論体系の真に主張するところを論理的に矛盾なく整合的に説明しようとするならば，幾多の厳密な議論が必要となってくる。①古典派雇用理論の公準，②総供給関数の形状，③乗数効果の波及メカニズム，④期待の役割，⑤名目賃金の下方硬直性，⑥古典派利子論と流動性選好説など，ケインズが主張した有効需要の原理に忠実であろうとすれば必要な議論点は多々ある。にもかかわらず，有効需要が不足するとき，非自発的失業の発生に対して執るべき必要な政策命題を導出するというケインズの問題意識を踏襲して検討することは充分に可能であろうし，今日の深刻な世界の経済状況を目の当たりにすると，それは解決すべき喫緊の必須課題とも言えるであろう。

　かくして，本書で通奏低音としてあるのは，そうした経済学における継続的・普遍的取り組み姿勢である。今日，世界経済は，情報通信技術の革命的進歩により，市場の規制緩和・取引自由化と相俟って，市場間のリンケージが飛躍的に高まった。その結果，世界の経済取引は短時間のうちに大量且つ地球的規模で行われるようになった。本書では，豊穣な経済学の知的ストックを活用しつつ含意に富んだマクロ経済学的枠組みを構築し，上述したグロ

ーバル化の進展する現実経済の現状を的確に分析しつつ、同時に有効な政策命題を導出し政策効果を把握することをもって主たるテーマとする。

2 本書の構成

前述した本書の課題に応えるために、本書は以下のような構成をとる。

第1章において、まずマクロ経済分析に対する経済学的枠組みに関して、ケインズ『一般理論』に始まるマクロ経済学の学説史的展望を行い、今日までの主要学説の変遷を跡付ける。ついで、財サービス市場が独占的競争関係にあるとき、個別経済主体の将来予想を含む最適化行動に基づいたマクロ経済の運行を、動学的一般均衡理論の論理を適用して得られる「新 IS-LM 体系」によって説明する。この新 IS-LM 体系により、通貨当局の裁量型金融政策とコミットメント型金融政策とのそれぞれの特色を明確にする。さらに、新 IS-LM 体系のカリブレーション分析を試みる。すなわちモデルの構造パラメータを設定したうえで、通貨当局により金融緩和的措置がとられたとき、主要経済変数の動学的影響がどのようなものとなるかシミュレーションを行ない、現実の動きをモデルで"複製"する。加えて、同体系に日米時系列データを適用しつつ「マルコフ連鎖モンテカルロ法によるベイズ推定法」(BI-MCMC) により推計することで、日米金融政策の特色を検証する。

第2章では、本書で取り扱われる各テーマの基本的分析フレームワークである「二国間開放経済動学的一般均衡モデル」体系を構築する。近年、経済のグローバル化の進展とともに各国金融資本市場の結合度が急速に高まりつつある。こうした状況下で、一国の金利などの金融変数や物価、賃金、生産技術などの変化が、為替レートや国際間資本移動を通じて実体経済のグローバルな動きとどのような動学的相互依存関係を有するか、という枢要な問題が陽表的に把握できる理論モデルの標準型を構築する。カリブレーションから得られたこれら理論モデルの定常均衡解からの動学経路は、いずれも現実の経済の動きに良く合致したものと結論付けることができる。さらにまた、上述理論モデルに日本経済の時系列統計データを適用し、「マルコフ連鎖モンテカルロ法によるベイズ推定法」による計量分析を試みる。かくして、そ

れら推計結果より変動相場制移行後凡そ四半世紀間に及ぶ日本経済の特色を明らかにすることができる。

　第3章において，変動相場制下のマクロ経済における経済政策の有効性・実効性を把握すべく，第2章で構築した理論体系に依拠したところの小規模計量モデルを導く。さらにこれら計量モデルに基づき，第2章同様，日米時系列統計データを用いて「マルコフ連鎖モンテカルロ法によるベイズ推定法」による統計的推計を行う。これら推計結果から，個別経済主体のフォワード・ルッキング的最適化行動が明示的に導入された「開放経済動学的一般均衡モデル」の各構造パラメータ値が求まり，日米マクロ経済の構造的特色を比較対照することが可能となる。と同時に，米国の金融政策を比較の参照軸とすることにより，日本銀行の政策金利＝コール・レート目標水準の操作・誘導を中心とする1990年代半ばから今日までの金融政策に関する政策効果が検証される。

　第4章において，ミクロ的基礎を有する動学的一般均衡モデルの枠組みの下で不完全雇用問題を分析する。すなわち，標準的な動学的一般均衡モデルの体系に，①労働市場は不完全情報市場であり，したがって労働需給はMortensen=Pissaridesタイプのマッチング型サーチ・モデルで調整されること，および，②労使間の賃金率ならびに労働時間に関する交渉ではナッシュ交渉プロセスで決定されること，の要素を新たに組み込む。そして，これら「動学的一般均衡"失業"理論」を基に，定常状態からの近傍乖離に関する対数線形近似式を導き，カリブレーションを行う。その結果，われわれの経験に照らして現実の経済の動きに良く合致したと思われる動学過程を本理論モデルにより複製することが可能となる。

　第5章では，金融資本市場の不完全性を前提に，ファイナンシャル・アクセラレータ・モデルならびに金融仲介業者の最適化行動を明確化したモデルの双方を動学的一般均衡モデルに整合的に取り込む作業を試みる。さらにそれら統合された「動学的貨幣経済一般均衡モデル」のカリブレーションを試みる。その結果，企業の生産性や純資産額，銀行部門自身の純資産額，通貨当局の政策変数のそれぞれに対して構造ショックが加わったとき，導出された主要マクロ経済変数の動学的経路に関して多くの興味深いインプリケーシ

ョンを得ること可能となる。たとえば，企業の純資産額へマイナスの構造ショックが加わると，金融面と実体面との悪循環（負のスパイラル現象）は増幅且つ長期化し，景気低迷とデフレ傾向が持続する。あるいは，銀行部門の純資産額へマイナスの構造ショックが加わると，経済には景気悪化とインフレーションが並存するいわゆる"スタグフレーション"が生ずる。さらに，経済が金融危機に陥った際に，政策金利引下げや量的緩和政策に加え，中央銀行が信用秩序維持を目的に個別民間銀行に対して更なる流動性支援を行った場合に景気回復につながるような政策トランスミッションの存在を確認し得る。

　第6章では，最近の欧州の財政金融危機問題が検討される。すなわち，世界経済を震撼させた欧州財政金融危機に対し，標準的動学的一般均衡モデルの開放化を図った「新オープン・エコノミー・マクロ経済学」を基に，ユーロ圏ないしは欧州経済通貨同盟（EMU）に内在する危機発生の構造的要因を分析する。その結果，金利政策は通貨同盟の単一中央銀行が一元的・集権的に担い，他方，財政政策は同盟内の各国政府が自らの責任と裁量で実施するユーロ圏経済では，経済厚生を最大化する最適財政金融ポリシー・ミックスをもってしては安定的な動学的均衡はもはや保証されず，経済危機の原因となるような不均衡がもたらされ得ることを明らかにする。

　第7章において，中国のインフレ問題に対し，近年発展の著しい時系列統計学の各種推計法を適用して計量分析を行う。それにより，中国のインフレ動向に関して，その特色を定量的に明らかとする。さらにまた，金融の"量"に働きかける中国通貨当局の政策手段について，物価へのトランスミッション・メカニズムが有効に機能していることを明確にする。ただし，中国におけるこれらインフレーションの統計分析に関しては，利用可能な統計データの制約から経済変数間の ad hock な関数関係式を想定した言わば「経験則」を統計的に確認するに留まった。

　最終章では，ポスト・クライシス時代の新たな国際通貨制度が展望される。本書の第1章から第7章まで，動学的一般均衡理論のプロトタイプを様々な方向に発展させた応用形に依拠しつつグローバル化の進展する経済金融事象に対して理論的・計量的分析を試みた。本書を締め括るにあたって，

そうした分析対象の背後にある現実事象の流れが俯瞰される。すなわち，戦後の国際通貨取引の枠組みが取り極められてからおよそ70年経ったいま，ブレトン・ウッズ体制から変動相場制への移行を経て，欧州通貨制度危機，メキシコ通貨危機，東アジア国際通貨危機，米国金融危機，欧州財政金融危機など幾多のグローバルな通貨金融危機を我々は経験した。そこで，戦後における国際通貨制度の変容や国際通貨金融危機の検証を踏まえて，ポスト・クライシス時代の新たな国際通貨制度を議論する。

　以上が第1章から最終章に至る本書の構成とその概要である。

第1章　経済分析のための理論的枠組み：理論史的変遷

1　はじめに

　J. M. ケインズは，1930年代における英国経済の深刻な大不況を前にして，非自発的失業者を救うべく「有効需要の原理」を提唱した。それから70年以上が経つが，その間，ケインズ経済学は大きく発展した。例えば，ケインズ自身の経済理論・政策論・思想に関して深化・彫琢がはかられ，その結果，資本主義の変容をもたらすほどの影響力を有しつつ人類に豊かな実りをもたらす共有財産としての「ケインズ経済学（The Economics of Keynes）」が結実した。一方，とりわけ新古典派経済学やマネタリズムからの挑戦を受けるなかで，「ケインズ革命」対「ケインズ反革命」の激しい論争により，ケインズの基本理念や基本的枠組みを活かしつつも，体系を補強・再構築したりあるいは拡張したりして「ケインジアン（ケインズ派）経済学」としての発展も促された[1]。ケインズの提起した問題は，常に古くて新しい。彼の処方箋には，1930年代という時間的制約や，英国という空間的制約を越えたものがある。

　ところで，今日，現実経済の実情はどうか。グローバル化の進展する各国経済の現状は相互依存性・相互関連性が急速に深まり，従来にも増して多面的・重層的様相を帯びている。それゆえ，世界経済を的確に分析し，有効な経済政策効果を把握するマクロ経済学的枠組みの構築が焦眉の急となっている。

　そこで，本章では経済分析のための枠組みの変遷を理論史的に概観する。まず第2節においてケインズ『一般理論』以降の経済学の発展を展望したうえで，第3節にて現実経済の運行を適切に叙述し，経済政策の有効性を評価

し得るようなマクロ経済モデルの一類型を解剖する。ついで，第4節において，それら理論モデルと現実との"距離"を確認すべく日本経済ならびに米国経済の時系列データを適用し，理論モデルの現実経済への説明力を測るとともに，あわせて政策的含意を検証する。

2　議論の変遷：理論史的考察

1　ケインズ「有効需要の原理」

ケインズは，世界大恐慌に端を発した不況の下，数多くの失業者が今日のパンを求めて路上を彷徨う姿を目の当たりにして，賃金率ならびに利子率の伸縮性を前提とした「セイの法則」の無力さに失望し，それら新古典派経済学の命題に替わる新たな「有効需要の原理」を提唱した。すなわち，短期（i.e. 人口・資本・技術が所与）且つ閉鎖体系を前提としたとき，"有効需要"の創出こそが雇用の機会を提供し，完全雇用を保証するような需要増を実現しつつ（i.e. 過小雇用均衡の是正）"非自発的"失業者を救うものであるとした。そのために，その著『雇用・利子および貨幣の一般理論』（1936年）[2]において，①国内総需要は消費需要と投資需要から構成されるが，消費性向し

---

1)　ここでは通例に従い，ケインズが提唱したオリジナルな体系を「ケインズ経済学（the economics of Keynes）」と称し，他方，後にケインズのこれら主張や論点を踏まえ，ケインズ自身の体系を一層拡張・深化・発展させたものを「ケインジアン経済学（Keynesian economics）」ないしは「ケインズ派経済学」と称する。ただしこの区分は必ずしも厳密なものではない。また，どこまでをケインジアン経済学に含めるか（i.e. taxonomy）も厳密ではない。本章では便宜的に「ケインズ革命」対「新古典派的反革命」の一連の論争の過程で主張された内容のものを取り上げた。したがって，「ケインジアン経済学」として，「45度線図モデル」，「*IS-LM*分析」，［*AS-AD*分析］，「マンデル＝フレミング＝ドーンブッシュ・モデル」，「ヒックス＝サミュエルソン＝カレツキー＝カルドア・タイプ景気循環論」，「ハロッド＝ドーマー・タイプ経済成長論」に加え，新古典派経済学の枠組みとの折衷で再解釈が与えられたとも言える「サミュエルソン・タイプ新古典派総合」，数量制約モデルとしての「ノン・ワルラシアン経済理論」ないしは「ネオ・ケインジアン経済理論」，そして不完全競争がもたらす価格設定のゆがみを体系の基礎に据えた「ニュー・ケインジアン経済理論」を指すものとする。それゆえ，ロビンソン＝デヴィッドソンの貨幣論やカレツキー＝カルドア＝パシネッティのマクロ分配理論，スラッファの古典派価値論の復活など，いわゆる本来のケインズの経済学を生かそうとする「ポスト・ケインジアン経済学」はここではリサーチ・プログラムの対象外とした。

2)　Keynes (1936).

たがって消費需要は短期的には安定している，②他方，投資需要は，資本の限界効率と流動性選好説に基づく利子率との関係によって決まる，③さらにこれら新規投資額は，投資乗数理論により限界貯蓄性向の逆数倍だけ総需要を増やす，という考えを明らかにした。そして，こうした枠組みに基づき，ケインズは，不況期における政府・通貨当局の貨幣供給増ならびに公共投資支出増を強く求めたのであった。

その後，ケインズ『一般理論』第6編24章を忠実に読み解く作業が精力的に行われ，伝統的体系（i.e.新古典派経済学）の継承点と相違点が漸次詳らかにされるにつれて，『一般理論』の斬新性・新規性が顕著となり，ここに「ケインズ経済学」が確立した。さらにまた，これら『一般理論』体系は，サミュエルソン=クライン[3]の「45度線図モデル」やヒックス=ハンセン[4]の「IS-LM分析」のごとくそのエッセンスが彫琢され，「ケインジアン経済学」ないしは「マクロ経済学」として発展した。また，マンデル=フレミング[5]により閉鎖体系が開放体系に拡張された。さらに，ヒックス=サミュエルソン=カレツキー=カルドア[6]による景気循環論ならびにハロッド=ドーマー[7]による経済成長論等，ケインズ『一般理論』の短期的・静学的体系を長期モデル化・動学化する試みも一方ではかられた。

こうして，単なる経済理論を越えたモラル・サイエンスとしての「ケインズ経済学」は，政策・制度論や思想・哲学などを含む広範囲な視点から検討が加えられ，その結果，民主主義という政治制度を担保する経済的枠組みとしての資本主義を根底から大きく変容せしめるような体系にまで止揚された。

2　ルーカス批判

ところで，1970年代，R. E. Lucas, Jr. による従来の経済理論に対し提起さ

---

3) Samuelson (1948), Klein (1947).
4) Hicks (1937), Hansen (1953).
5) Mundell (1963), Fleming (1962).
6) Hicks (1950), Samuelson (1939), Kalecki (1954), Kaldor (1940).
7) Harrod (1948), Domar (1957).

れた問題が，「ルーカス批判」[8]として「ケインジアン経済学」に理論的基盤を置く経済学者・政策担当者に大きな衝撃を与えた．ルーカス批判の主要な点は，従来の伝統的なマクロ経済モデル＝ケインジアン経済学には，①個別経済主体の最適化行動というミクロ的基礎に欠けているため，ad hoc な定式化であるとの批判を免れ得ず，したがって，例えば，家計の効用関数から導かれるところの政策や制度に対する厚生経済学的評価などが困難であること，②さらに主要変数の時間構造がバックワード・ルッキングのため，予見されたショックが現在の経済状況になんら影響を及ぼすことはないこと，であった．したがって，利用可能な情報を最大限活用してフォワード・ルッキングな最適化行動をとる個別経済主体にとってなんらかのショックが予見されても，そのミクロ的基礎が体系において欠如しているがために，モデルの各パラメータにはなんら影響を及ぼすことはないとした．本来，個別経済主体が過去の経験に加え将来を見越して最適化行動をとるならば，予見されたショックは合理的に行動する人々の各パラメータを変更させ，したがって，そうした変更メカニズムが明示的に組み込まれたマクロ経済モデルでは，動学的経路は大きく異なってくるはずである．その結果として，経済政策が本来の意図した効果を発揮できずに中立的ないしは無効となる場合もあり得る．

とくにこの②に関するルーカスの主張内容をまとめれば以下のようなものである[9]．いま各市場 z に属する企業の t 期における生産水準 $y_t(z)$ を，

$$y_t(z)=\gamma(z)(P_t(z)-E[P_t|\Omega_t(z)])$$

なる供給関数で示されるものとする．ここで $P_t(z)$ は z 市場の価格，P_t は全市場の集計的な一般物価水準，$E[\cdot|\Omega_t(z)]$ は z 市場に属する企業の t 期において利用可能な情報集合 $\Omega_t(z)$ に関する条件付期待値オペレータである．ただし $P_t(z)$，P_t はいずれも価格水準の自然対数表示とする．ところで，各企業は t 期の全市場に関する集計的な一般物価水準 P_t を知り得なくても，情報集合 $\Omega_t(z)$ に属する過去のデータを用いて P_t に関する事前分布を知ることが

---

8) Lucas (1981).
9) ibid. pp. 131-135.

できるものと考え，これを $P_t \sim i.i.d.N(0,\sigma^2)$ としつつ且つ全企業に共通と仮定する。他方，z 市場の価格 $P_t(z)$ の一般物価水準からの乖離幅を z（自然対数表示）とし，これを一般物価水準と同様に $z_t \sim i.i.d.N(0,\tau_z^2)$ と仮定する。すると，z 市場の価格 $P_t(z)$ は，2個の独立な正規分布に従う変数の和，すなわち，

$$P_t(z) = P_t + z_t$$

と書ける。ここで「2変量正規分布」の条件付分布式を当てはめれば，

$$y_t(z) = \theta(z)\gamma(z)(P_t(z) - \overline{P}_t)$$

ただし $\theta(z) \equiv \dfrac{\tau_z^2}{\sigma^2 + \tau_z^2}$

が得られる[10]。この式から分かるように，供給関数の係数 $\theta(z)\gamma(z)$ は定数ではなく，σ^2 で示されるところの一般物価水準の分散と，τ_z^2 で示されるところの市場ごとの相対価格の分散に依存する。したがって，金融政策ショックに対する経済主体の感応度の大小が最適化行動における意思決定を左右することになるのである。

3　実物的景気循環論

　従来の伝統的なマクロ経済学は，これらルーカス批判を契機に"ミクロ経済学的基礎付け"を徹底させる試みにより，急速に新古典派化した。その先頭に立ったのが，キドランド＝プレスコット（1982）[11]のリアル・ビジネス・サイクル（RBC）理論であった。RBC モデルの骨子はおよそ以下のようなものである。

　まず，財市場，労働市場，資本市場の各々に関して完全競争的であると仮

---

10) 2変量正規分布に従う確率変数 X, Y の平均を μ_x, μ_y，Y の分散を σ_y^2，X, Y の共分散を σ_{xy} とすれば，$Y=y$ が与えられたときの X の条件付期待値は $\mu_x + \dfrac{\sigma_{xy}}{\sigma_y^2}(y - \mu_y)$ で表される（Mood/Graybill (1963) p. 202)。したがって，ルーカス・モデルでは，$\mu_x = \overline{P}$，$\mu_y = \overline{P}$，$\sigma_{xy} = \sigma^2$，$\sigma_y^2 = \sigma^2 + \tau_z^2$，$y = P(z)$ であるから，これより

$$E[P_t|\Omega_t(z)] = E[P_t|P_t(z), \overline{P}_t] = \overline{P}_t + \dfrac{\sigma^2}{\sigma^2 + \tau_z^2}(P_t(z) - \overline{P}_t) = \dfrac{\sigma^2}{\sigma^2 + \tau_z^2}P_t(z) + \dfrac{\tau_z^2}{\sigma^2 + \tau_z^2}\overline{P}_t$$

を得る。

11) Kydland/Prescott (1982).

定する．また，取引される財 Y は 1 種類で消費財 C にも投資財 I にも転用し得るものとする．さらに離散的時間の経過を $t=\{0,1,2,...\}$ として，代表的家計の t 期における効用関数 U_t は，

$$U_t = E_t[\sum_{i=t}^{\infty} \beta^{i-t} u_i]$$

とする．ただし，ここで u_i は相対的危険回避度一定タイプの

$$u_i \equiv \frac{C_i^{1-\rho}}{1-\rho} - \mu \frac{L_i^{1+\nu}}{1+\nu}$$

である．上述式で $E[\cdot]$ は期待値オペレータ，$\beta(\in(0,1))$ は主観的割引率，L は労働量，$\rho(>0)$，$\mu(>0)$，$\nu(>0)$ はそれぞれ定数である．また，資本ストックは家計が所有し，資本市場で利子率をパラメータとして企業に貸し付けるものと考えれば，家計の所得制約式は，

$$C_t + I_t \leq w_t L_t + r_t K_t$$
$$I_t \equiv K_{t+1} - (1-\delta) K_t$$

で表せる．ここで w は実質賃金率，r は実質利子率，$\delta(>0)$ は資本ストック減耗率，K は資本ストックである．一方，代表的企業の t 期における生産関数は，コブ=ダグラス型の

$$Y_t = z_t K_t^{\alpha} L_t^{1-\alpha}$$
$$z_t = \phi z_{t-1} + \varepsilon_t, \quad \phi \in (0,1), \quad \varepsilon \sim i.i.d.(0,\sigma^2)$$

で表せるものとする．ただし z は確率過程 AR(1) に従う技術水準（i.e. 全要素生産性）である．同時にまた t 期における企業の利潤関数 π_t は，

$$\pi_t = Y_t - w_t L_t - r_t K_t$$

とする．かくして，代表的家計ならびに代表的企業の最適化行動は，

家計：$\max_{\{C\}\{L\}} : U_t = E_t[\sum_{i=t}^{\infty} \beta^{i-t} u_i]$

$$u_i \equiv \frac{C_i^{1-\rho}}{1-\rho} - \mu \frac{L_i^{1+\nu}}{1+\nu}$$

s.t. $C_i + I_i \leq w_i L_i^s + r_i K_i^s$

$I_i \equiv K_{i+1}^s - (1-\delta) K_i^s$

given w_i, r_i

$i = \{t, t+1, t+2, \cdots\}$

企業：$\max_{\{Y\}\{L\}\{K\}} : \pi_t = Y_t - w_t L_t^d - r_t K_t^d$

s.t. $Y_t = z_t K_t^\alpha L_t^{1-\alpha}$

$z_t = \phi z_{t-1} + \varepsilon_t, \quad \phi \in (0,1), \quad \varepsilon \sim i.i.d.(0, \sigma^2)$

given w_t, r_t

で表せる。また，完全競争的な財市場，労働市場ならびに資本市場の模索過程を，

$$\frac{dP(\tau)}{d\tau} = \Phi(C_\tau + I_\tau - Y_\tau), \quad \Phi' > 0, \quad 0 = \Phi(0)$$

$$\frac{dW(\tau)}{d\tau} = \Psi(L_\tau^d - L_\tau^s), \quad \Psi' > 0, \quad 0 = \Psi(0)$$

$$\frac{dR(\tau)}{d\tau} = \Xi(K_\tau^d - K_\tau^s), \quad \Xi' > 0, \quad 0 = \Xi(0)$$

と規定する。ただし，τ は t 期を微小区間に分割したもので，実数で近似する。また，$w_t \equiv \dfrac{W_t}{P_t}$，$r_t \equiv \dfrac{R_t}{P_t}$ と置く。かくして，この制約条件つき最大化問題ならびに微分方程式を解けば，つぎのような t 期における各経済主体の主体的均衡条件，各市場の需給均衡条件ならびに資本ストック推移式が求まる。

家計[12]：

$$1 = E_t\left[\beta(1 - \delta + r_{t+1})\left(\frac{C_{t+1}}{C_t}\right)^{-\rho}\right]$$

$$w_t = \frac{\mu(L_t^s)^\nu}{C_t^{-\rho}}$$

$$C_t + K_{t+1}^s = (1 - \delta + r_t)K_t^s + w_t L_t^s$$

$$E_t\left[\lim_{T \to \infty} \frac{K_{T+t+1}^s}{\prod_{i=t}^{T+t}(1 - \delta + r_i)}\right] = 0$$

---

[12] 動学的ラグランジュ関数を

$$\mathcal{L}_t = E_t\left[\sum_{i=t}^\infty \beta^{i-t}\left[\left(\frac{C_i^{1-\rho}}{1-\rho} - \mu\frac{L_i^{1+\nu}}{1+\nu}\right) + \lambda_i\{(1-\delta)K_i + w_i L_i + r_i K_i - C_i - K_{i+1}\}\right]\right]$$

と置けば，L の最大化の必要条件として

$\partial C_t: \quad \lambda_t = C_t^{-\rho}$

$\partial K_{t+1}: \quad \lambda_t = \beta E_t[\{(1-\delta) + r_{t+1}\}\lambda_{t+1}]$

$\partial L_t: \quad \lambda_t = \dfrac{\mu L_t^\nu}{w_t}$

$\lambda_t \geq 0: \quad \lambda_t[(1-\delta)K_t + w_t L_t + r_t K_t - C_t - K_{t+1}] = 0,$

を得る。これから，家計の最初の3本の主体的均衡条件式が求まる。さらに主体的均衡条件式の第4番目は no-Ponzi-game 条件式と呼ばれるもので，資本ストックが期をまたがって価値をキャリーするため，動学的最適化問題ではこうした終端条件が必要となってくる。

企業：
$$w_t = z_t(1-\alpha)(\frac{K_t^d}{L_t^d})^\alpha$$

$$r_t = z_t\alpha(\frac{K_t^d}{L_t^d})^{\alpha-1}$$

$$z_t = \phi z_{t-1} + \varepsilon_t, \quad \phi \in (0,1), \quad \varepsilon \sim i.i.d.(0,\sigma^2)$$

財サービス市場：$Y_t = C_t + I_t$
労働市場：$L_t^s = L_t^d$
資本市場：$K_{t+1}^s = K_{t+1}^d$
資本ストック推移式：$K_{t+1} = (1-\delta)K_t + I_t$

これら各式をまとめると，つぎのようなマクロ経済の運行を記述する一つの動学方程式体系が得られる。

$$C_t^{-\rho} = E_t\left[\beta\{1-\delta + z_{t+1}\alpha(\frac{K_{t+1}}{L_{t+1}})^{\alpha-1}\}C_{t+1}^{-\rho}\right]$$

$$z_t(1-\alpha)(\frac{K_t}{L_t})^\alpha = \mu L_t^\nu C_t^\rho$$

$$K_{t+1}^s = (1-\delta)K_t^s + z_t K_t^\alpha L_t^{1-\alpha} - C_t$$

$$z_{t+1} = \phi z_t + \varepsilon_{t+1}, \quad \phi \in (0,1), \quad \varepsilon \sim i.i.d.(0,\sigma^2)$$

$$\forall t \in \{0,1,2,...\}$$

したがって，ここでカリブレーション分析を行うべく，各構造パラメータを第1表のごとく設定し，技術水準に構造ショックを与えて1標準偏差だけ増加させたときの主要経済変数のインパルス応答を求めれば，第1図のような動学経路が得られる[13]。

ところで，こうした実物的景気循環論で言及すべき重要な点は，正の生産性ショックで生ずる好況は当然のこと，負のショックで生ずる不況状況においても経済は常にパレート最適な状態にあり，したがって不況の脱却に向けた政府・当局の経済政策実施が必ずしも正当化され得ないということである。

[13) 構造パラメータの設定値は多くの先行事例に倣った。また，本カリブレーションはDYNAREプログラム・パッケージ（Version4.1.3）をMATLAB上で用いた。DYNAREコードに関しては，岡田（2011c）を参照。

第1表　構造パラメータ

パラメータ	説明	設定値
β	時間的割引率	0.99
ρ	異時点間の消費代替弾力性の逆数（i.e. 相対的危険回避度係数）	1.50
δ	資本ストック損耗率	0.025
α	資本分配率	0.30
μ	労働供給の不効用定数	1.00
ν	異時点間労働供給の代替弾力性の逆数	2.00
φ	技術ショックの自己回帰パラメータ	0.80
σ^2	技術ショックの自己回帰誤差項の分散	0.25

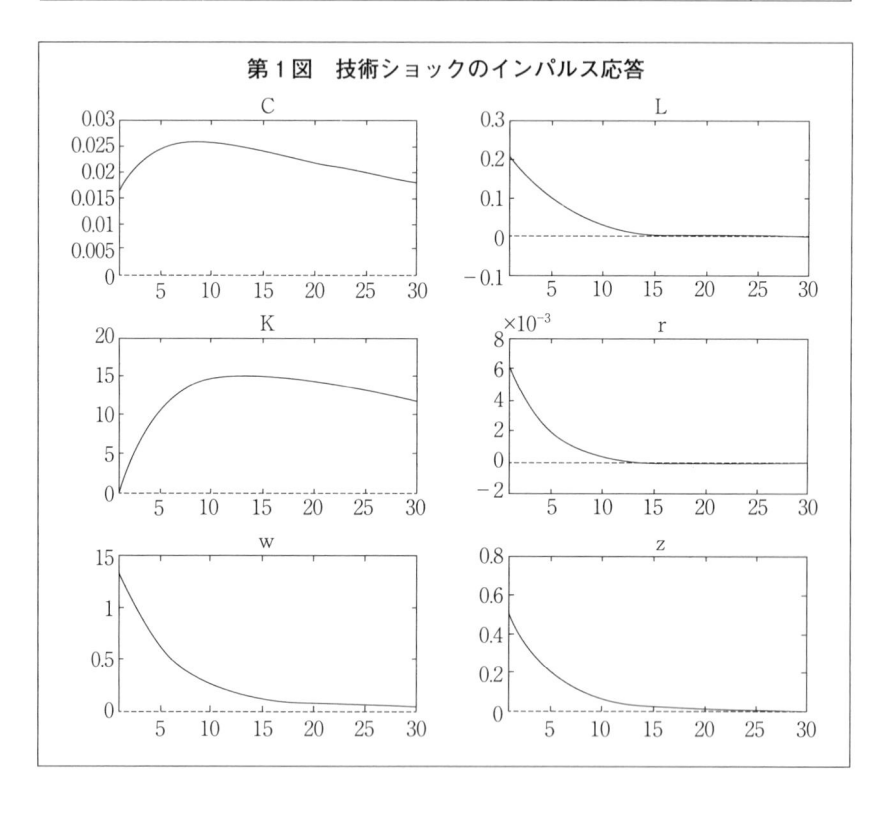

第1図　技術ショックのインパルス応答

3 価格の硬直性

　1970年代以降，こうした新古典派的アプローチによるケインズ経済学ないしはケインジアン経済学への批判や挑戦に対峙し，ケインジアン経済学自身のなかからその体系を新たに問い直す動きも顕著となった。そのひとつとして，ケインズ体系の本質を「価格（賃金）の硬直性」とそれに基づく価格調整機能の不備に求め，さらにそれら硬直性を制度的要因（e.g. 労働組合）として外生的に与えるのでなく，体系内で内生的に決まるようなモデルの構築を志向する研究が活発となった。例えば，アロー（1959）[14]による競売人を欠いた不完全競争均衡の指摘を踏まえ，根岸（1979）[15]は個別屈折需要曲線に基づき価格の硬直性と生産数量の変化のメカニズムを精査した。また，クラウワー（1969）[16]は価格調整機能に拠らない再決定プロセスに基づき，模索過程を説明した。あるいは，レィヨンフーブッド（1968）[17]は，価格調整速度と数量調整速度の逆転をもってケインズ理論の核心とした。バロー＝グロスマン（1976）[18]は，クラウワーの議論を発展させて数量制約理論の一般不均衡分析化を進展させた。さらに，同様のリサーチ・プログラムの趣旨で，固定価格を前提に数量制約付き一般均衡モデルを基にケインズ的均衡を分析する研究が1970年代にフランス経済学界を中心に生まれた[19]。こうした動きのなか，マンキュー（1985）[20]により，レストランにおけるメニュー書き換えコスト等のごとく，価格変更にともなうコストを明示的に導入することによって価格硬直性を説明する考えが提唱され，ここに"ニュー・ケインジアン経済学"[21]が誕生した。

　メニュー・コスト・モデルの概要は，およそつぎのようなものである[22]。まず財サービス市場は"独占的競争"状況にあり，他方，労働市場は"完

---

[14] Arrow (1959).
[15] Negishi (1979).
[16] Clower (1969).
[17] Leijonhufvud (1968).
[18] Barro/Grossman (1976).
[19] Benacy (1977)(1982), Dreze (1974), Grandmont (1971), Malinvaud (1977).
[20] Mankiw (1985).
[21] Mankiw/Romer (1991).
[22] Mankiw (1985), 大滝（2005）第1章。

全競争"状況にあると仮定する。つぎに代表的家計の効用関数 U は，$U=-(X-\delta-\varepsilon)^2-L^s$（ただし $\delta>\frac{1}{2}, \varepsilon\geq 0$）と置く。ここで X は財サービス消費量であり，L^s は労働の供給量である。また ε は非負の微小増分で，経済の構造ショックを表すものとする。さらに効用の最大値は $\frac{1}{2}$ より大きな X で達成されると考える。これに対し，家計の所得制約式は $PX\leq WL^s+\pi$ で表す。ただし，P は財サービスの価格であり，W は名目賃金率，π は企業からの名目配当金である。一方，代表的企業の財サービス生産量 Y に関する生産関数 F は，$Y=F(L)=L$ と置き，また利潤関数 π は，$\pi=PY-WL^d$ と置く。ここで L^d は労働の需要量とする。さらに代表的企業は，右下がりの需要曲線に直面し，プライス・メイカーとして行動する。かくして，家計・企業の最適化行動は，

家計：$\max_{\{X\}\{L^s\}}: U=-(X-\delta-\varepsilon)^2-L^s$
　　　s.t. $X\leq \frac{W}{P}L^s+\frac{\pi}{P}$
　　　given P, W, π

企業：$\max_{\{Y\}\{P\}\{L^d\}}: \pi=Y-\frac{W}{P}L^d$
　　　s.t. $Y=L^d$
　　　given W, X

で表せる。また，完全競争的な労働市場の模索過程を，

$$\frac{dW(t)}{dt}=\Phi(L^d-L^s), \quad \Phi'>0, \quad 0=\Phi(0)$$

と規定する。かくして，この制約条件つき最大化問題ならびに微分方程式を解けば，つぎのような代表的家計・企業の主体的均衡条件ならびに市場の需給均衡条件が求まる。

家計：　　　　$X=-\frac{1}{2}P+\delta+\varepsilon$
　　　　　　　$W=1$[23]

---

[23] 労働市場が完全競争的な場合，家計による労働の最適供給量決定に際し，労働供給量の限界不効用は賃金の効用に等しくなる。したがって，当該家計における貨幣の限界効用（i.e. ラグランジュ未定乗数λ）を 1 に正規化（normalize）しておけば，労働の限界不効用が $\frac{\partial U}{\partial L^s}=-1$ であることを考慮することにより，$W=1$ を得る。

企業[24]： $\quad P=\delta+\varepsilon+\dfrac{1}{2}$

財サービス市場：$Y=X$

労働市場： $\quad L^s=L^d$

　このとき，企業の主体的均衡条件式を先の利潤関数に代入する。そして，経済の構造ショック $\varepsilon(>0)$ に応じて家計の効用関数が摂動し，財サービス需要の変化とともにそれに対応して企業が価格を改定したとすれば，そのときの利潤 $\pi_{\varepsilon>0}$ は，改定価格水準が $P(\varepsilon)_{\varepsilon>0}=\delta+\varepsilon+\dfrac{1}{2}$ であることを考慮すれば，

$$\pi_{\varepsilon>0}=\dfrac{1}{2}(\delta+\varepsilon+\dfrac{1}{2})^2-(\delta+\varepsilon)$$

となる。他方，価格を据え置いたときの利潤 $\pi_{\varepsilon=0}$ は，同様にして据え置き価格水準が $P(\varepsilon)_{\varepsilon=0}=\delta+\dfrac{1}{2}$ であることを考慮すれば，

$$\pi_{\varepsilon=0}=\dfrac{1}{2}(\delta+\dfrac{1}{2})^2+\varepsilon(\delta+\dfrac{1}{2})-(\delta+\varepsilon)$$

となる。かくして，価格を据え置いたときに発生する利潤の減少分は，

$$\pi_{\varepsilon>0}-\pi_{\varepsilon=0}=\dfrac{\varepsilon^2}{2}$$

となるから，価格改定にともなうコスト（e.g. メニュー・コスト）が ε^2 のオーダーで存在すれば，ここに価格は固定的となる。これに対し，経済厚生は，社会的厚生関数を代表的家計の効用関数 U で表せるとすれば，テイラー展開により，

$$U(\varepsilon)-U(0)=U'(0)\varepsilon+o(\varepsilon^2)\approx (P-1)\varepsilon=(\delta-\dfrac{1}{2})\varepsilon\ (>0)$$

を得る[25]。したがって，経済厚生上，企業が価格を改定すれば ε のオーダーでゲインの発生することが見て取れる。

　以上のことから，$1>\varepsilon>0$ に対して $\varepsilon>\varepsilon^2>\dfrac{\varepsilon^2}{2}$ となるゆえ，メニュー・コ

24）　代表的企業の利潤関数は，

$$\pi=PY-WL=P(-\dfrac{1}{2}P+\delta+\varepsilon)-(-\dfrac{1}{2}P+\delta+\varepsilon)=-\dfrac{1}{2}P^2+(\delta+\varepsilon+\dfrac{1}{2})P-(\delta+\varepsilon)$$

であるから，これを P で微分すれば，最適価格設定式 $P=\delta+\varepsilon+\dfrac{1}{2}$ が求まる。

ストCを例えば$C=\varepsilon^2$と置けば，これらメニュー・コストの存在により，企業による価格改定は差し控えられることになるが，ただし経済厚生はメニュー・コスト以上に高まることになると言える。

では，メニュー・コストの存在により，なぜ大きな経済厚生のゲインが得られるのであろうか。完全競争市場では，企業はプライス・テイカーであるから，「価格＝限界費用」の主体的均衡条件式より均衡価格P_{flex}は$P_{flex}=W=1$となる。他方，独占的競争市場での企業の最適設定価格は，上述したごとく，$P=\delta+\varepsilon+\frac{1}{2}>1$である。したがって，このことから$P>P_{flex}$となるゆえ，メニュー・コスト・モデルでの設定価格は完全競争市場における均衡価格水準より高くなることが分かる。したがって，その場合，財サービスの需要曲線に従う均衡生産水準は過小となる。それゆえ，任意の経済構造ショック$\varepsilon\geq0$に対し，マンキュー均衡において家計の効用関数の摂動にともない，財サービスの需要増が企業の最適生産量を増加させることにより，社会的余剰が高まって，資源配分の改善（better-off）に繋がる。

かくして，メニュー・コスト・モデルを初めとする"ニュー・ケインジアン経済学"では，パレート効率的な資源配分を達成する完全競争市場と比べ，独占的競争状況のもとではプライス・メーカーたる企業の設定する最適価格水準に歪の生ずることをもって，価格の硬直性を生む源泉と説明する。しかしながら，本来，有効需要不足＝過少雇用均衡の出現に対して市場の完全競争性を前提とするケインズ経済学に対し，それとは異なる独占的競争性により価格（賃金）硬直性が生ずる主因であるとして過少雇用均衡を論ずる"新"ケインジアン経済学に，もともとのケインズ経済学の"新しい"

---

25) 効用関数$U=-(X-\delta-\varepsilon)^2-L$において，関係式$X=Y=L$を代入し，また，$\varepsilon$で偏微分すると

$$\frac{\partial U(0)}{\partial \varepsilon}=\frac{\partial U(0)}{\partial X}\frac{\partial X}{\partial \varepsilon}+\frac{\partial U(0)}{\partial \varepsilon}$$

であるが，第2項の効用関数の摂動自身による効用の変化は意味がないので，計算から除外する。したがって，$X=-\frac{1}{2}P+\delta+\varepsilon$において$\frac{\partial X}{\partial \varepsilon}=1$であるから，これより

$$\frac{\partial U(0)}{\partial X}\frac{\partial X}{\partial \varepsilon}=P-1$$

を得る。

基礎付けもしくは"新たな"ケインジアン経済学の構築という点でいったいいかほどの正当性があるかは判断・評価の分かれるところであろう[26]。

4 動学的一般均衡モデル

こうしたルーカス批判や実物的景気循環論，価格の硬直性等に関する一連の議論を経て誕生したのが，動学的一般均衡（Dynamic Stochastic General Equilibrium; DSGE）モデルである。この DSGE モデルは，動学的効用最大化という基準のもとで最適資本蓄積経路を求めたところの「ラムゼイ・モデル」（F. ラムゼイ（1928）[27]）を原型とした[28]。ラムゼイ・モデルは，当初 positive approach としての新古典派成長論に対峙するかたちで，政府による長期的経済計画立案の指針が求められるような normative approach を扱う最適成長モデルの源流と解された。しかしながら，1980 年代に入ると，多くの経済学者達は，ラムゼイ・モデルから導かれる中央集権的計画問題の

---

[26] 吉川（2000）序論，Carlton（1996）参照。また，独占的競争（monopolistic competition）の考えは，Dixit/Stiglitz（1977）以降，マクロ経済学や産業組織論などで広く用いられるようになった。なお，本節で取り上げたような価格の硬直性だけではなく，賃金の硬直性を説明しようとする試みも数多くなされた。その一つとして，以下のような効率賃金仮説（Solow(1979)）がある。

いま，代表的企業は生産要素として労働 n を投入し，生産物 y を産出すると想定する。ただし，労働の効率 e は実質賃金 w に依存するものとする。

$$y = f(en)$$
$$e = g(w) \qquad g' > 0$$

これら 2 式を制約条件として，利潤関数 $\pi = \delta y - wn$ が最大となるように雇用量 n と実質賃金 w が決まるとすれば，$\delta f'(en)g(w) = w, \delta f'(en)g'(w) = 1$ なる利潤最大化条件が導ける。ただし δ は需要のシフト・パラメータである。これら条件式より

$$\frac{de}{dw}\frac{w}{e} = 1$$

が求まる。この式の左辺は実質賃金 w のみの関数であるから，かくして実質賃金 w は，労働効率 e の賃金 w に対する弾力性が常に 1 になるように決められることが分かる。それゆえ，労働効率関数 $e = g(w)$ が不変である限り実質賃金 w は変わらない。また，需要条件 δ の変化は賃金になんら影響を及ぼすことなく雇用量したがって生産量の変化に吸収されることが見てとれる。

[27] Ramsey (1928).

[28] Blanchard/Fischer（1989）は，経済変動論（Economic Fluctuations）の原型をラムゼイ・モデルに求めている。DSGE モデルは基本的には RBC モデルを発展させているので，したがって，DSGE モデルの起源はラムゼイ・モデルにまで遡ることができると言える。

解としての最適成長経路が分権的な市場均衡と論理的に一致することから，現実経済を描写するモデルの一類型と解するようになった。

ラムゼイ・モデルを素描するとおよそ以下のようなものである。

まず N 人の同質的な自作農的経済主体（yeoman farmer-type agent）から構成される経済を考える。生産される財 Y は 1 種類で，消費財 C にも投資財 I にも転用し得るものとする。さらに連続的時間の経過を $t \in [0, \infty)$ として，各経済主体の t 期における個別効用 v_t は，

$$v_t = \int_t^\infty u(c_s)\exp(-\beta s)ds$$

と仮定する。ここで c は 1 人当たり財消費量であり，β は主観的割引率である。また，消費効用関数 u は well behaved な関数，すなわち，

$$u(0)=0, u(+\infty)=+\infty, u'>0, u''<0, u'(0)=+\infty, u'(+\infty)=0$$

とする。他方，t 期における集計的生産関数 F は，$Y_t = F(K_t, L_t)$ と仮定する。ここで K は集計的資本ストックであり，L は集計的労働投入量（i.e. 単位：人）である。経済主体全員が労働に従事することとし，$L=N$ とする。また，集計的生産関数 F は K と L に対して規模に関して収穫一定（i.e. 一次同次）と仮定とし，消費関数同様，well behaved とする。さらに財に関しては，毎期，市場の均衡条件 $Y_t = C_t + I_t$, $\dot{K}_t \equiv I_t$ が成立すると想定する。労働に関しては，$\dot{L}_t = nL_t$ ($n>0, L_0$：所与) と規定する。かくして，各経済主体の最適化行動は，生産関数 f を $f(k) \equiv F(\frac{K}{L}, 1)$ とし，また小文字アルファベッドは大文字アルファベットの 1 人当たり変数を表示するとすれば（ただし n を除く），

$$\max_{(c)} : v_t = \int_t^\infty u(c_s)\exp(-\beta s)ds$$
$$\text{s.t. } \dot{k}_t = f(k_t) - c_t - nk_t \text{[29]} \quad (\Leftrightarrow Y_t = C_t + I_t)$$

---

[29] 資本-労働比率ないしは資本装備率 $k_t = \frac{K_t}{L_t}$ に対し，対数をとって t で微分すれば，

$$\frac{\dot{k}_t}{k_t} = \frac{\dot{K}_t}{K_t} - \frac{\dot{L}_t}{L_t} = \frac{\dot{K}_t/L_t}{K_t/L_t} - \frac{\dot{L}_t}{L_t} = \frac{\dot{K}_t/L_t}{k_t} - n$$

であるから，これに財市場の均衡条件 $\frac{Y_t}{L_t} = y_t = f(k_t) = \frac{C_t}{L_t} + \frac{\dot{K}_t}{L_t}$ なる関係式を代入すれば，$\dot{k}_t = f(k_t) - c_t - nk_t$ を得る。

given n, k_0

$\forall t \in [0, \infty)$

で表せる。この動学的最適化問題を解くために，ハミルトン関数 H_t を

$$H_t = u(c_t)\exp(-\beta t) + \lambda_t \exp(-\beta t)\{f(k_t) - c_t - nk_t\}$$

と置く。ここで状態変数は資本装備率 k_t であり，制御変数は1人当たり消費量 c_t である。かくして，これに最大値原理[30]を適用すれば，

$$\frac{\dot{c}_t}{c_t} = \frac{1}{\xi_t}\{f'(k_t) - (n+\beta)\} \qquad \cdots \text{ラムゼイ・ルール}$$

$$\xi_t = -\frac{c_t u''(c_t)}{u'(c_t)} \quad (>0) \qquad \cdots \text{限界効用の弾力性}$$

$$\lim_{T \to \infty} \lambda_T \exp(-\beta T) k_{T+1} = 0 \qquad \cdots \text{横断条件}$$

なる最適解の必要条件が得られる。これら式から，制約条件式である財市場の均衡条件式 $\dot{k}_t = f(k_t) - c_t - nk_t$ を併せて用いることにより，定常均衡 $(k^*, c^*)|_{\dot{k}=0, \dot{c}=0}$ が求まる。かくして，$k-c$ 平面にこの位相図を描くと，資本装備率 $\dot{k}$ と1人当たり消費量 $\dot{c}$ に関する微分方程式の解はサドル・ポイントとなっていることが分かる。それゆえ，発散解を捨てれば，ある初期値 (k_0, c_0) から出発して定常均衡 (k^*, c^*) に漸近する最適資本ストック経路 k_t ならびに最適消費経路 c_t が一意的に定まる。

以上のごとく，ラムゼイ・モデルでは，労働の供給を外生的な $\dot{L}_t = nL_t$ ($n>0$, L_0：所与) として取り扱った。しかしながら，この労働の硬直性条件を緩めて労働供給を内生化しつつ弾力的としたのが先のリアル・ビジネス・サイクル（RBC）モデルであり，さらにこの RBC モデルに①財サービス市場の独占的競争性と②それによる名目価格の硬直性を導入したものが動学的（確率的）一般均衡（DSGE）モデルである。

この DSGE モデルの基本型は，凡そ次のような特色を有する[31]。

(a) DSGE モデルは一国のマクロ経済を取り扱う一般均衡モデルである。それらモデルは，家計，企業，政府の3部門から構成され，各個別経済主体はそれぞれが明確なミクロ経済学的基礎を持つ。

---

30) Intriligator (1971) Chap. 14.
31) 加藤 (2007)，Wickens (2008)，Heer/Maussner (2009)．

(b) 時間の構造は多期間動学モデル（含確率変数）である。また，予想の役割が明示的に導入されている。
(c) 財サービス市場に独占的競争状況が仮定される。したがってブランド力などにより差別化された財サービスを生産する企業は，価格に対する支配力・決定力を有するが，また，財サービスは一方で適度に相互代替的である点で競争的でもある。
(d) 価格に支配力・決定力を有する企業は，財サービス価格を一期前に設定し（preset pricing），メニュー・コストなどの存在から今期間中を通して名目価格不変との価格硬直性（price rigidity）に関する設定が設けられる。あるいは，価格改定機会を確率的に処理したり（Calvo-type pricing），改定のための調整コストを明示的に導入したりすることで（Rotemberg-type pricing），価格の粘着性（price stickiness）が取り扱われる。
(e) 上述した財サービス市場の不完全性のみならず，他の市場，すなわち労働市場や資本市場の不完全性も取り扱われる。
(f) こうした基本構造のモデルをベースに，定常状態の周りで対数線形化を図ったり，あるいはモデルのパラメータ表示解（closed form solution）を求めたりし，さらに，構造ショックによる主要経済変数への動学的効果をカリブレーション分析によって把握する（impulse response）。また，それらを比較考量することにより，規範的分析，すなわち政策や制度の厚生経済的評価を明示的に行う。

　以上のような特色を有する DSGE モデルは，今日，マクロ経済分析の基本的枠組みを提供するものとして広範囲に活用されている。そこで，次節において，DSGE モデルのプロトタイプをより仔細に検討し，さらにそれらモデルを基に政策評価を可能とするひとつのマクロ経済学的枠組みの構築を試みてみよう。

3 マクロ経済学的枠組み

1 モデルの素描

我々の想定するマクロ経済では，企業，家計，政府の3部門から構成されるものとする。

企業 j は単位閉区間 $[0,1] \subset R^1$ に連続的に分布する。さらに各企業はブランド力などにより差別化された1種類の財サービス z を生産・販売する。家計 i も同様に単位閉区間 $[0,1] \subset R^1$ に連続的に分布する。各家計は労働を企業に提供して賃金を受け取るとともに企業から利益配分を配当として受け取り，さらに期をまたがる価値保蔵手段として保有する債券ストックの利子所得とともにそれら所得を対価に財サービスを購入・消費する。

財サービス市場は独占的競争（monopolistic competition）の状況下にあると仮定する。すなわち，多数の企業が生産活動を行い，企業の市場への参入・退出が自由であるという点では競争的であるが，他方において各企業は，"差別化"された財サービスを生産することによって独自の需要関数に直面し，したがって財サービス価格に決定力・支配力を有するという点では独占的である。また，それぞれの財サービスはある程度まで相互に代替的であり，価格の過度の引き上げは自社製品から他社製品に需要がシフトする可能性があるという意味では各独占的企業は「競争」関係にある。労働市場は賃金率をシグナルとした完全競争市場とする。債券取引に関しても，完全競争的な債券市場において利子率のシグナル機能を基に売買されると想定する。

こうした枠組みに基づき，合理的予想形成の下，各家計は所得制約式を条件として将来に亘る効用を最大化する。また各企業は，プライス・メーカーとして，それぞれの生産技術構造と自己の設定する価格水準に対する個別財サービス需要量とを制約条件として同じく将来に亘る利潤の最大化を図る。かくして，それら経済主体の主体的均衡によって一意的に定まった財サービス需給量，労働需給量，債券ストック需給額が，それぞれの市場でクリアーされ市場均衡が達成される。政府・中央銀行は金利を主要政策変数として経済厚生の最大化という政策目標を追求する。

以下，これら動学的一般均衡（DSGE）モデルのスケッチをさらに厳密に定式化してみよう[32]。

2 家計
a 選好

各家計（$\forall i \in [0,1]$）は $\forall t \in \{0,1,2,\cdots\}$ に対して次のような同形的（isomorphic）CRRA 型（相対的危険回避度一定タイプ）効用関数を持つものとする。

(1) $\qquad U_t(i) = E_t\left[\sum_{s=t}^{\infty} \beta^{s-t} u_s(i)\right]$

$\qquad\qquad u_s(i) = \dfrac{C_s(i)^{1-\rho}}{1-\rho} - \dfrac{L_s(i)^{1+\nu}}{1+\nu}$

$\qquad\qquad$ ただし　$\beta(\in(0,1))$：主観的割引率

$\qquad\qquad\qquad\quad \rho(>0), \nu(>0)$：定数

$\qquad\qquad\qquad\quad E[\cdot]$：期待値オペレータ

ρ は異時点間の消費代替弾力性の逆数，すなわち，財サービス消費の相対的危険回避度を表し，ν は同様に異時点間労働供給の代替弾力性の逆数を表す。

ここで家計 i の財サービス消費指標 $C(i)$ を，Dixit=Stiglitz 型集計指標

(2) $\qquad C_t(i) = \left[\int_0^1 C_t(i,j)^{\frac{\theta-1}{\theta}} dj\right]^{\frac{\theta}{\theta-1}}$

で定義する。ただし $C(i,j)$ は家計 i の財サービス j の消費量を，また $\theta(>1)$ は財サービス需要の価格に対する代替の弾力性を表す。したがって(2)式に対応した価格指標 P は，同じく Dixit=Stiglitz 型集計指標

(3) $\qquad P_t = \left[\int_0^1 P_t(j)^{1-\theta} dj\right]^{\frac{1}{1-\theta}}$

で定義される。ただし，財サービス j の価格 $P(j)$ は後に第 3 項で見るごとく，独占的競争下にある各企業の利潤最大化行動から決まってくる。さらに $L(i)$ は家計 i の労働供給量を表す。

---

[32] 本節で展開した理論モデルは，加藤 (2007)，Gali (2008a) (2008b)，Heer/Maussner (2009)，Obstfeld/Rogoff (1995a) (1996)，Walsh (2003)，Wickens (2008)，Woodford (2003) に依拠した。

b 予算制約式

家計 i の t 期における予算制約式を，

(4) $\quad P_t C_t(i) + B_t(i) \leq W_t L_t(i) + \Phi_t(i) + (1+r_{t-1})B_{t-1}(i)$

で表す。ここで $B(i)$ は財サービス価格 P をニューメレールにとった家計 i の保有する名目債券，W は名目賃金率，$L(i)$ は家計 i が企業に提供する労働量，$\Phi(i)$ は企業から家計 i に支払われる名目配当金，r は債券ストックの名目利子率である。

c 主体的均衡

各家計は，財サービス価格，名目賃金率，名目配当金，債券利子率，債券ストック（1期前）が所与の時，予算制約式の下で期待効用を最大とするように，今期の消費需要量，労働供給量，債券ストックをそれぞれ決めるものとする。したがって，家計 i の最適化行動は，

(5) $\quad \max_{\{B_t\}\{C_t\}\{L_t\}}: U_t(i) = E_t[\sum_{s=t}^{\infty} \beta^{s-t} u_s(i)]$

$u_s(i) = \dfrac{C_s(i)^{1-\rho}}{1-\rho} - \dfrac{L_s(i)^{1+\nu}}{1+\nu}$

s.t. $C_s(i) + \dfrac{B_s(i)}{P_s} \leq \dfrac{W_s}{P_s} L_s(i) + \dfrac{\Phi_s(i)}{P_s} + (1+r_{s-1})\dfrac{P_{s-1}}{P_s}\dfrac{B_{s-1}(i)}{P_{s-1}}$

given $P_s, W_s, \Phi_s(i), r_{s-1}, B_{s-1}(i)$

なる制約条件付き最大化問題を解くことで得られる。そこでまず家計 i の動学的ラグランジュ関数を，

(6) $\quad \mathscr{L}_t = E_t \sum_{s=t}^{\infty} \beta^{s-t} \Big\{ \Big[\dfrac{C_s(i)^{1-\rho}}{1-\rho} - \dfrac{L_s(i)^{1+\nu}}{1+\nu}\Big]$

$+ \lambda_s(i)\Big[(1+r_{s-1})\dfrac{P_{s-1}}{P_s}\dfrac{B_{s-1}(i)}{P_{s-1}} + \dfrac{\Phi_s(i)}{P_s} + \dfrac{W_s(i)}{P_s}L_s(i) - C_s - \dfrac{B_s(i)}{P_s}\Big]\Big\}$

と置く。(6)式に関して1階の必要条件を求めると，以下のような t 期における各家計の主体的均衡条件を得る[33]。

(7) $\quad C_t(i)^{-\rho} = \beta E_t\Big[(1+r_t)\dfrac{p_t}{p_{t+1}}C_{t+1}(i)^{-\rho}\Big] \qquad \cdots$消費オイラー方程式

---

[33] 岡田（2011c）。

(8) $\quad C_t(i)^\rho = \dfrac{W_t}{P_t} L_t(i)^{-\nu}$ 　　　　…消費・余暇トレードオフ条件式

(9) $\quad E_t\left[\lim_{T\to\infty} \dfrac{B_{T+t-1}(i)}{\prod_{s=t}^{T+t}(1+r_{s-1})}\right]=0$ 　　　…no-Ponzi-game 条件式

である。

d　個別財需要

つぎに家計 i は，個別財サービス（i.e. $\forall j\in[0,1]$）ごとの消費需要を，個別財サービス価格 $P_t(j)$ が所与のとき，名目総支出額一定の下でそれら個別財サービス消費の総実質量を最大にするようにそれぞれ決めるものとするものとすれば，$I_t(i)$ を家計 i の財サービスに対する一定の名目総支出額として，

(10) $\quad \max_{(C_t(i,j))}: C_t(i) = \left[\int_0^1 C_t(i,j)^{\frac{\theta-1}{\theta}} dj\right]^{\frac{\theta}{\theta-1}}$

$\quad$ s.t. $\int_0^1 P_t(j) C_t(i,j) dj \leq I_t(i)$

$\quad$ given $P_t(j), I_t(i)$

を解くことで得られる。すなわち，

(11) $\quad C_t(i,j) = \left(\dfrac{P_t(j)}{P_t}\right)^{-\theta} C_t(i)$

となる[34]。

3　企業

a　生産技術

各企業は，可変的生産要素である労働のみを投入し，差別化された 1 種類の財サービス $z(\in[0,1]\subset R^1)$ を生産する[35]。各企業の生産技術構造はすべて同形的であるとする。したがって，企業 j の t 期における個別生産関数 F^j

---

[34] ibid. ところで，厳密に言えば，次の第 3 項で見る企業の財サービス供給に対する価格の代替弾力性 ξ は，生産計画段階において独占競争下の財サービス市場にて企業が過去の経験から ex ante に推測（conjecture）するものである。したがって ξ がこの θ と一致する保証はない。企業は，市場で実際に取引を行い，その結果に基づいて ex post に θ を知るのである。以下では便宜的に当初の生産計画段階より企業は θ を既知（$\xi=\theta$）と仮定する。

[35] ここでは便宜的に $z\equiv j\in[0,1]$ としておく。

は，$\alpha(>0)$ を技術水準（i.e. 全要素生産性ないしはソロー残差）とすれば，$\forall j \in [0, 1]$, $\forall t \in \{0, 1, 2, \cdots\}$ に対して，

(12) $\qquad Y_t(j) = F^j(L_t) = \alpha L_t(j)$

で表せる。

b 最適化行動

　独占的競争の状況下では，各企業はプライス・メーカーとして差別化された自社の財サービスに対して自ら価格を設定し得る。ただし，各企業にとっては価格の調整機会は限定的であり，自社製品価格をいつでも欲するときに変更できるわけではなく，一定の確率に従ってランダムになし得ると想定する（i.e. カルボ型粘着価格モデル[36]）。すなわち，企業 j が任意の時点で価格を据え置く確率を $\omega_P(\in(0,1))$，価格を変更し得る確率を $1-\omega_P$ とする。したがって，将来に亘り価格を改定できないリスクがある状況下では，各企業は，単に当期の利潤のみならず，将来に亘る予想利潤の割引現在価値も含めてその最大化を図るものと考えられる。ところで，当該経済では企業数は十分に大きいと仮定していたので，このことは，毎期一定割合（i.e. $1-\omega_P$）の企業だけ価格改定の機会が与えられることと同義である。

　かくして，企業 j の t 期における最適化行動様式は以下のように定式化できる。

(13) $\qquad \max_{\{P_t(j)\}} : \widetilde{\Phi}_t(j) = E_t \sum_{s=0}^{\infty} \beta_{t+s} \omega_P^s \left[\left(\frac{P_t(j)}{P_{t+s}}\right) Y_{t+s}(j) - MC_{t+s}(j) Y_{t+s}(j) \right]$

$\qquad$ s.t. $P_{t+s}(j) = P_t(j)$

$\qquad\qquad Y_{t+s}(j) = \alpha L_{t+s}(j)$

$\qquad\qquad Y_{t+s}(j) = \left(\frac{P_{t+s}(j)}{P_{t+s}}\right)^{-\frac{1+\xi}{\xi}} Y_{t+s}$

$\qquad$ given $W_{t+s}, P_{t+s}, Y_{t+s}$

ただし β_{t+s} は企業の最終所有者たる家計の限界効用で評価された企業 j の主観的割引率であり，$\beta_{t+s} = \beta^s \frac{\lambda_{t+s}(j)}{\lambda_t(j)}$ $(\beta \in (0,1))$ で定義される。また，$\xi(>0)$ は価

---

[36] Calvo (1983).

格に対する財サービス供給の代替弾力性を，$MC_t(j)$ は企業 j の t 期における実質限界費用を表す。

したがって，各制約条件式を主方程式に代入し，設定価格 $P_t(j)$ で偏微分してこれら制約条件つき最大化問題を解くと，次のような自国企業 j の最適化行動に関する1階の必要条件が導かれる[37]。

$$(14)\quad E_t[\sum_{s=0}^{\infty}\beta_{t+s}(\omega_P)^s Y_{t+s}\left[\frac{P_t(j)}{P_{t+s}}-(1+\xi)\frac{W_{t+s}}{\alpha P_{t+s}}\right]]=0 \quad \cdots 価格設定式$$

このことから，企業 j の価格設定に関する主体的均衡条件，すなわち，最適価格が限界費用の将来の流列に一定のマークアップ率 $(1+\xi)$ を乗じたものと等しくなるという関係式が得られる。

$$(15)\quad \frac{P_t(j)}{P_t}=(1+\xi)E_t[\sum_{s=0}^{\infty}f_{t+s}\frac{W_{t+s}}{\alpha P_{t+s}}]$$

$$ただし\quad f_{t+s}\equiv\frac{\beta_{t+s}\omega_P^s\left(\frac{P_t}{P_{t+s}}\right)^{-\frac{1+\xi}{\xi}}Y_{t+s}}{E_t\sum_{s=0}^{\infty}\beta_{t+s}\omega_P^s\left(\frac{P_t}{P_{t+s}}\right)^{-\frac{1}{\xi}}Y_{t+s}}$$

ここで，(15)式の右辺はすべての企業 j にとって同一であるから，企業全般の集計的価格遷移式

$$(16)\quad P_t=\left[(1-\omega_P)X_{Pt}^{-\frac{1}{\xi}}+\omega_P(P_{t-1})^{-\frac{1}{\xi}}\right]^{-\xi}$$

が求まる。ただし X_{Pt} は t 期に価格改定の機会を得た企業群の設定する最適価格水準である。

4　市場

第2項・第3項で見たように，各企業・各家計の主体的均衡に基づいて一意的に定まる個々の財サービスの需給量，労働の需給量，債券ストックの需給額が，t 期において，完全競争市場のみならず"見えざる手"不在の独占的競争状況下にある市場を含む各市場で全体としてそれぞれどのようにして

---

[37]　岡田（2011c）。

過不足なく完全にクリアーされるであろうか。

a 債券市場・労働市場

各家計における実質債券の受取りと支払いは符号が逆で絶対値が等しくなるから，債券ストックの純供給をゼロと仮定すれば，債券市場は完全競争を仮定しているので，模索過程における利子率のシグナル機能により，

$$(17) \quad \int_0^1 \left(\frac{B_t(i)}{P_t}\right) di = 0,$$

となる。また，労働市場も完全競争的なので，模索過程で家計の労働供給量と企業の労働需要量とを賃金率がシグナル機能によって有効に調整することにより，$\exists W_t/P_t \in (0, \infty)$ に対し，

$$(18) \quad L_t^D = L_t^S$$

となる。

b 財サービス市場

財サービス市場は独占的競争市場なので，個別企業による財サービス生産の代替弾力性 $\xi(>0)$ を加味して，集計的需給均衡式は，

$$(19) \quad \int_0^1 C_t(i) di = \left[\int_0^1 Y(j)^{\frac{1}{1+\xi}} dj\right]^{1+\xi}$$

となる。

4 新 *IS-LM* モデルと金融政策

第3節では，個別家計・企業による主体的均衡ならびに全体としての市場均衡の各条件式を求めた。ここで，それら条件式を用いて各経済主体の最適化行動というミクロ的基礎を有した"新"*IS-LM*モデルを導き，さらにそれらモデルをベースに，通貨当局の金融政策と主要マクロ経済変数との関係についてカリブレーション分析も含めて検討してみよう。

1 動学的 IS 曲線

家計 i（$\in[0,1]$）の t 期における主体的均衡条件式である (7) 式の消費オイラー方程式を対数表示すると，

(20) $\quad \ln C_t(i) = E_t[\ln C_{t+1}(i)] - \dfrac{1}{\rho}\left\{\ln(1+r_t) + E_t\left[\ln\left(\dfrac{P_t}{P_{t+1}}\right)\right] + \ln\beta\right\}$

となる。ところで，前節では可変的生産要素（i.e. 労働）の変動のみを考慮して固定的生産要素（i.e. 資本ストック）を一定とし[38]，また各経済主体を同形的（i.e. 各経済主体の関数形ならびに各係数の値が同一）としていたことに留意するならば，Y を実質国内総生産として，(20) 式は

(21) $\quad \widehat{y}_t = E_t[\widehat{y}_{t+1}] - \dfrac{1}{\rho}(\widehat{r}_t - E_t[\widehat{\pi}_{t+1}])$

となる。ただし，$\dfrac{P_{t+1}}{P_t} = 1 + \pi_{t+1}$ と置いて，テイラー展開により $\ln(1+\pi_{t+1}) \approx \pi_{t+1}$ と近似する。また，アルファベット小文字は大文字変数の自然対数変換表示とし（ただし利子率 r とインフレ率 π を除く），さらに ^ 付き変数は，定常均衡解からの近傍乖離の対数線形近似式を表す（以下同様）。

この (21) 式は，実質利子率（＝名目利子率－予想インフレ率）を含むところの財サービス市場の均衡条件式すなわち動学的 IS 曲線となっており，実質利子率ギャップと実質国内総生産ギャップとは逆相関の関係にあることが見てとれる。

2 新ケインジアン・フィリップス曲線 (NKPC)

先の (15) 式の $\dfrac{P_t(j)}{P_t} = (1+\xi)E_t[\sum_{s=0}^{\infty} f_{t+s}\dfrac{W_{t+s}}{\alpha P_{t+s}}]$ に $\beta\omega_P$ を乗じて 1 期繰り上げ，さらにそれを元の (15) 式から減ずれば，インフレ率に対する定常状態からの対数線形乖離は，

(22) $\quad \widehat{\pi}_t = \beta E_t[\widehat{\pi}_{t+1}] + \dfrac{(1-\beta\omega_P)(1-\omega_P)}{\omega_P}\widehat{w}_t$

で表せる。ただし $\widehat{w}$ は実質賃金率 $w \equiv \dfrac{W}{P}$ の定常均衡解からの近傍乖離に対

---

[38] したがって，本節では資本ストック変動を捨象しており，貯蓄 (S) ないしは投資 (I) は存在しないことから，総生産 (Y) ＝総消費 (C) となっている。

する対数線形近似である。このインフレ率式では，1期後のインフレ率に加え，最後の項目において，実質賃金率の変化がインフレ率変化へプラスの影響を及ぼしていることを示している。

ところで，各家計の労働供給関数として(8)式の消費・余暇トレードオフ条件式をとり，他方，各企業の労働需要関数として(12)式の生産関数の逆関数をとり，さらに各経済主体の同質性を基に経済全体の集計値を求めて労働市場ならびに財サービス市場の需給均衡を考慮すれば，

$$(23) \quad \frac{W_t}{P_t} = Y_t^\rho \left(\frac{Y_t}{\alpha} \right)^\nu$$

を得る。したがって，各変数を自然対数に変換し，さらに定常均衡解の近傍で線形近似すると，

$$(24) \quad \hat{w} = (\rho + \nu)\hat{y}_t$$

であるから，これを(22)式に代入すれば，(22)式はさらに

$$(25) \quad \hat{\pi}_t = \beta E_t[\hat{\pi}_{t+1}] + \kappa \hat{y}_t$$

$$\text{ただし，} \kappa \equiv \frac{(1-\beta\omega_P)(1-\omega_P)(\rho+\nu)}{\omega_P}$$

と書くことができる。

これら(22)式ないしは(25)式は，説明変数にインフレ率に関するラグ項が含まれるバックワード・ルッキング的要素の加味された伝統型フィリップス曲線に替わり，フォワード・ルッキング的要素の取り入れられた新ケインジアン・フィリップス曲線（NKPC）と称されるものである[39]。また，(22)式では実質賃金ギャップが説明変数として採用されており，他方，(25)式では実質賃金ギャップに替わって実質GDPギャップが採用されている。

3 金融政策ルール

通貨当局の政策目標は，金利を主要政策変数としつつ社会的厚生関数の最大化（i.e. 社会的損失関数の最小化）を図るものとする。

ここで社会的損失関数を，

---

[39] Roberts (1995).

(26) $\quad \Lambda_t(\widehat{y}, \widehat{\pi}, \widehat{r}) = E_t\left[\sum_{s=0}^{\infty} \beta^s \frac{1}{2}\{\widehat{y}_{t+s}^2 + \sigma(\widehat{\pi}_{t+s} - \overline{\pi}_{t+s})^2\}\right], \quad \forall t \in \{0,1,2,\cdots\}$

と定義し，その最小化をもって政策目標と考える．すなわち，実質 GDP ギャップ（$\widehat{y}$）とインフレ率（$\widehat{\pi}$）の目標値（$\overline{\pi}$）からの乖離の二乗和を将来に亙って最小とするものである．ただし $\beta(\in(0,1))$ は通貨当局の主観的割引率であり，また σ は政策目標に対する相対的重要度を意味する．さらに物価水準 P を $\overline{P}_t = \overline{P}_{t-1} = 1$ となるように基準化すれば，$\overline{\pi}_t = \ln\left(\dfrac{\overline{P}_t}{\overline{P}_{t-1}}\right) = 0$ となる．

したがって，通貨当局の t 期における最適政策は，

(27) $\quad \min_{\{\widehat{y}\}\{\widehat{\pi}\}\{\widehat{r}\}} : V_t(\widehat{y}, \widehat{\pi}, \widehat{r})$

$\quad\quad V_t(\widehat{y}, \widehat{\pi}, \widehat{r}) = E_t\left[\sum_{s=0}^{\infty} \beta^s \frac{1}{2}(\widehat{y}_{t+s}^2 + \sigma\widehat{\pi}_{t+s}^2)\right]$

$\quad\quad$ s.t. $\widehat{y}_t \leq E_t[\widehat{y}_{t+1}] - a(\widehat{r}_t - E_t[\widehat{\pi}_{t+1}])$

$\quad\quad\quad\quad \widehat{\pi}_t \leq \beta E_t[\widehat{\pi}_{t+1}] + b\widehat{y}_t$

$\quad\quad\quad\quad \forall t \in \{0, 1, 2, \cdots\}$

なる制約条件付最小化問題を解くことで記述できる．ただし制約条件式の各係数 a, b は正の定数とする．

上述制約条件式のうち，動学的 IS 曲線式のラグランジュ乗数を μ とし，NKP 曲線式のラグランジュ乗数を λ として動学的ラグランジュ関数を，

(28) $\quad \mathcal{L}_t(\widehat{y}, \widehat{\pi}, \widehat{r}, \mu, \lambda)$
$\quad\quad = E_t[\sum_{s=0}^{\infty} \beta^s[\frac{1}{2}(\widehat{y}_{t+s}^2 + \sigma\widehat{\pi}_{t+s}^2) - \mu_{t+s}\{\widehat{y}_{t+s+1} - a(\widehat{r}_{t+s} - \widehat{\pi}_{t+s+1}) - \widehat{y}_{t+s}\}$
$\quad\quad - \lambda_{t+s}\{\beta\widehat{\pi}_{t+s+1} + b\widehat{y}_{t+s} - \widehat{\pi}_{t+s}\}]]$

と定義する．これに「Kuhn-Tucker 定理」[40]を適用すれば，1 階の最小値条件の 1 つは $aE_t[\mu_{t+s}] = 0$ となるが，これは $a \neq 0$ より $E_t[\mu_{t+s}] = 0$ となる．すなわち，動学的 IS 曲線は実際上は制約していないことになる．かくして，目的関数 V が最小となるための必要条件として，

(29) $\quad E_0[\widehat{y}_t] + bE_0[\lambda_t] = 0 \quad\quad\quad t = \{0,1,2,\cdots\} \quad\quad\quad \cdots(\mathrm{i})$

$\quad\quad \sigma E_0[\widehat{\pi}_t] - E_0[\lambda_t] + E_0[\lambda_{t-1}] = 0 \quad t = \{1,2,\cdots\} \quad\quad\quad \cdots(\mathrm{ii})$

---

[40] Kuhn/Tucker (1951).

$$\sigma\widehat{\pi}_0-\lambda_0=0 \qquad \cdots (\mathrm{iii})$$
$$E_0[\widehat{\pi}_t]=\beta E_0[\widehat{\pi}_{t+1}]+bE_0[\widehat{y}_t] \quad t=\{0,1,2,\cdots\} \qquad \cdots (\mathrm{iv})$$

を得る[41]。

通貨当局の最適政策に関する上述(29)式の意味するところはおよそ以下のようなものである。(ⅲ)式はスタート・アップ条件式であり、(ⅱ)式は1期以降の最適化条件式である。(ⅱ)式では前期のパフォーマンス状況が今期を制約していることが分かる。ところで(ⅰ)式～(ⅲ)式は任意の t 期で成立するから、$t=1$ の時点で $t=0$ の政策をご破算とし新たに最適化（re-optimize）を実行することも可能である。この場合、$t=0$ と同様、$t=1$ の時点でも過去の実績には従わずそのつど最適化を図る(ⅲ)式が最適化条件式である。したがって、まず、(ⅲ)式のスタート・アップ条件式にしたがって通貨当局は政策を開始する。ついで次期以降は、過去の実績を踏まえた(ⅱ)式にしたがうと民間経済主体に宣言（announce）し、民間主体の予想やそれに基づく行動を誘導しつつ実際に(ⅱ)式を採用することにより、最適（optimal）政策が達成される。しかしながら、その場合、民間主体の予想とは別に事後的に再び通貨当局が(ⅲ)式を採用しても、それはまた最適政策となっている。かくして、通貨当局のアナウンスメントが有効な場合のみ、すなわち、民間主体が通貨当局のアナウンスメントを100％信認し（credible announcement）、通貨当局もアナウンスメント内容を裏切らない場合のみ、(ⅱ)式は通貨当局と民間主体の間のゲームの「ナッシュ均衡」となっている。もし、アナウンスメントが空（empty）宣言として政策実施に際して必ずしも有効に機能しなければ、政策に時間整合性は担保し得ず、(ⅱ)式はもはやナッシュ均衡とはなり得ないから(ⅱ)式は「部分ゲーム完全均衡」(subgame perfect equilibrium)[42]ではなくなる。かくして、アナウンスメントの有効性に左右される最適政策は、必ずしも実行が容易なものとは言えない。

それでは、実行が可能な政策のうちで最適政策に近いもの（i.e. sub-

---

41) 岡田（2011c）。
42) 「部分ゲーム完全均衡」に関しては、Fundenberg, D. and J. Tirole (1992), *Game Theory*, MIT Press, pp. 72-74, Aumann, R. J. and S. Hart eds. (2002), *Handbook of Game Theory*, Vol. 3, North Holland, pp. 1625-1626 を参照。

optimal）とはどのようなものであろうか。一つの可能な次善策としては，例えば通貨当局が前期の行動を無視して毎期最適化を図るもので，これは「裁量型金融政策（discretion-type policy）」と称されるものである。この政策では通貨当局は（ⅱ）式を捨てて毎期（ⅲ）式を採用する。他方，常に前期の行動を踏まえて最適化を図ると通貨当局が一貫して民間経済主体に約束（commit）するような「コミットメント型金融政策（commitment-type policy）」もまたもう一つの可能な次善策である。この政策では，（ⅲ）式を捨ててコミットメント通り常に（ⅱ）式を採用する。あるいは，この政策は時間の経過にともなう状況変化にかかわらず（ⅱ）式を満たすよう，動学的整合性を維持しようとする政策であることから，「時間の経過にかかわりのない展望のもとでの政策（timeless perspective policy）」とも称される[43]。ただし，この政策では，先決変数が追加される（上述式では，1期前のラグランジュ乗数がそうである）。

以上の二つの政策タイプに対し，（ⅰ）式を用いてラグランジュ乗数を消去すれば，

(30) $\sigma\hat{\pi}_t+\frac{1}{b}(\hat{y}_t-\hat{y}_{t-1})=0$ ：コミットメント型金融政策

$\sigma\hat{\pi}_t+\frac{1}{b}\hat{y}_t=0$ ：裁量型金融政策

を得る。

ところで，このコミットメント型金融政策と NKPC 式である先の(25)式を連立させて行列表示すれば，以下のようになる。ただし，NKPC 式にインフレ・ショックとして1階の自己回帰過程（AR(1)）に従う η 項を導入し，

(31) $\hat{\pi}_t=\beta E_t[\hat{\pi}_{t+1}]+\kappa\hat{y}_t+\eta_t$

$\eta_t=\varphi\eta_{t-1}+v_t \quad (v_t \sim i.i.d.N(0,\sigma^2))$

$\varphi\in(0,1)$

とすれば，

(32) $\begin{bmatrix}\beta & \kappa & 1\\ 0 & 1/\sigma\kappa & 0\\ 0 & 0 & 1\end{bmatrix}\begin{bmatrix}E_t[\hat{\pi}_{t+1}]\\ \hat{y}_t\\ \eta_t\end{bmatrix}=\begin{bmatrix}1 & 0 & 0\\ -1 & 1/\sigma\kappa & 0\\ 0 & 0 & \varphi\end{bmatrix}\begin{bmatrix}\hat{\pi}_t\\ \hat{y}_{t-1}\\ \eta_{t-1}\end{bmatrix}$

---

[43] Svensson (2005), Woodford (2003).

となる。したがって，

$$
(33) \quad A = \begin{bmatrix} 1 & 0 & 0 \\ -1 & 1/\sigma\kappa & 0 \\ 0 & 0 & \varphi \end{bmatrix}^{-1} \begin{bmatrix} \beta & \kappa & 1 \\ 0 & 1/\sigma\kappa & 0 \\ 0 & 0 & 1 \end{bmatrix}
$$

とおけば，Blanchard=Kahnの条件より，(32)式が一意的な解を持つためには，(33)式の行列Aにおいて，ジャンプ変数たるインフレ率変数$\tilde{\pi}$に掛かる固有値が発散解をとらなければならない[44]。かくして，行列Aに固有値分解を施すと，$Q^{-1}\Lambda Q$を得るが，ここでΛは行列Aの固有値を対角要素にもつ対角行列であり，QはAの固有値ベクトルを各行にもつ3×3行列である。それゆえ，変数が発散する固有値グループ（i.e. αグループ）と収束する固有値グループ（i.e. βグループ）にΛとQを組み直せば，

$$
(34) \quad \begin{bmatrix} \Lambda_\alpha & 0 \\ 0 & \Lambda_\beta \end{bmatrix} \begin{bmatrix} Q_{11} & Q_{12} \\ Q_{21} & Q_{22} \end{bmatrix} \begin{bmatrix} E_t[\tilde{\pi}_{t+1}] \\ \hat{y}_t \\ \eta_t \end{bmatrix} = \begin{bmatrix} Q_{11} & Q_{12} \\ Q_{21} & Q_{22} \end{bmatrix} \begin{bmatrix} \tilde{\pi}_t \\ \hat{y}_{t-1} \\ \eta_{t-1} \end{bmatrix}
$$

を得る。それゆえ，$[Q_{22} - Q_{21}Q_{11}^{-1}Q_{12}]^{-1}\Lambda_\beta^{-1}[Q_{22} - Q_{21}Q_{11}^{-1}Q_{12}] = \begin{bmatrix} b_{11} & b_{12} \\ b_{21} & b_{22} \end{bmatrix}$と定義すれば，

$$
(35) \quad \hat{y}_t = b_{11}\hat{y}_{t-1} + b_{12}\eta_{t-1}
$$
$$
= b_{12}\sum_{j=0}^{\infty} b_{11}^j \eta_{t-1-j} \quad (\forall b_{11} \in (0,1))
$$
$$
\forall t \in \{1,2,\cdots\}
$$

が求まる。(35)式で，最初の式は1階の自己回帰過程（AR(1)）となっており，2番目の式は，無限期間の移動平均過程（MA(∞)）となっている。

このように，コミットメント型金融政策では，前期のGDPギャップが先決変数として付け加えられたことにより，政策金利が過去の無限期間のインフレ・ショックの実績値に依存した動学パスをとるようになる。こうした金融政策の粘着的構造は政策の「歴史的依存性」と称されるものである[45]。

ここで，上述した(30)式のコミットメント型政策式に対し，NKP曲線式を代入すると$\tilde{\pi}$に関する2階の定差方程式となるから，その特性方程式を

---

44) Blanchard/Kahn (1980).
45) 加藤（2007）第6章。

とり，L をリード・オペレータとすれば，

(36) $\quad (1-\chi_1 L)(1-\chi_2 L)\widehat{\pi}_{t-1}=0$

$$\text{ただし} \quad \chi_1=\frac{(b^2\sigma+2)+\sqrt{(b^2\sigma+2)^2-4}}{2}$$

$$\chi_2=\frac{(b^2\sigma+2)-\sqrt{(b^2\sigma+2)^2-4}}{2}$$

が求められる。$f(x)=x^2-(b^2\sigma+2)x+1$ において，$f(0)=1>0$, $f(1)=-b^2\sigma<0$ であるから，$\chi_1>1$, $\chi_2<1$ となっている。したがって発散解 χ_2 を捨てて χ_1 を採用すれば，$(1-\chi_1 L)\widehat{\pi}_{t-1}=0$ より

(37) $\quad \widehat{\pi}_t=\dfrac{1}{\chi_1}\widehat{\pi}_{t-1}$

を得る。同じく(30)式の裁量型政策に対しても，同様にして NKP 曲線式を代入すれば，

(38) $\quad \widehat{\pi}_{t+1}-(1+\sigma b^2)\widehat{\pi}_t=0$

のごとく，$\widehat{\pi}$ に関する1階の定差方程式となるから，その特性方程式 $(1-\chi_3 L)\widehat{\pi}_t=0$ の解は $\chi_3=1+\sigma b^2>1$ となる。したがって $\dfrac{1}{\chi_3}<1$ より，ここに収束解 χ_3 が得られる。すなわち，

(39) $\quad \widehat{\pi}_{t+1}=\dfrac{1}{\chi_3}\widehat{\pi}_t$

である。

　ここで，さらに

(40) $\quad \widehat{r}_t=q_1\widehat{y}_t+q_2\widehat{\pi}_t$

なる"テイラー・ルール型"金融政策ルール式を導入する。そしてこれを各経済主体の最適条件から導かれた動学的 IS 曲線式に代入し，同様に各経済主体の最適条件から導かれた NKP 曲線式と組み合わせることにより，$\forall t\in\{0,1,2,\cdots\}$ に対して，

(41) $\quad \begin{bmatrix}1 & a \\ 0 & \beta\end{bmatrix}\begin{bmatrix}E_t[\widehat{y}_{t+1}] \\ E_t[\widehat{\pi}_{t+1}]\end{bmatrix}=\begin{bmatrix}1-aq_1 & aq_2 \\ -b & 1\end{bmatrix}\begin{bmatrix}\widehat{y}_t \\ \widehat{\pi}_t\end{bmatrix}$

$\quad\quad\quad\quad$ given $\widehat{y}_0, \widehat{\pi}_0$

が求められる。したがって，

(42) $\quad B = \begin{bmatrix} 1-aq_1 & aq_2 \\ -b & 1 \end{bmatrix}^{-1} \begin{bmatrix} 1 & a \\ 0 & \beta \end{bmatrix}$

と置き,行列 B に固有値分解を施すと,$Q^{-1}\Lambda Q$ を得る.ここで Λ は B の固有値を対角要素にもつ対角行列であり,Q は B の固有値ベクトルを各行にもつ 2×2 行列である.かくして,

(43) $\quad \begin{bmatrix} E_t[\widehat{y}_{t+1}] \\ E_t[\widehat{\pi}_{t+1}] \end{bmatrix} = Q^{-1}\Lambda^{-1}Q \begin{bmatrix} \widehat{y}_t \\ \widehat{\pi}_t \end{bmatrix}$

となるが,さらに $Q^{-1}\Lambda^{-1}Q \equiv C = \begin{bmatrix} c_{11} & c_{12} \\ c_{21} & c_{22} \end{bmatrix}$ と定義すれば,

(44) $\quad E_t[\widehat{y}_{t+1}] = c_{11}\widehat{y}_t + c_{12}\widehat{\pi}_t$
$\quad\quad\quad E_t[\widehat{\pi}_{t+1}] = c_{21}\widehat{y}_t + c_{22}\widehat{\pi}_t$

を得る.これから,

(45) $\quad \widehat{r}_t = \zeta_1 \widehat{y}_t + \zeta_2 \widehat{\pi}_t$
$\quad\quad\quad \zeta_1 \equiv \rho(c_{11}-1), \quad \zeta_2 \equiv \rho c_{12} + \dfrac{1}{\chi}$
$\quad\quad\quad \forall t \in \{0,1,2,\cdots\}$

なる"テイラー・ルール型"「最適」金融政策反応関数が導ける.すなわち,インストルメンタル・ルール(政策反応関数)のうちで,政策目標たる社会的厚生関数の最大化が達成されるような金融政策である.

4 新 *IS-LM* 体系と金融政策

かくして,上述式をまとめれば,財サービス市場が独占的競争関係にある個別経済主体の将来予想を含む最適化行動に基づいた動学的マクロ経済体系に関し,金融政策も含めて新 *IS-LM* 体系として以下のような3本の動学方程式によって描くことができる.

(46) $\quad \widehat{y}_t = E_t[\widehat{y}_{t+1}] - \dfrac{1}{\rho}(\widehat{r}_t - E_t[\widehat{\pi}_{t+1}])$ …動学的 *IS* 曲線式

$\quad\quad\quad \widehat{\pi}_t = \beta E_t[\widehat{\pi}_{t+1}] + \kappa \widehat{y}_t$ …新ケインジアン・フィリップス曲線式

$\quad\quad\quad \widehat{r}_t = \zeta_1 \widehat{y}_t + \zeta_2 \widehat{\pi}_t$ …テイラー・ルール型最適金融政策反応関数式

$\quad\quad\quad$ ただし $\kappa \equiv \dfrac{(1-\beta\omega_P)(1-\omega_P)(\rho+\nu)}{\omega_P}$,

$\quad\quad\quad \zeta_1 \equiv \rho(c_{11}-1), \quad \zeta_2 \equiv \rho c_{12} + \dfrac{1}{\chi}$

$$\chi = \frac{(\kappa^2\sigma+2)+\sqrt{(\kappa^2\sigma+2)^2-4}}{2} \quad (\text{コミットメント型金融政策})$$

もしくは $\chi = 1+\sigma\kappa^2$ （裁量型金融政策）

c_{11}, c_{12} は(33)式の行列 A に対する固有値分解行列の逆行列要素

$\forall t \in \{0,1,2,\cdots\}$

したがって，これら3本の式から，主要経済変数である今期の実質 GDP ギャップ $(\widetilde{y})$，インフレ率 $(\widetilde{\pi})$ ならびに名目利子率 $(\widetilde{r})$ の3変数が一意的に定まることになる[46]。

いま原油価格の高騰などにより物価上昇が懸念され，中央銀行は政策金利を引き上げたとしよう（プラスの金利ショック）。すると，中央銀行が将来に亘り物価安定を維持するとのコミットメントが民間主体によって信認される限り，各主体の景気減速予想とあいまって，今期の実質 GDP ギャップは減少する。同時に，そうした経済動向を睨んで先行き物価下落が見込まれ，今期のインフレ率もまた低下することになる。しかしながら，中央銀行の物価安定維持というコミットメントが信認されず，政策実施に際して有効に機能しない場合には，政策金利の引き上げに対し，多くの家計・企業はその効果を疑問視して依然として景気拡大を見込むことが考えられる。したがって，今期の実質 GDP ギャップは減少せず，また，同時に原油価格高騰が今後とも原材料価格や広範囲の最終製品価格に反映されるとの予想が各主体に持たれ，今期のインフレ率は低下しない。かくして，新 IS-LM モデルに基づいて金融政策の効果を検討するには，インフレ予想やフォワード・ガイダンスなど各経済主体の "将来予想" が重要な役割を果たすことになる。

5 カリブレーション

ここで，上述した新 IS-LM モデルのカリブレーション分析を行ってみよう。すなわちモデルのディープ・パラメータ (i.e. 構造パラメータ) を設定したうえで，通貨当局により政策金利に対して金融緩和的措置が執られたとき，主要経済変数の動学経路がどのようなものとなるかシミュレーションを

---

[46] これら3変数は，いずれも定常均衡解からの近傍乖離の対数線形近似値である。

4 新 IS-LM モデルと金融政策

第2表 構造パラメータ

ρ	β	ν	ω_p	q_1	q_2	σ	z
0.667	0.99	0.25	0.60	0.80	1.20	1.10	0.60

行なってみる。

そのために，まず，3番目の金融政策ルール式に政策ショックを表す ε 項を新たに加え，金融政策変更の効果は1階の自己回帰過程（AR(1)）に従うものとする。すなわち，

(47) $\hat{r}_t = \zeta_1 \hat{y}_t + \zeta_2 \hat{\pi}_t + \varepsilon_t$

$\varepsilon_t = z\varepsilon_{t-1} + u_t \quad (u_t \sim i.i.d. N(0,\sigma^2))$

$z \in (0,1) \quad \forall t \in \{1,2,\cdots\}$

とする[47]。次いで，モデルの構造パラメータを第2表のごとく設定する[48]。かくして，これら構造パラメータ設定値から $\kappa = 0.284$, $c_{11} = 3.025$, $c_{12} = 2.113$, $\chi = 1.296$（コミットメント型）もしくは $\chi = 1.089$（裁量型），$\zeta_1 = 1.351$, $\zeta_2 = 2.181$（コミットメント型）もしくは $\zeta_2 = 2.328$（裁量型）などの値がおのおの求まる[49]。

以上の値を基に，$t=1$ 期に通貨当局による政策金利の引き下げという金融緩和ショック（$\varepsilon_1 = -0.1$）がとられたときの実質 GDP ギャップならびにインフレ率のインパルス応答を求めると，第2図で示される[50]。第2-a 図はコミットメント型金融政策に基づくインパルス応答であり，第2-b 図は裁量型金融政策に基づくインパルス応答である。前者の方が，金融緩和ショックの影響が実質 GDP ギャップならびにインフレ率に対してともにピーク時

---

47) その他，MATLAB で逆行列を計算する際，技術的意味合い（i.e. 特異行列の回避）から IS 曲線式に実質 GDP ギャップに関する1期のラグ項を加え，ウエイトを 0.30 と置いた。これは家計の効用関数に関して「消費習慣仮説」を仮定したことを意味する。また，NKP 曲線式に同じくインフレ率に関する1期のラグ項を加え，ウエイトを 0.35 と置いた。これは，企業の価格設定に対してインデクセーション・ルールを採用したことを意味する。
48) 構造パラメータの設定値に関しては，多くの先行事例に倣った。
49) 構造パラメータ設定値を基に行列 B の固有値を求めると，$\lambda_1 = 3.6115, \lambda_2 = 1.0965$ となり，いずれも 1.0 より大である。したがって，$t \rightarrow \infty$ で動学方程式のすべての変数は収束すると言える。
50) シミュレーション計算のための MATLAB コードに関しては岡田（2011c）参照。

第2-a図　カリブレーション：コミットメント型金融政策

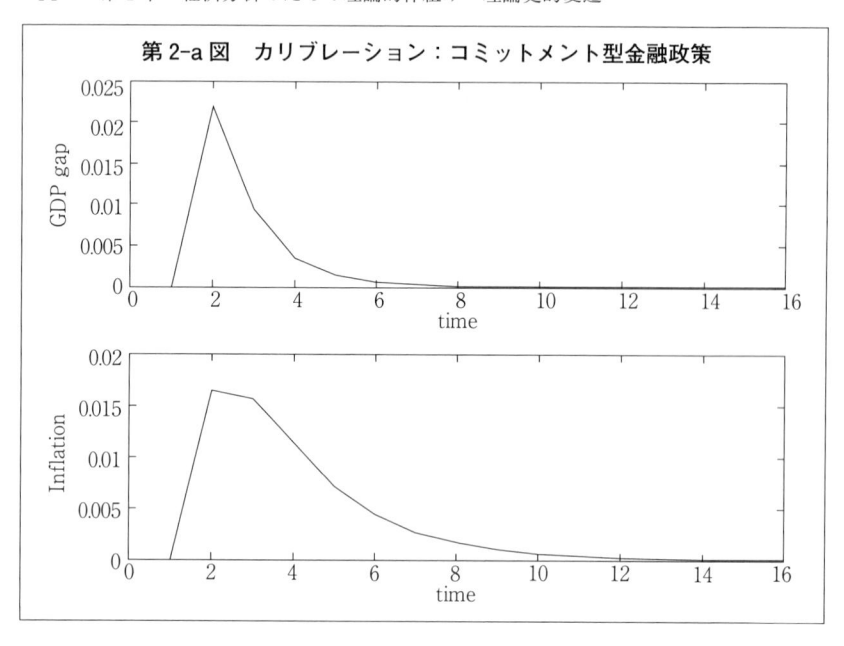

第2-b図　カリブレーション：裁量型金融政策

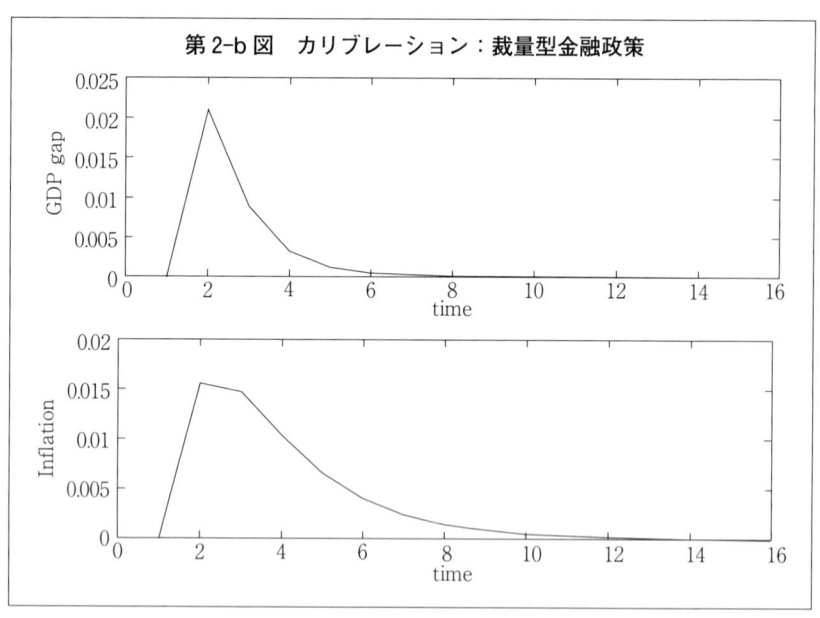

に若干強く出ているが，余り大きな差は見られない。その後，両タイプの金融政策ともに実質 GDP ギャップで 8 期程度，インフレ率で 12 期程度に亘り金融緩和ショック効果が持続しつつ定常状態に収斂していくことを読み取ることができる[51]。政策金利の引き上げという金融引き締めショック（$\varepsilon=+0.1$）に対しても，全く対照的な結果が得られる。

5　統計的検証

さらに本節で，上述した新 *IS-LM* 体系に対し，日米の時系列データを適用して統計的検証を加えてみよう。

1　状態空間モデルとカルマン・フィルター

先の(46)式における動学的 *IS* 曲線式，新ケインジアン・フィリップス曲線式，ならびにテイラー・ルール型金融政策反応式に各々攪乱項を加えて再述すると以下のごとくとなる。

(48) $\hat{y}_t = E_t[\hat{y}_{t+1}] - \frac{1}{\rho}(\hat{r}_t - E_t[\hat{\pi}_{t+1}]) + \varepsilon_t^y$　…動学的 *IS* 曲線式

$\hat{\pi}_t = \beta E_t[\hat{\pi}_{t+1}] + \kappa \hat{y}_t + \varepsilon_t^\pi$　…新ケインジアン・フィリップス曲線式

$\hat{r}_t = \zeta_1 \hat{y}_t + \zeta_2 \hat{\pi}_t + \varepsilon_t^r$　　…テイラー・ルール型金融政策反応式[52]

ただし $\kappa \equiv \dfrac{(1-\beta\omega_P)(1-\omega_P)(\rho+\nu)}{\omega_P}$

$\varepsilon_t^y \sim i.i.d.N(0,\sigma_y^2),\quad \varepsilon_t^\pi \sim i.i.d.N(0,\sigma_\pi^2),\quad \varepsilon_t^r \sim i.i.d.N(0,\sigma_r^2)$

$\forall t \in \{0,1,2,\cdots\}$

これをさらにベクトル・行列表現で書き直すと，予測誤差として $\eta_t^y = \hat{y}_t - E_{t-1}[\hat{y}_t]$，$\eta_t^\pi = \hat{\pi}_t - E_{t-1}[\hat{\pi}_t]$ と置くことにより，

(49)　　$\Gamma_0 s_t = \Gamma_1 s_{t-1} + \Psi \varepsilon_t + \Pi \eta_t$

---

51) 金融政策ルール式における政策ショック ε 項の自己回帰過程（AR(1)）係数 z を 0.4 とすれば，コミットメント型金融政策の場合，実質 GDP ギャップで 4 期程度，インフレ率で 8 期程度に亘り金融緩和ショック効果が持続する。また，$z=0.8$ とした場合は，実質 GDP ギャップで 14 期程度，インフレ率で 20 期程度に亘り金融緩和ショック効果が持続することになる。

52) ここで，金融政策反応式は単にテイラー・ルール型のフォミュラーであって，最適性は確保されていない。

$$\forall t \in \{1,2,\cdots\}$$

が求まる[53]。ここで, s_t, ε_t, η_t はそれぞれ $s_t=(E_t[\hat{y}_{t+1}], E_t[\hat{\pi}_{t+1}], \hat{y}_t, \hat{\pi}_t, \hat{r}_t)'$, $\varepsilon_t=(\varepsilon_t^y, \varepsilon_t^\pi, \varepsilon_t^r)'$, $\eta_t=(\eta_t^y, \eta_t^\pi)'$ の縦ベクトルであり, また $\Gamma_0, \Gamma_1, \Psi, \Pi$ は, それぞれ 5×5, 5×5, 5×3, 5×2 の行列である。(49)式で表現された合理的予想モデルの線形式に対し, Sims (2002) の解法[54]を適用すると,

(50) $\quad s_t = \Theta_1 s_{t-1} + \Theta_0 \varepsilon_t$

を得る。すなわち, (47)式において Γ_0 を非特異とすれば, $\Gamma_0^{-1}\Gamma_1 \equiv A$ の固有値分解 $A = P\Lambda P^{-1}$ ならびに $Q \equiv P^{-1}\Gamma_0^{-1}$ に対し, 各固有値 λ_i の絶対値の大小に応じて $|\lambda_i| < 1 (\forall i \in \{s\})$ および $|\lambda_i| > 1 (\forall i \in \{e\})$ と並び替え, さらに $w_t \equiv P^{-1} s_t$ と置いて

(51) $\quad \begin{bmatrix} w_{1t} \\ w_{2t} \end{bmatrix} = \begin{bmatrix} \Lambda_s & 0 \\ 0 & \Lambda_e \end{bmatrix} \begin{bmatrix} w_{1,t-1} \\ w_{2,t-1} \end{bmatrix} + \begin{bmatrix} Q_1 \\ Q_2 \end{bmatrix}(\Psi\varepsilon_t + \Pi\eta_t)$

と書き換える。これより, $\Theta_1 = P\begin{bmatrix} \Lambda_s & 0 \\ 0 & 0 \end{bmatrix}P^{-1}$ ならびに $\Theta_0 = P\begin{bmatrix} Q_1\{\Psi - \Pi(Q_2\Pi)^{-1}Q_2\Psi\} \\ 0 \end{bmatrix}$ が最終的に求められ, ここに線形合理的予想モデルの解(48)式が導ける。Θ_1, Θ_2 は未知パラメータ $\theta = \{\beta, \rho, \kappa, \xi_1, \xi_2\}$ に依存する 5×5, 5×5 の行列である。

つぎに上述したシステムの状態を決定するベクトル s_t と観測可能な値のベクトル y_t との関係を表す観測方程式を導入しよう。すなわち, t 期の実質GDPギャップを $YGAP_t$, インフレ率を $INFL_t$, 名目利子率を $INTR_t$ としたとき, $y_t = (YGAP_t, INFL_t, INTR_T)'$ と置けば,

(52) $\quad y_t = Z s_t$

である。ここで, Z は 3×5 行列を表す。かくして,

(53) $\quad s_t = \Theta_1 s_{t-1} + \Theta_0 \varepsilon_t \quad \cdots$ 遷移方程式
$\quad\quad\quad y_t = Z s_t \quad\quad\quad\quad\quad \cdots$ 観測方程式

---

53) X_t は定常値からの対数線形乖離をとっているため, 定数 $C=0$ となる。
54) 本章・補論2参照。Sims のアルゴリズムは先決変数と非先決変数ないしはジャンプ変数とを区別しない。

$$\varepsilon_t \sim i.i.d.N((0,0,0)', V) \quad V = \begin{bmatrix} \sigma_y^2 & 0 & 0 \\ 0 & \sigma_\pi^2 & 0 \\ 0 & 0 & \sigma_r^2 \end{bmatrix}$$

と置けば，遷移・観測方程式の線形性と攪乱項の正規性が確保できるので，ここに線形ガウシアン状態空間モデルを構成する．したがって，この状態空間モデルに以下のようなカルマン・フィルター・アルゴリズムを適用する[55]．

(54) 予測：

$$s_{t|t-1} = \Theta_1 s_{t-1|t-1}$$
$$P_{t|t-1} = \Theta_1 P_{t-1|t-1} \Theta_1' + \Theta_0 V \Theta_0'$$
$$F_{t|t-1} = Z P_{t|t-1} Z'$$
$$\nu_{t|t-1} = y_t - Z s_{t|t-1}$$

フィルター：

$$K_t = P_{t|t-1} Z' F_{t|t-1}^{-1}$$
$$s_{t|t} = s_{t|t-1} + K_t \nu_{t|t-1}$$
$$P_{t|t} = (I - K_t Z) P_{t|t-1}$$

ここで $s_{t|t-1}$ ならびに $P_{t|t-1}$ は，$(y_1 \cdots y_{t-1})$ が与えられたときの s_t に関する条件付期待値ならびに条件付共分散行列を表す．また，$s_{t|t}$ ならびに $P_{t|t}$ は，$(y_1 \cdots y_t)$ が与えられたときの s_t に関する条件付期待値ならびに条件付共分散行列を表す．また K_t はカルマン・ゲインと称されるものである．かくして，初期条件 $s_{0|0}$ ならびに $P_{0|0}$ を所与とすれば，状態空間モデルのパラメータが既知の場合，観測値を上述したカルマン・フィルター・アルゴリズムに当てはめることにより，状態 s_t を決定することができる．しかるに，未知パラメータ θ の推計は，y_t が 3×1 ベクトルであったから，$n=3$ と置いて，

(55) $\quad \ln L(\theta) = -\dfrac{1}{2}\left(nT\ln 2\pi + \sum_{t=1}^{T} \ln F_{t|t-1} + \sum_{t=1}^{T} \nu'_{t|t-1} F_{t|t-1}^{-1} \nu_{t|t-1}\right)$

なる対数尤度関数を最大化することにより求められる．

---

[55] カルマン・フィルター・アルゴリズムの導出については，谷崎 (2007)，Hamilton (1994) を参照．

第1章 経済分析のための理論的枠組み:理論史的変遷

Table 3-a Posterior Distributions of the Parameters (Japan)

	Variable	Mean	Naive SE	T-series SE	SD	95% Interval
(1) IS Curve Eq.	$1/\rho$	0.61192	0.00440	0.00413	0.43970	[-0.25272 1.48052]
(2) NKP Curve Eq	κ	0.00666	0.00048	0.00045	0.04776	[-0.08727 0.10100]
(3) Monetary Policy Rule	$\varsigma 1$	0.03242	0.00037	0.00035	0.03677	[-0.03957 0.10370]
	$\varsigma 2$	0.01691	0.00191	0.00210	0.19070	[-0.36650 0.38920]

Note: Sample Period=1996Q1-2010Q4

Table 3-b Posterior Distributions of the Parameters (USA)

	Variable	Mean	Naive SE	T-series SE	SD	95% Interval
(4) IS Curve Eq.	$1/\rho$	0.09589	0.00076	0.00072	0.07627	[-0.05410 0.24660]
(5) NKP Curve Eq	κ	0.06963	0.00090	0.00085	0.09043	[-0.10820 0.24828]
(6) Monetary Policy Rule	$\varsigma 1$	0.82350	0.00106	0.00035	0.10550	[0.61690 1.02805]
	$\varsigma 2$	-0.06439	0.00248	0.00210	0.24830	[-0.56330 0.41935]

Note: Sample Period=1996Q1-2010Q4

2 MCMC 推計

上述体系を推計する場合,線形合理的予想モデルの誘導形における攪乱項は正規分布になるとは限らないから,(55)式で表される対数尤度関数は必ずしも単峰であることが保証されない。したがって,本節では尤度関数の非単峰性を回避すべく「マルコフ連鎖モンテカルロ法によるベイズ推定法」(BI-MCMC)[56]を適用する。また,具体的な計算のアルゴリズムとしては,ギブス・サンプラー(Gibbs sampler)を用いる。推計期間は,日本銀行がコール・レートを一定の水準に誘導することをもって金融政策の政策目標に切り替えた時点を考慮し,1996年第1四半期より最近時点の2010年第4四半期(標本数:60サンプルズ)までとする。データはIMFの *International*

---

56)「マルコフ連鎖モンテカルロ法によるベイズ推定法」ならびに「ギブス・サンプラー・アルゴリズム」に関しては本章・補論1参照。なお,ギブス・サンプラー・アルゴリズムの計算ソフトは,RのMarkov Chain Monte Carlo Package(Copyright 2003-2010 by Martin, A. D., K. M. Quinn, and J.H. Park)を使用した。本プログラム内容については,Martin, A.D. et al. (2009) "Package 'MCMCpack'"(http://mcmcpack.wustl.edu)に説明されている。

Financial Statistics, CD-ROM, July 2011 を用いる。y は日米ともに実質 GDP 指数（2005＝100.0），π は同じく消費者物価指数（2005＝100.0）の対前期比増減率，r は日本は無担保コール・レート翌日物期中平均，米国はフェデラルファンド・レート期中平均である。金利を除くすべての四半期原数値に対し，センサス X12-ARIMA により季節調整を施す。また，定常均衡値からの近傍乖離幅を Hodrick=Prescott フィルターによる傾向値からの差で近似する。さらに定常状態の時間割引率 β を 0.99（四半期ベース）と置く。

かくして，マルコフ連鎖モンテカルロ法によるベイズ推定法により，第3表のような新 *IS-LM* 体系の各パラメータに対する推計結果を得る。第3表は，ギブス・サンプラー・アルゴリズムにより，最初の 1,000 個を初期値に依存する稼動検査（burn-in）期間として捨て，その後の 10,000 個の標本を事後分布からの標本と考えて，事後分布の平均，標準誤差，標準偏差，95％信頼区間を表示している。ただし，ここでギブス・サンプラーの初期値にはOLS 推計値を用いた。なお添付図・第1図～第6図は，ギブス・サンプラーで得られた各パラメータならびに分散の標本経路（左部分）と事後確率密度関数（右部分）を表示している。いずれの標本経路も安定した動きで十分に状態空間全体を行き来していると見なされ得ることから不変分布に収束していると判定され，かつ各推計値が事後確率密度関数の中央近辺に来ていることも見て取れる。

3 推計結果の解釈

第3表で示された新 *IS-LM* 体系の各パラメータに対する推計結果[57]を見ると，まず第1式ならびに第4式の日米 *IS* 曲線式において，異時点間の消費代替弾力性 ρ の逆数を表す実質金利項の係数が双方とも正となっている。本来，理論的には GDP ギャップと実質金利とは逆相関の関係になることが期待されるものである。これは，日米ともに通貨当局が政策金利を実質ゼロ水準にまで引き下げたにもかかわらず，景気が浮揚しなかった現状を反映し

---

[57] ただし，日米ともに本標本期間におけるゼロ金利政策期間中は政策金利に一定の下限が存在することから，テイラー・ルールを適用した推計結果には注意を払う必要があるであろう。また第3章の計量分析結果についても参照。

た推計結果になったと判断される。また，第6式の米国金融政策ルール式において，インフレ率の項の係数が負となっている。また，GDPギャップ項の係数の推計値が相対的に大きい。これは1999年から2000年にかけてITバブルが発生すると，それ以降，バブル崩壊にともなう不況回避や2001年の同時多発テロによる景気悪化を防ぐため，米連邦準備制度理事会は，物価が上昇したにもかかわらず景気回復を優先して政策金利であるフェデラルファンド・レートを4年近くにわたって引き下げたことが影響したと思われる。

　ところで，日本経済は，資産価格バブル崩壊後のデフレ・スパイラル的な景気低迷状況から脱せられないまま，2008年9月のリーマン・ショック不況を経て，2011年3月の東日本大震災に見舞われた今日まで，深刻な経済状況が続いている。そうした状況下で，日本の中央銀行たる日本銀行は，ゼロ金利政策や量的緩和政策など徹底した金融緩和策を展開している。そこでは，「無担保コールレート（オーバーナイト物）をデフレ懸念の払拭が展望できる情勢（具体的には，消費者物価指数の前年比で2%～0%であり，1%程度がひとつの目安）になるまで実質的にゼロに誘導する」，「日銀当座預金残高（の目標値）を，消費者物価指数の前年比上昇率が安定的にゼロ・パーセント以上になるまで継続する」という政策声明を行い，コミット（i.e. 約束）した政策の継続期間＝時間軸を強調しつつデフレ不況からの脱却を模索している[58]。米連邦準備制度理事会も同様で，2008年12月から始めた政策金利の実質ゼロ期間を，従来の"長期"という文言から2011年8月には"2013年半ばまで維持する"との明確な具体的期間を示した[59]。これはまさに中央銀行が民間経済主体と相手プレイヤーの出方を推し量った「ゲーム」を展開しつつ，経済厚生の最大化という政策目標を追求している状況にほかならない。すなわち，本章で検討したごとく，中央銀行はアナンスメント内容を反故にすることなく，また民間部門のそれら金融政策に対する絶対的な信認・信頼なくしては，部分ゲーム完全均衡を達成することは不可能なのである。

58）　日本銀行ウェブサイト（www.boj.or.jp/mopo/mpmdeci/）。
59）　米国連邦準備制度理事会ウェブサイト（www.federalreserve.gov/newsevents/press/monetary/20110809a.htm）。

すなわち，金融政策の有効性が担保されないときは，上述した政策声明は空（empty）約束として政策の時間的整合性効果を期待し得ず，中央銀行と民間主体の間のゲームにおけるナッシュ均衡を実現できない。残るは次善の策として，例えば通貨当局が前期の行動を無視して毎期最適化を図る裁量型政策と，そしてまた政策の歴史依存性と称されるごとく，常に前期の行動を踏まえて最適化を図ることをコミットし実行する（i.e. timeless perspective）政策である。

6 結 び

本章において，金融政策分析に対するマクロ経済理論の枠組みに関して，まずJ. M. ケインズの『雇用・利子および貨幣の一般理論』に始まるマクロ経済学の学説史的展望を行い，今日までの主要学説の変遷を跡付けた。次いで，財サービス市場が独占的競争関係にあるとき，個別経済主体の将来予想を含む最適化行動に基づいたマクロ経済の運行を，動学的一般均衡理論の論理を適用して得られる「新 $IS\text{-}LM$ 体系」によって説明した。この新 $IS\text{-}LM$ 体系は，縮約された3本の経済構造方程式によって構成されており，いわばヒックス=ハンセン流「$IS\text{-}LM$ 体系」の動学版と言える。この新 $IS\text{-}LM$ 体系により，通貨当局の裁量型政策（discretion-type policy）とコミットメント型政策（commitment-type policy）とのそれぞれの特色が明確になった。さらに，新 $IS\text{-}LM$ 体系のカリブレーションを行った。すなわちモデルの構造パラメータを設定したうえで，通貨当局により金融緩和的措置がとられたとき，主要経済変数の動学的影響がどのようなものとなるかシミュレーションを行なった。加えて，同体系に日米時系列データを適用しつつ「マルコフ連鎖モンテカルロ法によるベイズ推定法」により推計することで，日米マクロ経済の特色を検証し，政策効果の有効性に関して有意味な知見を得ることができた。かくして，中央銀行による金融政策の実効性を評価するために，本章で検討した新 $IS\text{-}LM$ 体系はひとつの有効な手掛かりを提供してくれると結論付けることができる。

補論1　マルコフ連鎖モンテカルロ法による
　　　　　ベイズ推定法

本章においてパラメータ推計に用いた「マルコフ連鎖モンテカルロ法によるベイズ推定法」とは凡そ以下のような内容の統計手法である[60]。

1　BI-MCMC法

マルコフ連鎖モンテカルロ法によるベイズ推定（The Bayesian Inference with a Markov Chain Monte Carlo Method; BI-MCMC）とは，
(a)　事前分布 $\pi(\theta)$ を設定する，
(b)　マルコフ連鎖と呼ばれる確率過程の性質を利用して，事後分布 $f(\theta|data)$ から θ の確率標本（モンテカルロ標本）を生成する（サンプリング），
(c)　これらサンプリングされた値を用いて未知パラメータ θ を求める，
という一連の手続きで計算される。したがって，本 BI-MCMC 法の利点は，従来の一般的推計法では扱えなかった複雑なモデルに対しても，本推計法ではマルコフ連鎖の性質を利用することで任意の確率分布から乱数を生成し（モンテカルロ法），これら確率標本値からモデル・パラメータを求めることが可能となる。

2　ベイズ推定

$$(1) \quad f(\theta|x) = \frac{g(x|\theta)\pi(\theta)}{\int g(x|\theta)\pi(\theta)d\theta} \propto g(x|\theta)\pi(\theta)$$

すなわち，事後分布 $\propto$ 尤度関数×事前分布で表せる。ここで，ある尤度関数 g に対して事前分布 π と事後分布 f が同じ形状の確率分布となれば扱い

---

[60]　本補論をまとめるに際しては，大森（2001）（2007），大森/渡部（2008），古澄（2008），中妻（2007），和合（1998）（2007），渡部（1999），Gamerman/Lopes（2006），Kendall（2005），Robert/Casella（2004）を参考にした。

やすくなる。これを共役分布 (conjugate distribution) と称する。

3 マルコフ連鎖

確率変数列 $\{X_n\}(\forall n \in \{0,1,2\cdots\})$ が状態空間 Ω で一定の値をとるとき,

(2) $\quad \Pr(X_{n+1}=x_{n+1}|X_n=x_n, X_{n-1}=x_{n-1}\cdots, X_0=x_0)$
$\quad\quad = \Pr(X_{n+1}=x_{n+1}|X_n=x_n)$

であるならば,$\{X_n\}$ はマルコフ連鎖と称される。すなわち,$n+1$ 期における条件付確率分布が時点 n よりも以前の履歴には依存しない確率過程がマルコフ性 (Markov property) と呼ばれるものである。さらに(2)式の条件付確率が n から独立的なとき (i.e. 斉時的 (time-homogeneous)),

(3) $\quad \Pr(X_{n+1}=x_j|X_n=x_i)=p(i,j), \quad i,j=1,2,\cdots k, \quad \forall n \in \{0,1,2\cdots\}$
$\quad\quad p(i,j) \geq 0, \; \sum_{j=1}^{k} p(i,j)=1$

と表し,これを推移確率と称する。さらにこの推移確率 $p(i,j)$ を第 i,j 要素とする $k \times k$ 行列 T を推移行列と称する。ここですべての $i,j(\in\{1,2,\cdots k\})$ に対して T を n 乗した値が正,すなわち $T^n{}_{|i,i}>0$ となる有限の n が存在するならば,マルコフ連鎖は既約的 (irreducible) であるという[61]。つぎに,状態 $i(\in\{1,2,\cdots k\})$ に対し,$\{n \geq 1:T^n{}_{|i,i}>0\}$ で定義される集合を考えると,これは,元の状態に戻るのに必要な時間間隔数の集合を表している。この集合の最大公約数を状態 i の周期といい,すべての状態の周期が1のとき,マルコフ連鎖は非周期的 (aperiodical) であるという[62]。最後に,推移行列が T であるようなマルコフ連鎖に対して,行ベクトル $\pi=\{\pi_1,\pi_2,\cdots\pi_k\}$ が

(4) $\quad \pi=\pi T$
$\quad\quad$ ただし $\pi_i \geq 0 \; (i \in \{1,2,\cdots k\}, \sum_{i=1}^{k}\pi_i=1$

を満たすとき,π は T の不変分布 (invariant distribution) であるという[63]。かくして次の定理が成り立つ[64]。
マルコフ連鎖の収束定理:

---

[61] 岡田 (2010)。
[62] ibid.
[63] ibid.
[64] 大森 (2001) p.312, 古澄 (2008) p.279。

マルコフ連鎖 $\{X_0, X_1, \cdots\}$ が既約的でかつ非周期的であるとき，その推移行列を T とする。さらに π が T の不変分布であれば，π^n が任意の初期分布 π^0 から出発して $n\to\infty$ で不変分布に収束する，すなわち，$\frac{1}{2}\sum_{i=1}^{k}\left|\pi_i^n-\pi_i\right|\to 0 (n\to\infty)$ となる。

こうして，不変分布が目標分布となるようにマルコフ連鎖を構成することにより，適当な初期値から始めて十分な回数の連鎖の反復をしていくとき，マルコフ連鎖の確率標本を目標分布からの確率標本とすることができる。

ところで，これまで状態空間 Ω は離散的としてきたが，これが連続的な場合でも，推移行列 T の代わりに，

(5) $\quad \Pr(X_{n+1}\in A|X_n=X)=\int_A T(X,Y)dY \quad X\in\Omega,\ A\subset\Omega$

を満たす条件付確率分布 $T(X,Y)$（推移核（transition kernel））を考え，この推移核 $T(X,Y)$ の不変分布を

(6) $\quad \pi(Y)=\int_\Omega \pi(X)T(X,Y)dX$

を満たす確率分布 $\pi(X)$ として定義すれば，上述したマルコフ連鎖の収束定理は成立する[65]。

4 ギブス・サンプラー

上述したマルコフ連鎖モンテカルロ法のアルゴリズムとしては，今日①メトロポリス-ヘイスティングス・アルゴリズム（Metropolis-Hastings algorithm），②データ拡大法（data augmentation method），③ギブス・サンプラー（Gibbs sampler）などが利用される[66]。ここではまずギブス・サンプラーを取り上げる。

いま，目標分布 π の確率密度関数が $\pi(\theta)$ であるとし，θ は $\theta=(\theta_1,\cdots\theta_k)$ といくつかのベクトルに分割できるとする。ベイズ推定においては，θ は未知パラメータであり，また $\pi(\theta)$ はその事後確率密度関数となっている。この

---

65) 古澄（2008）p.280。
66) 大森（2001）（2007），大森/渡部（2008），中妻（2007）。

とき，
1) 初期値 $\theta^0=(\theta_1^0,\theta_2^0,\cdots,\theta_k^0)$ を決める。
2) $n=0, 1, 2, \cdots$ に対して以下を繰り返す。
   (ⅰ) θ_1^{n+1} を $\pi(\theta_1^{n+1}|\theta_2^n,\cdots\theta_k^n)$ から発生させる。
   (ⅱ) θ_2^{n+1} を $\pi(\theta_2^{n+1}|\theta_1^{n+1},\theta_3^n\cdots\theta_k^n)$ から発生させる。
   ⋮
   (k) θ_k^{n+1} を $\pi(\theta_k^{n+1}|\theta_1^{n+1},\cdots\theta_{k-1}^{n+1})$ から発生させる。

こうして逐次的に得られた $\theta^0, \theta^1, \theta^2, \cdots$ は，n が十分大なるとき，同時事後分布からのサンプリングと見なし得るから，

(7) $\quad T(\theta^n,\theta^{n+1})=\pi(\theta_1^{n+1}|\theta_2^n,\cdots\theta_k^n)\times\prod_{j=2}^{k-1}\pi(\theta_j^{n+1}|\theta_1^{n+1},\cdots\theta_{j-1}^{n+1},\theta_{j+1}^n,\cdots\theta_k^n)$
$\qquad\qquad\times\pi(\theta_k^{n+1}|\theta_1^{n+1},\cdots\theta_{k-1}^{n+1})$

を推移核とするマルコフ連鎖であり，したがって，マルコフ連鎖の収束条件が満たされているならば[67]，「収束定理」から θ^n の分布は $n\to\infty$ で $\pi(\theta)$ を確率密度関数とする分布（i.e. 不変分布）に収束する。この収束するまでの期間は稼動検査機関（burn-in period）と呼ばれるものである。さらにこれら実際の繰り返し計算で，いつ標本が不変分布へ収束するかという収束判定に関しては，得られた標本の時系列プロットによる方法のほか，標本から統計量を計算して収束を判定する方法も数多く提案されている[68]。

5 メトロポリス-ヘイスティングス・アルゴリズム

つぎに，メトロポリス-ヘイスティングス・アルゴリズムとはおよそ以下のようなものである[69]。

いま，乱数生成対象である目標分布 $f(\theta)$ からサンプリングしようとした場合，提案密度関数 $g(\theta|\theta_{n-1})$ ならびに初期値 θ_0 を選択する。そして下記のようなアルゴリズムを用いて $(\theta_1,\theta_2,\cdots\theta_N)$ をサンプリングする。

---

67) マルコフ連鎖の収束条件は，多くの応用例で満たされていることが分かっている（大森（2007）p.707）。
68) 大森／渡部（2008）pp.229-231，古澄（2008）pp.290-291．
69) 本 MH アルゴリズムに関しては，Chib/Greenberg（1995）が詳しい。その他，古澄（2008）pp.280-283，大森／渡部（2008）pp.228-229，中妻（2007）pp.162-175 を参照。

1) $n=1$ とする。
2) 提案密度関数 $g(\theta|\theta_{n-1})$ からサンプリングし,サンプリングされた値 $\tilde{\theta}$ と1回前にサンプリングされた値 θ_{n-1} を用いて,つぎの確率(i.e. 採択確率)を計算する。

$$q=\min\left[\frac{f(\tilde{\theta})g(\theta_{n-1}|\tilde{\theta})}{f(\theta_{n-1})g(\tilde{\theta}|\theta_{n-1})},1\right]$$

3) u を一様分布 $U(0,1)$ から生成する。
4) θ_n を以下のように決定する。

$\theta_n=\tilde{\theta}$, if $u\leq q$

$\theta_n=\theta_{n-1}$, otherwise

5) $n<N$ であれば $n=n+1$ として2)に戻る。$n=N$ であれば終了。

$N\to\infty$ とすると,θ_N は一般的な条件のもとで $f(\theta)$ からサンプリングされた変数に確率収束することが分かっているから[70],N が十分大きければ $(\theta_{N+1},\cdots\theta_{N+M})$ は $f(\theta)$ からサンプリングされた値とみなせる。したがって,最初の $(\theta_1,\theta_2,\cdots\theta_N)$ は捨て(i.e. burn-in),残りの $(\theta_{N+1},\cdots\theta_{N+M})$ を用いて推定することになる。さらに $\tilde{\theta}$ を

$\tilde{\theta}=\theta_{n-1}+\varepsilon_n$, $\varepsilon_n\sim i.i.d.N(0,cH)$

なるランダム・ウォーク過程からサンプリングすると,$\tilde{\theta}$ を目標分布 $f(\tilde{\theta})$ のモードとすれば,H は $-\ln f(\tilde{\theta})$ のヘッシアンの逆行列となる。ただし,c は調整係数である[71]。ここで,

$g(\theta_{n-1}|\tilde{\theta})=g(\tilde{\theta}|\theta_{n-1})$

なる関係が言えるので,先の採択確率 q は,

$$q=\min\left[\frac{f(\tilde{\theta})}{f(\theta_{n-1})},1\right]$$

となって,採択確率 q は提案密度関数 $g(\theta|\theta_{n-1})$ に依存しなくなる。ところで,調整係数 c はステップサイズと称されるもので,現在の変化分を決定す

---

70) 大森/渡部(2008)p.229。
71) 渡部(2009)。

る。すなわち，$\tilde{\theta}$とθ_{n-1}との変化はあまりかけ離れないようにする必要があるが，そうしないと採択確率qは低くなり，無駄に乱数を生成して同じ値が出続けることになる。したがって，そのために調整係数cを小さくすることが要求されるが，しかしながら，cをあまり小さくすると，今度は狭い範囲からしかサンプリングされず，初期値に近い目標分布の一部からしか乱数が生成できなくなる恐れがある。一般にはcは採択確率が45%（θが1次元）〜23%（同無限次元）の範囲内に収まるよう調整するのが望ましいとされている[72]。

6 回帰モデルへのBI-MCMC法の応用

ここで次のような多変数線形回帰モデルを考える。

(8) $\quad y = X\beta + \varepsilon, \quad \varepsilon \sim N(0, \sigma^2 I_n)$

ただし $y = (y_1, \cdots y_n)'$：確率変数で被説明変数ベクトル
$X = (x_1, \cdots x_n)' \ \& \ x_i = (1, x_{2i}, \cdots x_{ki})'$：
　　　　　　　　　　　　　　　　既知の定数で説明変数行列
$\beta = (\beta_1, \cdots \beta_k)'$：未知のパラメータで回帰係数ベクトル
ε：n次元正規分布に従う確率変数で攪乱項，
　　　I_nはn次元単位行列，σ^2は攪乱項の分散スカラー

このとき尤度関数は，

(9) $\quad f(y|\beta, \sigma^2) = \dfrac{1}{(\sigma\sqrt{2\pi})^n} \exp\left\{-\dfrac{1}{2\sigma^2}(y - X\beta)'(y - X\beta)\right\}$

となる。またβ, σ^2の事前分布をそれぞれ$\beta \sim N(b_0, B_0)$（正規分布），$\sigma^2 \sim IG(\dfrac{n_0}{2}, \dfrac{S_0}{2})$（逆ガンマ分布[73]）に独立して従うと仮定すれば，同時事前分

---

72) Chib/Greenberg (1995) p. 330.
73) (α, β)をパラメータとする逆ガンマ分布の確率密度関数は

$$\pi(x|\alpha, \beta) = \dfrac{\beta^\alpha}{\Gamma(\alpha)} x^{-(\alpha+1)} \exp\left(-\dfrac{\beta}{x}\right) \quad x > 0, \ \alpha > 0, \ \beta > 0$$

ただし，$\Gamma(\alpha) = \int_0^\infty x^{\alpha-1} e^{-x} dx$

で定義され，$X \sim IG(\alpha, \beta)$と表記される。$X \sim IG(\alpha, \beta)$であれば，$X^{-1} \sim G(\alpha, \beta)$であるから，逆ガンマ分布からのサンプリングは，したがって，ガンマ分布からサンプリングして逆数をとればよいことが分かる。

布は

(10) $\pi(\beta,\sigma^2)=\pi(\beta)\pi(\sigma^2)$

$$\propto \exp\left\{-\frac{1}{2}(\beta-b_0)'B_0^{-1}(\beta-b_0)\right\}\times(\sigma^2)^{-(\frac{n_0}{2}+1)}\exp\left\{-\frac{S_0}{2\sigma^2}\right\}$$

となる。これより同時事後分布は

(11) $\pi(\beta,\sigma^2|y)\propto(\sigma^2)^{-(\frac{n_0}{2}+1)-\frac{n}{2}}\exp\left\{-\frac{S_0+(y-X\beta)'(y-X\beta)}{2\sigma^2}\right\}$

$$\times\exp\left\{-\frac{1}{2}(\beta-b_0)'B_0^{-1}(\beta-b_0)\right\}$$

となる。したがって,(11)式を平方完成法(completion of the square)を用いて展開すれば,以下のような条件付確率分布が得られる。

(12) $\pi(\beta|\sigma^2,y)\propto\exp\left\{-\frac{1}{2}(\beta-b_1)'B_1^{-1}(\beta-b_1)\right\}$

$\pi(\sigma^2|\beta,y)\propto(\sigma^2)^{-(\frac{n_1}{2}+1)}\exp\left\{-\frac{S_1}{2\sigma^2}\right\}$

ただし,$b_1=B_1(B_0^{-1}b_0+\sigma^{-2}X'y)$

$B_1^{-1}=B_0^{-1}+\sigma^{-2}X'X$

$n_1=n_0+n$

$S_1=S_0+(y-X\beta)'(y-X\beta)$

これから,たとえば具体的計算アルゴリズムとしてのギブス・サンプラーが以下のようにして求まる。

1) 初期値 $\beta^{(0)},\sigma^{2(0)}$ を決める。
2) $\beta^{(n)},\sigma^{2(n)}(n=0,1,2,\cdots)$ が得られたら,
   (ⅰ) $\beta^{(n+1)}|\sigma^{2(n)},y\sim N(b_1,B_1)$ を発生させる。
       ただし,$b_1=B_1^{(n)}(B_0^{-1}b_0+\sigma^{-2(n)}X'y), B_1=(B_0^{-1}+\sigma^{-2(n)}X'X)^{-1}$
   (ⅱ) $\sigma^{2(n+1)}|\beta^{(n+1)},y\sim IG(\frac{n_1}{2},\frac{S_1}{2})$ を発生させる。
       ただし,$S_1=S_0+(y-X\beta^{(n+1)})'(y-X\beta^{(n+1)})$
3) n を $n+1$ として2)に戻る。これら手順を繰り返しつつ,初期値の影響を受けていそうな最初の部分のサンプリングを捨て,残りをパラメータ推計に利用する。

平方完成法：
　上述(11)式において，指数関数部分は，
$$\exp\left\{\frac{\sigma^{-2}(y-X\beta)'(y-X\beta)+(\beta-b_0)'B_0^{-1}(\beta-b_0)+\sigma^{-2}S_0}{-2}\right\}$$
であるが，ここで分子を整理すると，

$\sigma^{-2}\{y'y+(X\beta)'(X\beta)-2(X\beta)'y\}+(\beta'B_0^{-1}\beta+b'_0B_0^{-1}b_0-2\beta'B_0^{-1}b_0)+\sigma^{-2}S_0$
$=\{\sigma^{-2}(X\beta)'(X\beta)+\beta'B_0^{-1}\beta\}-2\{\sigma^{-2}(X\beta)'y+\beta'B_0^{-1}b_0\}$
$\quad+(\sigma^{-2}y'y+b'_0B_0^{-1}b_0+\sigma^{-2}S_0)$
$=(\beta-(\sigma^{-2}X'X+B_0^{-1})^{-1}(\sigma^{-2}X'y+B_0^{-1}b_0))'(\sigma^{-2}X'X+B_0^{-1})$
$\quad\times(\beta-(\sigma^{-2}X'X+B_0^{-1})^{-1}(\sigma^{-2}X'y+B_0^{-1}b_0))$
$\quad-(\sigma^{-2}X'y+B_0^{-1}b_0)'(\sigma^{-2}X'X+B_0^{-1})^{-1}(\sigma^{-2}X'y+B_0^{-1}b_0)$
$\quad+(\sigma^{-2}y'y+b'_0B_0^{-1}b_0+\sigma^{-2}S_0)$

となるから，

$B_1^{-1}=\sigma^{-2}X'X+B_0^{-1}$
$b_1=B_1(\sigma^{-2}X'y+B_0^{-1}b_0)$
$C=-(\sigma^{-2}X'y+B_0^{-1}b_0)'(\sigma^{-2}X'X+B_0^{-1})^{-1}(\sigma^{-2}X'y+B_0^{-1}b_0)$
$\quad+(\sigma^{-2}y'y+b'_0B_0^{-1}b_0+\sigma^{-2}S_0)$
$\qquad：\beta$に依存しない定数

と置けば，先の指数関数の部分は，

$$\exp\left\{-\frac{1}{2}[(\beta-b_1)B_1^{-1}(\beta-b_1)+C]\right\}\propto\exp\left\{-\frac{1}{2}(\beta-b_1)B_1^{-1}(\beta-b_1)\right\}$$

となる。

補論2　線形合理的予想モデルの解法

　合理的予想モデルの線形式に対し，それを解く方法として今日では Blanchard/Kahn (1980), King/Watson (1998), Uhlig (1999), Sims (2000) などが利用可能である。ここでは先決変数と非先決変数ないしはジャンプ変数とを区別しない Sims のアルゴリズムを概観する[74]。

1 解法アルゴリズム

まず線形合理的予想式を以下のような形で定義する。

(1) $\quad \Gamma_0 y_t = \Gamma_1 y_{t-1} + C + \Psi z_t + \Pi \eta_t \qquad t \in \{1,2,\cdots T\}, y_{t-1}$: given

ただし y_t：$n \times 1$ の内生状態変数ベクトル

C：$n \times 1$ の定数ベクトル

z_t：$m \times 1$ の外生変数ベクトル，$z_t \sim i.i.d.(0, \Sigma)$

η_t：$r \times 1$ の誤差項ベクトル，$E_t[\eta_{t+1}]=0$

Γ_0：$n \times n$ 行列

Γ_1：$n \times n$ 行列

Ψ：$n \times m$ 行列

Π：$n \times r$ 行列

ここで Γ_0 を非特異とすれば[75]，(1)式は

(2) $\quad y_t = \Gamma_0^{-1} \Gamma_1 y_{t-1} + \Gamma_0^{-1}(C + \Psi z_t + \Pi \eta_t)$

となる。さらに $\Gamma_0^{-1} \Gamma_1 \equiv A$ と置けば，(2)式は

(3) $\quad y_t = A y_{t-1} + \Gamma_0^{-1}(C + \Psi z_t + \Pi \eta_t)$

と書けるが，この行列 A のすべての固有値ベクトルが線形独立であると仮定することにより，Λ を A の固有値 λ_i を対角要素にもつ対角行列とすれば，固有値分解 $A = P \Lambda P^{-1}$ を得る。したがって，$w_t \equiv P^{-1} y_t$ と置くことにより

(4) $\quad w_t = \Lambda w_{t-1} + Q(C + \Psi z_t + \Pi \eta_t)$

ただし $Q \equiv P^{-1} \Gamma_0^{-1}$

が求まる。ここで対角行列 Λ を各固有値 λ_i の絶対値の大小に応じて，

---

74) 本補論 2 は Yakhin (2007) の解説を参照した。厳密な数学的論証に関しては Sims (2002) を参照。

75) Γ_0 ならびに Γ_1 は singular であってもかまわないが，その場合はユニタリー行列による QZ 分解を用いる。すなわち，Q と Z をユニタリー行列とし（i.e. $Q'Q = Z'Z = I$ を満たす実数行列ないしは複素数行列），

$Q'\Lambda Z' = \Gamma_0$

$Q'\Omega Z' = \Gamma_1$

と Γ_0, Γ_1 を分解する。ただし Ω，Λ は上三角行列で実数・複素数行列である（Sims (2002) pp. 9-13）。

(5) $\Lambda = \begin{bmatrix} \Lambda_s & 0 \\ 0 & \Lambda_e \end{bmatrix}$

$|\lambda_i|<1, \quad \forall i \in \{s\}$

$|\lambda_i|>1, \quad \forall i \in \{e\}$

と並び替える。すると，上述(4)式は，

(6) $\begin{bmatrix} w_{1t} \\ w_{2t} \end{bmatrix} = \begin{bmatrix} \Lambda_s & 0 \\ 0 & \Lambda_e \end{bmatrix} \begin{bmatrix} w_{1,t-1} \\ w_{2,t-1} \end{bmatrix} + \begin{bmatrix} Q_1 \\ Q_2 \end{bmatrix}(C + \Psi z_t + \Pi \eta_t)$

と書き換えられる。この式で上段ブロックは安定的であり，他方，下段ブロックは発散することが見て取れる。この発散する下段ブロックを1期繰り上げて左辺と右辺とを入れ替えると，

(7) $w_{2t} = \Lambda_e^{-1} w_{2,t+1} - \Lambda_e^{-1} Q_2 (C + \Psi z_{t+1} + \Pi \eta_{t+1})$

となるから，これを繰り返し計算によって前向きに解くと

(8) $w_{2t} = \lim_{T \to \infty} \Lambda_e^{-T} w_{2,t+T} - \sum_{s=1}^{\infty} \Lambda_e^{-s} Q_2 (C + \Psi z_{t+s} + \Pi \eta_{t+s})$

を得る。さらにこの式の t 期における期待値をとると，

(9) $w_{2t} = \lim_{T \to \infty} \Lambda_e^{-T} E_t[w_{2,t+T}] - \sum_{s=1}^{\infty} \Lambda_e^{-s} Q_2 E_t[C + \Psi z_{t+s} + \Pi \eta_{t+s}]$

となる。定常状態では期待値 $E_t[w_{2,t+T}]$ は有界であり，且つ Λ_e における全対角要素の絶対値は1より大きいから $\Lambda_e^{-T} \to 0 (T \to \infty)$ となり，したがって，$\lim_{T \to \infty} \Lambda_e^{-T} E_t[w_{2,t+T}] = 0$ となる。加えて仮定より $E_t[z_{t+s}] = E_t[\eta_{t+s}] = 0 (s \geq 1)$ であるから，

(10) $w_{2t} = -\sum_{s=1}^{\infty} \Lambda_e^{-s} Q_2 C = [I - \Lambda_e]^{-1} Q_2 C$

が求まる。

つぎに安定的な上段ブロックの w_{1t} を解くためには，誤差項 η_t を削除する必要がある。そこで上述(8)式・(9)式より，

(11) $\sum_{s=1}^{\infty} \Lambda_e^{-s} Q_2 (C + \Psi z_{t+s} + \Pi \eta_{t+s}) = \sum_{s=1}^{\infty} \Lambda_e^{-s} Q_2 E_t[C + \Psi z_{t+s} + \Pi \eta_{t+s}]$

となるが，ここで C の項を除去し，あわせて $E_t[z_{t+s}] = E_t[\eta_{t+s}] = 0 (s \geq 1)$ であることを再び用いれば，

(12) $\sum_{s=1}^{\infty} \Lambda_e^{-s} Q_2 (\Psi z_{t+s} + \Pi \eta_{t+s}) = 0$

が得られる。すなわち，$t+1$ 期以降のショックはすべて除去し得ることができる。かくして，当該体系を1期拡張すれば，$\Lambda_e^{-s} = I (s=0)$ であることを考慮することにより，t 期においても，

(13) $\quad Q_2(\Psi z_t + \Pi \eta_t) = 0$

が求まる．さらに行列 $Q_2\Pi$ が非特異であれば，(13)式は

(14) $\quad \eta_t = -(Q_2\Pi)^{-1} Q_2 \Psi z_t$

のごとく表わされ，誤差項 η_t を z_t によって表現することができる．したがって，w_{1t} は，

(15) $\quad w_{1t} = \Lambda_s w_{1,t-1} + Q_1(C + \Psi z_t + \Pi \eta_t)$
$\qquad\qquad = \Lambda_s w_{1,t-1} + Q_1 C + Q_1\{\Psi - \Pi(Q_2\Pi)^{-1} Q_2 \Psi\} z_t$

と書ける．以上をまとめると，$y_t = P w_t$ であったから，最終的に線形合理的予想モデルの解として，

(16) $\quad y_t = P\begin{bmatrix} \Lambda_s & 0 \\ 0 & 0 \end{bmatrix} P^{-1} y_{t-1} + P\begin{bmatrix} Q_1 \\ [I-\Lambda_e]^{-1} Q_2 \end{bmatrix} C$
$\qquad\qquad + P\begin{bmatrix} Q_1\{\Psi - \Pi(Q_2\Pi)^{-1} Q_2 \Psi\} \\ 0 \end{bmatrix} z_t$

が導ける．すなわち，(16)式において，初期条件 y_0 と外生変数の系列 $\{z_t\}_{t=1}^{T}$ が与えられると，発散解を排除した内生変数の経路 $\{y_t\}_{t=1}^{T}$ が生成できる．

2 合理的予想解の存在と一意性

先の(13)式は

(17) $\quad Q_2 \Pi \eta_t = -Q_2 \Psi z_t$

と書ける．これは合理的予想誤差が必ず外生変数ショックによって説明されることを意味する．したがって，(17)式は，体系の合理的予想解が存在するための条件と言える．ただし，この(17)式が成立しても，(6)式において上段ブロックにはいぜんとして η_t に依存する項が残っている．したがって，もし

(18) $\quad Q_1 \Pi = \Phi Q_2 \Pi$

が成り立つような行列 Φ が存在すれば，(6)式上段ブロックにおいて η_t を z_t で置き換えることができるから，η_t を完全に(6)式より控除することが可能となり，ここに解は一意的に定まる．

BI-MCMC 推計添付図

各推計式に関するパラメータ・分散の標本経路（左部分）と事後確率密度関数（右部分）

【日本】
Figure 1: Eq01　動学的 *IS* 曲線式
Figure 2: Eq02　新ケインジアン・フィリップス曲線式
Figure 3: Eq03　テイラー・ルール型金融政策反応式

【米国】
Figure 4: Eq04　動学的 *IS* 曲線式
Figure 5: Eq05　新ケインジアン・フィリップス曲線式
Figure 6: Eq06　テイラー・ルール型金融政策反応式

64　第1章　経済分析のための理論的枠組み：理論史的変遷

Figure 1

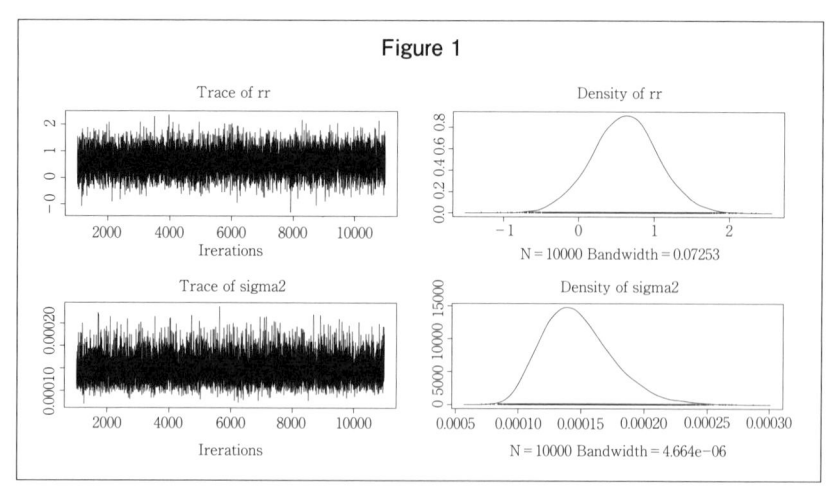

Figure 2

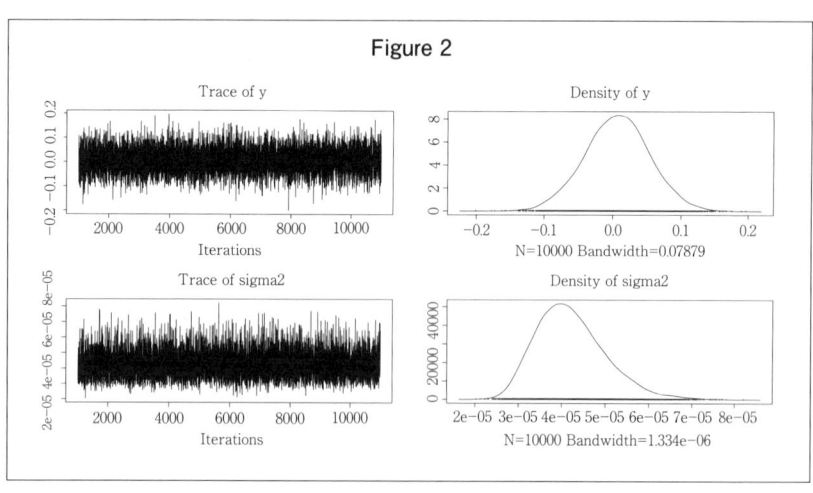

BI-MCMC 推計添付図

Figure 3

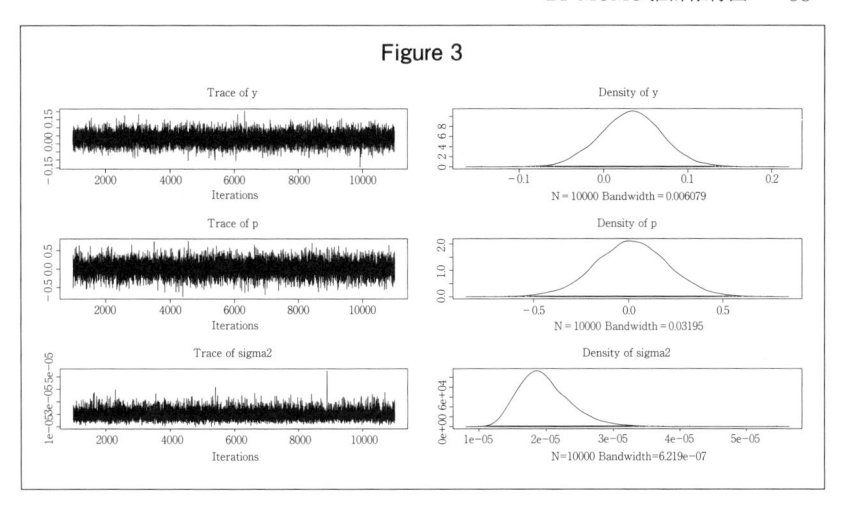

Trace of y

Density of y
N = 10000 Bandwidth = 0.006079

Trace of p

Density of p
N = 10000 Bandwidth = 0.03195

Trace of sigma2

Density of sigma2
N=10000 Bandwidth=6.219e−07

Figure 4

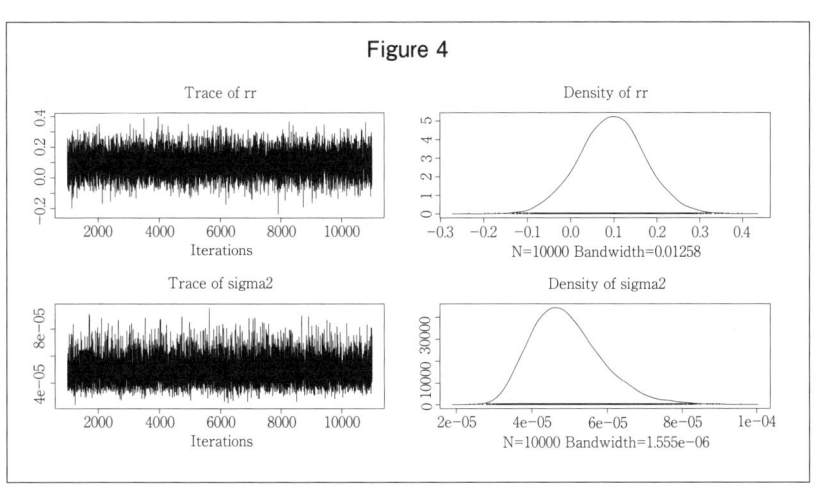

Trace of rr

Density of rr
N=10000 Bandwidth=0.01258

Trace of sigma2

Density of sigma2
N=10000 Bandwidth=1.555e−06

Figure 5

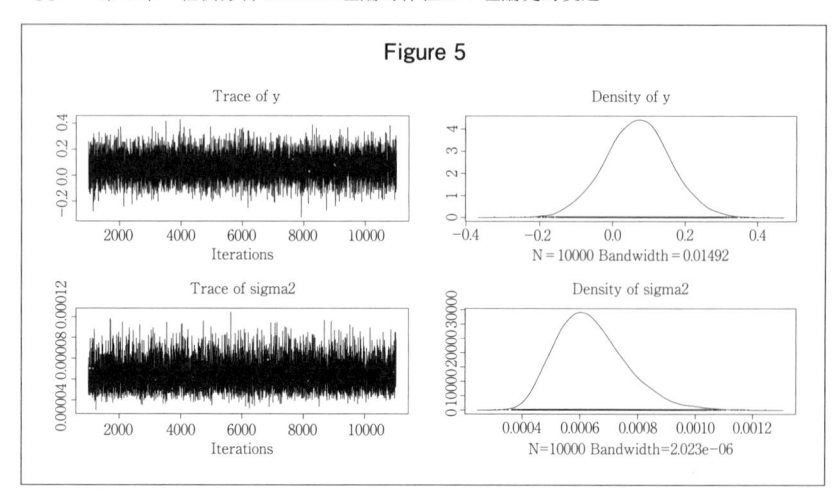

Trace of y / Density of y

Trace of sigma2 / Density of sigma2

Figure 6

Trace of y / Density of y

Trace of p / Density of p

Trace of sigma2 / Density of sigma2

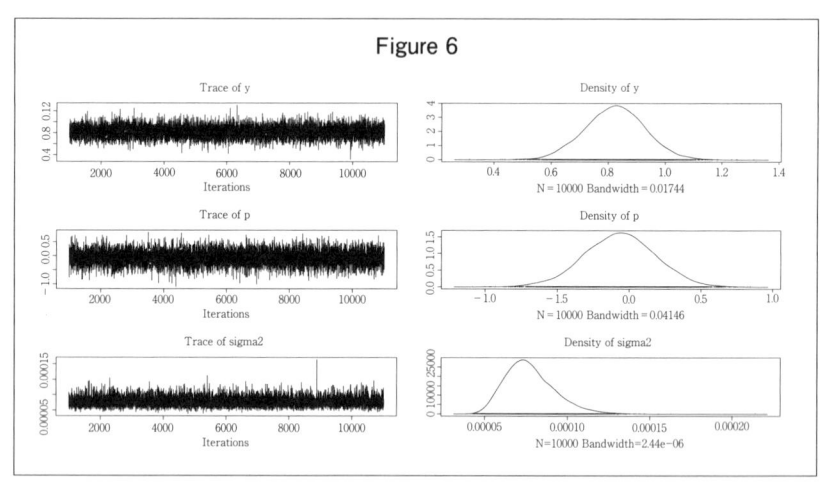

第2章 動学的一般均衡モデルとその開放化：基本モデル

1 はじめに

1990年代以降今日までの四半世紀間に，国際金融論，なかんずく開放マクロ経済学（Open Economy Macroeconomics）ないしは国際マクロ経済学（International Macroeconomics）の分野は劇的な発展を遂げた。まさにトーマス・クーン[1]の言う"パラダイムの転換"である。

従来，為替レートや国際間資本移動の動きを含むところのグローバル化したマクロ経済動向を総体的・整合的に分析する理論体系としては，ケインジアン理論の骨格を成す IS-LM モデルの開放化としてのマンデル=フレミング・モデル[2]が，開放マクロ経済学の標準的な分析フレームワークとなっていた。しかしながら，1970年代に従来のマクロ経済学に対するいわゆる「ルーカス批判」が起こると，それとの関連でこれらマンデル=フレミング・モデルに対し，①個別経済主体のミクロ経済的行動原理に関する記述を欠いていることから，アドホックな定式化になり易く，また外国為替相場制度や財政金融政策に対する直接的な経済厚生的評価が出来難い，②静学モデルであるゆえ，経済体系の動学的経路が把握できず，また，③経済主体の有する予想の役割が明確に定義されてないことから，フォワード・ルッキングな行動様式が見過ごされてしまっている，という指摘がなされるようになった[3]。本来，個別経済主体が過去の経験のみならず将来を見越して最適化行動をとるならば，予見されたショックは合理的に行動する人々の各パラメー

---

1) トーマス・クーン（中山茂訳）(1971)『科学革命の構造』みすず書房．
2) Mundell (1963), Fleming (1962).
3) Lucas (1981).

タを変更させ，したがって，そうした変更メカニズムが明示的に組み込まれたマクロ経済モデルでは，動学的経路はそうでない経済モデルの運行体系と比べて大きく異なってくるはずである。その結果として，経済政策が本来の意図した効果を発揮できずに中立的ないしは無効となる場合もあり得る。1990年代以降，マクロ経済学分野ではこうしたルーカス批判に応える形で"動学的（確率的）一般均衡（DSGE）理論"が急速な発展を遂げた[4]。新たに開発された理論モデルは，①個別経済主体の最適化行動というミクロ的基礎付けを有している，②独占的競争関係に基づく価格の粘着性をベースに，より現実経済のパフォーマンスに即した理論を組み立てている，③バックワード・ルッキング的な最適化行動のみならず，予想の役割を明確に定式化したフォワード・ルッキング的な要素をも取り込んでいる，などの特色を備えていた。これら動きに呼応して，1995年には，オブズフェルドとロゴフが上述したDSGE理論を基底に据えたいわゆるオブズフェルド＝ロゴフ・モデルと称される"二国間開放経済動学的一般均衡モデル"を初めて提唱した[5]。それ以来，同モデルを基本型として様々な方向へ発展させた「"新"オープンエコノミー・マクロ経済学（NOEM）」が次第に広く活用されるようになった。

　こうした国際金融論分野の流れのなかで，今日ではマンデル＝フレミング・モデルで追い切れなかった部分に新たな研究フロンティアの拡大する傾向が顕著である。近年とりわけ進展の著しい分野は，例えば，経済のグローバル化の発展とともに各国金融資本市場の結合度が高まりつつあることを受け，一国の金利などの金融変数や物価，賃金，生産技術などの変化が，為替レートや国際間資本移動を通じて実体経済のグローバルな動きとどのような動学的相互依存関係を有するか，という問題の探求である[6]。このことにより，情報通信技術の革命的進歩にともなって急速にグローバル化が進む今日

---

[4] 例えば，Heer/Maussner（2009），McCandless（2008），Romer（2012），Walsh（2010），Wickens（2008），Woodford（2003）など参照。また，岡田義昭（2012）「日本経済学会2012年度春季全国大会：鈴木報告に対するコメント」『地域分析』第51巻第1号，第III章の文献サーベイも参照。

[5] Obstfeld/Rogoff (1995a) (1996).

[6] 、例えば，Gali/Gertler eds.（2009）所収論文参照。

1 はじめに

の状況下で，錯綜した不透明な経済の動きを一定の明晰な論理に則って体系立ってトレースすることが可能となるし，したがって特定の経済政策効果を抽出して経済厚生的評価することもできる。なかんずく，フォワード・ルッキング的な最適化行動が明示的に導入されたモデル分析の政策評価に対する意義は大きい。

そこで本章では，まず続く第2節において，新開放マクロ経済学発展の礎を築いたオブズフェルド＝ロゴフ・モデル[7]ならびに動学的（確率的）一般均衡理論の計量モデル化におけるパイオニア的労作となったスメッツ＝バウターズ・モデルないしはクリスティアーノ・タイプ・モデル[8]に依拠しつつ，二国間開放経済動学的一般均衡モデルの一類型を構築する。ついで第3節において，それら理論モデル体系に関して，動学的均衡解＝定常状態からの近傍乖離に対する対数線形近似式を導く。その上で，各構造パラメータを設定し，構造ショックのインパルス応答を求めることにより，主要マクロ経済変数の動学経路を理論モデルで"複製"してみる。いわゆるカリブレーション分析である。さらに加えて第4節で，上述の二国間開放経済動学的一般均衡モデルに対し，自国を日本経済とし他方外国を米国経済としてそれぞれの時系列統計データを適用し，「マルコフ連鎖モンテカルロ法によるベイズ推定法」によって計量分析を試みる。それら分析により，構造パラメータの推計値を基に変動相場制移行後凡そ四半世紀間に及ぶ日本経済の構造的特色を明らかにする。こうした一連の作業により，当該モデルの特性を評価することで，その有効性を確認する。

本書において，本第2章で構築した「二国間開放経済動学的一般均衡モデル」をいわば基本モデルとしてその応用形を導くことにより，次章以下，日米金融政策，不均衡労働市場，不完全金融資本市場，ユーロ圏，中国インフレなどの諸問題を考察する。

---

7) Obstfeld/Rogoff (1995a) (1996).
8) Erceg/Henderson/Levin (1999), Christiano/Eichenbaum/Evans (2005), Smets/Wouters (2003) (2007).

2　理論モデル

1　モデルの素描

我々の想定する二国間開放経済では，企業，家計，政府・通貨当局の3部門から構成されるものとする。

自国の各企業 j は区間 $(0,n]\subset R^1$ に，また外国の各企業 j は同じく区間 $(n,1)\subset R^1$ に連続的に分布するものとする。さらに各企業はブランド力などにより差別化された1種類の財サービス（消費財サービスもしくは資本財サービス）を生産し，国内ならびに国外に販売する。

自国の各家計 i は同様に区間 $(0,n]\subset R^1$ に，また外国の各家計 i は同じく区間 $(n,1)\subset R^1$ に連続的に分布するものとする。各家計は労働を企業に提供して賃金を受け取るとともに企業から利益配分を配当として受け取り，さらに期をまたがる価値保蔵手段として保有する債券ストックの利子所得とともにそれら所得を対価に自国財サービスならびに輸入された外国財サービスを購入する。また，家計は投資家としての側面を持ち，資本ストックを所有しつつ企業に一定の資本レントで貸し付け，また資本ストックへの投資財サービス投資をおこなうものと考える。

財サービス市場ならびに労働市場はともに独占的競争の状況下にあると仮定する。すなわち，多数の企業が生産活動を行い，企業の市場への参入・退出が自由であるという点では競争的であるが，他方において各企業は，"差別化"された財サービスを生産することによって独自の需要関数に直面し，したがって財サービス価格に決定力・支配力を有するという点では独占的である。また，それぞれの財サービスはある程度まで相互に代替的であり，価格の過度の引き上げは自社製品から他社製品に需要がシフトする可能性があるという意味では各独占的企業は「競争」関係にある。他方，多数の家計も労働市場への参入・退出が自由であるという点では競争的であるが，単純技能職，専門技術職，事務職，管理職など独自の職業能力に基づく異質的な差別化された労働力を企業に提供することによって個別労働需要関数に直面し，それゆえ，賃金率に決定力・支配力を有するという点では同じく独占的

である。また，労働も財サービス同様ある程度まで相互に代替的であり，過度の賃金引上げ要求は競争的に他者へ雇用がシフトすることもあり得る。

国際間市場では，消費財サービスならびに投資財サービスが取引される。国際的に取引される財サービスの決済には，満期が1期の自国通貨建ておよび外国通貨建て各債券が用いられる。さらに財サービスや債券の国際間取引には，外国為替市場で自由に変動する名目為替レートが随伴する。

自国・外国の政府・通貨当局は，また，財政収支の均衡を図るとともにさらに一定の政策目標を達成すべく金利を主要政策変数とする。

こうした二国間開放経済の枠組みに基づき，合理的予想形成の下，各家計は所得制約式，資本ストック制約式ならびに自らの設定賃金率に対する個別労働需要関数を条件として将来に亘る効用を最大化する。また各企業は，それぞれの生産技術構造と自己の設定する価格水準に対する個別財サービス需要量とを制約条件として同じく将来に亘る利潤の最大化を図る。かくして，政府・通貨当局の財政金融政策が施行されたとき，それら各部門の経済主体の主体的均衡によって一意的に定まった自国・外国の財サービス需給量，労働需給量，債券需給量，資本ストック需給量が，それぞれの市場でグローバルにクリアーされ市場均衡が達成される。

以下，これら二国間開放経済動学的一般均衡モデルのスケッチをさらに厳密に定式化してみよう[9]。

2 家計

a 選好

自国の各家計（$\forall i \in (0,n] \subset R^1$）は次のような消費習慣（consumption habit persistence）仮説[10]に従うところの同形的（isomorphic）CRRA型（相対的危

---

9) 本節で展開した理論モデルの構築にあたっては，Obstfeld/Rogoff (1996) ならびに Smets/Wouters (2003) (2007) に依拠した。OR論文は新古典派マクロ経済学の開放化として，またSW論文はその計量化としてパイオニア的労作となった。その他，Erceg/Henderson/Levin (1999)，Onatski/Williams (2004)，Christiano/Eichenbaum/Evans (2005)，Gali/Monacelli (2005)，Levin/Onatski/Williams/Williams (2005)，Iiboshi/Nishiyama/Watanabe (2006) を参照した。

10) Woodford (2003) Chap. 5.

険回避度一定タイプ）効用関数を持つものとする。

(1) $\quad U_t(i) = E_t[\sum_{s=t}^{\infty} \beta^{s-t} u_s(i)], \quad \forall t \in \{1,2,\cdots\}$

$$u_s(i) = \frac{\{C_s(i) - hC_{s-1}(i)\}^{1-\rho}}{1-\rho} - \frac{L_s(i)^{1+\nu}}{1+\nu}$$

ただし　$\beta(\in(0,1))$：時間的割引率

$h(\in[0,1))$：消費習慣係数

$\rho(>0), \nu(>0)$：定数

$E[\cdot]$：期待値オペレータ

ここで，自国家計 i の自国消費財サービス消費指標 $C_H(i)$ ならびに外国消費財サービス消費指標 $C_F(i)$ に対し，経済の開放度 $a(\in(0,1))$ を全消費財サービスに占める輸入消費財サービスの比率で定義すれば，各家計の消費財サービス消費指標 C_t は，自国と外国間の消費財サービス需要における代替の価格弾力性を $\eta_C(>1)$ として，

(2) $\quad C_t(i) = \left[(1-a)^{\frac{1}{\eta_C}} C_{Ht}(i)^{\frac{\eta_C-1}{\eta_C}} + a^{\frac{1}{\eta_C}} C_{Ft}(i)^{\frac{\eta_C-1}{\eta_C}}\right]^{\frac{\eta_C}{\eta_C-1}}$

で表されるものとする。さらにこの(2)式に対応した消費財サービス価格指標は，

(3) $\quad P_t^C = \left[(1-a)(P_{Ht}^C)^{1-\eta_C} + a(P_{Ft}^C)^{1-\eta_C}\right]^{\frac{1}{1-\eta_C}}$

で定義される。ただし，ここで P_{Ht}^C は自国通貨建て表示による自国消費財サービス価格指標を，P_{Ft}^C は自国通貨建て表示による外国消費財サービス価格指標を，P_t^C は自国の総合的消費財サービス物価指標をそれぞれ示している。さらに上述価格 P_{Ht}^C, P_{Ft}^C は，後に第3項で見るごとく，独占的競争下にある各企業の設定する価格から決まってくる。さらに $L(i)$ は自国家計 i の労働供給時間を表す。

外国家計 $i(\in(n,1))$（以下＊印は外国を表す）に関しても自国家計と同形の効用関数を持つとすれば，上述議論と同様のものが $\forall t \in \{1,2,\cdots\}$ に対して定義できる。

(4) $\quad U_t^*(i) = E_t[\sum_{s=t}^{\infty} \beta^{s-t} u_s^*(i)]$

$$u_s^*(i) = \frac{\{C_s^*(i) - hC_{s-1}^*\}^{1-\rho}}{1-\rho} - \frac{L_s^*(i)^{1+\nu}}{1+\nu}$$

(5) $\quad C_t^*(i) = \left[(1-a^*)^{\frac{1}{\eta_C}} C_{Ft}^*(i)^{\frac{\eta_C-1}{\eta_C}} + a^{*\frac{1}{\eta_C}} C_{Ht}^*(i)^{\frac{\eta_C-1}{\eta_C}}\right]^{\frac{\eta_C}{\eta_C-1}}$

(6) $\quad P_t^{*C} = \left[(1-a^*)(P_{Ft}^{*C})^{1-\eta_C} + a^*(P_{Ht}^{*C})^{1-\eta_C}\right]^{\frac{1}{1-\eta_C}}$

さらに $L^*(i)$ は外国家計 i の労働供給時間を表す。

b 資本ストック遷移式

自国家計 i の保有する資本ストック K の t 期における遷移式を,

(7) $\quad K_{t+1}(i) = (1-\delta)K_t(i) + \left[1 - A\left(\frac{I_t(i)}{I_{t-1}(i)}\right)\right]I_t(i)$

$\quad\quad\quad \forall i \in (0, n], \ \forall t \in \{0, 1, 2, \cdots\}$

と定義する。δ は資本ストック損耗率を表す。また, $A(\cdot)$ は投資調整費用関数であり, 家計 i の投資 $I_t(i), I_{t-1}(i)$ に対して,

(8) $\quad A\left(\frac{I_t(i)}{I_{t-1}(i)}\right) = \frac{1}{\varphi}\frac{1}{2}\left(\frac{I_t(i)}{I_{t-1}(i)} - 1\right)^2$

と定義する。ここで $\varphi(>0)$ は定数である。さらに定常状態では, $A(1)=0$, $A'(1)=0$, $A''(1)=\frac{1}{\varphi}$ となる。外国家計 i の資本ストック推移式も, 同様にして

(9) $\quad K_{t+1}^*(i) = (1-\delta)K_t^*(i) + \left[1 - A\left(\frac{I_t^*(i)}{I_{t-1}^*(i)}\right)\right]I_t^*(i)$

$\quad\quad\quad \forall i \in (n, 1), \ \forall t \in \{0, 1, 2, \cdots\}$

とする。

つぎに, 自国(外国)家計 i の保有資本ストックに稼働率 $z_t(z_t^*)$ を乗じたものを稼動資本ストックとして,

(10) $\quad \widetilde{K}_t(i) = z_t(i)K_t(i), \ \forall i \in (0, n]$

$\quad\quad\quad \widetilde{K}_t^*(i) = z_t^*(i)K_t^*(i), \ \forall i \in (n, 1)$

$\quad\quad\quad \forall t \in \{0, 1, 2, \cdots\}$

と表す。ただし稼働率を上げれば家計にとって資本レント収入の上昇が見込

めるが，一方において稼働率上昇にはコストも掛かることから，稼働率費用関数として，$\psi(z_t(i))$（$\psi'>0, \psi''>0, \psi(z^{ss})=0$（$z^{ss}=1$: 定常状態））を導入する．したがって，稼働率費用は

(11) $\quad H_t(i)=\psi(z_t(i))K_t(i),\ \forall i\in(0, n]$

$\quad\quad\quad H_t^*(i)=\psi(z_t^*(i))K_t^*(i),\ \forall i\in(n, 1)$

$\quad\quad\quad \forall t\in\{0, 1, 2, \cdots\}$

として示される．

c 投資財サービス

投資家としての側面を持つ家計 i は，自ら保有する資本ストックへの自国・外国投資財サービス投資をおこなうが，自国投資財サービス投資指標 $I_{Ht}(i)$ ならびに外国投資財サービス投資指標 $I_{Ft}(i)$ に対し，投資財サービスに対する経済の開放度を消費財サービスと同じく $a\,(\in(0,1))$ とすれば，自国家計 i による投資財サービス投資指標 $I_t(i)$ は，自国と外国間の投資財サービス需要における代替の価格弾力性を $\eta_I\,(>1)$ として，$\forall t\in\{0,1,2,\cdots\}$ に対して

(12) $\quad I_t(i)=\left[(1-a)^{\frac{1}{\eta_I}}I_{Ht}(i)^{\frac{\eta_I-1}{\eta_I}}+a^{\frac{1}{\eta_I}}I_{Ft}(i)^{\frac{\eta_I-1}{\eta_I}}\right]^{\frac{\eta_I}{\eta_I-1}},\ \forall i\in(0, n]$

と表せる．さらにこの(12)式に対応した投資財サービス価格指標は，

(13) $\quad P_t^I=\left[(1-a)(P_{Ht}^I)^{1-\eta_I}+a(P_{Ft}^I)^{1-\eta_I}\right]^{\frac{1}{1-\eta_I}}$

で定義される．ただし，ここで P_{Ht}^I は自国通貨建て表示による自国投資財サービス価格指標を，P_{Ft}^I は自国通貨建て表示による外国投資財サービス価格指標を，P_t^I は自国の総合的投資財サービス物価指標をそれぞれ示している．さらに上述価格 P_{Ht}^I, P_{Ft}^I は，後に第3項で見るごとく，独占的競争下にある各企業の設定する価格から決まってくる．

外国家計 i の投資財サービス投資 $I_t^*(i)$ も同様である．

(14) $\quad I_t^*(i)=\left[(1-a^*)^{\frac{1}{\eta_I}}I_{Ft}^*(i)^{\frac{\eta_I-1}{\eta_I}}+a^{*\frac{1}{\eta_I}}I_{Ht}^*(i)^{\frac{\eta_I-1}{\eta_I}}\right]^{\frac{\eta_I}{\eta_I-1}},\ \forall i\in(n, 1)$

(15) $\quad P_t^{*I}=\left[(1-a^*)(P_{Ft}^{*I})^{1-\eta_I}+a^*(P_{Ht}^{*I})^{1-\eta_I}\right]^{\frac{1}{1-\eta_I}}$

2　理論モデル　75

d　総合的物価指標

自国（外国）の総合的物価指標は，実質 GDP に占める実質消費財サービスの割合を $b\,(b^*)$ とすれば，

(16) $\quad P_t=(P_t^C)^b(P_t^I)^{1-b}$
$\qquad P_t^*=(P_t^{*C})^{b^*}(P_t^{*I})^{1-b^*}$

なるコブ・ダグラス型フォーミュラで規定されると考える。

e　予算制約式

内外債券市場では，自国の総合的物価指標 P をニューメレールにとり，且つ満期が 1 期の自国政府が発行する自国通貨建て名目短期国債 B_H ならびに外国の総合的物価指標 P^* をニューメレールにとり，同様に満期が 1 期の外国政府が発行する自国通貨建て（為替レートで換算された）名目短期国債 B_F が取引される。かくして自国家計 i の t 期における予算制約式は，

(17) $\quad P_tC_t(i)+E_t[R_{t,t+1}\{B_{H,t+1}(i)+B_{F,t+1}(i)\}]+P_t\{I_t(i)+\phi(z_t(i))K_t(i)\}+\tau_t(i)$
$\qquad \leq B_{Ht}(i)+B_{Ft}(i)+r_t^KP_t\widetilde{K}_t(i)+\varPhi_t(i)+W_t(i)L_t(i)$
$\qquad \forall i\in(0,n],\ \forall t\in\{0,1,2,\cdots\}$

で表せる。ここで $R_{t,t+1}$ は家計 i の保有する名目債券ポートフォリオ・ペイオフに対する時間的割引率，$I_t(i)$ は家計 i が実行する投資量，$K_t(i)$ は家計 i が保有する資本ストック量，r_t^K は各企業から家計 i に支払われる資本レント，$\tau_t(i)$ は家計 i の支払う名目一括個人税，$\varPhi_t(i)$ は各企業から家計 i に支払われる名目配当金，$W_t(i)$ は企業から家計 i に支払われる時間当たり名目賃金率，$L_t(i)$ は家計 i が企業に提供する労働時間である。

外国家計 i の t 期における予算制約式も，同様にして

(18) $\quad P_t^*C_t^*(i)+E_t[R_{t,t+1}^*\{B_{F,t+1}^*(i)+B_{H,t+1}^*(i)\}]+P_t^*\{I_t^*(i)+\phi(z_t^*(i))K_t^*(i)\}$
$\qquad +\tau_t^*(i)\leq B_{Ft}^*(i)+B_{Ht}^*(i)+r_t^{K*}P_t^*\widetilde{K}_t^*(i)+\varPhi_t^*(i)+W_t^*(i)L_t^*(i)$
$\qquad \forall i\in(n,1),\ \forall t\in\{0,1,2,\cdots\}$

となる。

f　個別財需要

次に家計 i は，自国・外国の消費財サービス価格が所与のとき，名目総支

出額 ($E_t(i)$) 一定のもとで自国・外国の消費財サービス消費に関する総実質量を最大にするようにそれぞれ決めるものとするものとすれば

(19) $\max_{\{C_{Ht}(i)\}\{C_{Ft}(i)\}}: C_t(i) = \left[(1-a)^{\frac{1}{\eta_C}} C_{Ht}(i)^{\frac{\eta_C-1}{\eta_C}} + a^{\frac{1}{\eta_C}} C_{Ft}(i)^{\frac{\eta_C-1}{\eta_C}}\right]^{\frac{\eta_C}{\eta_C-1}}$
s.t. $P_{Ht}^C C_{Ht}(i) + P_{Ft}^C C_{Ft}(i) \leq E_t(i)$
given $P_{Ht}^C, P_{Ft}^C, E_t(i)$

と定式化できる。これを解くと，$\forall t \in \{0,1,2,\cdots\}$ に対して

(20) $C_{Ht}(i) = \left(\frac{1-a}{a}\right)\left(\frac{P_{Ht}^C}{P_{Ft}^C}\right)^{-\eta_C} C_{Ft}(i), \ \forall i \in (0, n]$

によって，自国家計 i による自国・外国の消費財サービス需要量が求められる[11]。外国家計も同様にして対称的な結果が得られる。

(21) $C_{Ft}^*(i) = \left(\frac{1-a^*}{a^*}\right)\left(\frac{P_{Ft}^{*C}}{P_{Ht}^{*C}}\right)^{-\eta_C} C_{Ht}^*(i), \ \forall i \in (n, 1)$

さらに家計 i は，自国・外国の投資財サービス投資に関しても，これら消費財サービス消費と同じく，自国・外国の投資財サービス価格が所与のとき，名目総支出額一定のもとで総実質投資量を最大にするようにそれぞれの投資財サービス需要を決めるものとするものとすれば

(22) $I_{Ht}(i) = \left(\frac{1-a}{a}\right)\left(\frac{P_{Ht}^I}{P_{Ft}^I}\right)^{-\eta_I} I_{Ft}(i), \ \forall i \in (0, n]$

$I_{Ft}^*(i) = \left(\frac{1-a^*}{a^*}\right)\left(\frac{P_{Ft}^{*I}}{P_{Ht}^{*I}}\right)^{-\eta_I} I_{Ht}^*(i), \ \forall i \in (n, 1)$

が自国・外国家計 i に対して求まる。

g　主体的均衡

自国・外国の各家計は，財サービス価格，消費量（1期前），投資量（1期前），名目配当金，資本ストック，名目債券ストック，時間的債券割引率，名目一括個人税，資本レントが所与の時，予算制約式ならびに資本ストック遷移式の制約条件の下で期待効用を最大とするように，消費需要量，投資量，稼働率，債券ストック（次期），資本ストック（次期）をそれぞれ決める

---

[11]　岡田 (2011b)。

ものとする[12]。したがって，自国家計 i の最適化行動は，$\forall i \in (0, n]$ に対して，

(23) $\max_{\{B_{t+1}(i)\}\{C_t(i)\}\{I_t(i)\}\{z_t(i)\}\{K_{t+1}(i)\}} : U_t(i) = E_t[\sum_{s=t}^{\infty} \beta^{s-t} u_s(i)]$, $\forall t \in \{1, 2, \cdots\}$

$$u_s(i) = \frac{\{C_s(i) - hC_{s-1}(i)\}^{1-\rho}}{1-\rho} - \frac{L_s(i)^{1+\nu}}{1+\nu}$$

s.t.

$$C_s(i) + E_s[R_{s,s+1}(\frac{P_{s+1}}{P_s})(\frac{1}{P_{s+1}})\{B_{H,s+1}(i) + B_{F,s+1}(i)\}]$$
$$+ \{I_s(i) + \psi(z_s(i))K_s(i)\} + \frac{\tau_s(i)}{P_s}$$
$$\leq \frac{1}{P_s}(B_{Hs}(i) + B_{Fs}(i)) + r_s^K z_s(i) K_s(i) + \frac{\Phi_s(i)}{P_s} + \frac{W_s(i)}{P_s} L_s(i)$$

$$K_{s+1}(i) \leq (1-\delta)K_s(i) + (1 - A(\frac{I_s(i)}{I_{s-1}(i)}))I_s(i)$$

given $P_s, C_{s-1}(i), I_{s-1}(i), B_{Hs}(i), B_{Fs}(i), R_{s,s+1}, \Phi_s(i), K_s(i), z_s(i), r_s^K, \tau_s(i)$

なる制約条件付き最大化問題を解くことで得られる。外国家計 $i (\in (n, 1))$ に関しても同様である。そこでまず自国家計 i の動学的ラグランジュ関数を，

(24) $\mathcal{L}_t = E_t \sum_{s=t}^{\infty} \beta^{s-t} \Big\{ \Big[\frac{\{C_s(i) - hC_{s-1}(i)\}^{1-\rho}}{1-\rho} - \frac{L_s(i)^{1+\nu}}{1+\nu} \Big]$

$+ \lambda_s(i) \Big[\frac{B_s(i)}{P_s} + r_s^K z_s(i) K_s(i) + \frac{\Phi_s(i)}{P_s} + \frac{W_s(i)}{P_s} L_s(i) - C_s$

$- R_{s,s+1}(\frac{P_{s+1}}{P_s})(\frac{B_{s+1}(i)}{P_{s+1}}) - I_s(i) - \psi(z_s(i))K_s(i) - \frac{\tau_s(i)}{P_s} \Big]$

$+ q_s(i) \Big[(1-\delta)K_s(i) + \{1 - A(\frac{I_s(i)}{I_{s-1}(i)})\} I_s(i) - K_{s+1}(i) \Big] \Big\}$

と置く。ただし，$B_s(i) \equiv B_{Hs}(i) + B_{Fs}(i)$ であり，また $\lambda_s(i), q_s(i)$ はラグランジュ乗数である。上述 (24) 式に関して最適解のための 1 階の必要条件を求めると，

(25) $\lambda_t(i) = \{C_t(i) - hC_{t-1}(i)\}^{-\rho}$　　　　　　　　…消費

(26) $\lambda_t(i) = \beta E_t(\frac{1}{R_{t,t+1}})(\frac{P_t}{P_{t+1}}) \lambda_{t+1}(i)$　　　　　　…債券

---

[12] 労働市場は独占的競争市場と仮定していることから，最適賃金率は家計が決定するが，賃金率ならびに最適労働供給量の決まり方は第 2 項 f 段で詳述する。

(27) $\quad r_t^K = \psi'(z_t(i))$ …稼働率

(28) $\quad \lambda_t(i) = q_t(i)\left[1 - A\left(\dfrac{I_t(i)}{I_{t-1}(i)}\right) - A'\left(\dfrac{I_t(i)}{I_{t-1}(i)}\right)\dfrac{I_t(i)}{I_{t-1}(i)}\right]$

$\qquad\qquad + \beta E_t q_{t+1}(i) A'\left(\dfrac{I_{t+1}(i)}{I_t(i)}\right)\left(\dfrac{I_{t+1}(i)}{I_t(i)}\right)^2$ …投資

(29) $\quad q_t(i) = \beta E_t[q_{t+1}(i)(1-\delta) + \lambda_{t+1}(i)\{r_{t+1}^K z_{t+1}(i) - \psi(z_{t+1}(i))\}]$

…資本ストック

を得る[13]。ここで，名目債券ポートフォリオ・ペイオフに対する時間的割引率 $R_{t,t+1}$ を名目利子率 r_t によって $E_t R_{t,t+1} = \dfrac{1}{1+r_t}$ とすれば，(26)式は

(26a) $\quad \lambda_t(i) = \beta(1+r_t)E_t\left[\dfrac{P_t}{P_{t+1}}\lambda_{t+1}(i)\right]$

と書き換えられる。また，変数 $Q_t(i)$ を，資本ストックの制約式に付随するラグランジュ乗数 $q_t(i)$ を消費財サービスのシャドウ・プライス $\lambda_t(i)$ で評価したもの，すなわち $Q_t(i) = \dfrac{q_t(i)}{\lambda_t(i)}$ と定義すれば，上述(28)式ならびに(29)式はさらに以下のように書き換えられる。

(28a) $\quad 1 = Q_t(i)\left[1 - A\left(\dfrac{I_t(i)}{I_{t-1}(i)}\right) - A'\left(\dfrac{I_t(i)}{I_{t-1}(i)}\right)\dfrac{I_t(i)}{I_{t-1}(i)}\right]$

$\qquad\qquad + \beta E_t \dfrac{\lambda_{t+1}(i)}{\lambda_t(i)} Q_{t+1}(i) A'\left(\dfrac{I_{t+1}(i)}{I_t(i)}\right)\left(\dfrac{I_{t+1}(i)}{I_t(i)}\right)^2$

(29a) $\quad Q_t(i) = \beta E_t\left[\dfrac{\lambda_{t+1}(i)}{\lambda_t(i)}\{Q_{t+1}(i)(1-\delta) + (r_{t+1}^K z_{t+1}(i) - \psi(z_{t+1}(i)))\}\right]$

外国家計 $i(\in(n,1))$ に関しても同様にして以下の式が導ける。

(30) $\quad \lambda_t^*(i) = \{C_t^*(i) - hC_{t-1}^*(i)\}^{-\rho}$

---

[13] 岡田 (2011b)。1階の必要条件は，(25)式〜(29)式に加えて，さらに

$\lambda_t(i) \geq 0$

$q_t(i) \geq 0$

$\lambda_t(i)\left[\dfrac{B_t(i)}{P_t} + r_t^K z_t(i)K_t(i) + \dfrac{\Phi_t(i)}{P_t} + \dfrac{W_t(i)}{P_t}L_t(i) - C_t - R_{t,t+1}\left(\dfrac{P_{t+1}}{P_t}\right)\left(\dfrac{B_{t+1}(i)}{P_{t+1}}\right) - I_t(i) - \psi(z_t(i))K_t(i) - \dfrac{\tau_t(i)}{P_t}\right]$
$= 0$

$q_t(i)\left[(1-\delta)K_t(i) + \left(1 - A\left(\dfrac{I_t(i)}{I_{t-1}(i)}\right)\right)I_t(i) - K_{t+1}(i)\right] = 0$

が付加される。外国家計も同様である。

(31)　　　$\lambda_t^*(i) = \beta E_t(\frac{1}{R_{t,t+1}^*})(\frac{P_t^*}{P_{t+1}^*})\lambda_{t+1}^*(i)$

(32)　　　$r_t^{*K} = \psi'(z_t^*(i))$

(33)　　　$1 = Q_t^*(i)\left[1 - A\left(\frac{I_t^*(i)}{I_{t-1}^*(i)}\right) - A'\left(\frac{I_t^*(i)}{I_{t-1}^*(i)}\right)\frac{I_t^*(i)}{I_{t-1}^*(i)}\right]$
　　　　　$+ \beta E_t \frac{\lambda_{t+1}^*(i)}{\lambda_t^*(i)} Q_{t+1}^*(i) A'\left(\frac{I_{t+1}^*(i)}{I_t^*(i)}\right)\left(\frac{I_{t+1}^*(i)}{I_t^*(i)}\right)^2$

(34)　　　$Q_t^*(i) = \beta E_t\left[\frac{\lambda_{t+1}^*}{\lambda_t^*(i)}\{Q_{t+1}^*(i)(1-\delta) + (r_{t+1}^{K*} z_{t+1}^*(i) - \psi(z_{t+1}^*(i))\}\right]$

h　賃金設定

つぎに,独占的競争下の労働市場で,自国・外国の家計による賃金率設定を以下のごとく考える。

各家計にとって名目賃金率引き上げの改定機会は限定的であり,企業との賃金交渉で賃金率をいつでも欲するときに引き上げられるわけではなく,一定の確率に従ってランダムになし得ると想定する(i.e. カルボ型粘着価格モデル[14])。すなわち,自国(外国)家計 i が任意の時点で賃金率を据え置く確率を $\omega_W(\omega_W^*)(\in(0,1))$,賃金率を引き上げ得る確率を $1-\omega_W(1-\omega_W^*)$ とする。したがって,将来に亘り名目賃金率を改定できないリスクがある状況下では,各家計は,単に当期の効用のみならず,将来に亘る効用の割引現在価値も含めてその最大化を図るものと考えられる。ところで,当該経済では家計数は十分に大きいと仮定していたので,このことは,毎期一定割合(i.e. $1-\omega_W$ $(1-\omega_W^*)$)の家計だけ賃金率の引き上げ改定機会が与えられることと同義である。さらに加えて,各家計は,今期名目賃金率が最適水準に改定できず賃金率を据え置いた場合でも,全般的な物価上昇に即し,前期における国内物価の上昇率分だけは今期の名目賃金率にスライドさせることが可能であるという,いわゆるウッドフォード型インデクセーション・ルール[15]の採用を考える。かくして,自国家計 i の名目賃金率ならびに労働供給に関する最適化行

---

14)　Calvo (1983).
15)　Woodford (2003) Chap. 3.

動様式は，以下のように定式化できる．

まず，自国の集計的労働時間は，自国家計 i の個別労働時間 $L(i)$ に対し，$\mu(>0)$ を労働需要に関する賃金の代替弾力性とすれば，

$$(35) \qquad L_t = \left[\int_0^n L_t(i)^{\frac{1}{1+\mu}} di\right]^{1+\mu}$$

なる Dixit=Stiglitz 型集計指標に基づく集計式で表されるものとする．したがって，上述(35)式に対応する自国の全体的な名目賃金率 W は，

$$(36) \qquad W_t = \left[\int_0^n W_t(i)^{-\frac{1}{\mu}} di\right]^{-\mu}$$

となる．それゆえ，個別労働需要時間 $L(i)$ は，名目賃金支払額一定の下で投入労働時間を最大とする企業の最適化行動により，

$$(37) \qquad L_t(i) = \left(\frac{W_t(i)}{W_t}\right)^{-\frac{1+\mu}{\mu}} L_t, \quad \forall i \in (0, n], \quad \forall t \in \{0, 1, 2, \cdots\}$$

によって求められる[16]．したがって，先の(23)式で示された家計 i の条件付最大化問題に対し，賃金率設定に関する次のような最大化問題が導ける．

$$(38) \qquad \max_{\{W_t(i)\}} : E_t \sum_{s=0}^{\infty} (\beta \omega_w)^s \left[\lambda_{t+s}(i) \frac{W_t(i)}{P_{t+s}} \left(\frac{P_{t-1+s}}{P_{t-1}}\right)^{\gamma_w} L_{t+s}(i) - \frac{L_{t+s}(i)^{1+\nu}}{1+\nu}\right]$$

$$\text{s.t.} \quad W_{t+s}(i) = W_t(i) \prod_{k=1}^s \left(\frac{P_{t-1+k}}{P_{t-2+k}}\right)^{\gamma_w}$$

$$L_{t+s}(i) = \left(\frac{W_{t+s}(i)}{W_{t+s}}\right)^{-\frac{1+\mu}{\mu}} L_{t+s}$$

given $P_{t-1}, P_{t+s}, W_{t+s}, L_{t+s}$

$\forall i \in (0, n], \ \forall t \in \{1, 2, \cdots\}$

ただし $\beta(\in (0, 1))$ は家計の主観的割引率であり，また $\gamma_w(\in [0, 1])$ はインデクセーション・ルールに基づく価格転嫁率である．$\gamma_w = 1$ であれば，前期インフレ率の100%すべてを今期の賃金率に上乗せすることが可能ということを意味している．

かくして，主方程式に両制約条件式を代入して名目賃金率 $W_t(i)$ で偏微分し，この制約条件つき最大化問題を解くと，次のような自国家計 i の最適化

---

16) 岡田（2011b）．

2 理論モデル　　81

行動に関する1階の必要条件が導かれる[17]。

$$(39)\quad E_t\sum_{s=0}^{\infty}(\beta\omega_W)^s\lambda_{t+s}(i)L_{t+s}W_{t+s}^{\frac{1+\mu}{\mu}}\left[(\frac{W_t(i)}{P_{t+s}})(\frac{P_{t-1+s}}{P_{t-1}})^{\tau_W}-(1+\mu)\frac{L_{t+s}(i)^\nu}{\lambda_{t+s}(i)}\right]=0$$

…賃金率設定式

したがって，このことから，自国家計 i の賃金率設定に関する主体的均衡条件，すなわち，最適実質賃金率と消費財サービスならびに労働の限界代替率の将来の流列にマークアップ率 $(1+\mu)$ を掛けた次のような関係式が得られる[18]。

$$(40)\quad \frac{W_t(i)}{P_t}=(1+\mu)E_t\sum_{s=0}^{\infty}f_{t+s}\frac{L_{t+s}(i)^\nu}{\lambda_{t+s}(i)}$$

$$\text{ただし}\quad f_{t+s}\equiv\frac{(\beta\omega_W)^s L_{t+s}W_{t+s}^{\frac{1+\mu}{\mu}}(\frac{P_{t+s}}{P_t})(\frac{P_{t-1}}{P_{t-1+s}})^{\tau_W}}{E_t\sum_{s=0}^{\infty}(\beta\omega_W)^s L_{t+s}W_{t+s}^{\frac{1+\mu}{\mu}}}$$

$\forall i\in(0,n],\ \forall t\in\{1,2,\cdots\}$

外国家計 i の主体的均衡条件も同様にして求められる。

$$(41)\quad \frac{W_t^*(i)}{P_t^*}=(1+\mu)E_t\sum_{s=0}^{\infty}f_{t+s}^*\frac{L_{t+s}^*(i)^\nu}{\lambda_{t+s}^*(i)}$$

$$\text{ただし}\quad f_{t+s}^*\equiv\frac{(\beta\omega_W^*)^s L_{t+s}^*W_{t+s}^{*\frac{1+\mu}{\mu}}(\frac{P_{t+s}^*}{P_t^*})(\frac{P_{t-1}^*}{P_{t-1+s}^*})^{\tau_W^*}}{E_t\sum_{s=0}^{\infty}(\beta\omega_W^*)^s L_{t+s}^*W_{t+s}^{*\frac{1+\mu}{\mu}}}$$

$\forall i\in(n,1),\ \forall t\in\{0,1,2,\cdots\}$

これより，自国・外国労働者 i に対して同質性条件を課せば，労働者全体の集計的賃金率遷移式

$$(42)\quad W_t=\left[(1-\omega_W)X_{Wt}^{-\frac{1}{\mu}}+\omega_W\left\{W_{t-1}\left(\frac{P_{t-1}}{P_{t-2}}\right)^{\tau_W}\right\}^{-\frac{1}{\mu}}\right]^{-\mu}$$

$$W_t^*=\left[(1-\omega_W^*)(X_{Wt}^*)^{-\frac{1}{\mu}}+\omega_W^*\left\{W_{t-1}^*\left(\frac{P_{t-1}^*}{P_{t-2}^*}\right)^{\tau_W^*}\right\}^{-\frac{1}{\mu}}\right]^{-\mu}$$

が求まる。ここで $X_{Wt}(X_{Wt}^*)$ は t 期に名目賃金率改定の機会を得た自国（外

---

17) ibid.
18) ibid.

国）労働者群の設定する最適賃金率である。

3　企業
a　最終財サービス生産企業

自国・外国の代表的企業は，t 期において，消費財サービスならびに投資財サービスから成る最終財サービスを Y_t, Y_t^* だけ生産し，国内の消費者や投資者に向けて販売するのみならず一部海外へも輸出すると考える。したがって，

(43)　　　自国企業：$Y_t \equiv Y_{Ht} + Y_{Ht}^*,$
　　　　　外国企業：$Y_t^* \equiv Y_{Ft}^* + Y_{Ft},$
　　　　　ただし，Y_H：自国財サービスの自国向け供給量
　　　　　　　　　Y_H^*：自国財サービスの外国向け供給量（i.e. 自国輸出量）
　　　　　　　　　Y_F：外国財サービスの自国向け供給量（i.e. 自国輸入量）
　　　　　　　　　Y_F^*：外国財サービスの外国向け供給量

によって示すことができる。

ところで，代表的企業は自社の財サービス輸出に際し，独占的競争市場では建値や取引に対して通貨の種類が選択できるが，この場合，以下の二タイプが一般的である[19]。

1）　PCP 型（producers' currency pricing；生産者通貨建て）

このタイプの企業は，自社の財サービス輸出に対して自国通貨で建値や取引を行うものとする。したがって，為替レートの変動はこの場合100％価格に転嫁（pass-through）され得るから，為替リスクは買い手が負うこととなる。

2）　PTM 型（pricing-to-market；市場通貨建て）

このタイプの企業は，同一自社製品であっても各国市場ごとにその国の通貨で建値や取引を行うものとする。したがって，場合によってはそれら企業は為替レート変動を価格にそのまま転嫁することなく，自社のマークアップ率を動かすことで為替レート変動を調整・吸収することもあり得る。

---

[19]　岡田（2006）第4章，ditto（2009）第5章。

したがって，PCP型企業のt期における総売上高V_t^{PCP}は，$V_t^{PCP}=P_{Ht}Y_{Ht}+P_{Ht}^*Y_{Ht}^*$で表され，他方，PTM型企業の総売上高$V_t^{PTM}$は，$ER_t$を自国通貨建て名目為替レートとすれば，$V_t^{PTM}=P_{Ht}Y_{Ht}+ER_tP_{Ht}^*Y_{Ht}^*$で表すことができる。ただし，前者は，自国価格$P_{Ht}$のみが当該企業にとって利益最大化のための操作変数であるが，後者は，為替レートER_tが所与のとき，P_{Ht}に加え外国価格P_{Ht}^*が操作変数となる。

ところで，自国の代表的企業は，z種類の中間財サービスを自国中間財サービス生産企業$j(\in (0, n])$からそれぞれ購入し，

$$(44) \quad Y_t = \left[\int_0^n Y_t(j)^{\frac{1}{1+\xi}}dj\right]^{1+\xi}$$

なる生産技術によって最終財サービス（消費財サービスならびに資本財サービス）Y_tを生産するものとする。ただし，$\xi(>0)$は財サービス購入に対する代替の価格弾力性を示す定数である。したがって，自国の代表的企業の生産する自国財サービスの自国向け供給量Y_{Ht}ならびに外国向け供給量（i.e. 自国輸出量）Y_{Ht}^*は，

$$(45) \quad Y_{Ht} = \left[\int_0^n Y_{Ht}(j)^{\frac{1}{1+\xi}}dj\right]^{1+\xi}$$

$$Y_{Ht}^* = \left[\int_0^n Y_{Ht}^*(j)^{\frac{1}{1+\xi}}dj\right]^{1+\xi}$$

で示される。それゆえ，自国の代表的企業が生産する最終財サービスの総量Y_tは，

$$(46) \quad Y_t = \left[n^{\frac{\xi}{1+\xi}}(Y_{Ht})^{\frac{1}{1+\xi}}+(1-n)^{\frac{\xi}{1+\xi}}(Y_{Ht}^*)^{\frac{1}{1+\xi}}\right]^{1+\xi}$$

となる。(45)式・(46)式に対応する価格指標はまた

$$(47) \quad P_{Ht} = \left[\int_0^n P_{Ht}(j)^{-\frac{1}{\xi}}dj\right]^{-\xi}$$

$$P_{Ht}^* = \left[\int_0^n P_{Ht}^*(j)^{-\frac{1}{\xi}}dj\right]^{-\xi}$$

$$P_t = \left[n(P_{Ht})^{-\frac{1}{\xi}}+(1-n)(P_{Ht}^*)^{-\frac{1}{\xi}}\right]^{-\xi}$$

で表される。これらは自国の代表的企業が国内市場向けならびに海外市場向けに設定する価格水準ならびに集計的価格水準である。

外国の代表的企業も同様で，以下のごとくである。

(48) $Y_t^* = \left[(1-n)^{\frac{\xi}{1+\xi}} \int_n^1 Y_{Ft}^*(j)^{\frac{1}{1+\xi}} dj + n^{\frac{\xi}{1+\xi}} \int_n^1 Y_{Ft}(j)^{\frac{1}{1+\xi}} dj\right]^{1+\xi}$

$P_t^* = \left[(1-n) \int_n^1 P_{Ft}^*(j)^{-\frac{1}{\xi}} dj + n \int_n^1 P_{Ft}(j)^{-\frac{1}{\xi}} dj\right]^{-\xi}$

ところで，当該代表的自国企業の最適化行動は，以下のような制約条件付費用最小化問題を解くことで得られる。

(49) $\min_{\{Y_t(j)\}} : \int_0^n P_t(j) Y_t(j) dj$

s.t. $\left[\int_0^n Y_t(j)^{\frac{1}{1+\xi}} dj\right]^{1+\xi} \geq Y_t$

given $P_t(j), Y_t$

かくして，最終財サービスを生産する代表的自国企業の個別中間財サービス購入量は，

(50) $Y_t(j) = \left(\frac{P_t(j)}{P_t}\right)^{-\frac{1+\xi}{\xi}} Y_t$

$\forall j \in (0, n], \ \forall t \in \{0, 1, 2, \cdots\}$

によって示され得る。外国の代表的企業も同様にして，

(51) $Y_t^*(j) = \left(\frac{P_t^*(j)}{P_t^*}\right)^{-\frac{1+\xi}{\xi}} Y_t^*$

$\forall j \in (n, 1), \ \forall t \in \{0, 1, 2, \cdots\}$

が求まる。

b　中間財サービス生産企業：生産技術

中間財サービスを生産する自国・外国の企業 $j(\in (0,1))$ は，可変的生産要素である労働 L と固定的生産要素である資本ストック K を投入し，差別化された1種類の中間財サービス $Y(z)(\forall z \in (0,1) \subset R^1)$ を生産する[20]。また両国の各企業の生産技術構造はすべて同形であるとする。したがって，自国・外国企業 j の個別生産関数 F^j は，$A_t, A_t^*(>0)$ を技術水準（i.e. 全要素生産性ないしはソロー残差）とし，$\alpha(\in(0,1))$ を資本分配率とすれば，$\forall t \in \{0,1,2,\cdots\}$

---

[20]　ここで便宜的に $z \equiv j \in (0,1)$ としておく。

に対して

(52)   自国企業：$Y_t(j) = F^j(K_t, L_t) = A_t K_t^\alpha(j) L_t^{1-\alpha}(j) - \Psi$
$$\forall j \in (0, n]$$
外国企業：$Y_t^*(j) = F^j(K_t^*, L_t^*) = A_t^* K_t^{*\alpha}(j) L_t^{*(1-\alpha)}(j) - \Psi^*$
$$\forall j \in (n, 1)$$
ただし，$A_t = \overline{A} \exp(\varepsilon_t^A)$，$\varepsilon_t^A \sim i.i.d. N(0, \sigma_A^2)$
$A_t^* = \overline{A}^* \exp(\varepsilon_t^{*A})$，$\varepsilon_t^{*A} \sim i.i.d. N(0, \sigma_{A*}^2)$

なるコブ・ダグラス型生産関数で示せると考える。ただし，Ψ，Ψ^* は固定費用を表す。

c 費用最小化

　まず，中間財サービスを生産する自国・外国の企業 j にとって，生産要素である資本財サービスの取引市場は完全競争的であると仮定する。すると，これら資本財サービス市場の取引価格である資本レントは企業にとって所与となる。加えて，労働市場では企業にとってはプライス・テイカーなので，実質賃金率もまた企業にとって所与となる。したがって，自国・外国企業 j の最適化行動は，これら資本レントと実質賃金率とを所与とし且つ自社の生産技術構造を示す(52)式を制約条件として，今期における費用関数の最小化を図るものとして表わせ得る。すなわち，

(53) $\min_{(K(j))(L(j))} : \dfrac{W_t}{P_t} L_t(j) + r_t^K K_t(j)$
　　　s.t. $Y_t(j) \leq A_t K_t^\alpha(j) L_t^{1-\alpha}(j) - \Psi$
　　　given $W_t, P_t, r_t^K, Y_t(j)$

なる制約条件付き最小化問題として定式化できる。かくして，自国企業 j にとって，$\lambda_t(j)$ をラグランジュ乗数とすれば，(53)式に対する最適解のための1階の必要条件は，

(54) $r_t^K - \lambda_t(j) A_t \alpha K_t^{\alpha-1}(j) L_t^{1-\alpha}(j) = 0$　　　…資本ストック
　　　$\dfrac{W_t}{P_t} - \lambda_t(j) A_t (1-\alpha) K_t^\alpha(j) L_t^{-\alpha}(j) = 0$　　　…労働
　　　$\forall j \in (0, n]$, $\forall t \in \{0, 1, 2, \cdots\}$

として求まる[21]。かくして，これら両式から

$$(55) \quad \frac{1-\alpha}{\alpha} \frac{K_t(j)}{L_t(j)} = \frac{W_t/P_t}{r_t^K}$$

なる主体的均衡条件式が得られる。この式の左辺は資本ストックと労働との技術的限界代替率を表し，他方右辺は両者の生産要素価格の比を表している。さらに(55)式を(54)式に代入すれば，以下のような自国企業jの実質限界費用が求まる。

$$(56) \quad MC_t(j) = \frac{1}{A_t} \left(\frac{r_t^K}{\alpha} \right)^\alpha \left(\frac{W_t/P_t}{1-\alpha} \right)^{1-\alpha}$$

ここで，個別企業の実質限界費用はjには依存しないことから，実質限界費用は全ての企業にわたって対称的となる。

外国企業jの主体的均衡条件式ならびに実質限界費用も同様である。すなわち，$\forall j \in (n, 1)$，$\forall t \in \{0, 1, 2, \cdots\}$ に対して，

$$(57) \quad \frac{1-\alpha}{\alpha} \frac{K_t^*(j)}{L_t^*(j)} = \frac{W_t^*/P_t^*}{r_t^{*K}}$$

$$(58) \quad MC_t^*(j) = \frac{1}{A_t^*} \left(\frac{r_t^{*K}}{\alpha} \right)^\alpha \left(\frac{W_t^*/P_t^*}{1-\alpha} \right)^{1-\alpha}$$

である。

d 財サービス価格設定

不完全競争の状況下では，各中間財サービス生産企業は差別化された自社の財サービスに対して自ら価格を設定し得る。ただし，各企業にとっては，家計の名目賃金率改定と同様，価格の調整機会は限定的であり，自社製品価格をいつでも欲するときに変更できるわけではなく，一定の確率に従ってランダムになし得ると想定する（i.e. カルボ型粘着価格モデル[22]）。すなわち，自

---

[21] 1階の必要条件は，(54)式に加えて，さらに
　　　$\lambda_t(j) \geq 0$
　　　$\lambda_t(j)\{Y_t(j) - A_t K_t^\alpha(j) L_t^{1-\alpha}(j) + \Psi\} = 0$
　　が付加される。外国家計も同様である。
[22] Calvo (1983).

国（外国）企業 j が任意の時点で価格を据え置く確率を $\omega_P(\omega_P^*)$ $(\in(0,1))$，価格を変更し得る確率を $1-\omega_P(1-\omega_P^*)$ とする。したがって，将来に亘り価格を改定できないリスクがある状況下では，各企業は，単に当期の利潤のみならず，将来に亘る予想利潤の割引現在価値も含めてその最大化を図るものと考えられる。ところで，当該経済では中間財サービス生産企業数は十分に大きいと仮定していたので，このことは，毎期一定割合（i.e. $1-\omega_P(1-\omega_P^*)$）の企業だけ価格改定の機会が与えられることと同義である。さらに各企業の価格設定行動様式に対し，次のようなルールの採用を付け加えよう。すなわち，各企業は今期価格が最適水準に改定できず価格を据え置いた場合でも，全般的な物価上昇に即し，前期における国内物価の上昇率分だけは部分的に自社製品価格にスライドさせ得るという，いわゆるウッドフォード型インデクセーション・ルール[23]の採用である。

かくして，自国企業 j の最適化行動様式は，自らの実質限界費用に加え，自社の設定価格 $P(j)$ によって与えられる各財の個別需要関数に直面したとき，物価水準や全体の中間財サービス生産額を所与として，合理的予想の下で以下のように定式化できる。

(59) $\max_{\{P_t(j)\}} : \widetilde{\Phi}_t(j)$

$$= E_t \sum_{s=0}^{\infty} \beta_{t+s} \omega_P^s \left[\left(\frac{P_t(j)}{P_{H,t+s}}\right)\left(\frac{P_{H,t-1+s}}{P_{H,t-1}}\right)^{\gamma_P} Y_{t+s}(j) - MC_{t+s}(j) Y_{t+s}(j) \right]$$

s.t. $P_{t+s}(j) = P_t(j) \prod_{k=1}^{s} \left(\frac{P_{H,t-1+k}}{P_{H,t-2+k}}\right)^{\gamma_P}$

$Y_{t+s}(j) = \left(\frac{P_{t+s}(j)}{P_{H,t+s}}\right)^{-\frac{1+\xi}{\xi}} Y_{t+s}$

given $MC_{t+s}(j), P_{H,t-1}, P_{H,t+s}, Y_{t+s}$

$\forall j \in (0, n), \ \forall t \in \{1, 2, \cdots\}$

ただし β_{t+s} は企業の最終所有者たる家計の限界効用で評価された企業の主観的割引率であり，$\beta_{t+s} = \beta^s \frac{\lambda_{t+s}(j)}{\lambda_t(j)}$ $(\beta \in (0,1))$ で定義される。さらに $\gamma_P (\in [0,1])$ はインデクセーション・ルールに基づく価格転嫁率である。$\gamma_P = 1$ であれば，前期インフレ率の100％すべてを今期の価格水準に上乗せすることが可

---

[23] Woodford (2003) Chap. 3.

能ということを意味している。

したがって，両制約条件式を主方程式に代入し，設定価格 $P_t(j)$ で偏微分してこれら制約条件つき最大化問題を解くと，次のような自国企業 j の最適化行動に関する1階の必要条件が導かれる[24]。

(60) $\quad E_t[\sum_{s=0}^{\infty} \beta_{t+s} \omega^s Y_{t+s}\{(\frac{P_t(j)}{P_{H,t+s}})(\frac{P_{H,t-1+s}}{P_{H,t-1}})^{\gamma_P} - (1+\xi)MC_{t+s}(j)\}] = 0$

…価格設定式

このことから，自国中間財サービス生産企業 j の価格設定に関する主体的均衡条件，すなわち，最適価格が限界費用の将来の流列に一定のマークアップ率 $(1+\xi)$ を乗じたものと等しくなるという以下の関係式が得られる[25]。

(61) $\quad \dfrac{P_t(j)}{P_{Ht}} = (1+\xi)E_t \sum_{s=0}^{\infty} g_{t+s} MC_{t+s}(j)$

ただし $\quad g_{t+s} \equiv \dfrac{\beta_{t+s}\omega_P^s \left((\frac{P_{Ht}}{P_{H,t+s}})(\frac{P_{H,t-1+s}}{P_{H,t-1}})^{\gamma_P}\right)^{-\frac{1+\xi}{\xi}} Y_{t+s}}{E_t \sum_{s=0}^{\infty} \beta_{t+s}\omega_P^s \left((\frac{P_{Ht}}{P_{H,t+s}})(\frac{P_{H,t-1+s}}{P_{H,t-1}})^{\gamma_P}\right)^{-\frac{1}{\xi}} Y_{t+s}}$

$\forall j \in (0, n), \forall t \in \{1, 2, \cdots\}$

外国企業 j の主体的均衡条件も同様にして求められる。

(62) $\quad \dfrac{P_t^*(j)}{P_{Ft}^*} = (1+\xi)E_t \sum_{s=0}^{\infty} g_{t+s}^* MC_{t+s}^*(j)$

ただし $\quad g_{t+s}^* \equiv \dfrac{\beta_{t+s}(\omega_P^*)^s \left((\frac{P_{Ft}^*}{P_{F,t+s}^*})(\frac{P_{F,t-1+s}^*}{P_{F,t-1}^*})^{\gamma_P}\right)^{-\frac{1+\xi}{\xi}} Y_{t+s}^*}{E_t \sum_{s=0}^{\infty} \beta_{t+s}(\omega_P^*)^s \left((\frac{P_{Ft}^*}{P_{F,t+s}^*})(\frac{P_{F,t-1+s}^*}{P_{F,t-1}^*})^{\gamma_P}\right)^{-\frac{1}{\xi}} Y_{t+s}^*}$

$\forall j \in (n, 1), \forall t \in \{1, 2, \cdots\}$

ここで自国・外国企業 j に対して同質性条件を課せば，中間財サービス生産企業全般の集計的価格遷移式

(63) $\quad P_{Ht} = \left[(1-\omega_P)X_{Pt}^{-\frac{1}{\xi}} + \omega_P\left\{P_{H,t-1}\left(\dfrac{P_{H,t-1}}{P_{H,t-2}}\right)^{\gamma_P}\right\}^{-\frac{1}{\xi}}\right]^{-\xi}$

---

[24] 岡田（2011b）。
[25] ibid.

$$P_{Ft}^* = \left[(1-\omega_P^*)(X_{Pt}^*)^{-\frac{1}{\xi}} + \omega_P^*\left\{P_{F,t-1}^*\left(\frac{P_{F,t-1}^*}{P_{F,t-2}^*}\right)^{\gamma_P^*}\right\}^{-\frac{1}{\xi}}\right]^{-\xi}$$

が求まる。ただし $X_{Pt}(X_{Pt}^*)$ は t 期に価格改定の機会を得た自国(外国)企業群の設定する最適価格水準である。したがって,中間財サービス生産企業から中間財サービスを購入して最終財サービスを生産する代表的企業が,家計に対して自ら設定する自国(外国)の消費財サービス国内価格指標 $P_{Ht}^C(P_{Ft}^{*C})$ ならびに投資財サービス国内価格指標 $P_{Ht}^I(P_{Ft}^{*I})$ は,$b(b^*)$ を前述のごとく実質 GDP に占める実質消費財サービスの割合とすれば,先の(16)式・(47)式・(48)式より $\forall t\in\{0,1,2,\cdots\}$ に対して

(64) $\quad P_{Ht}^C = (P_{Ht})^{\frac{1}{b}},\ P_{Ht}^I = (P_{Ht})^{\frac{1}{1-b}}$

$\quad\quad P_{Ft}^{*C} = (P_{Ft}^*)^{\frac{1}{b^*}},\quad P_{Ft}^{*I} = (P_{Ft}^*)^{\frac{1}{1-b^*}}$

によって求められる。

4 政府部門

a 財政収支

自国・外国の政府は,一括個人税(i.e. 人頭税)による税収ならびに満期1期の短期国債の発行を基に,消費財サービス指標(C, C^*)で表示された財政支出 G, G^* ならびに国債の利払いを行うものとし,且つ財政収支は毎期単年度で均衡が達成されるものとする。したがって,自国・外国政府部門の t 期の財政収支式は,

(65) $\quad \tau_t + (B_{t+1} - B_t) = P_t G_t + r_t B_t$

$\quad\quad \tau_t^* + (B_{t+1}^* - B_t^*) = P_t^* G_t^* + r_t^* B_t^*$

$\quad\quad \forall t \in \{0, 1, 2\cdots\}$

なる式で表せる。

b 金融政策

他方,自国・外国の通貨当局は,金融政策変数として名目金利水準をコントロールすると考える。したがって,通貨当局の政策反応関数としては,次のようなオーソドックスなテイラー・ルール型を採用するものと想定する。

90　第2章　動学的一般均衡モデルとその開放化：基本モデル

(66) $\quad 1+r_t=(1+r_{t-1})^{\chi_1}\left(\left(\dfrac{\Pi_t}{\Pi_0}\right)^{\chi_2}\left(\dfrac{Y_t}{Y}\right)^{\chi_3}\right)^{1-\chi_1}$

$\quad 1+r_t^*=(1+r_{t-1}^*)^{\chi_1}\left(\left(\dfrac{\Pi_t^*}{\Pi_0^*}\right)^{\chi_2}\left(\dfrac{Y_t^*}{Y^*}\right)^{\chi_3}\right)^{1-\chi_1}$

$\quad \forall t \in \{1, 2, \cdots\}$

ただし $\chi_i (i=1,2,3)$ はパラメータであり，且つ $\chi_1 \in (0,1)$ とする。かくして，自国（外国）の通貨当局は1期前の金利水準 $r_{t-1}(r_{t-1}^*)$ の動向を踏まえつつ，現行インフレ率 $\Pi_t \equiv \dfrac{P_t}{P_{t-1}}(\Pi_t^* \equiv \dfrac{P_t^*}{P_{t-1}^*})$ と目標インフレ率 $\Pi_0(\Pi_0^*)$ との乖離や GDP ギャップ $\dfrac{Y_t}{Y}(\dfrac{Y_t^*}{Y^*})$ の現況にも対応して今期の政策金利を操作すると考える。

5　市場

第2項～第4項で見たような各企業・各家計の最適化行動ならびに政府・通貨当局の財政金融政策に基づいて一意的に定まる個々の財サービスの需給量，労働の需給量，資本ストック需給量が，完全競争市場のみならず"見えざる手"不在の不完全競争状況下にある市場を含む自国・外国各市場で，全体として個別主体の均衡条件と整合的にそれぞれどのようにして過不足なく完全にクリアーされるであろうか。すなわち，市場の需給均衡問題である。

a　交易条件・物価・為替レート

まず自国と外国との交易条件 TOT を，自国通貨建て自国財サービス価格 P_{Ht} と自国通貨建て外国財サービス価格 P_{Ft} との比率と定義すれば，t 期の自国交易条件は $TOT_t = \dfrac{P_{Ht}}{P_{Ft}}$ となる。

つぎに自国の総合的物価指標に対し，経済の開放度 a を実質輸入財サービス÷実質 GDP と定義すれば[26]，

(67) $\quad P_t = \left[(1-a)(P_{Ht})^{1-\eta} + a(P_{Ft})^{1-\eta}\right]^{\frac{1}{1-\eta}}$

を得る。ここで，自国・外国間の財サービスに関する代替の弾力性を $\eta \to 1$

とすれば,「ロピタルの定理」を用いることによってこれはコブ=ダグラス・タイプの $P_t=(P_{Ht})^{1-a}(P_{Ft})^a$ なるフォーミュラとなる。したがって,この式の両辺に対し対数をとれば, $o \equiv \ln(TOT)$ として

(68) $\quad p_t = p_{Ht} - ao_t$

を得る。

さらに自国のインフレ率に関して, $\Pi_t \equiv \dfrac{P_t}{P_{t-1}}$ および $\Pi_{Ht} \equiv \dfrac{P_{Ht}}{P_{H,t-1}}$ と置けば,(68)式より対数表示で

(69) $\quad \pi_t = \pi_{Ht} - a\Delta o_t$

が導ける。

ここで,自国と外国との自国通貨建て名目為替レート ER_t を導入すれば, e_t を ER_t の対数表示とすることにより,以下の(73)式と相俟って,交易条件式

(70) $\quad o_t = p_{Ht} - e_t - p_{Ft}^*$

を得る。また,自国と外国との自国通貨建て実質為替レート $S_t \equiv \dfrac{ER_t \times P_t^*}{P_t}$ を考えると, s_t を S_t の対数表示とすれば,ここに実質為替レートと名目為替レートならびに交易条件との関係式

(71) $\quad s_t = e_t + p_t^* - p_t = (a-1)o_t + (p_t^* - p_{Ft}^*), \; \forall t \in \{0,1,2,\cdots\}$

が導ける。

b 購買力平価

貿易財サービス $j(\in(0,1))$ に関しては,国際間財サービス市場で財裁定が働くことにより,名目為替レートで換算した後に一物一価の法則が成り立つと想定する。すなわち,

(72) $\quad P_{Ft}(j) = ER_t P_{Ft}^*(j)$

$\qquad\qquad P_{Ht}^*(j) = \dfrac{P_{Ht}(j)}{ER_t}$

---

26) 経済の開放度を示す各指標を

$\quad a_C = $ 実質輸入消費財サービス ÷ 実質全消費財サービス
$\quad a_I = $ 実質輸入投資財サービス ÷ 実質全投資財サービス
$\quad a = $ 実質輸入財サービス(消費財サービス+投資財サービス)÷ 実質GDP

と定義すると,本節では便宜的に $a_C = a_I = a (\in(0,1))$ としておく。

$$\forall t \in \{0, 1, 2, \cdots\}$$

なる関係式が成り立つと考える。ここで個別価格指標 $P_H(j), P_F^*(j)$ を $(0,1)$ 区間で積分すると，$P_{Ht} = \left[\int_0^n P_{Ht}(j)^{-\frac{1}{\xi}} dj\right]^{-\xi}$ ならびに $P_{Ft}^* = \left[\int_n^1 P_{Ft}^*(j)^{-\frac{1}{\xi}} dj\right]^{-\xi}$ であることから，(72)式に鑑みて，中長期的には自国・外国間で購買力平価の関係が成立すると考える[27]。すなわち，

(73) $$ER_t = \frac{P_{Ft}}{P_{Ft}^*} = \frac{P_{Ht}}{P_{Ht}^*}$$

である。

ここでさらに外国通貨建て外国財サービス国内価格指標 P_F^* は常に 1 に正規化されていると仮定すれば，対数表示で，自国の総合的物価指標 p_t は，$\forall t \in \{0, 1, 2, \cdots\}$ に対して

(74) $$p_t = (1-a) p_{Ht} + a e_t$$

と表せる。また，外国の総合的物価指標 p_t^* も同様にして，

(75) $$p_t^* = (1-a^*) p_{Ft}^* - a^* e_t$$

と表せる。

c　金利平価

先に債券ポートフォリオ・ペイオフ額に対する t 期の時間的割引率を $E_t[R_{t,t+1}] = \frac{1}{1+r_t}$ とした。したがって，自国債券ポートフォリオ・ペイオフの自国通貨建て価値額に対する時間的割引率は，

(76) $$\frac{ER_t}{1+r_t} = E_t[ER_{t+1} R_{t,t+1}]$$

となる。ここで国際債券市場は完全代替的且つ完全競争的と仮定すれば，内外資金移動の結果，自国金利水準と外国金利水準とは等しくなるので，$r_t = r_t^*$ より

(77) $$\frac{1}{1+r_t^*} = \frac{1}{1+r_t} E_t\left[\frac{ER_{t+1}}{ER_t}\right]$$

---

[27] 一般には物価指数の構成品目において非貿易財サービスの割合が大きく，また国内の価格転嫁速度が遅いと，購買力平価式が二国間で常に成立するとは言い難い。

を得る。かくして，この(77)式に対し両辺の対数をとり，一次のテイラー展開で近似させれば，$\ln(1+x) \approx x$ であるから，これより次式のようなアンカバー・ベースの金利平価式が求まる。すなわち，

(78) $\quad r_t = r_t^* + E_t[\Delta e_{t+1}]$

である。

ところで，この(78)式を先の実質為替レート式(71)式と組み合わせると，

(79) $\quad s_t = -\{(r_t - E_t[\pi_{H,t+1}]) - (r_t^* - E_t[\pi_{t+1}^*])\} + E_t[s_{t+1}]$

なる実質為替レート s に関する1階の確率差分方程式が求まる。自国の実質金利水準が外国金利水準に比較して高くなると，外国からの資金流入により自国通貨建て実質為替レートは増価することが見て取れる。ここで完全予見を仮定し，さらに定常均衡 ($T \to \infty$) では購買力平価が成立するとすれば (i.e. $p = e + p^*$) $\lim_{T \to \infty} E_t[s_T] = 0$ となるから，(79)式を逐次代入して解くと

(80) $\quad s_t = E_t\left[-\sum_{s=0}^{\infty} \{(r_{t+s} - \pi_{H,t+s+1}) - (r_{t+s}^* - \pi_{t+s+1}^*)\}\right], \quad \forall t \in \{0, 1, 2, \cdots\}$

なる確率差分方程式の解を得る。かくして(80)式から，自国の t 期における実質為替レートは，自国・外国における実質利子率差の現在および将来に亙る予想に帰せられることが読み取れる。

d リスク・シェア

国際債券市場の完全代替性・完全競争性を仮定すれば，$E_t[R_{t,t+1}] = \dfrac{1}{1+r_t}$ と置くとき，$r_t = r_t^*$ となるから，先の(25)式・(26)式ならびに(30)式・(31)式を用いれば

(81) $\quad \dfrac{1}{\beta}\left(\dfrac{C_t(i) - hC_{t-1}(i)}{C_{t+1}(i) - hC_t(i)}\right)^{-\rho}\left(\dfrac{P_{t+1}}{P_t}\right) = 1 + r_t$

$\quad\quad\quad = \dfrac{1}{\beta}\left(\dfrac{C_t^*(i) - hC_{t-1}^*(i)}{C_{t+1}^*(i) - hC_t^*(i)}\right)^{-\rho}\left(\dfrac{ER_{t+1}}{ER_t}\right)\left(\dfrac{P_{t+1}^*}{P_t^*}\right)$

が，$\forall i \in (0,1)$ に対し異時点間のリスク・シェアを示す式として成立する。したがって，

(82) $\quad C_t(i) - hC_{t-1}(i) = V(i)(C_t^*(i) - hC_{t-1}^*(i))S_t^{\frac{1}{\rho}}$

が求まる。ここで $V(i) (>0)$ は，家計 i の保有する債券ポートフォリオの初

期条件によって定まる定数である。ところで，両国は同形的経済構造を持つという仮定に加え，さらに初期条件が両国とも同一とする。したがって，0期における両国家計の国債保有額（i.e. B_0）はゼロとなるから，$V(i)=1$ となる。かくして，対数表示で

(83) $\quad c_t - hc_{t-1} = c_t^* - hc_{t-1}^* + \dfrac{1-h}{\rho}s_t, \quad \forall t \in \{1, 2, \cdots\}$

を得る。この(83)式は，t 期における自国消費，外国消費ならびに実質為替レートとの間の関係を示している。

e 財サービス市場

二国間開放経済の財サービス市場に関する集計的需給均衡式は，次のようにして示すことができる。

(84) $\quad Y_t = C_t + I_t + G_t + \phi(z_t)K_{t-1} + (Y_{Ht}^* - Y_{Ft})$
$\quad\quad Y_t^* = C_t^* + I_t^* + G_t^* + \phi(z_t^*)K_{t-1}^* + (Y_{Ft} - Y_{Ht}^*)$
$\quad\quad \forall t \in \{1, 2, \cdots\}$

ここで $Y_{Ht}^* - Y_{Ft}(Y_{Ft} - Y_{Ht}^*)$ は自国（外国）の経常収支である。

f 労働市場

労働市場に関しては，例えば自国の総労働需要量は，企業の利潤最大化行動により決まる最適産出量を基に，さらに費用最小化問題を解くことによって得られる主体的均衡条件式 $L_t^D = \left(\dfrac{r_t^K}{W_t/P_t}\right)\left(\dfrac{1-\alpha}{\alpha}\right)K_t$ から決まる。他方，家計の総労働供給量は，家計の主体的均衡条件式 $\dfrac{W_t}{P_t} = (1+\mu)E_t\sum_{s=0}^{\infty} f_{t+s} \dfrac{L_{t+s}^\nu}{\{C_{t+s} - hC_{t+s-1}\}^{-\rho}}$ なる関係式から決まる L_t^S によって求められる。したがって，自国（外国）労働市場の集計的均衡労働量は，労働の国際間移動を考えないとき，$L_t^D = L_t^S(L_t^{*D} = L_t^{*S})(\forall t \in \{0, 1, 2, \cdots\})$ を得る。

g 債券市場

国際債券市場に関しては，完全代替的且つ完全競争的ゆえ，内外資金移動の結果，自国金利水準と外国金利水準とは等しくなり（i.e. $r_t = r_t^*$），また，自国・外国双方における実質債券の金利を含む受け取り・支払いの差は符号が逆で絶対値が等しくなることから，均衡条件として

$$(85) \quad \frac{B_t}{P_t} + \frac{B_t^*}{P_t^*} = \int_0^n \left(\frac{B_{Ht}(i) + B_{Ft}(i)}{P_t} \right) di + \int_n^1 \left(\frac{B_{Ft}^*(i) + B_{Ht}^*(i)}{P_t^*} \right) di$$

$$\forall t \in \{0, 1, 2, \cdots\}$$

を得る。左辺は債券ストックのグローバルな供給量であり，右辺は同じく債権ストックのグローバルな需要量である。

h 資本ストック市場

最後に，資本ストック市場に関しては，同質的な資本ストック K に対し国内のみで取引されるこれら市場は完全競争的なので，資本ストックを所有する家計部門とそれを生産要素として借り入れる中間財サービス生産企業部門との間で，ある資本レント（i.e. $\exists \tilde{r}_t^K \in (0, \infty)$）によってワルラス的模索過程より毎期需給均衡が達成される。

3 対数線形化とカリブレーション

1 対数線形化

本節において，前節で展開した理論モデルに対し，自国経済[28]における定常状態からの近傍乖離に関する対数線形近似式を考えてみよう。以下で，～付き変数は定常状態からの対数線形乖離を表す。ただし，金利 r_t，資本レント r_t^K，インフレ率 π_t に関しては単に定常状態からの線形乖離を表す。また，すべての自国家計・企業は同形的ゆえ，i, j について $(0, n]$ 区間で積分した変数の集計量を用いる。そして，自国経済は離散的時間の経過とともに $t \in \{0,1,2,\cdots\}$ と継起的ないしは逐次的に進行していくと想定する。さらにそ

---

[28] 外国経済に対しても同様にして対称的な式が得られる。

の上で，それら定常状態からの近傍乖離に関する対数線形近似式をもとにカリブレーションをおこない，現実の主要マクロ経済変数の動学過程を理論モデルで"複製"してみる[29]。

2　家計

a　消費オイラー方程式

先の(25)式・(26)式・(83)式において，定常状態からの近傍乖離の対数線形近似をとれば，

(Eq01) $\quad \widehat{c}_t = \dfrac{h}{1+h}\widehat{c}_{t-1} + \dfrac{1}{1+h}E_t\widehat{c}_{t+1} - \dfrac{1-h}{(1+h)\rho}\widehat{s}_t - \dfrac{1-h}{(1+h)\rho}(\widehat{r}_t - E_t\widehat{\pi}_{t+1})$

を得る。ただし，$\Pi_{t+1} \equiv \dfrac{P_{t+1}}{P_t} = 1 + \pi_{t+1}$ と置いて，$\ln \Pi_{t+1} \approx \pi_{t+1}$ である。

b　投資オイラー方程式

(28a)式において，投資に対する定常状態からの微小乖離の影響を考えるために，両辺を $\dfrac{I_t}{I_{t-1}}$，$\dfrac{I_{t+1}}{I_t}$ でそれぞれ微分し，さらに定常状態では $A'(1)=0$，$\beta(r^K+(1-\delta))=1$ であることに留意すれば，(29a)式と併せて，

(Eq02) $\quad \widehat{i}_t = \dfrac{1}{1+\beta}\widehat{i}_{t-1} + \dfrac{\beta}{1+\beta}E_t\widehat{i}_{t+1} + \dfrac{\varphi}{(1+\beta)}\widehat{Q}_t$

ならびに

(Eq03) $\quad \widehat{Q}_t = -(\widehat{r}_t - E_t\widehat{\pi}_{t+1}) + \dfrac{1-\delta}{1-\delta+r^K}E_t\widehat{Q}_{t+1} + \dfrac{r^K}{1-\delta+r^K}E_t\widehat{r}^K_{t+1}$

$\quad$ ただし，$\varphi \equiv \dfrac{1}{A''(1)}$

なる実質投資需要式が導かれる。ここで(26a)式より得られるところの $\dfrac{\lambda_{t+1}}{\lambda_t} = \dfrac{1}{\beta(1+r_t)}E_t\Pi_{t+1}$ なる関係式を用いた。

---

[29]　本章・補論参照。なお本節における理論式の具体的な対数線形化に際しては，Erceg/Henderson/Levin (1999), Smets/Wouters (2006), Iiboshi/Nishiyama/Watanabe (2006) を参考にした。

3 対数線形化とカリブレーション　97

c 資本ストック遷移式

(Eq04)　　$\widehat{k}_t = (1-\delta)\widehat{k}_{t-1} + \delta\widehat{i}_{t-1}$

上述式で，δ は実質資本ストックの損耗率を表すとともに，実質投資の実質資本ストックに対する比率を表している。

d 実質賃金率設定式

先の (40) 式における $\dfrac{W_t}{P_t} = (1+\mu)E_t\sum_{s=0}^{\infty} f_{t+s}\dfrac{(L_{t+s})^\nu}{\lambda_{t+s}}$ に対して $\beta\omega_W$ を乗じて1期繰り上げ，さらにそれを元の (40) 式から減ずれば，実質賃金率設定に対する定常状態からの対数線形乖離は，$w \equiv \dfrac{W}{P}$ として，

(Eq05)　　$\widehat{w}_t = \dfrac{1}{1+\beta}\widehat{w}_{t-1} + \dfrac{\beta}{1+\beta}E_t\widehat{w}_{t+1} + \dfrac{\gamma_w}{1+\beta}\widehat{\pi}_{t-1} - \dfrac{1+\beta\gamma_w}{1+\beta}\widehat{\pi}_t$

$\qquad\qquad + \dfrac{\beta}{1+\beta}E_t\widehat{\pi}_{t+1}$

$\qquad\qquad - \dfrac{(1-\beta\omega_W)(1-\omega_W)}{(1+\beta)\left(1+(\dfrac{1+\mu}{\mu})\nu\right)\omega_W}\left[\widehat{w}_t - \nu\widehat{l}_t - \dfrac{\rho}{1-h}(\widehat{c}_t - h\widehat{c}_{t-1})\right] + \varepsilon_t^W$

となる。ただし ε_t^W は実質賃金率ショックである。この実質賃金率設定式で，インフレ率の変化に加え，最後の項目において，独占的競争状況にある労働市場で設定される現行賃金率が，完全競争的市場において決まるであろう伸縮的賃金率から乖離するとき，そのプラスの乖離に対して負の効果を及ぼすことを表している。

3 企業

a 費用最小化式

企業の主体的均衡条件式 (55) 式より，

(Eq06)　　$\widehat{l}_t = -\widehat{w}_t + (1+\psi)\widehat{r}_t^K + \widehat{k}_{t-1}$

が求められる。ただし $\psi \equiv \dfrac{\psi'(1)}{\psi'(1)}$ を表す。ここで資本レントと稼働率費用関数との関係を示す (27) 式の $r_t^K = \psi'(z_t)$ なる式より，定常状態では $z_t = 1$ なの

で $\frac{1}{\phi} \equiv \frac{\psi'(1)}{\psi''(1)} \equiv \frac{d\psi'(1)/\psi'(1)}{dz/z}$ となることから，係数 ϕ は稼働率の変化に伴う稼働率費用の変化の弾力性の逆数となっていることが見てとれる。$\psi''>0$ より稼働率を引き上げれば資本レントは上昇するが，それに伴い稼働率引き上げコストの負担も増える。したがって，弾力性が大きくなると係数 ϕ は低下し，企業にとって家計から借り入れた資本ストックのレント支払いは減る。一定の資本ストック設置の下で，実質賃金率が上昇すると労働需要は減少し，他方，資本レントが上昇すると資本ストックに代替して労働需要は増加する。

b 生産関数式

生産関数(52)式より

(Eq07)　　$\widehat{y}_t = \phi\alpha\widehat{k}_{t-1} + \phi\alpha\psi\widehat{r}_t + \phi(1-\alpha)\widehat{l}_t + \phi\varepsilon_t^A$

　　　　　ただし，$\phi \equiv \frac{\psi'(1)}{\psi''(1)}$

が求まる。ϕ は実質生産量に占める固定費用 Ψ の割合に 1 を加えたものである。また，ε_t^A は全要素生産性（i.e. 技術水準）ショックである。

c 国内価格インフレ率式

先の(61)式における $\frac{\widetilde{P}_{Ht}}{P_{Ht}} = (1+\xi)E_t\sum_{s=0}^{\infty} g_{t+s}MC_{t+s}$ に対して $\beta\omega_P$ を乗じて 1 期繰り上げ，さらにそれを元の(61)式から減ずれば，国内価格インフレ率に対する定常状態からの対数線形乖離は，

(Eq08)　　$\widehat{\pi}_{Ht} = \frac{\gamma_P}{1+\beta\gamma_P}\widehat{\pi}_{H,t-1} + \frac{\beta}{1+\beta\gamma_P}E_t\widehat{\pi}_{H,t+1}$

$\qquad\qquad + \frac{(1-\beta\omega_P)(1-\omega_P)}{(1+\beta\gamma_P)\omega_P}\left[\alpha\widehat{r}_t^K + (1-\alpha)\widehat{w}_t - \varepsilon_t^A\right] + \varepsilon_t^\pi$

で表せる。ただし ε_t^π は国内価格インフレ率ショックである。この国内価格インフレ率式において，1期前と1期後のインフレ率に加え，最後の項目において，限界費用の変化がインフレ率変化へプラスの影響を及ぼしていることを示している。

4 市場均衡式

a 財サービス市場

財サービス市場の均衡式(84)式は，定常状態では実質輸出＝実質輸入，すなわち，実質経常収支は $Y_{Ht}^* - Y_{Ft} = 0$ となるから，

(Eq09) $\widehat{y}_t = c_y \widehat{c}_t + \delta k_y \widehat{i}_t + r^K \psi k_y \widehat{r}_t^K + g_y \widehat{g}_t + u_t^{NX}$

ただし，$c_y \equiv (1 - \delta k_y - g_y)$

で示される。ここで，c_y, g_y, k_y は，定常状態での実質産出量に対する実質消費量，実質政府歳出量，実質資本ストックのそれぞれの比率である。また，u_t^{NX} は実質経常収支ショックである。

b 外国為替市場

外国為替市場における実質為替レートはカバーなし金利平価式(79)式によって決まると考えたから，実質為替レートに対する定常状態からの対数線形乖離は

(Eq10) $\widehat{s}_t = -\{(\widehat{r}_t - E_t \widehat{\pi}_{t+1}) - (\widehat{r}_t^* - E_t \widehat{\pi}_{t+1}^*)\} + E_t \widehat{s}_{t+1} + u_t^s$

で表せる。ただし u_t^s は実質為替レート・ショックである。

c 購買力平価

自国・外国間では中長期的には購買力平価が成立することから，(71)式・(74)式より

(Eq11) $\widehat{\pi}_t = \widehat{\pi}_{Ht} + \dfrac{a}{1-a}(\widehat{s}_t - \widehat{s}_{t-1})$

が導ける[30]。

---

[30] 前節第2節では外国通貨建て外国財サービス国内価格指標 P_t^* は常に1に正規化されていると仮定したが，ここでは外国の輸入比率が小さく，したがって国内価格指標 P_t^* は輸入財サービス価格を加味した総合的物価指標 P_t^* と近似的に等しいとの仮定に置き換えることもできる。すなわち，$P_{Ft}^* \approx P_t^*$ と置けば，購買力平価式と総合的物価指標との関係を表す

$\widehat{\pi}_t = \widehat{\pi}_{Ht} + \dfrac{a}{1-a}(\widehat{s}_t - \widehat{s}_{t-1}) + \dfrac{a}{1-a}(\pi_{Ft}^* - \pi_t^*)$

に対して(Eq11)が成立する。

5 金融政策ルール式

通貨当局によるテイラー・ルール型政策反応関数(66)式より,名目利子率を政策変数としたところの

(Eq12) $\quad \hat{r}_t = \chi_1 \hat{r}_{t-1} + (1-\chi_1)\{\chi_2(\hat{\pi}_t - \pi^0) + \chi_3 \hat{y}_t\} + \varepsilon_t^r$

なる金融政策ルール式を得る。ただし ε_t^r は金利ショックである。

かくして,前節の理論モデル式を基に導出した定常状態からの近傍乖離の対数線形近似式(Eq01)式〜(Eq12)式に対し,内生変数は $\hat{y}_t, \hat{c}_t, \hat{i}_t, \hat{Q}_t, \hat{k}_{t-1}, \hat{w}_t, \hat{l}_t, \hat{r}_t^K, \hat{r}_t, \hat{\pi}_t, \hat{\pi}_{Ht}, \hat{s}_t$ の12個となる。また,構造ショックは,1階の自己回帰過程に従う u_t^{NX}, u_t^i とホワイト・ノイズ過程に従う $\varepsilon_t^W, \varepsilon_t^A, \varepsilon_t^\pi, \varepsilon_t^r$ の計6個である。

6 カリブレーション

a パラメータ設定

本節でカリブレーションを行うにあたり,構造パラメータを以下のように設定する[31]。

b インパルス応答

ここで,為替レート,経常収支,インフレ率,賃金率,生産性,金利の構造ショックに関して1標準偏差だけプラスで変化した際の各経済変数とのインパルス応答を求めると,第1図〜第6図のごとくとなる[32]。ただし,各記号はそれぞれ以下内容を示す。

Y :実質GDP

---

31) 構造パラメータの設定にあたっては,矢野(2009)の設定値に加え,Smets/Wouters (2003) (2007), Onatski/Williams (2004), Levin/Onatski/Williams/Williams (2005), Iiboshi/Nishiyama/Watanabe (2006), Sugo/Ueda (2007) の各推計値を参考にした。ただし,パラメータ値の与え方によってはBlanchard=Kahnの条件を満たさなくなることもあり得ることに留意すべきである。

32) 本カリブレーションでは,MATLABソフトの上で,DYNARE-Version4.1.3によって計算した。カリブレーション計算のためのDYNAREコードに関しては,岡田(2011b)参照。またDYNAREの詳細に関しては,Mancini Griffoli, T. (2007), "DYNARE User Guide," http://www.cepremap.cnrs.fr/ を参照。

第1表　構造パラメータ

パラメータ	値	説明
β	0.99	時間的割引率
h	0.80	消費習慣係数
ρ	1.92	異時点間の消費代替弾力性の逆数
φ	0.04	投資費用調整関数の第二次微係数の逆数（$=1/A''(1)$）
δ	0.025	資本ストック損耗率
r^K	$1/\beta-1+\delta$	資本レント（定常状態）
γ_P	0.58	価格インデクセーション転嫁率
γ_W	0.58	賃金インデクセーション転嫁率
ω_P	0.75	価格据え置き確率
ω_W	0.275	賃金率据え置き確率
α	0.30	資本分配率
μ	0.05	賃金率設定のマークアップ率
ν	2.10	異時点間労働供給の代替弾力性の逆数
ψ	0.30	稼働率変化に伴う稼働費用変化の弾力性の逆数
k_y	2.20	資本ストックの対 GDP 比率
g_y	0.20	政府支出の対 GDP 比率
ϕ	1.60	固定費用 Ψ の対 GDP 比率 +1
χ_1	0.68	1 期前の金利に対する政策反応係数
χ_2	1.62	インフレ率目標値との乖離に対する政策反応係数
χ_3	0.10	GDP ギャップに対する政策反応係数
π^0	0.00	インフレ率目標値
a	0.10	経済開放度
ρ_{NX}	0.80	経常収支ショックの自己回帰係数
ρ_S	0.80	実質為替レート・ショックの自己回帰係数
σ_s	0.20	実質為替レート・ショックの標準偏差
σ_w	0.25	実質賃金率ショックの標準偏差
σ_A	0.20	全要素生産性ショックの標準偏差
σ_π	0.33	国内価格インフレ率ショックの標準偏差
σ_{NX}	0.20	経常収支ショックの標準偏差
σ_r	0.015	金利ショックの標準偏差

C ：実質消費量

I ：実質投資量

K ：実質資本ストック

L ：雇用量

第1図 為替レートショック

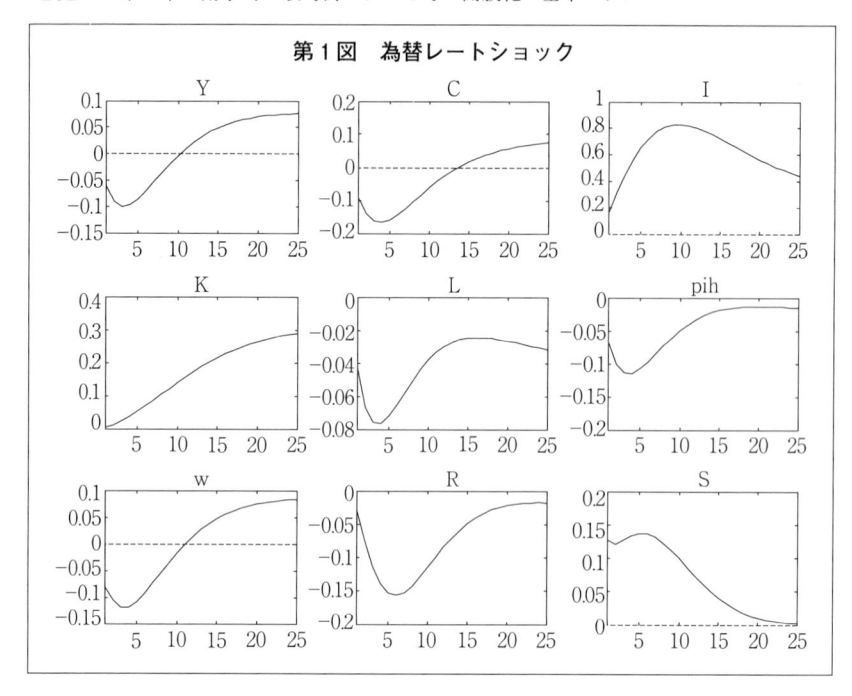

Pih ：国内価格インフレ率
W ：実質賃金率
R ：名目利子率（政策金利）
S ：自国通貨建て実質為替レート

c 評価

これらカリブレーション分析の結果から，各構造ショックに伴う主要マクロ経済変数の定常状態からの乖離に対する動学過程に関して以下の点を指摘することができる。

[1] 自国通貨建て実質為替レートにプラスの構造ショックが働いて為替レートが減価すると，自国通貨建て輸入価格は上昇することからそれに伴って財サービス輸入量は減少し，実質消費需要も減少する。他方，財サービス輸出は為替レートの減価より増えるが，それを上回る国内需要の

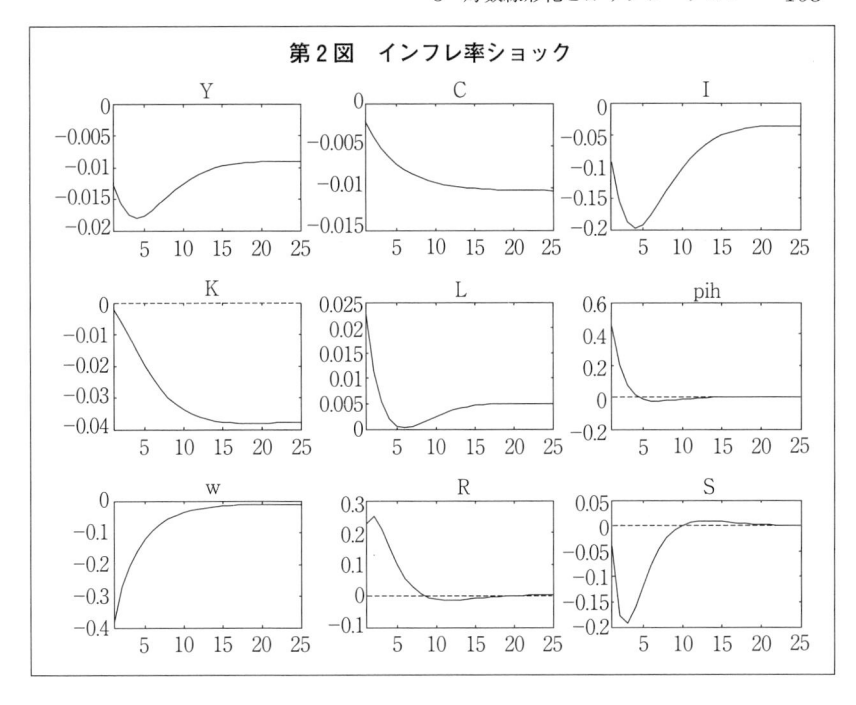

3 対数線形化とカリブレーション 103

第2図 インフレ率ショック

縮小により実質 GDP は減少し，雇用量，実質賃金は低下する。それゆえ企業の人件費下落より実質限界費用は全体で低下し，企業の設定する国内財サービス価格水準は下落する。政策金利は，こうしてインフレ率の低下や実質 GDP ギャップの縮小に対応し引き下げられる。

[2] 国内財サービス価格にプラスの構造ショックが働いて国内価格水準が騰貴すると，政策金利は引き上げられ，したがって，内外資金の金利裁定に基づく海外からの資金流入により自国通貨建て実質為替レートは増価する。それゆえ海外への財サービス輸出減を伴い実質 GDP は減少する。また実質賃金水準が下落することから，実質消費需要も減少する。投資活動もまた金利上昇より低下し，実質資本ストックは減少する。

[3] 実質賃金率にプラスの構造ショックが働いて上昇すると，企業の雇用は差し控えられ，したがって家計の実質消費需要は減少する。他方，企業の人件費アップによる生産コスト増からインフレ率は昂進し，これよ

第3図　賃金率ショック

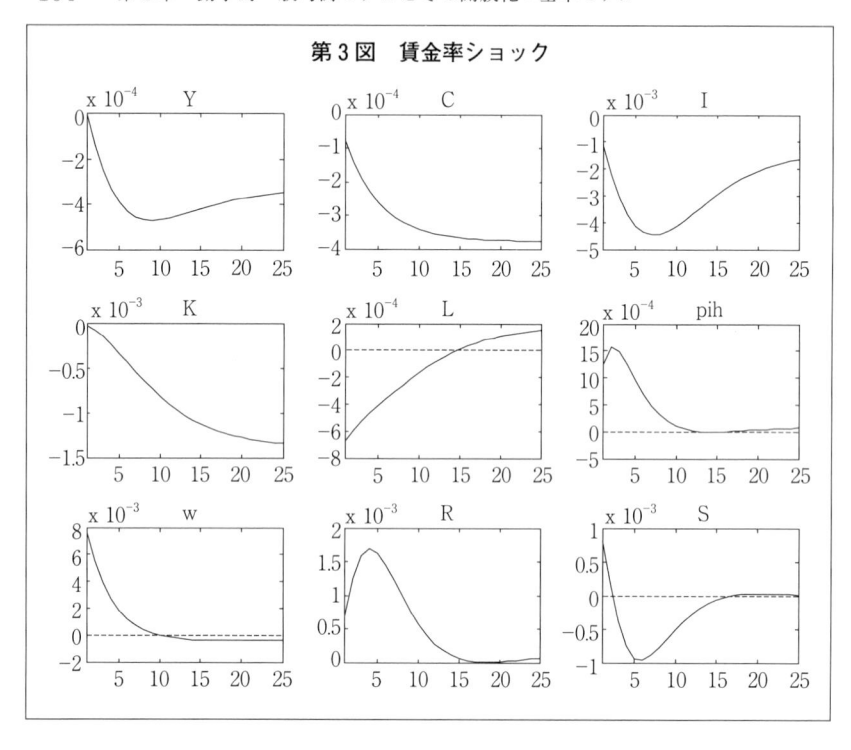

り政策金利は引き上げられる。実質為替レートはそれゆえ内外資金の金利裁定により増価する。また，金利上昇から実質投資や実質資本ストックは減少する。したがって，経済全体で実質GDPも減少する。

[4] 企業の生産技術構造にプラスの生産性ショックが発生すると，実質GDPは増加する。一方でインフレ率は低下し，したがって，テイラー・ルールに基づく政策金利は引き下げられる。それにともない，実質投資ならびに実質資本ストックは増加する。さらに，物価下落に伴う実質賃金率の上昇は，企業の主体的均衡条件式より雇用減をもたらすが，家計の実質消費需要を全体で減少させるまでには至らない。また，金利水準の低下は国際的資金流出に伴う実質為替レートの減価をもたらし，財サービスの輸出増につながる。

[5] 実質経常収支にプラスの構造ショックが働くと，海外需要（＝実質輸

第4図 生産性ショック

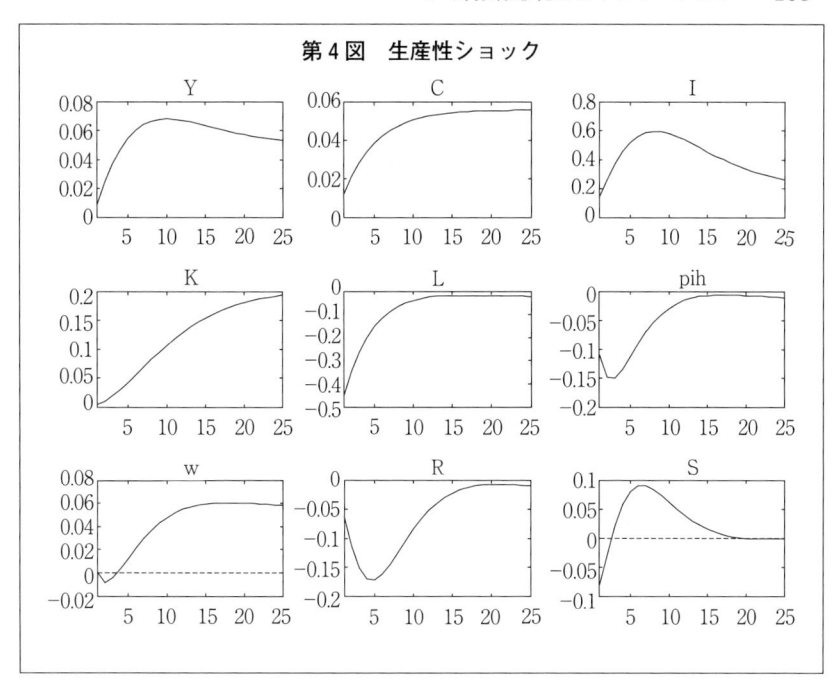

(Y, C, I, K, L, pih, w, R, S の各インパルス応答グラフ)

出等)の増加から実質 GDP が増加する。したがって、雇用は増大し、実質賃金率も上昇する。同時に資本ストック稼働率も上昇し、したがって、資本レントも上昇することにより、企業の実質限界費用が増加することから、やがて国内財サービス価格は引き上げられインフレを招来する。かくして実質 GDP の増加による需給ギャップ拡大と相俟って、政策金利は引き上げられる。経常収支の黒字幅拡大（赤字幅縮小）ならびにこれら内外金利裁定に基づく国際的資金流入により実質為替レートは一時的なゆり戻しはあるものの増価基調となる[33]。

[6] 通貨当局の政策金利にプラスの構造ショックが働いて名目金利水準が上昇すると、実質消費需要も実質投資需要も減少し、したがって、実質

---

[33] 厳密に言えば、本理論式では実質為替レートはカバーなし金利平価による内外資金移動によって決まると考えたから、為替レート決定式には経常収支変数が組み込まれていない。

第5図 経常収支ショック

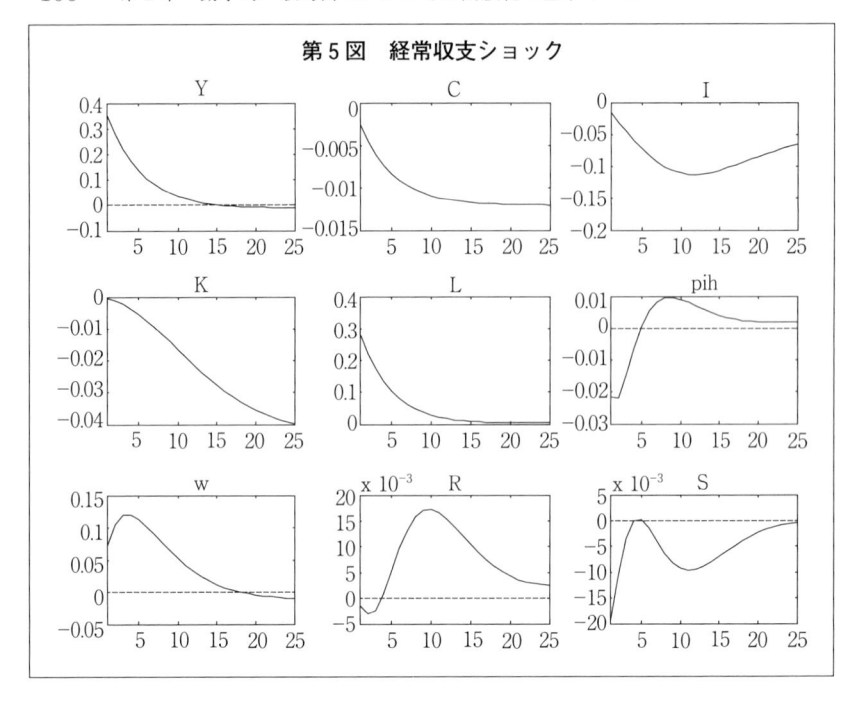

[図：Y, C, I, K, L, pih, w, R, S の9つのインパルス応答関数グラフ（横軸：期間 5〜25）]

　GDPは減少する。雇用も減少し，実質賃金率は下落する。それゆえ，稼働率低下に伴う資本レントの下落と相俟って企業の実質限界費用は低下し，企業が設定する国内財サービス価格もまた同時に下落する。さらに，名目金利水準の上昇は海外からの資金流入を招来することにより，実質為替レートの増価をもたらす。

　以上の理論式に対するカリブレーション結果から導かれた諸点は，われわれの経験に照らして現実の経済の動きに良く合致したものと言える。

4　計量分析

　本節では，前節で展開した「二国間開放経済動学的一般均衡理論」の定常状態からの近傍乖離に関する対数線形近似式に対し，自国を日本経済とし，

第6図　政策金利ショック

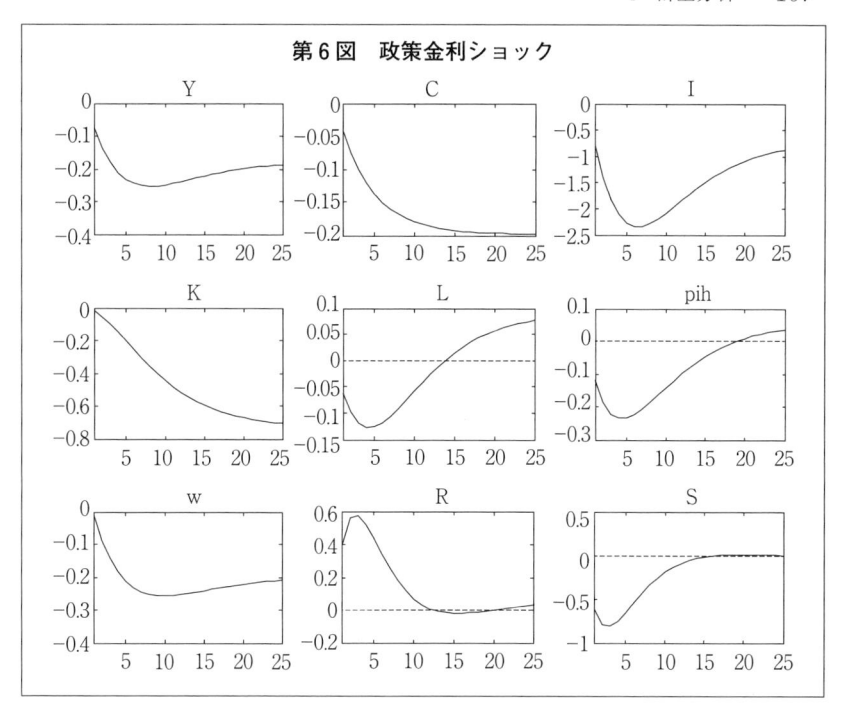

(図：Y, C, I, K, L, pih, w, R, S の9つのインパルス応答グラフ、横軸5〜25)

他方外国を米国経済としてそれぞれの時系列データを適用し，$\forall t \in \{1, 2, \cdots T\}$ に関して計量分析を行う。

1　MCMC推計

本節の計量分析における推計法に関しては，推定量の漸近的特性が未知の有限標本特性に関しても有効に確かめられ，かつ各種事前情報が活用できる「マルコフ連鎖モンテカルロ法によるベイズ推定法」[34]を適用する。推計期

---

34) 本書第1章・補論1参照。計算ソフトは，理論式の構造パラメータ推計が可能となるDYNAREプログラム・パッケージ（Version4.1.3）をMATLAB上で用いた。DYNAREコードに関しては岡田（2011e）参照。また，DYNAREでは，具体的な計算のアルゴリズムとしてはメトロポリス-ヘイスティングス・アルゴリズム（Metropolis-Hastings algorithm）が組み込まれている。

間は，変動相場制への移行ならびにゼロ金利政策の導入を勘案して 1973 年第 1 四半期より 1999 年第 1 四半期（標本数：105 サンプルズ）までとする。これは，日本の深刻なマクロ経済事象を前にして，日本銀行が政策金利の引き下げやさらにはゼロ金利制約に直面して非伝統的金融政策である量的緩和政策を 2001 年 3 月から 2006 年 3 月まで 5 年間採用したことなどにより，ゼロ金利政策導入時の 1999 年 2 月以降は中央銀行の一般的な金融政策反応式であるテイラー・ルール型関数の適用には慎重を期する必要のあることに配慮した。

日米経済のデータは IMF の *International Financial Statistics*, CD-ROM, January 2011 を用いる。各データの一覧を示せば以下のごとくである。なお，各指数はいずれも 2005 年 = 100.0 である。

C　：日本名目 GDE 民間最終消費支出項目を総合物価指数 P でデフレートないしはインフレート
I　：日本名目 GDE 国内総固定資本形成項目を総合物価指数 P でデフレートないしはインフレート
P　：日本 GDP デフレータを米国 GDP デフレータで基準化
Y　：日本名目 GDP を総合物価指数 P でデフレートないしはインフレート
r　：無担保コール・レート翌日物期中平均 p.a.
L　：日本製造業雇用者指数
W　：日本名目賃金指数（月額）を基準化後の日本消費者物価指数によりデフレートないしはインフレート
S　：円建て名目円ドル為替レート期中平均を日本 GDP デフレータと米国 GDP デフレータで実質化
r^*　：米フェデラルファンド・レート期中平均 p.a.

なお，採用する各時系列データに対しては，定常均衡値からの近傍乖離幅を Hodrick-Prescott フィルターによる傾向値からの差で近似し，平均値調整を施す（demean）。また，為替レートと金利ならびに一部季節調整済みデータを除くすべての四半期原数値に対し，センサス X12-ARIMA により季

第2-a表　構造パラメータ設定値

パラメータ	設定値
β	0.990
δ	0.025
α	0.300
g_y	0.200
π^0	0.000

第2-b表　構造パラメータ：事前確率分布

パラメータ	確率分布のタイプ	平均値	標準偏差
h	ベータ分布	0.700	0.1500
ρ	正規分布	1.000	0.3750
γ_P	ベータ分布	0.500	0.2500
γ_W	ベータ分布	0.500	0.2500
ω_P	ベータ分布	0.500	0.2500
ω_W	ベータ分布	0.500	0.2500
φ	正規分布	0.100	0.0500
μ	正規分布	0.500	0.2500
ν	正規分布	2.000	0.7500
ψ	正規分布	1.000	0.5000
k_y	正規分布	1.500	0.5000
ϕ	正規分布	1.500	0.5000
χ_1	ベータ分布	0.800	0.1000
χ_2	正規分布	1.500	0.5000
χ_3	正規分布	0.100	0.1000
ρ^s	ベータ分布	0.800	0.1000
ρ^A	ベータ分布	0.800	0.1000
ρ^r	ベータ分布	0.800	0.1000
S.D. ε^s	逆ガンマ分布	0.200	inf.
S.D. ε^A	逆ガンマ分布	0.200	inf.
S.D. ε^w	逆ガンマ分布	0.200	inf.
S.D. ε^π	逆ガンマ分布	0.200	inf.
S.D. ε^r	逆ガンマ分布	0.200	inf.

節調整を施す[35]。

　つぎに，前節の統計式に対するMCMC推計に際し，各構造パラメータに関して，第2-a表のような値と第2-b表のような事前確率分布を設定する。

第3表　構造パラメータ推計結果・事後確率分布

パラメータ	平均値	90%信頼区間
h	0.9742	[0.9595　0.9886]
ρ	0.0107	[0.0051　0.0171]
γ_P	0.9819	[0.9667　0.9979]
γ_W	0.7241	[0.7137　0.7365]
ω_P	0.1361	[0.0840　0.1889]
ω_W	0.9220	[0.9030　0.9377]
φ	0.0911	[0.0742　0.1069]
μ	1.1910	[1.1418　1.2284]
ν	2.3274	[2.2634　2.3948]
ψ	5.1609	[5.1375　5.1806]
k_y	5.1769	[5.1717　5.1807]
ϕ	2.0065	[1.9566　2.0676]
χ_1	0.4424	[0.4291　0.4590]
χ_2	1.0420	[1.0372　1.0469]
χ_3	0.3885	[0.3715　0.4085]
ρ^s	0.8361	[0.8280　0.8444]
ρ^A	0.7292	[0.7094　0.7465]
ρ^r	0.8887	[0.8803　0.8979]
S.D. ε^s	7.3192	[6.8889　7.7543]
S.D. ε^A	6.1223	[5.3387　6.8630]
S.D. ε^w	6.7097	[6.2482　7.2408]
S.D. ε^π	0.1541	[0.0534　0.2932]
S.D. ε^r	5.7107	[5.1054　6.4553]

すなわち，推計期間中の金利 r に関する HP フィルター傾向値の平均から，これを定常状態での金利水準とみなして定常状態における時間的割引要素を $\beta=0.990$（四半期ベース）とする。また，資本ストック損耗率 δ，資本分配率 α，対 GDP 政府支出比率 g_y のそれぞれの値に関しては，各時系列データの推計期間中の平均値を勘案して決める。各パラメータの事前確率分布に関しては，この分野の先駆的論文である Smets/Wouters (2003) (2007) を参考

---

35) Hodrick-Prescott フィルター計算ならびにセンサス X12-ARIMA 季節調整については，EViews Version 7 を用いた。

に，正規分布，ベータ分布，逆ガンマ分布をそれぞれ適用する。

2 推計結果

かくして，マルコフ連鎖モンテカルロ法によるベイズ推定法により，統計式の各構造パラメータを推計すると，第3表のような推計結果を得る[36]。メトロポリス−ヘイスティングス・アルゴリズムにより，最初の10,000個を初期値に依存する稼動検査（burn-in）期間として捨て，その後の10,000個の標本を事後確率分布からの標本と考えて，それに対する平均と90％信頼区間を表示している。

これら推計結果から，1973年第1四半期より1999年第1四半期までの開放経済動学的一般均衡モデルに関する構造パラメータ値が求められ，かくして変動相場制移行後凡そ四半世紀間に及ぶ日本経済の構造的特色が見て取れる。

4 結 び

近年，経済のグローバル化の進展とともに財サービス市場のみならず金融資本市場も地球的規模でリンケージが高まりつつある。本章において，そうした現状を踏まえ，一国の金利など金融変数やあるいは賃金，物価，生産技術構造などの変化が，為替レートや国際間資本移動を通じて実体経済活動のグローバルな動きとどのような動学的相互依存関係を有するか，という問題を検討した。

まず，新開放マクロ経済学発展の礎を築いたオブズフェルド=ロゴフ・モデルならびに動学的（確率的）一般均衡理論の計量モデル化におけるパイオニア的労作となったスメッツ=バウターズ・モデルないしはクリスティアー

---

36) 統計式の各構造パラメータに対するMCMC推計に際し，日本の輸入比率が0.1前後であることに鑑みて，本節では$P_t \approx P_{Ht}$として推計計算を簡略化した。したがって，実質為替レートは外生変数扱いで内生化されていない。また，（絶対的）購買力平価も捨象されるが，ただし，自国価格は外国価格で基準化されているため，価格の相対的変化の影響，すなわち相対的購買力平価は考慮されている。

ノ・タイプ・モデルに依拠しつつ,「二国間開放経済動学的一般均衡モデル」の一類型を構築した。その結果,主要ジャンプ変数を経済主体に陽表的に組み込むことにより,合理的予想形成の下,フォワード・ルッキング的な最適化行動が明示的に導入されたミクロ的基礎付けを有する理論モデルを得ることができた。ついで,それらモデルの理論構造に則しつつ動学的均衡解＝定常状態からの近傍乖離に対する対数線形近似式体系を導いた。その上で,ディープ・パラメータを設定し,各構造ショックのインパルス応答を求めることにより,離散的時間の経過に伴う主要マクロ経済変数の継起的ないしは逐次的動学経路を本理論モデルで複製した。こうした一連のカリブレーション分析作業をベースに当該モデルの特性を評価すると,それら理論モデルが複製した動学経路は,われわれの経験に照らして現実の経済の動きに良く合致したものと結論付けることができる。

　本章では,さらに加えて上述の二国間開放経済動学的一般均衡モデルに対し,自国を日本経済とし,他方外国を米国経済としてそれぞれの時系列統計データを適用し,「マルコフ連鎖モンテカルロ法によるベイズ推定法」（BI-MCMC）によって計量分析を試みた。その結果,構造パラメータの推計値より変動相場制移行後凡そ四半世紀間に及ぶ日本経済の構造的特色が明らかとなった。

　かくして,情報通信技術（ICT）の革命的進歩にともなって急速にグローバル化が進む今日の状況下で,錯綜した不透明な経済の動きを本理論モデルを適用することにより体系立って整合的に整理し把握・理解し得ると言えるであろう。

補論　対数線形化の方法[37]

　一般に,すべての経済変数の定常状態＝動学的均衡解からの変化率は,それが近傍乖離であるかぎり対数線形形式で近似できる。したがって,テイラー展開による1次までの項を用いれば,以下のようにして変数の対数線形化が

---

[37] Uhlig (2003).

補論 対数線形化の方法

求められる。

まず変数 X の定常状態を $\overline{X}$ とし，$\widehat{x}=\ln X-\ln \overline{X}$ と置けば，

$$\exp(\widehat{x})=\frac{X}{\overline{X}} \;(\Leftrightarrow X=\overline{X}\exp(\widehat{x}))$$

となる。ここで指数関数のテイラー展開による一次までの項を用いることにより

$$\frac{X}{\overline{X}}=\exp(\widehat{x})\approx 1+\widehat{x}$$

であるから，これより

$$\frac{X-\overline{X}}{\overline{X}}\approx \widehat{x}\;(=\ln X-\ln \overline{X})$$

と近似できる。したがって，全ての経済変数 X の定常状態（＝動学的均衡解）$\overline{X}$ からの近傍乖離の変化率は，対数線形式で近似し得ることになる。

さらに積の関係式 $Z_t=X_tY_t$ & $\overline{Z}=\overline{X}\overline{Y}$ に対しては，

$$\widehat{z}_t=\ln Z_t-\ln \overline{Z}=(\ln X_t+\ln Y_t)-(\ln \overline{X}+\ln \overline{Y})$$
$$=(\ln X_t-\ln \overline{X})+(\ln Y_t-\ln \overline{Y})=\widehat{x}_t+\widehat{y}_t$$

によって求められる。また，和の関係式 $Z_t=X_t+Y_t$ & $\overline{Z}=\overline{X}+\overline{Y}$ に対しては，

$$\overline{Z}\exp(\widehat{z}_t)=\overline{X}\exp(\widehat{x}_t)+\overline{Y}\exp(\widehat{y}_t)\approx \overline{Z}(1+\widehat{z}_t)=\overline{X}(1+\widehat{x}_t)+\overline{Y}(1+\widehat{y}_t)$$

より，$\overline{Z}=\overline{X}+\overline{Y}$ を再び用いれば，

$$\overline{Z}\widehat{z}_t=\overline{X}\widehat{x}_t+\overline{Y}\widehat{y}_t\;(\Leftrightarrow \widehat{z}_t=(1-\frac{\overline{Y}}{\overline{Z}})\widehat{x}_t+\frac{\overline{Y}}{\overline{Z}}\widehat{y}_t)$$

によって求められる。

第3章　日米金融政策の比較分析

1　はじめに

　資産価格バブル崩壊後の1990年代から今日までの日本経済は，長引く景気低迷とデフレ・スパイラルという状況に陥った。とりわけ景気低迷下での物価下落は，需要縮小→企業の製品価格下落→利潤率低下→設備投資意欲の減退を招くと同時に，賃金切下げ・雇用の縮小→消費停滞というスパイラル事象をもたらした。こうした日本の深刻なマクロ経済事象のもと，日本の中央銀行である日本銀行は，政策金利の引き下げやさらにはゼロ金利制約に直面して非伝統的金融政策である量的緩和政策を2001年3月から2006年3月まで5年間採用した[1]。他方，1990年代の米国は，"ニュー・エコノミー論"に代表されるように，情報通信技術関連投資による技術革新に牽引されて労働生産性は高まり，史上最長の景気拡大を経験した。さらに安定した物価上昇率がこれを支えた。だが，1999年から2000年にかけてITバブルが発生すると，それ以降，バブル崩壊にともなう不況回避や2001年の同時多発テロによる景気悪化を防ぐため，米国連邦準備制度理事会は政策金利であるフェデラル・ファンド・レートを4年近くにわたって引き下げた。こうした金融緩和策が2008年のリーマン・ショックをもたらす一因につながった[2]。

　ところで，日本銀行は，金利自由化の進展にともない，1996年以降，それまでの公定歩合変更による金融政策から無担保コール・レート翌日物を一定の水準に誘導することをもって金融政策の操作目標に替えた[3]。第1図は

---

1) 岩田（2010），小川（2009），白川（2008），田中（2008）。
2) Bernanke (2007).
3) www.boj.or.jp/type/exp/seisaku/

1 はじめに

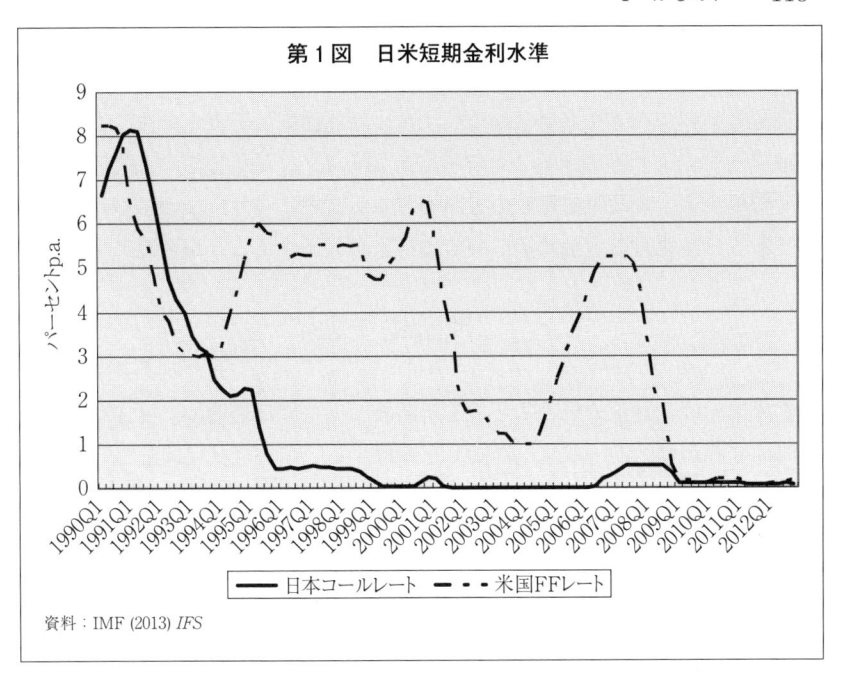

第1図 日米短期金利水準

資料：IMF (2013) *IFS*

1990年から最近までの日本のコール・レート翌日物と米国のフェデラル・ファンド・レートの両水準を図示したものである。1990年代半ばまでは金利裁定取引などもあって同じようなトレンドを辿っていたが，コール・レートが政策金利に採用された1990年代半ばからは日米通貨当局それぞれの政策の相違を反映して異なる動きを示している。こうした政策金利水準の相違に対し，以下のような点が指摘できる[4]。

1) 金融政策が参照する主要経済変数のパフォーマンスの違い
2) 通貨当局による金融政策ルールの違い
3) 物価動向やGDP需給ギャップに対する金融政策の感応度の違い
4) 金融政策の政策効果に関する持続性の違い
5) 物価・賃金変動の粘着度やインフレ予想の大きさなど経済構造の違い

---

4) Christiano/Motto/Rostagno (2008), Sahuc/Smets (2008), Uhlig (2009).

そこで本章において，以上のような相違点を，第2章で展開した二国間開放経済動学的一般均衡モデル体系に依拠したところの小規模計量モデルに対し日米時系列データを適用しつつ「マルコフ連鎖モンテカルロ法によるベイズ推定法」により推計することで検証してみる[5]。かくして，米国連邦準備制度理事会の金融政策を比較の参照軸とすることにより，ここに本邦中央銀行である日本銀行の金融政策に関する特色を評価することが可能となる。

2　理論モデル

本章における計量分析の基となる新開放マクロ経済理論は，第2章の「二国間開放経済動学的一般均衡理論」を踏襲する。自国経済に関してその概略を示せば以下のごとくである。外国経済に関しても自国経済と同様の対称的な体系が導かれる。ただし自国の各家計 i は区間 $(0,n)\subset R^1$ に，外国の各家計 i は区間 $(n,1)\subset R^1$ に連続的に分布するものとする。また，自国の各企業 j は区間 $(0,n)\subset R^1$ に，外国の各企業 j は区間 $(n,1)\subset R^1$ に連続的に分布するものとする。また自国・外国のマクロ経済は，離散的時間の経過とともに $t\in\{0,1,2,\cdots\}$ と継起的ないしは逐次的（sequential）に進行していくと考える。

1　家計
a　選好
家計 i の効用関数：

(1) $\quad U_t(i) = E_t[\sum_{s=t}^{\infty} \beta^{s-t} u_s(i)],$

$\quad u_s(i) = \dfrac{\{C_s(i)-hC_{s-1}(i)\}^{1-\rho}}{1-\rho} - \dfrac{L_s(i)^{1+\nu}}{1+\nu}$

$\quad\quad$ ただし $\beta(\in(0,1))$：時間的割引率
$\quad\quad\quad\quad h(\in[0,1))$：消費習慣係数
$\quad\quad\quad\quad \rho(>0), \nu(>0)$：定数
$\quad\quad\quad\quad E[\cdot]$：期待値オペレータ

---

[5]　本書第1章・補論1。

家計 i の消費財サービス消費指標力性：

(2) $\quad C_t(i) = \left[(1-a)^{\frac{1}{\eta_C}} C_{Ht}(i)^{\frac{\eta_C-1}{\eta_C}} + a^{\frac{1}{\eta_C}} C_{Ft}(i)^{\frac{\eta_C-1}{\eta_C}}\right]^{\frac{\eta_C}{\eta_C-1}}, \ (\eta_C > 1)$

消費財サービス価格指標：

(3) $\quad P_t^C = \left[(1-a)(P_{Ht}^C)^{1-\eta_C} + a(P_{Ft}^C)^{1-\eta_C}\right]^{\frac{1}{1-\eta_C}}$

b 資本ストック

家計 i の保有する資本ストック遷移式：

(4) $\quad K_{t+1}(i) = (1-\delta)K_t(i) + \left[1 - A\left(\frac{I_t(i)}{I_{t-1}(i)}\right)\right] I_t(i)$

ただし δ は資本ストック損耗率

投資調整費用関数 $A(\cdot)$：

(5) $\quad A\left(\frac{I_t(i)}{I_{t-1}(i)}\right) = \frac{1}{\varphi} \frac{1}{2} \left(\frac{I_t(i)}{I_{t-1}(i)} - 1\right)^2$

ただし $\varphi(>0)$ は定数

さらに定常状態では，$A(1)=0, \ A'(1)=0, \ A''(1)=\frac{1}{\varphi}$

家計 i の稼動資本ストック：

(6) $\quad \widetilde{K}_t(i) = z_t(i) K_t(i)$

稼働率費用関数：

(7) $\quad \psi(z_t(i)) \ (\psi'>0, \psi''>0, \psi(z^{ss})=0 \ (z^{ss}=1：定常状態))$

稼働率費用：

(8) $\quad H_t(i) = \psi(z_t(i)) K_t(i)$

c 投資財サービス

家計 i の投資財サービス投資指標：

(9) $\quad I_t(i) = \left[(1-a)^{\frac{1}{\eta_I}} I_{Ht}(i)^{\frac{\eta_I-1}{\eta_I}} + a^{\frac{1}{\eta_I}} I_{Ft}(i)^{\frac{\eta_I-1}{\eta_I}}\right]^{\frac{\eta_I}{\eta_I-1}}, \ (\eta_I > 1)$

投資財サービス価格指標：

(10) $$P_t^I = \left[(1-a)(P_{Ht}^I)^{1-\eta_I} + a(P_{Ft}^I)^{1-\eta_I}\right]^{\frac{1}{1-\eta_I}}$$

d 総合的物価指標

(11) $$P_t = (P_t^C)^b (P_t^I)^{1-b}$$

ただし b は実質 GDP に占める実質消費財サービスの割合

e 予算制約式

家計 i の予算制約式：

(12) $$P_t C_t(i) + E_t[R_{t,t+1}\{B_{H,t+1}(i) + B_{F,t+1}(i)\}] + P_t\{I_t(i) + \psi(z_t(i))K_t(i)\} + \tau_t(i)$$
$$\leq B_{Ht}(i) + B_{Ft}(i) + r_t^K P_t \widetilde{K}_t(i) + \Phi_t(i) + W_t(i)L_t(i)$$

f 個別財サービス需要

家計 i の自国・外国の消費財サービス需要量：

(13) $$C_{Ht}(i) = \left(\frac{1-a}{a}\right)\left(\frac{P_{Ht}^C}{P_{Ft}^C}\right)^{-\eta_C} C_{Ft}(i)$$

家計 i の自国・外国の投資財サービス需要量：

(14) $$I_{Ht}(i) = \left(\frac{1-a}{a}\right)\left(\frac{P_{Ht}^I}{P_{Ft}^I}\right)^{-\eta_I} I_{Ft}(i)$$

g 家計 i の主体的均衡条件

(15) $$\lambda_t(i) = \{C_t(i) - hC_{t-1}(i)\}^{-\rho}$$

(16) $$\lambda_t(i) = \beta(1+r_t)E_t[\frac{P_t}{P_{t+1}}\lambda_{t+1}(i)]$$

(17) $$r_t^K = \psi'(z_t(i))$$

(18) $$1 = Q_t(i)\left[1 - A\left(\frac{I_t(i)}{I_{t-1}(i)}\right) - A'\left(\frac{I_t(i)}{I_{t-1}(i)}\right)\frac{I_t(i)}{I_{t-1}(i)}\right]$$
$$+ \beta E_t \frac{\lambda_{t+1}(i)}{\lambda_t(i)} Q_{t+1}(i) A'\left(\frac{I_{t+1}(i)}{I_t(i)}\right)\left(\frac{I_{t+1}(i)}{I_t(i)}\right)^2$$

$$(19) \quad Q_t(i) = \beta E_t\left[\frac{\lambda_{t+1}(i)}{\lambda_t(i)}\{Q_{t+1}(i)(1-\delta)+(r^K_{t+1}z_{t+1}(i)-\psi(z_{t+1}(i))\}\right]$$

h 賃金率設定

集計的労働時間：

$$(20) \quad L_t = \left[\int_0^n L_t(i)^{\frac{1}{1+\mu}}di\right]^{1+\mu}, \ (\mu>0)$$

名目賃金率 W：

$$(21) \quad W_t = \left[\int_0^n W_t(i)^{-\frac{1}{\mu}}di\right]^{-\mu}$$

家計 i の個別労働需要時間：

$$(22) \quad L_t(i) = \left(\frac{W_t(i)}{W_t}\right)^{-\frac{1+\mu}{\mu}} L_t$$

家計 i の賃金率設定条件式：

$$(23) \quad \frac{W_t(i)}{P_t} = (1+\mu)E_t\sum_{s=0}^{\infty} f_{t+s}\frac{L_{t+s}(i)^\nu}{\lambda_{t+s}(i)}$$

$$\text{ただし} \quad f_{t+s} \equiv \frac{(\beta\omega_W)^s L_{t+s} W_{t+s}^{\frac{1+\mu}{\mu}}\left(\frac{P_{t+s}}{P_t}\right)\left(\frac{P_{t-1}}{P_{t-1+s}}\right)^{\gamma_W}}{E_t\sum_{s=0}^{\infty}(\beta\omega_W)^s L_{t+s} W_{t+s}^{\frac{1+\mu}{\mu}}}$$

集計的賃金率遷移式：

$$(24) \quad W_t = \left[(1-\omega_W)X_{Wt}^{-\frac{1}{\mu}} + \omega_W\left\{W_{t-1}\left(\frac{P_{t-1}}{P_{t-2}}\right)^{\gamma_W}\right\}^{-\frac{1}{\mu}}\right]^{-\mu}$$

ただし X_{Wt} は t 期に賃金率改定の機会を得た自国家計群の設定する最適賃金率

3 企業

a 最終財サービス生産企業

代表的企業の生産関数：

$$(25) \quad Y_t = \left[\int_0^n Y_t(j)^{\frac{1}{1+\xi}}dj\right]^{1+\xi}, \ (\xi>0)$$

自国向け供給量：

(26) $\quad Y_{Ht} = \left[\int_0^n Y_{Ht}(j)^{\frac{1}{1+\xi}} dj\right]^{1+\xi}$

外国向け供給量：,

(27) $\quad Y_{Ht}^* = \left[\int_0^n Y_{Ht}^*(j)^{\frac{1}{1+\xi}} dj\right]^{1+\xi}$

総供給量：

(28) $\quad Y_t = \left[n^{\frac{\xi}{1+\xi}}(Y_{Ht})^{\frac{1}{1+\xi}} + (1-n)^{\frac{\xi}{1+\xi}}(Y_{Ht}^*)^{\frac{1}{1+\xi}}\right]^{1+\xi}$

価格指標：

(29) $\quad P_{Ht} = \left[\int_0^n P_{Ht}(j)^{-\frac{1}{\xi}} dj\right]^{-\xi}$

(30) $\quad P_{Ht}^* = \left[\int_0^n P_{Ht}^*(j)^{-\frac{1}{\xi}} dj\right]^{-\xi}$

(31) $\quad P_t = \left[n(P_{Ht})^{-\frac{1}{\xi}} + (1-n)(P_{Ht}^*)^{-\frac{1}{\xi}}\right]^{-\xi}$

代表的企業の個別中間財サービス購入量：

(32) $\quad Y_t(j) = \left(\dfrac{P_t(j)}{P_t}\right)^{-\frac{1+\xi}{\xi}} Y_t$

b 中間財サービス生産企業

企業 j の生産技術：

(33) $\quad Y_t(j) = F^j(K_t, L_t) = A_t K_t^\alpha(j) L_t^{1-\alpha}(j) - \Psi$
 ただし，$A_t = \overline{A} \exp(\varepsilon_t^A)$, $\varepsilon_t^A \sim i.i.d. N(0, \sigma_A^2)$
 Ψ は固定費用

企業 j の費用最小化：

(34) $\quad r_t^K - \lambda_t(j) A_t \alpha K_t^{\alpha-1}(j) L_t^{1-\alpha}(j) = 0$

$\quad\quad\quad \dfrac{W_t}{P_t} - \lambda_t(j) A_t (1-\alpha) K_t^\alpha(j) L_t^{-\alpha}(j) = 0$

技術的限界代替率と生産要素価格の比：

(35) $\quad \dfrac{1-\alpha}{\alpha}\dfrac{K_t(j)}{L_t(j)}=\dfrac{W_t/P_t}{r_t^K}$

企業 j の実質限界費用：

(36) $\quad MC_t(j)=\dfrac{1}{A_t}\left(\dfrac{r_t^K}{\alpha}\right)^{\alpha}\left(\dfrac{W_t/P_t}{1-\alpha}\right)^{1-\alpha}$

c 財サービス価格設定

企業 j の価格設定に関する主体的均衡条件：

(37) $\quad \dfrac{P_t(j)}{P_{Ht}}=(1+\xi)E_t\sum_{s=0}^{\infty}g_{t+s}MC_{t+s}(j)$

ただし $g_{t+s}\equiv\dfrac{\beta_{t+s}\omega_P^s\left((\frac{P_{Ht}}{P_{H,t+s}})(\frac{P_{H,t-1+s}}{P_{H,t-1}})^{\tau_P}\right)^{-\frac{1+\xi}{\xi}}Y_{t+s}}{E_t\sum_{s=0}^{\infty}\beta_{t+s}\omega_P^s\left((\frac{P_{Ht}}{P_{H,t+s}})(\frac{P_{H,t-1+s}}{P_{H,t-1}})^{\tau_P}\right)^{-\frac{1}{\xi}}Y_{t+s}}$

企業全般の集計的価格遷移式：

(38) $\quad P_{Ht}=\left[(1-\omega_P)X_{Pt}^{-\frac{1}{\xi}}+\omega_P\left\{P_{H,t-1}\left(\dfrac{P_{H,t-1}}{P_{H,t-2}}\right)^{\tau_P}\right\}^{-\frac{1}{\xi}}\right]^{-\xi}$

ただし X_{Pt} は t 期に価格改定の機会を得た企業群の設定する最適価格水準

消費財サービス・投資財サービス国内価格指標：

(39) $\quad P_{Ht}^C=(P_{Ht})^{\frac{1}{b}},\quad P_{Ht}^I=(P_{Ht})^{\frac{1}{1-b}}$

ただし b は実質 GDP に占める実質消費財サービスの割合

4 政府・通貨当局部門

財政収支式：

(40) $\quad \tau_t+(B_{t+1}-B_t)=P_tG_t+r_tB_t$

金融政策：

(41) $\quad 1+r_t=(1+r_{t-1})^{\chi_1}\left((\dfrac{\Pi_t}{\Pi_0})^{\chi_2}(\dfrac{Y_t}{Y})^{\chi_3}\right)^{1-\chi_1}$

ただし $\Pi_t \equiv \dfrac{P_t}{P_{t-1}}$, Π_0 は目標インフレ率,$\dfrac{Y_t}{Y}$ は GDP ギャップ

5 市場
a 交易条件・物価・為替レート
自国交易条件:
(42) $\quad p_t = p_{Ht} - ao_t$
$\quad\quad$ ただし,$o \equiv \ln(TOT)$
インフレ率と交易条件:
(43) $\quad \pi_t = \pi_{Ht} - a\varDelta o_t$
名目為替レートと交易条件:
(44) $\quad o_t = p_{Ht} - e_t - p_{Ft}^*$
実質為替レートと名目為替レートならびに交易条件:
(45) $\quad s_t = e_t + p_t^* - p_t = (a-1)o_t + (p_t^* - p_{Ft}^*)$

b 購買力平価
購買力平価式:
(46) $\quad ER_t = \dfrac{P_{Ft}}{P_{Ft}^*} = \dfrac{P_{Ht}}{P_{Ht}^*}$

総合的物価指標:
(47) $\quad p_t = (1-a)p_{Ht} + ae_t$

c 金利平価
アンカバー・ベース金利平価式(名目為替レート):
(48) $\quad r_t = r_t^* + E_t[\varDelta e_{t+1}]$
アンカバー・ベース金利平価式(実質為替レート):
(49) $\quad s_t = -\{(r_t - E_t[\pi_{H,t+1}]) - (r_t^* - E_t[\pi_{t+1}^*])\} + E_t[s_{t+1}]$

d リスク・シェア
異時点間のリスク・シェア:

(50) $\quad \dfrac{1}{\beta}\left(\dfrac{C_t(i)-hC_{t-1}(i)}{C_{t+1}(i)-hC_t(i)}\right)^{-\rho}\left(\dfrac{P_{t+1}}{P_t}\right)=1+r_t$

$\quad\quad\quad =\dfrac{1}{\beta}\left(\dfrac{C_t^*(i)-hC_{t-1}^*(i)}{C_{t+1}^*(i)-hC_t^*(i)}\right)^{-\rho}\left(\dfrac{ER_{t+1}}{ER_t}\right)\left(\dfrac{P_{t+1}^*}{P_t^*}\right)$

対数表示:

(51) $\quad c_t-hc_{t-1}=c_t^*-hc_{t-1}^*+\dfrac{1-h}{\rho}s_t$

e 財サービス市場

財サービス市場の集計的需給均衡式:

(52) $\quad Y_t=C_t+I_t+G_t+\phi(z_t)K_{t-1}+(Y_{Ht}^*-Y_{Ft})$

f 労働市場

総労働需要量:

(53) $\quad L_t^D=\left(\dfrac{r_t^K}{W_t/P_t}\right)\left(\dfrac{1-\alpha}{\alpha}\right)K_t$

総労働供給量:

(54) $\quad \dfrac{W_t}{P_t}=(1+\mu)E_t\sum_{s=0}^{\infty}f_{t+s}\dfrac{L_{t+s}^{\nu}}{\{C_{t+s}-hC_{t+s-1}\}^{-\rho}}$

労働市場:

(55) $\quad L_t^D=L_t^S$

g 資本ストック市場

(56) $\quad \exists \bar{r}_t^K\in(0,\infty): K_t^D(\bar{r}_t^K)=K_t^S(\bar{r}_t^K)$

3 計量分析

本節では,前節で展開した「二国間開放経済動学的一般均衡理論」の理論式を基に,定常状態からの近傍乖離に関する対数線形近似式を $\forall t\in\{1,2,\cdots T\}$ に対して導く[6]。ついでそれら統計式に対して自国を日本経済とし,外

国を米国経済として，それぞれの時系列データを適用した計量計算を行う。以下で，＾付き変数は定常状態からの対数線形乖離を表す。ただし，金利 r_t，資本レント r_t^K，インフレ率 π_t に関しては単に定常状態からの線形乖離を表す。また，すべての家計・企業は同形的ゆえ，各変数に対して i,j について $(0,n]$ 区間ないしは $(n,1)$ 区間で積分した集計量を用いる。

1 家計

a 消費オイラー方程式

(Eq01) $\quad \widehat{c}_t = \dfrac{h}{1+h}\widehat{c}_{t-1} + \dfrac{1}{1+h}E_t\widehat{c}_{t+1} - \dfrac{1-h}{(1+h)\rho}\widehat{s}_t - \dfrac{1-h}{(1+h)\rho}(\widehat{r}_t - E_t\widehat{\pi}_{t+1})$

b 投資オイラー方程式

(Eq02) $\quad \widehat{i}_t = \dfrac{1}{1+\beta}\widehat{i}_{t-1} + \dfrac{\beta}{1+\beta}E_t\widehat{i}_{t+1} + \dfrac{\phi}{(1+\beta)}\widehat{Q}_t$

(Eq03) $\quad \widehat{Q}_t = -(\widehat{r}_t - E_t\widehat{\pi}_{t+1}) + \dfrac{1-\delta}{1-\delta+r^K}E_t\widehat{Q}_{t+1} + \dfrac{r^K}{1-\delta+r^K}E_t\widehat{r}^K_{t+1}$

ただし，$\phi \equiv \dfrac{1}{A''(1)}$

c 資本ストック推移式

(Eq04) $\quad \widehat{k}_t = (1-\delta)\widehat{k}_{t-1} + \delta\widehat{i}_{t-1}$

d 実質賃金率設定式

(Eq05) $\quad \widehat{w}_t = \dfrac{1}{1+\beta}\widehat{w}_{t-1} + \dfrac{\beta}{1+\beta}E_t\widehat{w}_{t+1} + \dfrac{\gamma_w}{1+\beta}\widehat{\pi}_{t-1} - \dfrac{1+\beta\gamma_w}{1+\beta}\widehat{\pi}_t$

$\quad\quad\quad + \dfrac{\beta}{1+\beta}E_t\widehat{\pi}_{t+1}$

$\quad\quad\quad - \dfrac{(1-\beta\omega_W)(1-\omega_W)}{(1+\beta)\left(1+(\dfrac{1+\mu}{\mu})\nu\right)\omega_W}\left[\widehat{w}_t - \nu\widehat{l}_t - \dfrac{\rho}{1-h}(\widehat{c}_t - h\widehat{c}_{t-1})\right] + \varepsilon_t^w$

ただし $\quad w \equiv \dfrac{\widetilde{W}}{P}$

---

6) 本節における理論式の対数線形化に際しては，第2章第3節参照。

3　企業
a　費用最小化式
(Eq06) 　　$\hat{l}_t = -\hat{w}_t + (1+\psi)\hat{r}_t^K + \hat{k}_{t-1}$
　　　　　ただし $\psi \equiv \dfrac{\psi'(1)}{\psi''(1)}$

b　生産関数式
(Eq07) 　　$\hat{y}_t = \phi\alpha\hat{k}_{t-1} + \phi\alpha\psi\hat{r}_t + \phi(1-\alpha)\hat{l}_t + \phi u_t^A$
　　ただし ϕ は実質生産量に占める固定費用 Ψ の割合に 1 を加えたもの

c　国内価格インフレ率式
(Eq08) 　　$\hat{\pi}_{Ht} = \dfrac{\gamma_P}{1+\beta\gamma_P}\hat{\pi}_{H,t-1} + \dfrac{\beta}{1+\beta\gamma_P}E_t\hat{\pi}_{H,t+1}$
　　　　　　　$+ \dfrac{(1-\beta\omega_P)(1-\omega_P)}{(1+\beta\gamma_P)\omega_P}\left[\alpha\hat{r}_t^K + (1-\alpha)\hat{w}_t - \varepsilon_t^A\right] + \varepsilon_t^\pi$

4　市場均衡式
a　財サービス市場
(Eq09) 　　$\hat{y}_t = c_y\hat{c}_t + \delta k_y\hat{i}_t + r^K\psi k_y\hat{r}_t^K + g_y\hat{g}_t$
　　　　　ただし，$c_y \equiv (1-\delta k_y - g_y)$

b　外国為替市場
(Eq10) 　　$\hat{s}_t = -\{(\hat{r}_t - E_t\hat{\pi}_{t+1}) - (\hat{r}_t^* - E_t\hat{\pi}_{t+1}^*)\} + E_t\hat{s}_{t+1} + u_t^s$

c　購買力平価
(Eq11) 　　$\hat{\pi}_t = \hat{\pi}_{Ht} + \dfrac{a}{1-a}(\hat{s}_t - \hat{s}_{t-1})$

5　金融政策ルール式
(Eq12) 　　$\hat{r}_t = \chi_1\hat{r}_{t-1} + (1-\chi_1)\{\chi_2(\hat{\pi}_t - \pi^0) + \chi_3\hat{y}_t\} + u_t^r$

6 構造ショック

さらに上述した誘導形統計式において，各構造ショック項目を，つぎのような正規分布誤差（$i.i.d.$）を伴った1次の自己回帰式と予測誤差式とで表せるものとする。

(Eq13) $\quad u_t^s = \rho^s u_{t-1}^s + \varepsilon_t^s \quad$ …為替レート・ショック
(Eq14) $\quad u_t^r = \rho^r u_{t-1}^r + \varepsilon_t^r \quad$ …金利ショック
(Eq15) $\quad u_t^A = \rho^A u_{t-1}^A + \varepsilon_t^A \quad$ …生産性ショック
(Eq16) $\quad \varepsilon_t^w = \widehat{w}_t - E_{t-1}\widehat{w}_t \quad$ …賃金率ショック
(Eq17) $\quad \varepsilon_t^\pi = \widehat{\pi}_t - E_{t-1}\widehat{\pi}_t \quad$ …インフレ率ショック

7 MCMC 推計

上述統計式の推計法に関しては，本章では推定量の漸近的特性が未知の有限標本特性に関しても有効に確かめられ，かつ各種事前情報が活用できる「マルコフ連鎖モンテカルロ法によるベイズ推定法」[7]を適用する。具体的な計算のアルゴリズムとしては，メトロポリス–ヘイスティングス・アルゴリズムを採用する。推計期間は，1996 年第 1 四半期より最近時点の 2010 年第 4 四半期（標本数：59 サンプルズ）までとする。データは IMF の *International Financial Statistics*, CD-ROM, April 2011 を用いる。日米各データの一覧を示せば以下のごとくである。なお，各指数はいずれも 2005 年 = 100.0 である。

C ：名目 GDE 民間最終消費支出項目を消費者物価指数でデフレートないしはインフレート
I ：名目 GDE 国内総固定資本形成項目を企業（卸売）物価指数でデフレートないしはインフレート
P ：GDP デフレータ
Y ：実質 GDP
r ：日本＝無担保コール・レート翌日物期中平均

---

7) 本書第 1 章・補論 1。DYNARE コードに関しては，岡田（2011d）参照。

第1表 構造パラメータ

パラメータ	説明
β	時間的割引率
h	消費習慣係数
ρ	異時点間の消費代替弾力性の逆数 (i.e. 相対的危険回避度係数)
φ	投資費用調整関数の第二次微係数の逆数 ($=1/A''(1)$)
δ	資本ストック損耗率
r^K	資本レント (定常状態) ($=1/\beta-1+\delta$)
γ_P	価格インデクセーション転嫁率
γ_W	賃金インデクセーション転嫁率
ω_P	価格据え置き確率
ω_W	賃金率据え置き確率
α	資本分配率
μ	賃金率設定のマークアップ率
ν	異時点間労働供給の代替弾力性の逆数
ψ	稼働率変化に伴う稼働率費用変化の弾力性の逆数
k_y	資本ストックの対 GDP 比率
g_y	政府支出の対 GDP 比率
ϕ	固定費用 Ψ の対 GDP 比率 +1
χ_1	1期前の金利に対する政策反応係数
χ_2	インフレ率目標値との乖離に対する政策反応係数
χ_3	GDP ギャップに対する政策反応係数
π^0	インフレ率目標値

  米国＝フェデラル・ファンド・レート期中平均
L ：製造業雇用者指数
W ：名目賃金指数（月額）を消費者物価指数によりデフレートないしはインフレート
S ：円建て名目円ドル為替レート期中平均を日本 GDP デフレータと米国 GDP デフレータで実質化

 なお，採用する各時系列データに対しては，定常均衡値からの近傍乖離幅を Hodrick=Prescott フィルターによる傾向値からの差で近似し，平均値調整を施す（demean）。また，為替レートと金利ならびに一部季節調整済みデータを除くすべての四半期原数値に対し，センサス X12-ARIMA により季

第2-a表　構造パラメータ設定値

パラメータ	設定値
β	0.990
δ	0.025
α	0.300
g_y	0.200
π^0	0.000

第2-b表　構造パラメータ：事前確率分布

パラメータ	確率分布のタイプ	平均値	標準偏差
h	ベータ分布	0.700	0.1500
ρ	正規分布	1.000	0.3750
γ_P	ベータ分布	0.500	0.2500
γ_W	ベータ分布	0.500	0.2500
ω_P	ベータ分布	0.500	0.2500
ω_W	ベータ分布	0.500	0.2500
φ	正規分布	0.100	0.0500
μ	正規分布	0.500	0.2500
ν	正規分布	2.000	0.7500
ψ	正規分布	1.000	0.5000
k_y	正規分布	1.500	0.5000
ϕ	正規分布	1.500	0.5000
χ_1	ベータ分布	0.800	0.1000
χ_2	正規分布	1.500	0.5000
χ_3	正規分布	0.100	0.1000
ρ^s	ベータ分布	0.800	0.1000
ρ^A	ベータ分布	0.800	0.1000
ρ^r	ベータ分布	0.800	0.1000
S.D. ε^s	逆ガンマ分布	0.200	inf.
S.D. ε^A	逆ガンマ分布	0.200	inf.
S.D. ε^w	逆ガンマ分布	0.200	inf.
S.D. ε^π	逆ガンマ分布	0.200	inf.
S.D. ε^r	逆ガンマ分布	0.200	inf.

節調整を施す[8]。

つぎに，(Eq01)式〜(Eq17)式の統計式に対するMCMC推計に際し[9]，第1表のような各構造パラメータに関して，第2-a表のような値と第2-b表のような事前確率分布を設定する。すなわち，推計期間中の金利rに関するHPフィルター傾向値の平均を定常状態での金利水準とみなして，両国とも定常状態における時間的割引要素を$\beta=0.990$（四半期ベース）とする。また，資本ストック損耗率δ，資本分配率α，政府支出の対GDP比率g_yのそれぞれの値に関しては，各時系列データの推計期間中の平均値を勘案して決める。それ以外の各パラメータの事前確率分布に関しては，この分野の先駆的論文であるSmets/Wouters (2003) (2007) を参考に，正規分布，ベータ分布，逆ガンマ分布をそれぞれ適用する。

8 推計結果

かくして，マルコフ連鎖モンテカルロ法によるベイズ推定法により，理論式の各構造パラメータを推計すると，第3表のような推計結果を得る。メトロポリス–ヘイスティングス・アルゴリズムにより，最初の10,000個を初期値に依存する稼動検査（burn-in）期間として捨て，その後の10,000個の標本を事後確率分布からの標本と考えて，それに対する平均と90%信頼区間を表示している。

こうして推計された理論式の各構造パラメータ値から，次節以下のような日米マクロ経済構造ならびに日米通貨当局による金融政策のそれぞれの特色が導ける。

9 マクロ経済構造

a 消費習慣

家計の消費習慣に関し，1期前の消費水準が今期の家計の消費水準決定に

---

[8] Hodrick-Prescottフィルター計算ならびにセンサスX12-ARIMA季節調整については，EViews Version 7を用いた。

[9] (Eq01)式〜(Eq17)式に対するMCMC推計に際し，日本の輸入比率が0.1前後であることに鑑みて，$P_t \approx P_{Ht}$として推計計算を簡略化した。

第3-a表　構造パラメータ推計結果・事後確率分布：日本

パラメータ	平均値	90%信頼区間
h	0.0749	[0.0353　0.1245]
ρ	0.3141	[0.0823　0.4660]
γ_P	0.9590	[0.9158　0.9989]
γ_W	0.0134	[0.0003　0.0283]
ω_P	0.6227	[0.5559　0.6881]
ω_W	0.6674	[0.5254　0.8082]
φ	0.1052	[0.0608　0.1342]
μ	1.0581	[0.9529　1.1523]
ν	0.6085	[0.2389　0.8710]
ψ	5.1623	[5.1385　5.1807]
k_y	5.1777	[5.1737　5.1807]
ϕ	1.2408	[1.0578　1.3962]
χ_1	0.6770	[0.6347　0.7254]
χ_2	2.4218	[2.1145　2.6735]
χ_3	0.5150	[0.4781　0.5490]
ρ^s	0.1409	[0.1025　0.1668]
ρ^A	0.7357	[0.6952　0.7727]
ρ^r	0.3433	[0.3083　0.3748]
S.D. ε^s	0.1396	[0.0546　0.2332]
S.D. ε^A	2.1164	[0.0458　4.8500]
S.D. ε^w	2.4364	[0.6795　4.0051]
S.D. ε^π	0.1444	[0.0504　0.2513]
S.D. ε^r	0.5938	[0.2770　0.8641]

与える影響（i.e. $h/(1+h)$）は，日本が0.070，米国が0.124で，米国家計の消費行動はより"習慣的"と言える。他方，1期先の消費計画が今期の消費水準に及ぼす影響（i.e. $1/(1+h)$）は，日本が0.930，米国が0.876となり，日米双方ともあまり差はない。

b　消費弾力性

家計における異時点間の消費弾力性の逆数（i.e. 相対的危険回避度）ρ は，日本が0.314，米国が0.040であった。したがって，その逆数 $1/\rho$ は日本が

第3-b表　構造パラメータ推計結果・事後確率分布：米国

パラメータ	平均値	90％信頼区間
h	0.1420	[0.1256　0.1678]
ρ	0.0399	[0.0337　0.0466]
γ_P	0.0713	[0.0053　0.1258]
γ_W	0.0493	[0.0356　0.0636]
ω_P	0.0351	[0.0005　0.0617]
ω_W	0.0953	[0.0454　0.1445]
φ	0.1685	[0.1532　0.1836]
μ	1.7064	[1.6434　1.7698]
ν	2.7176	[2.6537　2.7710]
ψ	5.1652	[5.1411　5.1806]
k_y	5.1251	[5.1193　5.1297]
ϕ	2.0780	[1.9943　2.2245]
χ_1	0.2247	[0.2111　0.2386]
χ_2	1.0608	[1.0161　1.0997]
χ_3	0.4198	[0.3647　0.4678]
ρ^s	0.6987	[0.6486　0.7497]
ρ^A	0.5739	[0.5632　0.5933]
ρ^r	0.8094	[0.7676　0.8442]
S.D. ε^s	0.1042	[0.0599　0.1543]
S.D. ε^A	0.3696	[0.0522　0.9136]
S.D. ε^w	11.724	[10.701　12.791]
S.D. ε^π	0.1084	[0.0543　0.1682]
S.D. ε^r	1.0279	[0.4936　1.7443]

3.185，米国が25.00であるから，米国家計の方が異時点間の消費は極めて弾力性が高く，危険愛好的，すなわち消費水準の時間的変動を厭わないと言える。他方，日本の家計は，異時点間の消費弾力性が低く，危険回避的，すなわち，消費水準の時間的変動に対する消費態度はよりいっそう慎重であることが窺える。

c　為替レート

為替レート水準が変動したときの家計の消費に及ぼす影響（i.e.

$\pm(1-h)/\{(1+h)\rho\}$ は,日本が -2.740,米国が $+18.83$ となった。すなわち,日本において円の対ドル・レートが減価すると,円建て輸入価格が上昇することにより日本の家計の消費量は減少する。他方,米国ではドル・レートが増価するとドル建て輸入価格は下落するため,米国家計の消費量は増加するが,その増え方は日本の減少分に比して絶対値で極めて大きい。日本の場合,為替レートの変化に対する消費量増減の弾力性は低く,したがって為替レートの変化ないしは輸入価格の変化とは係わりなく常に一定量を輸入・消費する傾向が見て取れる。他方,米国家計では為替レートの変化に応じて消費量が大きく変化することが窺える。

d 価格改定確率

カルボ型価格改定確率 ($1-\omega_P$) は,日本企業が 0.377 であるのに対して米国企業が 0.965 と,米国企業のほうが圧倒的に価格を変更し得る確率は高い。逆に,価格インデクセーション転嫁率 γ_P は日本企業のほうがはるかに大きい。すなわち,日本企業は今期に価格を据え置いた場合でも,前期インフレ率の 96% 程度を今期の価格水準に上乗せすることが可能であるのに対し,米国企業は,今期に最適価格水準まで価格改定ができなかった場合は,前期インフレ率の 7% 程度しか今期の価格水準に転嫁できない。かくして,日本企業は,自らが希望する最適価格水準まで価格を引き上げることは米国企業に比して難しいが,たとえ希望する価格水準が未達成であっても過去のインフレ率分程度は今期の価格水準に上乗せすることが可能と言える。

e 賃金率改定確率

カルボ型賃金率改定確率 ($1-\omega_W$) は,日本の労働者が 0.333,米国の労働者が 0.905 であった。また,賃金率インデクセーション転嫁率 γ_W は,日本の労働者が 0.013,米国の労働者が 0.049 であった。それゆえ,日本の労働者は,米国の労働者に比べて賃金を自らが欲する最適水準まで引き上げることが難しく,また賃金率水準を引き上げられなかった場合に過去のインフレによる実質目減り分を補填することすらも容易とは言えない。換言すれば,日本の賃金は硬直性が高く,他方,米国の賃金はより伸縮的・可変的で

あることが見て取れる。これは，日本の労働市場が，年功序列，終身雇用，新規学卒採用という伝統的雇用慣習の残存する状況に比べ，米国の労働市場はより競争性が高くオープンで，且つ労働者の企業間・産業間移動が容易であることに起因していると思われる。

f 賃金マークアップ率・労働の代替弾力性

家計における労働・消費間限界代替率の将来流列に対する最適賃金率水準のマークアップ率 μ は，日本が 1.058，米国が 1.706 であった。したがって，米国家計の方が日本家計よりマークアップ率ははるかに大きいが，これは先の e 段で指摘した米国賃金の伸縮性・可変性という特性と軌を一にする。また，労働需要の賃金に対する弾力性パラメータ（i.e. $-(1+\mu)/\mu$）は，日本が -1.945，米国が -1.584 でああった。したがって，日本の方が賃金引上げにともなう企業の労働需要はより一層減少する。かくして日本の労働者は，賃金引上げにより職を失う可能性が高くなることから賃金交渉で慎重とならざるを得ず，この面からも日本での相対的に高い賃金粘着性・硬直性の一因を指摘することができる。

g 実質金利

次期のインフレ予想を考慮した実質金利水準（i.e. フィッシャー方程式）が今期の家計の消費水準に及ぼす影響（i.e. $-(1-h)/\{(1+h)\rho\}$）は，日本が -2.740，米国が -18.83 となった。日本の家計に比べて貯蓄率が低く，各種ローンが一般的な米国家計は，消費計画が極めて金利に敏感と言える。また，同じく実質金利予想が今期の家計の投資行動に及ぼす影響（i.e. $-\varphi/(1+\beta)$）は，日本が -0.053，米国が -0.085 であり，投資行動に関しても，実質金利の及ぼす影響の度合いは米国の方がやや大きい。

h 新ケインジアン・フィリップス曲線

バックワード・ルッキング的要素のみから成る伝統的フィリップス曲線に対しフォワード・ルッキング的要素を取り込んだハイブリッド型新ケインジアン・フィリップス曲線において，β と γ_P の推計値を基に計算すると，1 期

前のインフレ率の係数は，日本が 0.492 であり，米国が 0.067 であった．また，1 期先のインフレ率の係数は，日本が 0.508 であり，米国が 0.925 であった．したがって，日本ではバックワード・ルッキング的要素とフォワード・ルッキング的要素がほぼ半々の割合で今期のインフレ率を決定しているのに対し，米国ではフォワード・ルッキング的要素の影響が極めて大きいと言える．すなわち，米国企業にとって，インフレの先行き動向予想が今期の自社価格決定に及ぼす影響は，日本の企業に比べてはるかに大きい．さらに限界費用の係数に関して β と γ_P, ω_P の各推計値を基に計算すると，日本が 0.119，米国が 24.79 となった．それゆえ，米国の場合，独占的競争市場における財サービス価格設定が相対的に伸縮的・可変的ゆえ，企業の生産過程における限界費用の大きさが販売価格設定に及ぼす影響は著しく大きいものがある．

i その他

稼働率の変化に対する稼働率費用の弾力性 $1/\phi$，ならびに資本ストックの対 GNP 比率 k_y は日米ともにほとんど差異はない．企業の生産過程における固定費用の対 GNP 比率 ϕ は米国の方が高い．また，賃金率の標準偏差 σ_w から，米国の賃金率の変動幅の方が大きいことが分かる．他方，全要素生産性に関しては，同じくその標準偏差 σ_a から日本の変動幅の方が大きいことが見て取れる．

10 金融政策

テイラー・ルール型金融政策反応関数を日米通貨当局双方の金融政策ルール式として定式化し，さらに金融政策反応関数の金利ショックに関し 1 階の自己回帰的確率過程 AR(1) に従うと仮定して推計すると，1 期前の名目利子率の係数 χ_1 は，日本が 0.677，米国が 0.225 となった．したがって，金融政策の慣性（inertia）は日本の方が大きく働き，政策効果がより持続することが分かる．これは，日本が米国に比較して相対的に価格・賃金ともに粘着的・硬直的であることにも起因していると思われる．また，今期のインフレ率と GDP ギャップの係数 χ_2, χ_3 は，日本が 2.422 と 0.515，米国が 1.061 と

0.420 であった。それゆえ，日本の通貨当局は，米国の通貨当局に比べ景気動向より物価の動きにいっそう反応したところの物価動向重視型金融政策を実施する傾向にあることが窺える。

さらに金利構造ショックにおける自己回帰式の係数 ρ^r と標準偏差 σ_r は，日本が 0.343 と 0.593，米国が 0.809 と 1.028 であった。かくして，金融政策の構造ショックに関する持続性は米国の方が長く，且つ変動幅も大きい。一般に，価格が粘着的・硬直的であると，名目金利ショックは価格の調整が遅れる分だけ実質金利が実体経済に及ぼす効果は大きくなる。他方，価格が可変的・伸縮的であると名目金利ショックの実体経済へ及ぼす効果は薄まり，したがって各経済変数への影響を確保するために，より大きな名目金利水準の変更がより長期にわたって求められる。米国経済は日本経済に比較して価格が可変的・伸縮的であったから，こうした点が米国における金利ショック自己回帰式の相対的に大きな係数・標準偏差の推計値になったと思われる。

11 経済パフォーマンス

第 2 図は 1990 年から 2010 年までの四半期の日米実質 GDP 成長率（季節調整済み・前期比）と Hodrick-Prescott Filter 傾向線を示したものである。また，第 3 図は日米インフレ率（CPI ベース，季節調整済み・前期比）と同じくその Hodrick-Prescott Filter 傾向線を示したものである。この図から，日本のマクロ経済は，バブル経済が崩壊して以降，米国経済に比べて低成長且つデフレ気味であったことが窺える。他方，米国経済は日本経済よりは高い成長で且つインフレ率も相対的に高かった。このことから，日本の政策金利が通貨当局によって米国より低めに維持されたことは理に適ったことと言えるであろう。

ところで，第 4 図は，米国通貨当局の金融政策反応関数パラメータを基に日本の経済パフォーマンスの下で採用したであろう"仮想的"金利政策を，日本の通貨当局によるコール・レート金利政策の理論値とともにプロットしたものである[10]。この図から，日米通貨当局ともに採用する金融政策ルールには日本経済の低成長且つデフレーションという経済パフォーマンスの下で

第２図　日米実質 GDP 成長率

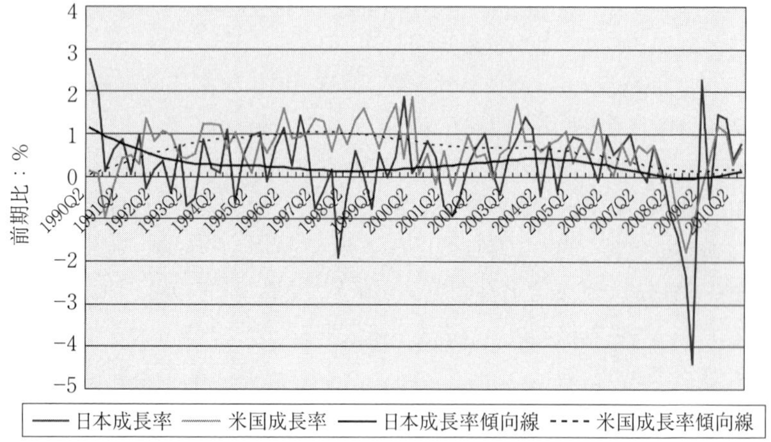

資料：IMF (2011)

第３図　日米インフレ率（CPI ベース）

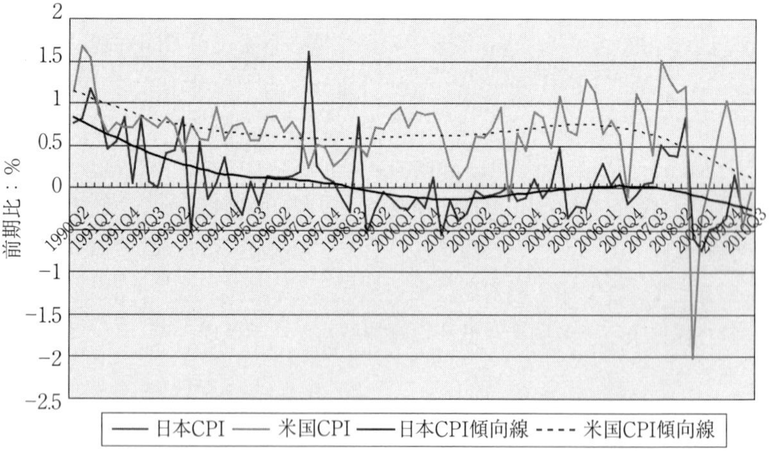

資料：IMF (2011)

10)　Uhlig（2009）は同様の方法で欧州と米国との金融政策を比較・検討している。

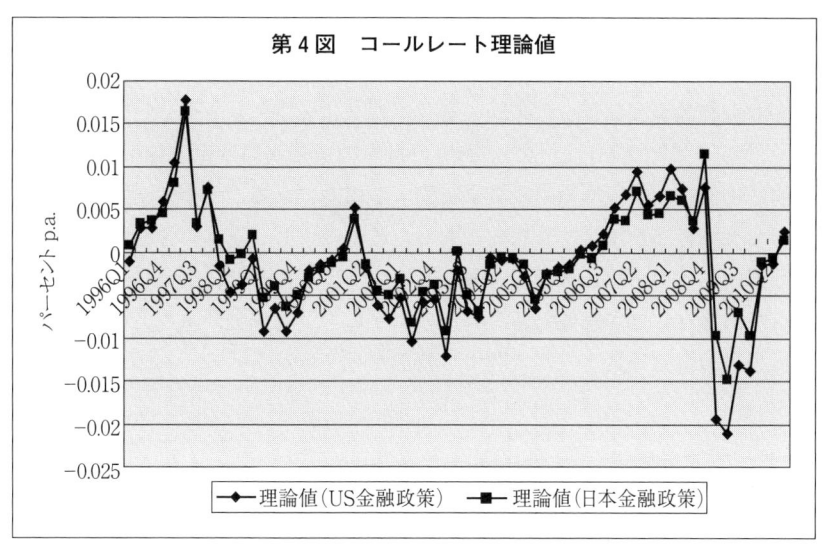

3 計量分析 *137*

第4図 コールレート理論値

凡例: ◆ 理論値(US金融政策) ■ 理論値(日本金融政策)

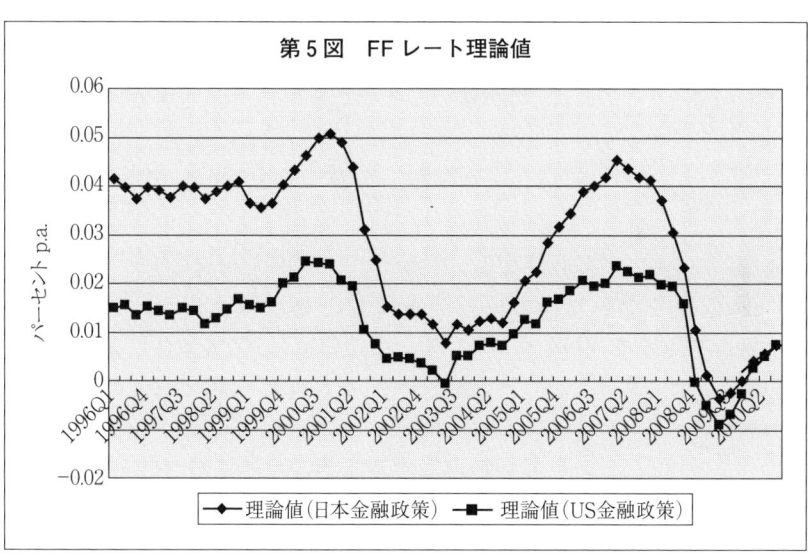

第5図 FFレート理論値

凡例: ◆ 理論値(日本金融政策) ■ 理論値(US金融政策)

はそれほど大きな差異は認められない．他方，第5図は，日本通貨当局の金融政策反応関数パラメータを基に米国の経済パフォーマンスの下で採用したであろう仮想的金利政策を，米国の通貨当局による FF レート金利政策の理論値とともにプロットしたものである．日本の通貨当局は先の第10項より相対的に物価動向重視型金融政策を実施する傾向にあることが窺えるから，米国のマクロ経済がインフレ傾向にあったことにより，日本の金融政策ルールを仮想的に適用すると米国の金融政策ルールより相対的に高めに金利を誘導するであろうことが想像できる．この点からも，物価動向重視という日本の通貨当局の金融政策ルールに関する特色が見て取れる．

12 まとめ

日本銀行が金利自由化の進展にともない，それまでの公定歩合変更による金融政策から無担保コール・レート翌日物を一定の水準に誘導することをもって金融政策の操作目標に替えた1996年第1四半期から今日の2010年第3四半期に至るまで，およそ15年間の日米通貨当局の金融政策に関して以上の推計結果をまとめれば，第4表のごとくである．

4 結 び

本章において，日米経済政策の特色を，二国間開放経済動学的一般均衡モデルに依拠した小規模計量モデルに対し日米時系列データ（1996年Q1〜2010年Q3）を適用しつつ「マルコフ連鎖モンテカルロ法によるベイズ推定法」により推計することで検証した．その結果，以下のような点から日米金融政策の特色を捉えることができた．すなわち，

1) 金融政策が参照する主要経済変数のパフォーマンスの違い
2) 通貨当局による金融政策ルールの違い
3) 物価動向やGDP需給ギャップに対する金融政策の感応度の違い
4) 金融政策の政策効果に関する持続性の違い
5) 物価・賃金変動の粘着度やインフレ予想の大きさなど経済構造の違い

である．

第4表　日米金融政策比較（1996.Q1〜2010.Q3）

日本	【経済構造】 1　価格・賃金は粘着的・硬直的 2　家計は危険回避的 3　バックワード・ルッキング的要素とフォワード・ルッキング的要素がほぼ半々の割合で今期のインフレ率を決定	
	【金融政策】 1　通貨当局は物価動向重視型の金融政策 2　金融政策の慣性（inertia）が大きく働く	
	【経済パフォーマンス】 1　低成長且つデフレ	
米国	【経済構造】 1　価格・賃金は伸縮的・可変的 2　家計は危険愛好的 3　最適賃金率水準のマークアップ率が高い 4　今期のインフレ率決定に際してはフォワード・ルッキング的要素の影響が大きい	
	【金融政策】 1　通貨当局は物価動向と景気の両睨み 2　政策効果の持続性は短い	
	【経済パフォーマンス】 1　中成長且つ高インフレ	

　日本の場合，中央銀行たる日本銀行は，1990年代半ばより今日に至るまで，長引くデフレ・スパイラル克服に向け，いわば物価問題を最優先して「ゼロ金利」など政策金利＝コール・レート（無担保・翌日物）目標水準を操作し，更に非伝統的金融政策である量的緩和（QE）政策を採用した。景気低迷の克服は中央銀行にとってみればそのあとに来る政策課題であるとした[11]。他方，米国の通貨当局たる連邦準備制度理事会は，ITバブル不況や同時多発テロによる景気悪化を防ぐため，そしてまたリーマンショック不況を回避するため，需給ギャップを念頭において政策金利＝フェデラル・ファンド・レートを操作し，QE政策を3度にわたって導入した。こうした政策

---

11)　翁（2011），白川（2009）（2012）。

目標の相違に加え,さらに日米マクロ経済構造の相違や主要経済変数のパフォーマンスの違いを反映して両国間で顕著な経済政策の差異を生じさせたことが推計結果から見て取れる。

第4章　雇用，賃金，およびインフレーション

1　はじめに

　世界の経済は，今日，景気低迷を脱し新たな成長軌道へ乗ることを模索している。日本経済は，1990年を境にバブル経済が崩壊すると，一転して長期停滞に陥った。2008年秋のリーマン・ショックによる世界同時大不況や，2011年3月の東日本大震災がさらに追い討ちを掛けた。その間，日本政府は大規模な財政刺激政策を実施し，日本銀行も歩調を合わせるかたちで幾多の積極的な金融緩和政策を実行した。だが日本経済は未だ不況とデフレーションのスパイラル状況から完全に脱して安定成長軌道にソフト・ランディングできたとは言い切れないでいる。他方，米国政府は，リーマン・ショック以降の不況脱出に向けて3度にわたる量的緩和政策（QE）や低金利政策，政府の債務上限引き上げなど金融面・財政面から懸命な努力をはかっている。加えて，欧州における政府債務リスクの高まりや金融システムに対する不安感の増長も世界経済に暗い影を投げかけている。こうした状況のもと，これまで世界経済の牽引役としてその役割が期待されてきたBRICs新興諸国，とりわけ中国経済も輸出減速やインフレ抑制を見通して経済成長率目標を従来の二桁成長から鈍化させた。

　このような現実経済に対し，現状を的確に分析し，有効な経済政策を提案しつつその効果を把握するマクロ経済学的枠組みの構築がいまや最重要課題となりつつある。ところで，1930年代における英国経済の大不況を前にして，現行の賃金水準を甘受しても働こうとする人々が働けない，いわゆる非自発的失業者を救うべく「有効需要の原理」を提唱したのはJ. M. ケインズであった。働きたくても働けない経済状況は深刻である。彼は「いかなる

人々の知的影響も受けていないと信じている実務家でさえ,誰かしら過去の経済学者に支配されているのが通例である」[1]として,世界を支配しているのは経済学者や政治学者の洞察力,直観,論理展開であるとした。かくして,彼の透徹した状況分析と革新的な処方箋そのものが,今日まで多くの政治家や政策担当者を動かし,現実経済において新たな変革を生み出してきた。こうしたなか,1930年代における英国経済の深刻な大不況同様,今日の長引く不況=失業増を前にして,ここにケインズの理念・思想を再確認し,新たな経済理論体系を再構築する動きが「動学的一般均衡"失業"理論」すなわち"新ケインジアン経済学"の一系譜として顕著となった[2]。そこで本章において,これら新たな経済学の流れを概観したのち,ひとつの試論的理論モデルの構築を検討してみよう。

2 議論の経緯

1 ケインズの主張

ケインズは,その著『雇用,利子および貨幣の一般理論』(1936年)[3]において,不況期における非自発的失業の存在=不完全雇用均衡の究明とその救済策を強く主張した。

ケインズは,従来の伝統的な経済学では,レセ・フェール政策をとるかぎり完全雇用が達成されるとして,これを批判した。すなわち,彼によれば,伝統的経済学における雇用問題の議論は,その前提として「賃金は労働の限界生産物に等しい」ということと「賃金の効用は,一定の労働量が雇用されているとき,その雇用量の限界不効用に等しい」という二つの公準に要約されるが[4],もしそうであるならば,縦軸に実質賃金率をとり横軸に社会全体

---

1) Keynes (1936) p. 383.
2) 例えば,「失業 DSGE モデル」に関する主要な文献としては,Blanchard/Gali (2007) (2008), Christoffel/Linzert (2005), Faia (2006), Gali (2008a) (2008b) (2010) (2011), ditto/Smets/Wouters (2011), Gelain/Guerrazzi (2010), Gertler/Trigari (2006), ditto/Sala/Trigari (2008), Ichiue/Kurozumi/Sunakawa (2008), Krause/Lubik (2007), Trigari (2004a) (2004b) (2006), Walsh (2005) などがある。
3) Keynes (1936).

の雇用量をとったとき，右上がりの労働供給曲線と右下がりの労働需要曲線が描けるから，その交点は完全雇用均衡点となる。かくして，賃金率が伸縮的であれば完全雇用は必ず実現されるのであり，それゆえ失業者はすべて自分の意思で失業する自発的失業か転職などに伴う摩擦的失業ということになるのである。

これに対してケインズは，労働者が賃金交渉で自ら決定できるのは名目賃金率のみであり，物価は他の社会的要因によって決まるとする。したがって，労働の供給は名目賃金率の関数であり，完全雇用に達するまで名目賃金の要求水準は変わらないと考える（弾力的労働供給）。他方，労働の需要は，企業の利潤最大化条件より名目賃金率に対して右下がりの需要曲線が導けるから，ある一定の名目賃金率で水平となる労働供給曲線との交点は必ずしも完全雇用を保証しない。これら交点と完全雇用点との差がまさに非自発的失業となる。「賃金財の価格が貨幣賃金に比べて僅かだけ上昇した場合，もし現行の貨幣賃金で喜んで働こうと欲する総労働供給と，その賃金で雇おうとする総労働需要とがともに現存雇用量を上回るならば，人々は非自発的に失業している」[5]というケインズの非自発的失業の定義は，まさにこのことを意味している。

2 失業 DSGE モデル

上述した不況期の不完全雇用問題とそれに対応する経済政策の問題を，動学的（確率的）一般均衡（dynamic stochastic general equilibrium; DSGE）モデルの拡張型で捉えようとする動きが近年顕著となってきた[6]。

もともとのプロト・タイプとしての動学的一般均衡モデルは，第1章第2節で概観したごとくであり，再述すれば凡そ以下のような特色を有していると言える[7]。

---

4) ibid. p. 5.
5) ibid. p. 15.
6) 上述（注2）文献参照。
7) Christiano/Eichenbaum/Evans (2005), Erceg/Henderson/Levin (1999), Iiboshi/ Nishiyama/ Watanabe (2006), Smets/ Wouters (2003) (2007), Walsh (2003).

144　第4章　雇用，賃金，およびインフレーション

(a) DSGE モデルは一国のマクロ経済を取り扱う一般均衡モデルである。それらモデルは，家計，企業，政府の3部門から構成され，各個別経済主体はそれぞれが明確なミクロ経済学的基礎を持つ。

(b) 時間の構造は多期間動学モデル（含確率変数）である。また，予想の役割が明示的に導入されている。

(c) 財サービス市場に独占的競争状況が仮定される。したがってブランド力などにより差別化された財サービスを生産する企業は，価格に対する支配力・決定力を有するが，また，財サービスは一方で適度に相互代替的である点で競争的でもある。

(d) 財サービス価格は企業によって一期前に設定され，メニュー・コストなどから今期間中を通して名目価格不変との設定が設けられる。あるいは，価格改定機会を確率的に処理したり（Calvo-type pricing），改定のための調整コストを明示的に導入したりすることで（Rotemberg-type pricing），価格の粘着性が取り扱われる。

(e) こうした基本構造のモデルをベースに，定常状態の周りで対数線形化をはかったり，あるいはモデルのパラメータ表示解を求めたりし，さらに，構造ショックによる主要経済変数への動学的効果をカリブレーションによって把握する。また，それらを比較考量することにより，政策や制度の厚生経済的評価を明示的に行う。

　一般に，モデルの体系内で政策効果を確保するためには例えば金融政策の"非中立性"を保障することが必要となる。したがって新古典派的なマクロ経済学である動学的一般均衡理論では，上述(c)・(d)のごとく独占的競争市場を仮定することにより，価格の調整主体を市場の見えざる手から企業家の手に委ね，メニュー・コストの存在や確率的価格改定，価格改定コストなどを前提に名目価格の粘着性・硬直性を取り扱っている。

　ところで，これら動学的一般均衡モデルに立脚した拡張型としての「失業DSGE モデル」では，(a)～(e)に加えてさらに

(f) 労働市場は不完全競争市場である，

という要素が体系内に整合的に組み込まれた。ケインズ『一般理論』では，労働者ないしは労働組合による賃金契約では名目賃金の切り下げには抵抗す

るが,消費財価格上昇による実質賃金の低下に対してはこれによって労働量を減少させることはないとしている(名目賃金の(下方)硬直性)[8]。また,既述のごとくケインズは古典派の第2公準として労働市場の完全競争性を否定した。そこで本失業DSGEモデルでは,完全競争的労働市場に替えて,例えば多数の労働者は労働市場への参入・退出が自由であるという点では「競争的」であるが,単純技能職,専門技術職,事務職,管理職など独自の職業能力に基づく異質的な差別化された労働力を企業に提供することによって個別労働需要関数に直面し,それゆえ,賃金率に決定力・支配力を有するという点では「独占的」であると想定する。加えて,労働はある程度まで相互に代替的であり,過度の賃金引上げ要求は他者へ雇用がシフトすることもあり得ると考える。さらに,これら独占的競争者の位置にある労働者が企業側と賃金交渉を行うに際しては,例えば非対称ナッシュ交渉プロセスを想定したり,あるいは,カルボ型の賃金改定確率やインデクセーション・ルールを導入したりする。また,労働市場が不完全情報市場でもある場合には,労働需給はマッチング型サーチ・モデルで調整されると考える。

以上により,動学的一般均衡モデルの枠組みのもとで不完全雇用均衡が陽表的に導かれることとなる。ところで,本理論モデルにおいて,名目賃金水準の決定が労使双方間のナッシュ交渉ルールに基づく場合には,すなわち,家計と企業とがマッチング型サーチ・モデルで調整されつつ雇用のマッチを形成することによって生じた総余剰を一定の割合で分割するというルールに従う場合には,ナッシュ交渉解である均衡賃金水準は威嚇点(基準点)としての名目留保賃金水準より高く決定される。したがって,この交渉プロセスから発生する失業は非自発的失業と解される。また,独占的競争下にある財サービス市場で,,右下がりの個別需要関数に直面する企業が自社の財サービス価格水準を相対的に高めに設定すると財サービスの有効需要は減少するから,ナッシュ交渉ルールに基づく非自発的失業を生む。かくして,失業DSGEモデルは,ケインジアン・マクロ経済学の理論体系とは異なるものの"有効需要不足による非自発的失業の存在"という基本的理念はそこに生か

---

[8] Keynes (1936) pp. 13-15.

されていると言える。

3 理論モデル

1 モデルの素描

我々の想定するマクロ経済では，企業，家計，政府の3部門から構成されるものとする。

企業部門のうち，中間財サービスを生産する企業 j は単位閉区間 $[0,1] \subset R^1$ に連続的に分布すると考える。さらにこれら各企業は，生産要素として労働ならびに資本ストックを投入しつつ，ブランド力などにより差別化された1種類の中間財サービス z を生産し，最終財サービスを生産する代表的企業に販売する。最終財サービス生産企業は，これら中間財サービスをもとに一定の生産技術により消費財サービスと資本財サービスの合成財（=最終財サービス）を生産し，家計に販売する。つぎに家計 i も同様に単位閉区間 $[0,1] \subset R^1$ に連続的に分布すると考える。各家計は，雇用されて労働を企業に提供し賃金を受け取るかあるいは失業して失業給付金を受給するとともに企業から利益配分を配当として受け取り，また，期をまたがる価値保蔵手段として保有する債券ストックの利子所得と合わせてそれら総所得を対価に最終財サービスを購入・消費する。また，家計は投資家としての側面を持ち，資本ストックを所有しつつ企業に一定の資本レントで貸し付け，また資本ストックへの資本財サービス投資をおこなうものと考える。加えて，これら企業 $j(\in [0,1])$ ならびに家計 $i(\in [0,1])$ はすべて同質的（symmetric）と仮定する。

中間財サービス市場は独占的競争の状況下にあると仮定する。すなわち，多数の企業が中間財サービスの生産活動を行い，企業の市場への参入・退出が自由であるという点では競争的であるが，他方において各企業は，"差別化"された中間財サービスを生産することによって独自の需要関数に直面し，したがって中間財サービス価格に決定力・支配力を有するという点では「独占的」である。また，それぞれの中間財サービスはある程度まで相互に代替的であり，価格の過度の引き上げは自社製品から他社製品に需要がシフ

3 理論モデル　*147*

トする可能性があるという意味では各独占的企業は「競争」関係にある。さらに労働市場は不完全情報であるとし，したがって労働需給はMortensen=Pissaridesタイプのマッチング型サーチ・モデル[9]で調整されると考える。加えて，賃金率ならびに労働時間決定に関する家計と企業との交渉に対してはナッシュ交渉プロセスを想定する。他方，債券市場に関しては，完全競争的で利子率のシグナル機能を基に債券が取引されるものとする。また最終財サービスならびに資本財サービスに関しても同様に完全競争市場を想定する。

　こうした枠組みの下で，各家計は所得制約式ならびに資本ストック遷移式を制約条件として合理的予想に基づき将来に亘る効用を最大化する。他方，中間財サービスを生産する各企業は，それぞれの生産技術構造と自己の設定する価格水準に対する個別財サービス需要量とを制約条件とし，同じく合理的予想形成の下で将来に亘る利潤の最大化をはかる。また最終財サービスを生産する代表的企業は最終財サービス価格が所与のとき，生産関数を制約条件として各期における利潤を最大化する。さらに，政府・中央銀行は，財政収支の均衡を図りつつ政策金利の制御によって上述したマクロ経済を運営する。

　かくして，それら各部門の経済主体の主体的均衡によって一意的に定まった財サービス需給量，労働需給量，資本ストック需給量，債券ストック需給額が，それぞれの市場でクリアーされ市場均衡が達成される。

　以下，これら不完全雇用均衡に焦点を当てた動学的一般均衡モデルのスケッチをさらに厳密に定式化してみよう[10]。

2　家計

a　選好

　各家計（$\forall i \in [0,1] \subset R^1$）は次のような消費習慣（consumption habit persistence）仮説[11]に従うところの同形的なCRRA型（相対的危険回避度一定タイ

---

[9]　Mortensen/Pissarides (1994) (1999a) (1999b).
[10]　本節で展開した理論モデルの構築にあたっては，Smets/Wouters (2003) (2007) ならびに Trigari (2004b) (2006) に依拠した。

プ）効用関数を持つものとする。

(1) $\quad U_t(i) = E_t[\sum_{s=t}^{\infty} \beta^{s-t} u_s(i)], \ \forall t \in \{1, 2, \cdots\}$

$$u_s(i) = \frac{\{C_s(i) - \eta C_{s-1}(i)\}^{1-\rho}}{1-\rho} - \chi \frac{H_s(i)^{1+\nu}}{1+\nu}$$

ただし　$\beta(\in(0,1))$：時間的割引率
　　　　$\eta(\in[0,1))$：消費習慣係数
　　　　$\rho(>0), \chi(>0), \nu(>0)$：定数
　　　　$E[\cdot]$：期待値オペレータ

ここで $C_t(i)$ は家計 i の t 期における財サービス消費指標を表す．また，$H_t(i)$ は家計 i の t 期における労働供給時間を表す．

b　資本ストック遷移式

家計 i の保有する資本ストック K の t 期における遷移式を，

(2) $\quad K_{t+1}(i) = (1-\delta_k) K_t(i) + \left[1 - A\left(\frac{I_t(i)}{I_{t-1}(i)}\right)\right] I_t(i)$

と定義する．ただし δ_k は資本ストック損耗率を表す．また，$A(\cdot)$ は投資調整費用関数であり，

(3) $\quad A\left(\frac{I_t(i)}{I_{t-1}(i)}\right) = \frac{1}{\varphi} \frac{1}{2} \left(\frac{I_t(i)}{I_{t-1}(i)} - 1\right)^2$

と定義する．ここで $\varphi(>0)$ は定数である．さらに定常状態では，投資調整費用関数は $A(1)=0, A'(1)=0, A''(1)=\frac{1}{\varphi}>0$ となる．

c　予算制約式

つぎに家計 i の t 期における予算制約式を，

(4) $\quad P_t C_t(i) + B_t(i) + P_t I_t(i) + P_t \tau_t(i)$
$\quad\quad \leq \omega_t^L(i) W_t(i) H_t(i) + \Phi_t(i) + (1+r_{t-1}) B_{t-1}(i)$
$\quad\quad + r_t^K P_t K_t(i) + (1-\omega_t^L(i)) P_t Z(i)$

で表す．ここで $B(i)$ は家計 i が保有する名目債券額，$I(i)$ は家計 i が実行す

---

11) Woodford (2003) Chap. 5.

る実質投資量，$K(i)$ は家計 i が保有する実質資本ストック量，r^K は各企業から家計 i に支払われる資本レント，$W(i)$ は各企業から家計 i に支払われる時間当たり名目賃金率，$\Phi(i)$ は各企業から家計 i に支払われる名目配当金，r は名目債券ストックの利子率，$\omega^L(i)$ は家計 i の雇用確率[12]，$Z(i)$ は財サービス指標 C と同一ニューメレールの家計 i への定額失業給付金，$\tau(i)$ は同じく財サービス指標 C と同一ニューメレールの家計 i の支払う一括個人税である。また，P は最終財サービスの完全競争市場で決まる総合的均衡価格指標である。

d 主体的均衡

各家計は，財サービス価格，消費需要量（1期前），賃金率[13]，配当金，債券ストック（1期前），債券利子率（1期前），資本レント，資本ストック，投資量（1期前），失業給付金，雇用確率，一括個人税が所与の時，予算制約式ならびに資本ストック遷移式の制約条件の下で期待効用を最大とするように，消費需要量，労働供給量，投資量，債券ストック，資本ストック（次期）をそれぞれ決めるものとする。したがって，家計 i の最適化行動は，合理的予想の下で

(5) $\max_{\{B_t(i)\}\{C_t(i)\}\{H_t(i)\}\{I_t(i)\}\{K_{t+1}(i)\}} : U_t(i) = E_t[\sum_{s=t}^{\infty} \beta^{s-t} u_s(i)]$

$$u_s(i) = \frac{\{C_s(i) - \eta C_{s-1}(i)\}^{1-\rho}}{1-\rho} - \chi \frac{H_s(i)^{1+\nu}}{1+\nu}$$

s.t. $C_s(i) + \frac{B_s(i)}{P_s} + I_s(i) + \tau_s(i)$

---

[12] 家計 i は，t 期に雇用されれば賃金収入が得られ，それゆえ失業給付金はゼロとなる。他方，失業すれば賃金収入は得られず，定額失業給付金を受領する。したがって，家計 i は，$t \in \{0,1,2,\cdots\}$ の間に平均して雇用されるであろうと予想する確率 $\omega_t^L(i)$ を考慮して将来に亘る最適化行動を図ると考える。ところで，家計 i は単位閉区間 $[0,1] \subset R^1$ に連続的且つ稠密に分布すると考えたから，統計学における「大数の法則」を適用すれば，大標本では標本平均は母平均に確率収束するゆえ，家計 i の将来に亘る雇用確率 $\omega_t^L(i)$ は，後の(44)式で見るごとく，市場全体の t における観察可能な雇用者数比率 $\omega_t^L = 1 - U_t$（ただし U_t は失業者数比率）に一致すると看做すことができる。

[13] 賃金率は，後述する家計・企業間のナッシュ交渉プロセスで決定される。したがって，家計は最適消費計画としてここでは賃金率＝ナッシュ交渉解を前提に期待効用の最大化をはかる。

$$\leq \omega_s^L(i)\frac{W_s(i)}{P_s}H_s(i)+\frac{\Phi_s(i)}{P_s}+(1+r_{s-1})\frac{P_{s-1}}{P_s}\frac{B_{s-1}(i)}{P_{s-1}}$$

$$+r_s^K(i)K_s(i)+(1-\omega_s^L(i))Z(i)$$

$$K_{s+1}(i)\leq(1-\delta_k)K_s(i)+\left[1-A\left(\frac{I_s(i)}{I_{s-1}(i)}\right)\right]I_s(i)$$

given $P_s, P_{s-1}, W_s(i), \omega_s^L(i), \Phi_s(i), r_{s-1}, B_{s-1}(i), r_s^K,$
$K_s(i), Z(i), \tau_s(i), I_{s-1}(i), C_{s-1}(i)$
$\forall i\in[0,1],\ \forall t\in\{1,2,\cdots\}$

なる制約条件付き最大化問題を解くことで得られる。したがって，動学的ラグランジュ方程式として

(6) $\mathcal{L}_t=E_t[\sum_{s=t}^{\infty}\beta^{s-t}\{\ (\frac{\{C_s(i)-\eta C_{s-1}(i)\}^{1-\rho}}{1-\rho}-\chi\frac{H_s(i)^{1+\nu}}{1+\nu})$

$$+\lambda_s(i)\left[(1+r_{s-1})\frac{P_{s-1}}{P_s}\frac{B_{s-1}(i)}{P_{s-1}}+r_s^K K_s(i)+\frac{\Phi_s(i)}{P_s}\right.$$

$$\left.+\omega_s^L(i)\frac{W_s(i)}{P_s}H_s(i)+(1-\omega_s^L(i))Z(i)-C_s-\frac{B_s(i)}{P_s}-I_s(i)-\tau_s(i)\right]$$

$$+q_s(i)\left[(1-\delta_k)K_s(i)+\{1-A\left(\frac{I_s(i)}{I_{s-1}(i)}\right)\}I_s(i)-K_{s+1}(i)\right]$$

と定式化し，この(5)式に「Kuhn=Tucker 定理」[14]を適用して1階の必要条件を求めると，以下のようなt期における各家計の主体的均衡条件を得る[15]。すなわち，

(7) $\lambda_t(i)=\{C_t(i)-\eta C_{t-1}(i)\}^{-\rho}$ …消費

(8) $\lambda_t(i)=\beta E_t\left[(1+r_t)\frac{p_t}{p_{t+1}}\lambda_{t+1}(i)\right]$ …債券

(9) $\dfrac{1}{\lambda_t(i)}=\dfrac{\omega_t^L(i)}{\chi}\dfrac{W_t(i)}{P_t}H_t(i)^{-\nu}$ …労働

(10) $\lambda_t(i)=q_t(i)\left[1-A\left(\dfrac{I_t(i)}{I_{t-1}(i)}\right)-A'\left(\dfrac{I_t(i)}{I_{t-1}(i)}\right)\dfrac{I_t(i)}{I_{t-1}(i)}\right]$

$\qquad\qquad +\beta E_t\left[q_{t+1}(i)A'\left(\dfrac{I_{t+1}(i)}{I_t(i)}\right)\left(\dfrac{I_{t+1}(i)}{I_t(i)}\right)^2\right]$ …投資

---

14) Kuhn/Tucker (1951).
15) 岡田 (2012a)。ただし，最大化のための1階の必要条件として，(7)～(12)式に加え，さらにラグランジュ乗数が非負で且つ制約条件式との積がゼロであることが付加される。

(11) $\quad q_t(i) = \beta E_t[q_{t+1}(i)(1-\delta_k) + \lambda_{t+1}(i) r_{t+1}^K]$ $\quad$ …資本ストック

(12) $\quad E_t\left[\lim_{T\to\infty} \dfrac{B_{T+t+1}(i)/P_{T+t}}{\prod_{s=t}^{T+t}(1+r_s)}\right] = 0$ $\quad$ …no-Ponzi-game（横断性）条件式

$\quad\quad\quad E_t[\lim_{T\to\infty} q_{T+t}(i) K_{T+t+1}(i)] = 0$

である。ここで，変数 $Q_t(i)$ を，資本ストックの制約式に付随するラグランジュ乗数 $q_t(i)$ を消費財サービスのシャドウ・プライス $\lambda_t(i)$ で評価したもの，すなわち $Q_t(i) \equiv \dfrac{q_t(i)}{\lambda_t(i)}$ と定義すれば，上式(10)ならびに(11)はさらに以下のように書き換えられる。

(10a) $\quad 1 = Q_t(i)\left[1 - A\left(\dfrac{I_t(i)}{I_{t-1}(i)}\right) - A'\left(\dfrac{I_t(i)}{I_{t-1}(i)}\right)\dfrac{I_t(i)}{I_{t-1}(i)}\right]$

$\quad\quad\quad + \beta E_t\left[\dfrac{\lambda_{t+1}(i)}{\lambda_t(i)} Q_{t+1}(i) A'\left(\dfrac{I_{t+1}(i)}{I_t(i)}\right)\left(\dfrac{I_{t+1}(i)}{I_t(i)}\right)^2\right]$

(11a) $\quad Q_t(i) = \beta E_t\left[\dfrac{\lambda_{t+1}(i)}{\lambda_t(i)}\{Q_{t+1}(i)(1-\delta_k) + r_{t+1}^K\}\right]$

3 企業

a 最終財サービス生産企業

最終財サービス（＝消費財サービスと投資財サービスの合成財）を生産する代表的企業は，t 期において z 種類の中間財サービスを企業 j から $Y_t(j)$ だけ購入し，

(13) $\quad Y_t = \left[\int_0^1 Y_t(j)^{\frac{1}{1+\xi}} dj\right]^{1+\xi}$

なる生産技術によって最終財サービス Y を生産し，完全競争市場で消費者に販売するものとする。ただし，$\xi(>0)$ は財サービス購入に対する代替の価格弾力性を示す定数である。

ところで，当該企業の最適化行動は，以下のような制約条件付費用最小化問題を解くことで得られると考える。

(14) $\quad \min_{\{Y_t(j)\}} : \int_0^1 P_t(j) Y_t(j) dj, \ \forall t \in \{0,1,2,\cdots\}$

$\quad\quad\quad \text{s.t.} \left[\int_0^1 Y_t(j)^{\frac{1}{1+\xi}} dj\right]^{1+\xi} \geq Y_t$

given $P_t(j), Y_t$

かくして,最終財サービスを生産する代表的企業の t 期における個別中間財サービス購入量 $Y_t(j)$ は,

(15) $\quad Y_t(j) = \left(\dfrac{P_t(j)}{P_{Wt}}\right)^{-\frac{1+\xi}{\xi}} Y_t$

によって示され得る[16]。ただし,ここで P_W は,(13)式に対応する中間財サービスの価格指標

(16) $\quad P_{Wt} = \left[\int_0^1 P_t(j)^{-\frac{1}{\xi}} dj\right]^{-\xi}$

として定義される。

b 中間財生産企業:生産技術

中間財サービスを生産する企業 j は,可変的生産要素である労働 N と固定的生産要素である資本ストック K を投入し,コブ=ダグラス型の生産関数により差別化された1種類の財サービス $z(\in [0,1] \subset R^1)$ を生産すると考える。また各企業の生産技術構造はすべて同形的であるとする。したがって,t 期における企業 j の個別生産関数 F^j は,$\alpha(>0)$ を全要素生産性(i.e. ソロー残差)とすれば,$b(\in (0,1))$ を定数として,

(17) $\quad Y_t(j) = F^j(N_t(j), K_t(j)) = \alpha_t N_t^b(j) K_t^{1-b}(j) - \Psi,$
$\qquad \forall j \in [0,1], \ \forall t \in \{0,1,2,\cdots\}$
$\qquad \alpha_t = \bar{\alpha} \exp(\varepsilon_t^\alpha), \ \varepsilon_t^\alpha \sim i.i.d. D(0, \sigma_\alpha^2)$

で表せる。ここで $N_t(j)$ は企業 j が t 期に雇用した労働者の労働者数を,$K_t(j)$ は企業 j が t 期に稼動した資本ストック量を,Ψ は固定費用を示す。また便宜的に $j \equiv z$ としておく。

c 費用最小化

中間財サービスを生産する企業 j の最適化行動は,完全競争的な資本財サ

---

[16] ibid. したがって,完全競争市場での代表的企業の主体的均衡条件(i.e. 市場価格=限界費用)より $P_t = P_{Wt}$ となる。

ービス市場より決まる資本レントと労使間のナッシュ交渉プロセスより決まる賃金率とを所与とし，且つ自社の生産技術構造を示す(17)式を制約条件として，今期における費用関数の最小化をはかるものとして表わせ得る。すなわち，

(18) $\min_{\{K_t(j)\}\{N_t(j)\}} : \dfrac{W_t(j)}{P_t}N_t(j)+r_t^K K_t(j)$

   s.t. $Y_t(j) \leq \alpha_t N_t^b(j) K_t^{1-b}(j) - \Psi$
   given $W_t(j), P_t, r_t^K$

なる制約条件付き最小化問題として定式化できる。かくして，企業 j にとって，$\lambda_t(j)$ をラグランジュ乗数とすれば，(18)式に対する最適解のための1階の必要条件は，

(19) $r_t^K - \lambda_t(j)\alpha_t(1-b)N_t^b(j)K_t^{-b}(j) = 0$　　…資本ストック

$\dfrac{W_t(j)}{P_t} - \lambda_t(j)\alpha_t b N_t^{b-1}(j) K_t^{1-b}(j) = 0$　　…労働

として求まる[17]。かくして，これら両式から

(20) $\dfrac{b}{1-b}\dfrac{K_t(j)}{N_t(j)} = \dfrac{W_t(j)/P_t}{r_t^K}$

なる主体的均衡条件式が得られる。この式の左辺は資本ストックと労働との技術的限界代替率を表し，他方右辺は両者の生産要素価格の比を表している。さらに(20)式を(19)式に代入すれば，以下のような企業 j の実質限界費用が求まる。

(21) $MC_t(j) = \dfrac{1}{\alpha_t}\left(\dfrac{r_t^K}{1-b}\right)^{1-b}\left(\dfrac{W_t(j)/P_t}{b}\right)^{b}$

ただし各企業はすべて同形的と仮定しているので，ここで同質性条件を課せば引数 j が落とせる。

---

[17] 1階の必要条件は，(19)式に加えて，さらに
　　$\lambda_t(j) \geq 0$
　　$\lambda_t(j)\{Y_t(j) - A_t K_t^a(j) L_t^{1-a} + \Psi\} = 0$
　が付加される。

d 財サービス価格設定

独占的競争状況下の中間財サービス市場では,各中間財生産企業は差別化された自社の財サービスに対して自ら価格を設定し得る。ただし,各企業にとっては,価格の調整機会は限定的であり,自社製品サービス価格をいつでも欲するときに変更できるわけではなく,一定の確率に従ってランダムになし得ると想定する(i.e. カルボ型粘着価格モデル[18])。すなわち,企業 j が任意の時点で価格を据え置く確率を $\omega_p(\in(0,1))$,価格を変更し得る確率を $1-\omega_p$ とする。したがって,将来に亘り価格を改定できないリスクがある状況下では,各企業は,単に当期の利潤のみならず,将来に亘る予想利潤の割引現在価値も含めてその最大化を図るものと考えられる。ところで,当該経済では中間財サービス生産企業数は十分に大きいと仮定していたので,このことは,毎期一定割合(i.e. $1-\omega_p$)の企業だけ価格改定の機会が与えられることと同義である。さらに各企業の価格設定行動様式に対し,次のようなルールの採用を付け加えよう。すなわち,各企業は今期価格が最適水準に改定できず価格を据え置いた場合でも,全般的な物価上昇に即し,前期における物価の上昇率分だけは部分的に自社製品サービス価格にスライドさせ得るという,いわゆるウッドフォード型インデクセーション・ルール[19]の採用である。

かくして,企業 j の最適化行動様式は,資本財サービス市場より決まる資本レントとナッシュ交渉から決まる賃金率に加え,自社の設定価格 $P(j)$ によって与えられる各財の個別需要関数に直面したとき,物価水準や全体の中間財サービス生産額を所与として,合理的予想の下で以下のように定式化できる。

(22) $\max_{\{P_t(j)\}} : \tilde{\Phi}_t(j)$

$$= E_t[\sum_{s=0}^{\infty} \beta_{t+s}\omega_p^s \{(\frac{P_t(j)}{P_{t+s}})(\frac{P_{t-1+s}}{P_{t-1}})^\gamma Y_{t+s}(j) - MC_{t+s}(j)Y_{t+s}(j)\}]$$

s.t. $P_{t+s}(j) = P_t(j)\prod_{k=1}^{s}\left(\frac{P_{t-1+k}}{P_{t-2+k}}\right)^\gamma$

---

18) Calvo (1983).
19) Woodford (2003) Chap. 3.

$$Y_{t+s}(j) = \left(\frac{P_{t+s}(j)}{P_{t+s}}\right)^{-\frac{1+\xi}{\xi}} Y_{t+s}$$

given $MC_{t+s}(j), P_{t-1}, P_{t+s}, Y_{t+s}$

$\forall j \in [0,1], \ \forall t \in \{1,2,\cdots\}$

ただし β_{t+s} は企業の最終所有者たる家計の限界効用で評価された企業の主観的割引率であり，$\beta_{t+s} = \beta^s \frac{\lambda_{t+s}}{\lambda_t} (\beta \in (0,1))$ で定義される。さらに $\gamma (\in [0,1])$ はインデクセーション・ルールに基づく価格転嫁率である。

したがって，(22)式で両制約条件式を主方程式に代入し，設定価格 $P_t(j)$ で偏微分して制約条件つき最大化問題を解くと，次のような企業 j の最適化行動に関する1階の必要条件が導かれる[20]。

(23) $\quad E_t[\sum_{s=0}^{\infty} \beta_{t+s} \omega_p^s Y_{t+s}\{(\frac{P_t(j)}{P_{t+s}})(\frac{P_{t-1+s}}{P_{t-1}})^\gamma - (1+\xi) MC_{t+s}(j)\}] = 0$

…価格設定式

このことから，中間財サービス生産企業 j の価格設定に関する主体的均衡条件，すなわち，最適価格が限界費用の将来の流列に一定のマークアップ率 $(1+\xi)$ を乗じたものと等しくなるという以下の関係式が得られる[21]。

(24) $\quad \frac{P_t(j)}{P_t} = (1+\xi) E_t \sum_{s=0}^{\infty} f_{t+s} MC_{t+s}(j)$

ただし $\quad f_{t+s} \equiv \dfrac{\beta_{t+s} \omega_p^s \left((\frac{P_t}{P_{t+s}})(\frac{P_{t-1+s}}{P_{t-1}})^\gamma\right)^{-\frac{1+\xi}{\xi}} Y_{t+s}}{E_t \sum_{s=0}^{\infty} \beta_{t+s} \omega_p^s \left((\frac{P_t}{P_{t+s}})(\frac{P_{t-1+s}}{P_{t-1}})^\gamma\right)^{-\frac{1}{\xi}} Y_{t+s}}$

これより，中間財サービス生産企業に対する同質性条件を課せば，企業全般の集計的価格遷移式

(25) $\quad P_t = \left[(1-\omega_p) X_t^{-\frac{1}{\xi}} + \omega_p \left\{P_{t-1}\left(\frac{P_{t-1}}{P_{t-2}}\right)^\gamma\right\}^{-\frac{1}{\xi}}\right]^{-\xi}$

が求まる。ここで X_t は t 期に価格改定の機会を得た企業群の設定する最適価格水準である。

---

20) 岡田（2012a）。
21) Ibid.

e 雇用

　労働市場は不完全情報市場であると仮定する。したがって，完全情報市場のごとく求人企業は求職者とはマッチすることができず，且つ企業が必要に応じて単純技能職，専門技術職，事務職，管理職などの職業能力に基づく異質的な差別化された労働力を探索するには，一定の固定費用 k が掛かる。また，こうした時間のズレは求職者と失業者とを同時に発生させる。かくして，企業の求人と家計の求職が労働市場で t 期においてマッチするメカニズムとして，Mortensen=Pisaarides モデル[22]に倣い，以下のような規模に関して一次同次タイプのコブ=ダグラス型マッチング関数 $m(\cdot)$ を想定する。

(26) 　　$M_t = m(U_t, V_t) = AU_t^a V_t^{1-a} \quad \forall t \in \{0,1,2,\cdots\}$

　　　　ただし，M_t：t 期の新規雇用者数
　　　　　　　A：労働市場の効率性ないしは流動性指標
　　　　　　　U_t：労働市場に存在する失業者数
　　　　　　　V_t：企業の求人数
　　　　　　　$a(\in(0,1))$：定数

したがって，$\theta_t \equiv \dfrac{V_t}{U_t}$ を t 期における労働市場の逼迫度（i.e. 有効求人倍率）とすれば，企業の求人数に対する新規雇用確率 L_t は，$L_t = \dfrac{M_t}{V_t} = g(\theta_t) = A\theta_t^{-a}$ で示される。他方，失業者に対する新規雇用確率 S_t は，労働市場の逼迫度に企業の採用率を掛けたところの $S_t = \dfrac{M_t}{U_t} = \theta_t g(\theta_t) = A\theta_t^{1-a}$ なる率で雇用のチャンスが表せる。さらに上述式で A が大きくなれば市場の流動性ないしは効率性は高まり，労働需給のマッチングは増えて新規雇用者数は増加する。

　こうした労働市場において，企業の労働需要（N 人）と家計の労働供給（H 時間）に対し，企業 j が t 期に $N_t(j)$ 人の雇用を確保できれば，家計は企業 j に対して $H_t(j)$ 時間（$= hN_t(j)$：h は労働者 1 人当り平均労働時間数）の労働投入が可能となり，当該企業は中間財サービス z を $\left(\dfrac{Y_t(z)}{aK_t^{1-b}(j)}\right)^{\frac{1}{b}}$ 単位だけ

---

[22] Mortensen/Pissarides (1994) (1999a) (1999b).

生産できる。ここで離職率が外生的に $\delta_n(\in(0,1))$ で与えられたとすれば，企業 j の t 期における雇用者数 $N_t(j)$ は，$t-1$ 期までの雇用者数に非離職率を乗じ，さらに今期の新規採用者数を加えたところの

(27) $\quad N_t(j)=(1-\delta_n)N_{t-1}(j)+V_t(j)g(\theta_t(j))$

なる雇用遷移式で示せる。

f 賃金設定

雇用者1人当りの賃金設定に対しては，労使双方の間のナッシュ交渉ルールにより決まると想定する。すなわち，家計 $i(\in[0,1])$ と企業 $j(\in[0,1])$ とが t 期に雇用のマッチを形成することによって生ずる総余剰を予め取り決められた割合で分割するというルールである[23]。したがって，Θ_t^I を財サービスの限界効用で評価された（以下同様）企業の雇用に伴う割引現在価値，すなわち，企業が家計とマッチを形成して雇用し，生産活動を行うことに伴う t 期の割引現在価値とし，また Θ_t^V を企業の雇用欠員に伴う割引現在価値とする。他方，Θ_t^E を家計がマッチして雇用されることに伴う t 期の割引現在価値とし，また Θ_t^U を失業して求職状況にある家計の割引現在価値とする[24]。かくして，ナッシュ積を用いてナッシュ交渉プロセスにおける t 期の実質賃金 $w_t(\equiv \frac{W_t}{P_t})$ を

(28) $\quad w_t=\arg\max\,[\Theta_t^E-\Theta_t^U]^\zeta[\Theta_t^I-\Theta_t^V]^{1-\zeta},\ \forall\zeta\in(0,1)$

と定式化する。ここで ζ は労使間のバーゲニング・パワーを示す指標である。さらに $\Theta_t^I, \Theta_t^V, \Theta_t^E, \Theta_t^U$ に関して各々ベルマン方程式を用いて以下のごとく定める。

(29) $\quad \Theta_t^I = p_{Wt}F(H_t,K_t)-w_tH_t-r_t^K K_t+E_t[\beta_{t+1}(1-\delta_n)\Theta_{t+1}^I]$

$\qquad \Theta_t^V = -\dfrac{k\theta_t}{\lambda_t}+E_t[\beta_{t+1}[\theta_t g(\theta_t)(1-\delta_n)\Theta_{t+1}^I-\{1-\theta_t g(\theta_t)(1-\delta_n)\}\Theta_{t+1}^V]]$

$\qquad \Theta_t^E = w_tH_t-\chi\dfrac{H_t^{1+\nu}}{(1+\nu)\lambda_t}+E_t[\beta_{t+1}[(1-\delta_n)\Theta_{t+1}^E+\delta\Theta_{t+1}^U]]$

---

[23] ナッシュ交渉ルールにおける家計 i の賃金設定 $w_t(i)$ に関しては，（注12）より予め雇用確率 $\omega_t^L(i)$ を考慮した水準のものとする。すなわち，$\tilde{w}_t(i)$ を完全雇用時の実質賃金水準とすれば $w_t(i)=\omega_t^L(i)\tilde{w}_t(i)$ である。

[24] ただし各家計ならびに各企業はすべて同質的と仮定しているので，ここで同質性条件を課せば添え字 i ならびに j が落とせる。

$$\Theta_t^U = Z + E_t[\beta_{t+1}[\theta_t g(\theta_t)(1-\delta_n)\Theta_{t+1}^E - \{1-\theta_t g(\theta_t)(1-\delta_n)\}\Theta_{t+1}^U]]$$

まず,第1式は,企業が家計とマッチを形成して家計を雇用し,併せて資本ストックを投入して生産活動を行うことに伴う今期の利潤と,さらにそれに雇用継続価値を加えたところの割引現在価値を表している。ここで $pw_t(\equiv \frac{P_t(j)}{P_t})$ は,中間財サービスの相対価格である。第2式は,求人企業が欠員 V_t を埋めるまで失業者1人当り求人コスト kV_t を支払いながら今期探索活動を行い,その結果,$\theta_t g(\theta_t)$ の確率で欠員補充に成功しつつ且つ $(1-\delta_n)$ の率でそのまま次期まで雇用を継続するか,あるいは,$\{1-\theta_t g(\theta_t)(1-\delta_n)\}$ の率で雇用されず且つ雇用されても次期までに離職したことに伴う求人企業の割引現在価値を表している。ここで企業の自由参入条件により,欠員を有する求人企業はその限界価値がゼロとなるまで市場に参加するので,均衡では $\Theta_t^V = 0$ となる。さらに第3式は,家計が企業とマッチを形成して雇用された場合の価値を,第4式は失業して失業給付金を受給する場合の価値をそれぞれ表す。すなわち,第3式では今期の賃金とともに,$(1-\delta_n)$ の確率でそのまま雇用が継続するかあるいは δ_n の確率で離職した場合のそれぞれの割引現在価値の加重平均が加わる。第4式では今期の失業に伴う一定の定額給付金とともに,$\theta_t g(\theta_t)(1-\delta_n)$ の確率で雇用され且つ次期まで雇用が継続するかあるいは $\{1-\theta_t g(\theta_t)(1-\delta_n)\}$ の確率で雇用されず且つ雇用されても次期までに離職した場合の割引現在価値の加重平均が加わる。

かくして先の(28)式を w_t に対して解けば,t 期の最適ナッシュ交渉解は

$$(30) \quad \Theta_t^E - \Theta_t^U = \frac{\zeta}{1-\zeta}\Theta_t^J$$

となるから,これに(29)式を代入して今期の最適ナッシュ賃金計画を導けば,

$$(31) \quad w_t H_t = \zeta(pw_t F(H_t, K_t) - r_t^K K_t + E_t[\beta_{t+1}(1-\delta_n)\Theta_{t+1}^J]) \\ + (1-\zeta)\left(\chi\frac{H_t^{1+\nu}}{(1+\nu)\lambda_t} + Z - E_t[\beta_{t+1}(1-\delta_n)(1-S_t)(\Theta_{t+1}^E - \Theta_{t+1}^U)]\right)$$

を得る。このことから,(30)式ならびに以下の(37)式を用いて整理すれば,

$$(32) \quad w_t = \zeta\left(\frac{pw_t MPL_t}{b} + \frac{k\theta_t}{\lambda_t H_t}\right) + (1-\zeta)\left(\frac{MRS_t}{1+\nu} + \frac{Z}{H_t}\right), \ \forall t \in \{0,1,2,\cdots\}$$

を得る[25]。ただし，ここで $MPL_t \equiv \dfrac{\partial F(H_t, K_t)}{\partial H_t}$，すなわち労働の限界生産力を表し，他方，$MRS_t \equiv -\left(\dfrac{\partial U_t}{\partial H_t} \middle/ \dfrac{\partial U_t}{\partial C_t}\right)$，すなわち，労働と消費の限界代替率を表す。この式から，家計のバーゲニング・パワー（ζ）が強く，さらに労働の限界生産力が増加するか労働市場の逼迫度（θ）が高まり且つ求職コスト（k）も上昇すれば，賃金は上昇することが分かる。企業のバーゲニング・パワー（$1-\zeta$）の強弱によっては失業給付金の支払い（Z）も賃金上昇圧力の一因となる。

g　労働時間

労働時間の決定に関しても賃金と同様，労使双方の間のナッシュ交渉ルールにより決まると想定する。したがって，t 期の労働時間に対する最適ナッシュ交渉解のための 1 階の必要条件は，

$$(33) \quad (1-\zeta)\dfrac{\partial \Theta_t^I}{\partial H_t}(\Theta_t^E - \Theta_t^U) - \zeta \dfrac{\partial(\Theta_t^E - \Theta_t^U)}{\partial H_t}\Theta_t^I = 0$$

となる[26]。このことから，

$$(34) \quad \zeta \Theta_t^I (MRS_t - w_t) = (1-\zeta)(\Theta_t^E - \Theta_t^U)(p_{wt} MPL_t - w_t)$$

となるゆえ，最適ナッシュ労働時間として

$$(35) \quad p_{wt} MPL_t = MRS_t$$

が導ける。すなわち，労使双方のナッシュ交渉による最適労働時間は，企業の限界価値生産力と家計の労働・消費の限界代替率とが等しくなるように決まる。したがって，賃金はここでは完全競争市場におけるワルラス的模索過程のような労働の需給調整に対するシグナル機能の役割をもはや果たしていない。

---

25)　(30)式の $\Theta_{t+1}^E - \Theta_{t+1}^U = \dfrac{\zeta}{1-\zeta}\Theta_{t+1}^I$，ならびに(37)式の $\Theta_{t+1}^I = \dfrac{k/\lambda_t g(\theta_t)}{E_t[\beta_{t+1}(1-\delta)]}$ なる関係を用いれば，(31)式における $t+1$ 期のすべての項目は $\xi \theta_t \dfrac{k}{\lambda_t}$ という t 期の単一変数に帰着できる。なお，ここで分析対象を労働のみに限定し，したがってもうひとつの生産要素である資本ストックを所与（i.e. $K_t = \overline{K}$）としておく。

26)　岡田（2012a）。

h 最適雇用

企業の最適雇用量 N_t の決定に関しては，(29)式の第1式・第2式を用いる。第1式は，企業が家計とマッチを形成して家計を雇用し，生産活動を行うことに伴う今期の利潤と，さらにそれに雇用継続価値を加えたところの割引現在価値を表しているから，雇用の限界的な継続的利潤の割引現在価値 $\tilde{\Theta}_t^J$ ($\equiv \frac{\partial \Theta_t^J}{\partial N_t}$) を求めれば，

$$(36) \quad \tilde{\Theta}_t^J = p_{wt} MPL_t - w_t + E_t[\beta_{t+1}(1-\delta_n)\tilde{\Theta}_{t+1}^J]$$

を得る。また第2式は，既述のごとく求人企業が欠員 V_t を埋めるまで失業者1人当り求人コスト kV_t を支払いながら今期探索活動を行い，その結果，$\theta_t g(\theta_t)$ の確率で欠員補充に成功しつつ且つ $(1-\delta_n)$ の率でそのまま次期まで雇用を継続し，雇用の限界的な継続的利潤の割引現在価値 $\tilde{\Theta}_t^J$ を得るか，あるいは，$\{1-\theta_t g(\theta_t)(1-\delta_n)\}$ の率で雇用されず且つ雇用されても次期までに離職したことに伴う求人企業の割引現在価値を表している。ここで企業の自由参入条件により，均衡では $\Theta_t^V = 0$ となるので，したがって

$$(37) \quad \frac{k}{\lambda_t g(\theta_t)} = E_t[\beta_{t+1}(1-\delta_n)\tilde{\Theta}_{t+1}^J]$$

が求まる。これを第2式に代入することにより，$\beta_{t,t+1} \equiv \beta \frac{\lambda_{t+1}}{\lambda_t}$ に留意すれば，企業の求人数 V_t に対する新規雇用確率 $L_t(=g(\theta_t))$ に関しての1階の定差方程式

$$(38) \quad \frac{k}{\lambda_t L_t} = \beta E_t\left[\frac{\lambda_{t+1}}{\lambda_t}(1-\delta_n)\left(p_{w,t+1} MPL_{t+1} - w_{t+1} + \frac{k}{\lambda_{t+1} L_{t+1}}\right)\right]$$

が得られる。

4 政府・通貨当局

政府は，一括個人税（i.e. 人頭税）による税収を基に，消費財サービス指標で表示された財政支出（e.g. 定額失業給付金 Z プラスその他財政支出 G_t）を行うものとし，かつ財政収支は毎期単年度で均衡が達成されるものとする。したがって，政府部門の t 期の財政収支式は，

$$(39) \quad P_t \tau_t = P_t(Z + G_t)$$

なる式で表せる。

他方,通貨当局は,金融政策変数として名目金利水準 r_t をコントロールすると考える。したがって,通貨当局の t 期における政策反応関数としては,次のようなオーソドックスなテイラー・ルール型を採用するものと想定する。すなわち,

(40) $\qquad 1+r_t = (1+r_{t-1})^{\phi_1} \left(\left(\dfrac{\Pi_t}{\Pi_0}\right)^{\phi_2} \left(\dfrac{Y_t}{Y}\right)^{\phi_3} \right)^{1-\phi_1}$

である。ただし $\phi_i (i=1,2,3)$ はパラメータであり,且つ $\phi_1 \in (0,1)$ とする。かくして,通貨当局は,1期前の名目金利水準 r_{t-1} を踏まえつつ,現行インフレ率 $\Pi_t \equiv \dfrac{P_t}{P_{t-1}}$ と目標インフレ率 Π^0 との乖離や GDP ギャップ $\dfrac{Y_t}{Y}$ の動向にも対応して今期の政策金利を操作すると考える。

5 市場

第2項〜第4項で見たように,各企業・各家計の主体的均衡ならびに通貨当局の金利政策や政府の財政政策に基づいて一意的に定まる個々の財サービス需給量,労働需給量,債券ストック需給額,資本ストック需給量が,完全競争市場のみならず"見えざる手"不在の不完全競争状況下にある市場を含む各市場で全体としてそれぞれどのようにして過不足なく完全にクリアーされるであろうか。

a 債券市場

各家計における実質債券の受取りと支払いは符号が逆で絶対値が等しくなるから,債券ストックの純供給がゼロと仮定すれば,債券市場は完全競争を仮定しているので,均衡では

(41) $\qquad \displaystyle\int_0^1 \left(\dfrac{B_t(i)}{P_t}\right) di = 0, \quad \forall t \in \{0,1,2,\cdots\}$

となる。

b 財サービス市場

財サービス市場全体の均衡条件は,企業の財サービス供給＝家計の消費財サービス需要＋同投資財サービス需要＋政府財政支出として,

162　第4章　雇用，賃金，およびインフレーション

(42)　　　$Y_t = C_t + I_t + Z_t + G_t$
　　　　　$\forall t \in \{0,1,2,\cdots\}$

の式で求まる。

c　資本ストック市場

同質的な資本ストック K に対して取引されるこれら市場は完全競争的なので，資本ストックを所有する家計部門とそれを生産要素として借り入れる中間財サービス生産企業部門との間で，ある資本レント (i.e. $\exists \bar{r}_t^K \in (0,\infty)$) によってワルラス的模索過程より毎期需給均衡が達成される。

d　労働市場

労働市場全体の労働需要を $\int_0^1 N_t(j)dj = N_t$（人）とし，他方，労働市場全体の労働供給を $\left[\int_0^1 H_t(i)^{\frac{1}{1+\mu}}di\right]^{1+\mu} = H_t$（時間）（ただし，$\mu(>0)$ は労働の賃金代替弾力性）とする。さらに労働1人当り平均労働時間数 h が1に正規化されているとすれば，労働人口は1であることから，t 期における市場全体での労働需給均衡は，

(43)　　　$N_t = H_t \leq 1$
　　　　　$\forall t \in \{0,1,2,\cdots\}$

となる。また，t 期の期首における失業者数 U_{t_0} は $U_{t_0} = 1 - N_t$ で表せるが，t 期間中に δN_t 人が離職していくゆえ，t 期の失業者数としては

(44)　　　$U_t = 1 - (1-\delta)N_t$

で表せる。

4　対数線形化とカリブレーション

本節において，前節で展開した理論モデルに対し，マクロ経済における定常状態からの近傍乖離に関する対数線形近似式を離散的時間 $\forall t \in \{1,2,\cdots\}$ に対して導く。以下で，～付き変数は定常状態からの対数線形乖離を表す。

ただし，金利 r と資本レント r^K に関しては単に定常状態からの線形乖離を表す。

1 経済主体

a 消費オイラー方程式

先の(7)式・(8)式に基づき，消費オイラー方程式に関する定常状態からの近傍乖離の対数線形近似式は，

(Eq01)　　$\widehat{c}_t = \dfrac{\eta}{1+\eta}\widehat{c}_{t-1} + \dfrac{1}{1+\eta}E_t\widehat{c}_{t+1} - \dfrac{1-\eta}{(1+\eta)\rho}(\widehat{r}_t - E_t\widehat{\pi}_{t+1})$

で表現される。ただし，$\Pi_{t+1} \equiv \dfrac{P_{t+1}}{P_t}$ である。

b 投資オイラー方程式

引き続いて(10a)式において，投資に対する定常状態からの微小乖離の影響を考えるために，両辺を $\dfrac{I_t}{I_{t-1}}$, $\dfrac{I_{t+1}}{I_t}$ でそれぞれ微分し，さらに定常状態では $A'(1)=0$, $\beta(r^K+(1-\delta_k))=1$ であることに留意すれば，(11a)式と併せて，

(Eq02)　　$\widehat{i}_t = \dfrac{1}{1+\beta}\widehat{i}_{t-1} + \dfrac{\beta}{1+\beta}E_t\widehat{i}_{t+1} + \dfrac{\varphi}{(1+\beta)}\widehat{Q}_t$

$\widehat{Q}_t = -(\widehat{r}_t - E_t\widehat{\pi}_{t+1}) + \dfrac{1-\delta_k}{1-\delta_k+\overline{r}^K}E_t\widehat{Q}_{t+1} + \dfrac{\overline{r}^K}{1-\delta_k+\overline{r}^K}E_t\widehat{r}^K_{t+1}$

ただし，$\varphi \equiv \dfrac{1}{A''(1)}$

なる実質投資需要式が導かれる。ここで(8)式より得られるところの

$\dfrac{\lambda_{t+1}}{\lambda_t} = \dfrac{1}{\beta(1+r_t)}E_t[\Pi_{t+1}]$

なる関係式を用いた。

c 資本ストック遷移式

(Eq03)　　$\widehat{k}_t = (1-\delta_k)\widehat{k}_{t-1} + \delta_k\widehat{i}_{t-1}$

先の資本ストック遷移式(2)式において，定常状態では $K_t = K_{t-1} = K$ 且

つ $A(1)=0$ であったから，$\delta_k = \dfrac{I}{K}$ となる。したがって，上述式において，δ_k は実質資本ストックの損耗率を表すとともに定常状態での実質投資の実質資本ストックに対する比率を表している。

d 費用最小化式

中間財サービスを生産する企業の主体的均衡条件式(20)式より，費用最小化式に関して

(Eq04)　　　$\widehat{n}_t = -\widehat{w}_t + \widehat{r}_t^K + \widehat{k}_{t-1}$

が求められる。

e 生産関数式

中間財サービスを生産する企業の生産関数式(17)式より

(Eq05)　　　$\widehat{y}_t = \phi(1-b)\widehat{k}_{t-1} + \phi b \widehat{n}_t + \phi \varepsilon_t^a$

が求められる。ただし ϕ は実質生産量に占める固定費用 Ψ の割合に 1 を加えたものである。また，ε_t^a は生産性ショックである。

f 価格設定式（ニュー・ケインジアン・フィリップス曲線式）

先の(24)式における $\dfrac{P_t(j)}{P_t} = (1+\xi)E_t \sum_{s=0}^{\infty} f_{t+s} MC_{t+s}$ に対し $\beta\omega_P$ を乗じて1期繰り上げ，さらにそれを元の(24)式から減ずれば，インフレ率に対する定常状態からの近傍乖離は，

(Eq06)　　　$\widehat{\pi}_t = \dfrac{\gamma}{1+\beta\gamma}\widehat{\pi}_{t-1} + \dfrac{\beta}{1+\beta\gamma}E_t\widehat{\pi}_{t+1}$

$$+ \dfrac{(1-\beta\omega_P)(1-\omega_P)}{(1+\beta\gamma)\omega_P}\left[(1-b)\widehat{r}_t^K + b\widehat{w}_t + \varepsilon_t^\pi\right]$$

によって近似される。ただし ε_t^π はインフレ率ショックである。

g 限界生産力・限界代替率・限界効用式

労働の限界生産力ならびに家計の限界代替率・限界効用式に対する定常状態からの対数線形乖離に関しては，中間財サービスを生産する企業の生産関

数式(17)式ならびに家計の効用関数式(1)式より，(7)式と併せて
(Eq07) $\quad m\widehat{pl}_t=(b-1)\widehat{n}_t$
$\quad\quad\quad\quad m\widehat{rs}_t=\nu\widehat{h}_t-\widehat{\lambda}_t$
$\quad\quad\quad\quad \widehat{\lambda}_t=-\dfrac{\rho}{1-\eta}(\widehat{c}_t-\eta\widehat{c}_{t-1})$
なる近似式が求まる。

2 市場・政策

a 雇用遷移式

先の雇用遷移(27)式において，定常状態では $N_t=N_{t-1}=N$ であったから $\delta_n=\dfrac{M}{N}$ となり，したがって
(Eq08) $\quad \widehat{n}_t=(1-\delta_n)\widehat{n}_{t-1}+\delta_n\widehat{m}_t$
を得る。

b マッチング関数

企業の求人と家計の求職に関するマッチング関数の対数線形近似式に関しては，(26)式より
(Eq09) $\quad \widehat{m}_t=a\widehat{u}_t+(1-a)\widehat{v}_t$
となる。

c 雇用確率

企業の求人数に対する新規雇用確率 L_t，失業者に対する新規雇用確率 S_t，ならびに労働市場の逼迫度 θ_t の定常状態からの近傍乖離の近似式に関しては，それぞれの定義式より
(Eq10) $\quad \widehat{l}_t=\widehat{m}_t-\widehat{v}_t$
$\quad\quad\quad\quad \widehat{s}_t=\widehat{m}_t-\widehat{n}_t$
$\quad\quad\quad\quad \widehat{\theta}_t=\widehat{v}_t-\widehat{u}_t$
なる対数線形式が求まる。

d 賃金決定式

労使間のナッシュ交渉プロセスより決まる実質賃金 w_t に関しては，(32)

式より

(Eq11)　　　$\widehat{w}_t = \varphi_1 m\widehat{rs}_t + \varphi_2(\widehat{\theta}_t - \widehat{h}_t - \widehat{\lambda}_t) + \varphi_3(-\widehat{h}_t) + \varepsilon_t^w$

なる対数線形式を得る。ただし，ここで $\varphi_1 \equiv \dfrac{1-\zeta}{(1+\nu)w} + \dfrac{\zeta}{bw}$, $\varphi_2 \equiv \dfrac{k\zeta\theta}{w\lambda h}$,
$\varphi_3 \equiv \dfrac{(1-\zeta)z}{wh}$ である。また，ε_t^w は賃金ショックである。

e　労働時間決定式

同じく労使間のナッシュ交渉プロセスより決まる労働時間に関しては，(35)式より

(Eq12)　　　$\widehat{p}_{Wt} + m\widehat{pl}_t = m\widehat{rs}_t$

が導ける。

f　雇用決定式

企業の最適雇用決定式に関しては，新規雇用確率 L_t に関しての1階の定差方程式(38)式を用いて，

(Eq13)　　$\widehat{l}_t = -\beta(1-\delta_n)(\dfrac{\lambda l}{k})\{P_W mpl(\widehat{p}_{W,t+1} + m\widehat{pl}_{t+1}) - w\widehat{w}_{t+1}\}$
$\qquad\qquad\quad + \beta(1-\delta_n)\widehat{l}_{t+1} - \{1-\beta(1-\delta_n)\}\widehat{\lambda}_{t+1} + \varepsilon_t^l$

を得る[27]。ただし ε_t^l は雇用ショックである。

g　失業発生式

失業率としては，(44)式より以下の対数線形近似式が求まる。

(Eq14)　　　$\widehat{u}_t = -\dfrac{n}{u}(1-\delta_n)\widehat{n}_t$

---

[27]　ただし当該方程式体系のカリブレーションでは，係数行列が特異（singular）となって逆行列を計算することができなかった。したがって，計算の都合上，(Eq13)式に替えて(Eq04)式と併せ以下のような式を採用した。

(Eq13a)　　$\widehat{l}_t = (1-\delta_n)\widehat{l}_{t-1} + \delta_n\gamma_n(-\widehat{w}_t + \widehat{r}_t^K + \widehat{k}_{t-1}) + \varepsilon_t^l$　（ただし $\gamma_n = 0.7$）

すなわち，企業の生産要素を労働と資本ストックとしたとき，(Eq13)式では雇用は資本ストックを一定として労働の限界利潤によって決まると考える。他方，(Eq13a)式では，資本ストックの変動も考慮して限界利潤を考えている。したがって，上述(Eq13a)式では限界利潤に労働分配率（i.e. $b=0.7$）を乗じた値をもって雇用が決定されるとしている。

h 労働需給均衡式

労働市場全体の需給均衡式としては，(43)式より

(Eq15) $\widehat{n}_t = \widehat{h}_t$

が求まる。

i 財サービス市場

最終財サービス市場全体の需給均衡に関しては，定常状態からの近傍乖離式として(42)式より

(Eq16) $\widehat{y}_t = (1 - \delta_k k_y - g_y)\widehat{c}_t + \delta_k k_y \widehat{i}_t + g_y \widehat{g}_t^z$

が得られる。ただし，$k_y \equiv \dfrac{k}{y}$ ならび $g_y \equiv \dfrac{g^z}{y}$ (ここで $g_t^z = G_t + Z$) である。したがって，$\delta_k k_y \equiv \dfrac{i}{y}$ となることが見て取れる。

j 金融政策ルール式

金利の定常状態からの偏倚に関しては，通貨当局によるテイラー・ルール型政策反応関数(40)式より，名目利子率を政策変数としたところの

(Eq17) $\widehat{r}_t = \psi_1 \widehat{r}_{t-1} + (1 - \psi_1)(\psi_2(\widehat{\pi}_t - \pi^0) + \psi_3 \widehat{Y}_t) + \varepsilon_t^r$

なる金融政策ルール式が求められる。ただし ε_t^r は金利ショックである。

3 カリブレーション

a 構造パラメータ

(Eq01)式〜(Eq17)の方程式体系における構造パラメータを第1表のように設定する[28]。

b インパルス応答

当該線形定差方程式体系ではすべての非先決変数ないしはジャンプ変数の固有値が1を超えていることからBranchard=Kahnの条件を満たすゆえ，シムズの解法[29]を適用して上述した線形合理的予想方程式体系を解くことが

---

28) 構造パラメータの設定に関しては，多くの先行業績に倣った。
29) 本書第1章・補論2。

第1表　構造パラメータ

パラメータ	設定値	説明
β	0.99	時間的割引率
η	0.80	消費習慣係数
ρ	1.90	異時点間の消費代替弾力性の逆数 （i.e. 相対的危険回避度係数）
φ	0.04	投資費用調整関数の第二次微係数の逆数（$=1/A''(1)$）
δ_k	0.025	資本ストック損耗率
r^K	$1/\beta-1+\delta_k$	資本レント（定常状態）
γ	0.58	価格インデクセーション転嫁率
ω_P	0.70	価格据え置き確率
b	0.70	労働分配率
ν	2.08	異時点間労働供給の代替弾力性の逆数
δ_n	0.08	離職率
a	0.55	マッチング関数の失業率ウエイト
n/u	3.03	雇用・失業比率（定常状態）
k_y	2.20	資本ストックの対GDP比率
g_y	0.20	政府支出の対GDP比率
ϕ	1.60	固定費用 Ψ の対GDP比率 +1
φ_1	0.30	労働・消費限界代替率に対する賃金反応係数
φ_2	0.50	探索活動コストに対する賃金反応係数
φ_3	0.20	失業給付金に対する賃金反応係数
ψ_1	0.68	1期前の金利に対する政策反応係数
ψ_2	1.62	インフレ率目標値との乖離に対する政策反応係数
ψ_3	0.10	GDPギャップに対する政策反応係数
π^0	0.00	インフレ率目標値
σ_w	0.25	実質賃金率ショックの標準偏差
σ_L	0.20	雇用量ショックの標準偏差
σ_π	0.33	インフレ率ショックの標準偏差
σ_r	0.015	名目金利ショックの標準偏差
σ_a	0.20	生産性ショックの標準偏差

できる。その結果，ここに構造ショックによる各マクロ経済変数の定常状態からのインパルス応答を求めることが可能となる。

かくして，インフレ率，賃金率，雇用量，金利の構造ショックに関して1標準偏差だけ増減した際の各経済変数とのインパルス応答を求めると，第1図～第4図のごとくとなる[30]。ただし，各記号はそれぞれ以下内容を示す。

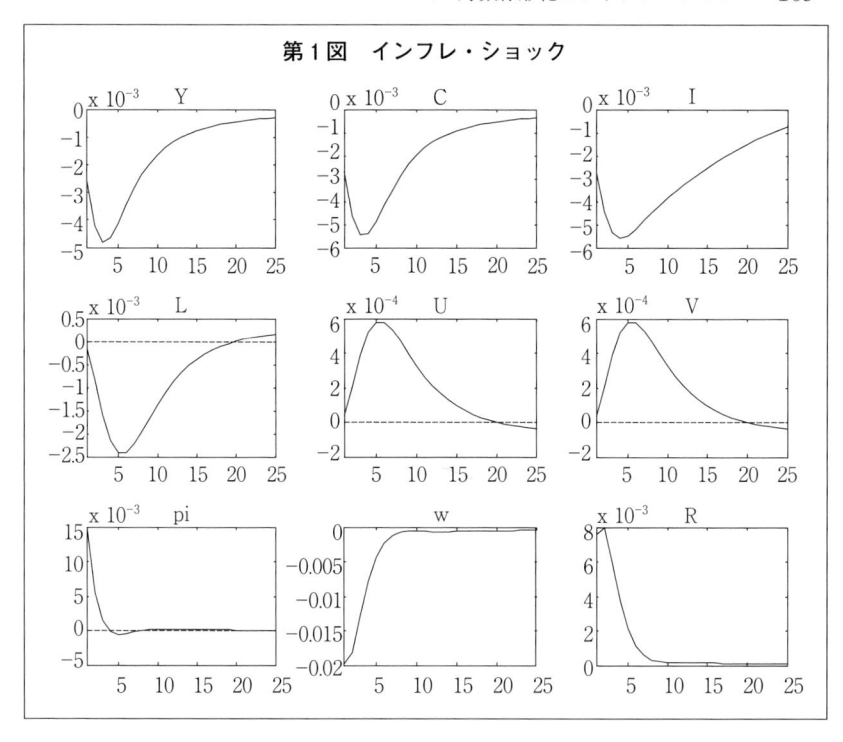

4　対数線形化とカリブレーション　*169*

第1図　インフレ・ショック

Y　：実質 GDP
C　：実質消費需要
I　：実質投資需要
L　：雇用者数
U　：失業者数
V　：企業求人数
pi　：インフレ率
W　：実質賃金率
R　：名目利子率

---

30)　本カリブレーションでは，MATLAB ソフトの上で DYNARE-Version4.1.3 により計算した。カリブレーション計算のための DYNARE コードに関しては，岡田（2012a）参照。

170　第4章　雇用，賃金，およびインフレーション

第2図　雇用量ショック

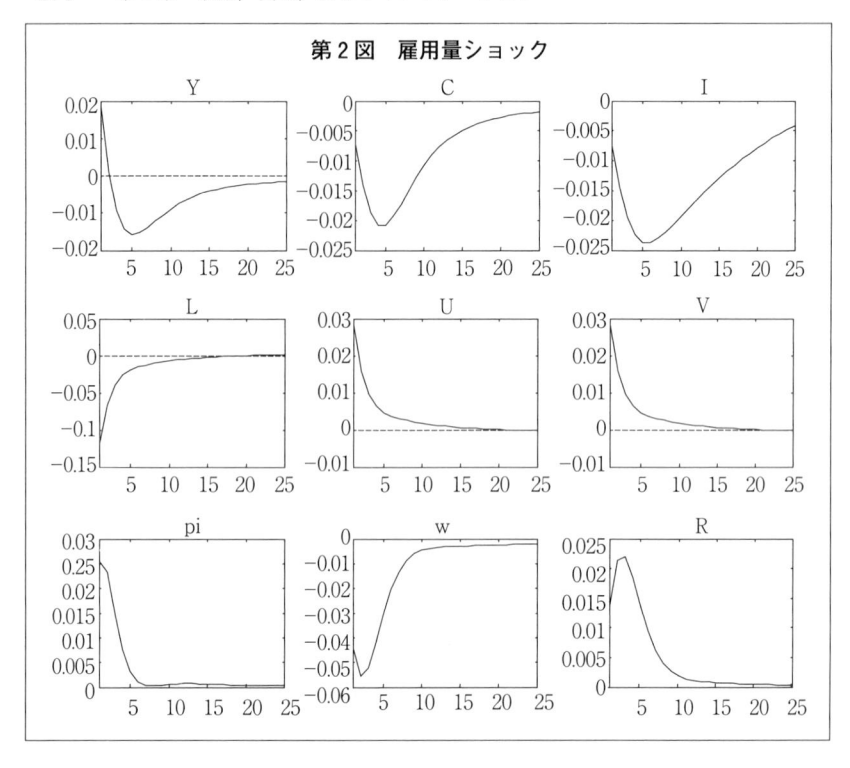

　c　評価

　これらカリブレーション分析の結果から，本理論モデルにおける主要マクロ経済変数の各構造ショックに伴う定常状態からの乖離に対する動学過程に関して以下の点を指摘することができる。

[1]　インフレ率が昂進すると，通貨当局の政策変数である名目金利は引き上げられ，実質消費需要ならびに実質投資需要は減少する。したがって実質国内総生産も低下する。また，企業の雇用量は減少し，失業率は高まる。併せて実質賃金率も引き下げられる。

[2]　企業の雇用が削減されると，失業率は上昇し，実質賃金率は引き下げられる。他方，インフレ率は昂進し，名目利子率は上昇する。同時に，実質消費需要ならびに実質投資需要は減少し，したがって実質国内総生

第3図　賃金ショック

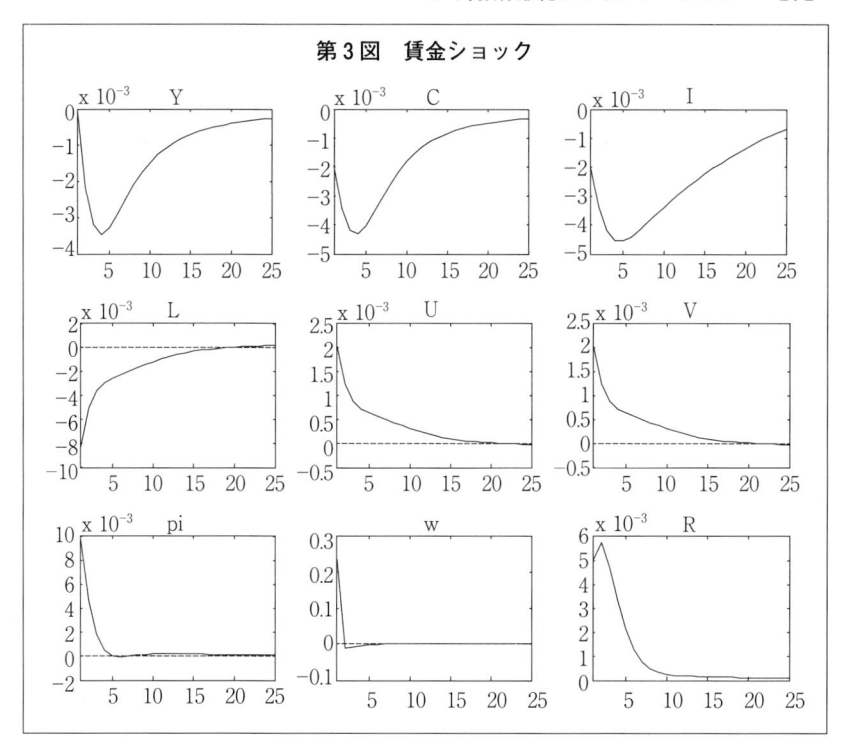

産も低下する。

[3]　実質賃金率が引き上げられると，企業の雇用は差し控えられ，失業率は高まる。物価も上昇し，政策金利は引き上げられる。同時に，実質消費需要ならびに実質投資需要は減少し，したがって実質国内総生産も低下する。

[4]　通貨当局により名目金利が引き上げられると，インフレ率は低下し，政策目標は達成され得るが，他方で実質利子率は高騰する。したがって，実質消費需要ならびに実質投資需要は減少し，それゆえ，実質国内総生産も低下する。かくして，企業の雇用は差し控えられ，失業率は高まる。実質賃金率も引き下げられる。

第4図　金利ショック

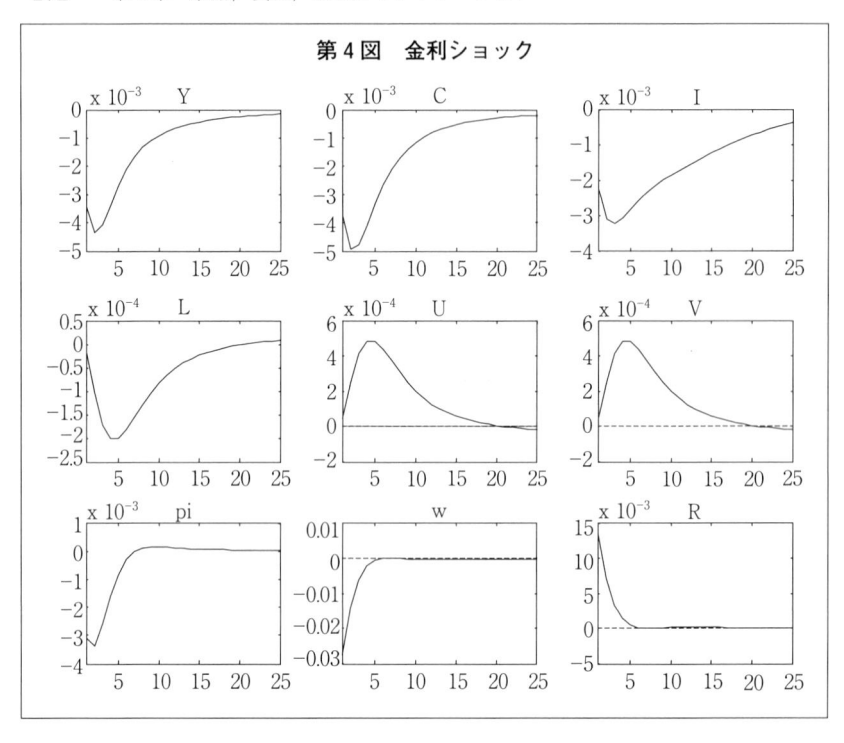

以上の理論式に対するカリブレーション結果から導かれた構造ショックに対するインパルス応答の諸点は，われわれの経験に照らして現実の経済の動きに良く合致したものと言える。

5　結　び

本章において，動学的一般均衡モデルの枠組みで不完全雇用問題とそれに対する経済政策の問題を分析した。すなわち，標準的な動学的一般均衡モデル体系に，①労働市場は不完全情報市場であり，したがって労働需給はMortensen=Pissaridesタイプのマッチング型サーチ・モデルで調整されること，および，②労使間の賃金率ならびに労働時間に関する交渉ではナッシュ交渉プロセスで決定されること，の要素を新たに組み込んだ。そして，こ

れら動学的一般均衡"失業"モデルの理論式を基に,定常状態からの近傍乖離に関する対数線形近似式を導き,構造パラメータを設定したうえで,構造ショックに対する主要マクロ経済変数の動学的過程を導いた。その結果,これらカリブレーションから得られた結論は,われわれの経験に照らして現実の経済の動きに良く合致したものと言える。

第5章　不況，デフレ，および金融危機

1　はじめに

　1980年代後半，日本経済は資産価格バブルに見舞われた。1990年代初頭にそうしたバブルは破裂したが，それ以降，日本経済は長期に亘る深刻な景気低迷に陥った。いわゆる「失われた10年」であり，あるいは「失われた15年」である[1]。その間，日本の中央銀行である日本銀行は，景気低迷とデフレーションからの脱出に対応すべく，政策金利であるコール・レートを下げ続け，1999年2月にはほぼゼロ水準まで引き下げる「ゼロ金利政策」を採用するに至った。加えて2001年3月には「量的緩和政策」(quantitative easing policy) を導入し，潤沢な流動性を供給し続けた。さらには政策の時間軸効果を狙ったフォワード・ガイダンスを採用し，人々の将来予想に働き掛けた。かくして，"流動性の罠"のもとでは，日本経済に対して伝統的・正統的な金融政策によって有効性を発揮することがもはや不十分となったことから，日本銀行は非正統的ないしは非伝統的な金融政策にまで採り得べき政策の幅を広げることとなった[2]。

　日本経済のバブル崩壊後におけるこれら長期経済不況・デフレ現象に加え，2000年代半ばになると，米国におけるサブプライム住宅ローンの不良債権化問題に端を発した世界的金融危機・同時不況がさらに深刻さを倍加した。かくして世界の主要中央銀行は，①政策金利の引き下げに加え，②潤沢な資金供給と金融調節手段の整備・強化と多様化，③買入れ対象資産の拡大，④個別金融機関等に対する流動性支援，などの非伝統的金融政策を採用

---

1)　例えば，小川 (2009)，田中 (2008)。

し,金融危機・同時不況からの脱出を企図した[3]。

かくのごとく伝統的・正統的な金融機能が不全に陥ったことは,実体経済活動の不振を反映しただけでなく,逆に実体経済活動の不振を拡大させた。すなわち,金融政策の効果は,金利の経路のみならず借り手としての企業や金融仲介業者たる銀行の財務状況変化を通じた経路によっても増幅されながら実体経済に波及した。さらに経済に加わったさまざまなショックが,金融面と実体経済面の双方向で螺旋階段のごとく増幅されていくプロセスをとった(financial accelerator)。

こうした経済の動きに対し,標準的な経済理論は金融資本市場の完全性を仮定したから,必ずしも正確な現状分析と適切な政策命題とを現実経済に提供したとは言い難かった。一般に市場は多数競争的で情報開示が完全且つ金融取引に摩擦がないとするならば,例えばマクロ経済面で,同質的な資金への需要者は市場における金利の需給調整機能に基づいていつでも必要な額だ

---

2) 白塚によれば,非正統的・非伝統的金融政策は,①中央銀行のバランスシート構成を維持しつつ規模を拡大させる「狭義の量的緩和」と,②バランスシートの規模を一定に保ちつつ正統的資産を非正統的資産に組み替えその構成を変える「狭義の信用緩和」から成るとする。そして,「(広義の)量的緩和」とは,経済に及んだショックに対処するため,上述のような中央銀行バランスシートの資産・負債サイド両面を最大限活用する非正統的・非伝統的政策手段のパッケージとしている(白塚(2010) p.38)。また,2000年代前半から半ば過ぎまで日本銀行が採用したこうした一連の金融政策の特色を,白川日銀総裁はつぎのようにまとめている。①インターバンク市場の無担保オーバーナイト金利(i.e. コール・レート)をほぼゼロ水準まで低下させたこと,②長期国債の買入れ増額など,さまざまなオペレーション手段を用いて潤沢な超過準備を供給したこと,③潤沢な流動性を円滑に供給するため,オペレーションの期間を長期化したこと,④日銀の購入資産には,リスク資産である資産担保証券(ABS)や資産担保コマーシャルペーパー(ABCP)を含むなど,信用緩和(credit easing)にも資する政策を採用したこと,⑤政策の時間軸効果をねらって,ゼロ金利政策や量的緩和政策を継続するというコミットメントを行ったこと,⑥金融システムの安定性を確保するため,金融機関の株式保有に伴う市場リスクを軽減すべく金融機関の保有する株式の買入れまで踏み込んだこと,である(白川(2009) pp.22-23)。しかしながら,金融機能不全に陥った日本経済において,これら量的緩和政策がマクロ経済変数に与えた効果は限定的なものでしかなかったという評価が一般的である(鵜飼(2006),Ito/Mishkin(2006))。一方で,株式を含めた多数資産モデルのVAR分析では一定の効果が確認されたとする分析結果もある(本多他(2010))。

3) 2007年8月以降に主要国の中央銀行(BOJ, FED, ECB, BOE, カナダ銀行,スイス国民銀行,リスクバンク)が実施した非伝統的金融政策に関しては,日本銀行企画局(2009)を参照。

け調達することができるし，資金の出し手は同じく市場金利に応じて自ら欲する額だけ貸し出しし得る。かくして，すべての資金は市場メカニズムを通じて効率的な投資機会に対して過不足なく行き渡ることになる。そこでは銀行などの金融仲介業者は単なる資金の導管体（conduit）機能を果たすに過ぎない。政府・中央銀行が裁量する金融政策に関しても，金融資本市場の完全競争性を仮定した標準的なマクロ経済理論である $IS・LM$ モデルによれば，中央銀行によるベースマネー供給の増大は信用創造プロセスを経て LM 曲線を右下方にシフトさせることにより，市場金利を低下させて民間部門の投資需要増を喚起し，GDP を拡大させることになる。したがって，こうした経済理論と，上述した金融不況の現状分析や政策提言に対して有効な結論を導出し得るフレームワークとの間には齟齬が見られた。

　そこでこうした間隙を埋めるべく，金融資本市場の不完全性を明示的に導入したマクロ経済理論体系を構築する作業が新たに展開された。例えば，家計＝資金の貸手から企業＝資金の借手に至る金融資本市場において，その不完全性として，①企業と金融仲介業者すなわち銀行部門との間の摩擦（friction）と，さらに②銀行部門と家計との間の摩擦とを想定する。すなわち，資金の貸手・借手間には情報の非対称性とエージェンシー問題（i.e. 利害不一致）が存在し，したがって，①資金の貸手である銀行と借手である企業との間で財務状況健全性立証費用や逆選択阻止費用がエージェンシー・コストとして発生するか，もしくは②資金の貸手である預金者と借手である銀行との間でモラルハザード阻止費用や経営是正勧告費用がエージェンシー・コストとして発生するかを考える。いずれにしてもこうした金融資本市場の不完全性を仮定することにより，資金余剰者から資金不足者への金融仲介機能の本質的意義を浮かび上がらせることができるし，さらに借手である企業の財務状況（e.g. 企業純資産）の変化が外部借入れ資金プレミアムの変化を通じて銀行からの借入金額にいかなる影響がもたらされるかという一連のメカニズムを明らかにすることもできる。併せて銀行の最適化行動を明示的に定式化することにより，経営成果の帰趨によって変動する銀行の純資産額とそれに応じて貸出額がどのように左右されるかという枢要な因果関係の様相に関しても明確化し得る。加えて，金融当局のコントロールする政策金利がゼロ水

準に張り付いたとき，さらに流動性を市場に潤沢に供与すべくそれを補完する非伝統的金融政策（＝量的緩和政策）の実効性がいかなるものかという検証も，経済理論の論理的帰結として導くことが可能となる。

本章では，それゆえ，マクロ経済モデルの分野で理論的・実証的分析目的に照らしてその有効性・実用性が確認されている動学的一般均衡（DSGE）モデルの基本型（e.g. Christiano/Eichenbaum/Evans (2005), Smets/Wouters (2003) (2007)）をベースに，金融資本市場の不完全性を仮定することによりファイナンシャル・アクセラレータ・メカニズムを明らかにしたBernanke/Gertler/Gilchrist（1999）の理論モデルと，さらに同様の仮定から金融仲介業者の役割を明確化したGertler/Kiyotaki（2011）ならびにGertler/Karadi（2011）の理論モデルとを統一的に取り扱う。かくして，日米欧における現実経済の動向を踏まえ，金融的要因と実体経済の動きとの相互作用の増幅過程がここに明らかとなる。

2　理論モデル

1　モデルの素描

我々の想定するマクロ経済では，企業，家計，銀行，政府・通貨当局の4部門から構成されるものとする。

企業部門のうち，中間財サービスを生産する企業 j は単位閉区間 $[0,1] \subset R^1$ に連続的に分布すると考える。さらにこれら各企業は，生産要素として労働ならびに資本ストックを投入しつつ一定の生産技術を基に同質的な中間財サービスを生産し，完全競争市場の下，最終財サービスを生産する小売企業に販売する。中間財サービス生産企業は，企業を取り巻くビジネス環境の変化から，t 期から $t+1$ 期にかけて外生的に決まる確率的なビジネス継続率 θ_{t+1}^E に直面する。θ_{t+1}^E は他のショックと相互に無相関（idiosyncratic）で且つ全ての企業 j にとって共通とする。小売企業 z もまた中間財サービス生産企業と同様に単位閉区間 $[0,1] \subset R^1$ に連続的に分布すると考える。小売企業は，購入した中間財サービスを基に特定の生産技術により他社とは差別化された1種類の財サービス（消費財サービスと資本財サービスの合成財）を

組み立て加工し，独占的競争市場において家計部門に販売する。

つぎに家計 i も企業と同様に単位閉区間 $[0,1] \subset R^1$ に連続的に分布すると考える。各家計は，$(1-m):m$ の割合で労働者と銀行家の2タイプから構成される。t 期の銀行家は，貸出先企業の業績に応じて一定の確率[4]で次期に銀行ビジネスから撤退することもあり得る。ここで，労働者は労働を企業に提供してその対価として賃金を受け取り，銀行家は金融仲介業務に関する経営能力を銀行に提供することによって利益配分を受け取る。家計はさらに企業から配当金・利益剰余金を受け取り，預金する銀行から利子収入を得て，税引き後のそれら総所得を対価に最終財サービスを購入する。また，家計は投資家としての側面を持ち，資本ストックを所有しつつ企業に一定の資本レントで提供し，また資本ストックへの資本財サービス投資をおこなうものと考える。

銀行部門は，資金の出し手たる家計と資金の借り手たる企業との間で金融仲介業務を担う。資金が取引される資本市場は不完全競争市場であると仮定する。したがって，資金の貸手・借手間には情報の非対称性ならびにエージェンシー問題（i.e. 利害の不一致）が存在することにより，①資金の貸手である銀行にとって，借手である企業に関する財務状況立証（state verification）のための審査費用・モニタリング費用＝エージェンシー・コスト[5]や，さらに②資金の出し手である預金者にとって，借手である銀行のモラルハザード阻止や経営是正勧告（enforcement）などの費用＝エージェンシー・コスト[6]が発生すると考える。

最終財サービス市場ならびに労働市場は独占的競争の状況下にあると仮定する。すなわち，多数の小売企業 z が生産活動を行い，それら企業の市場への参入・退出が自由であるという点では競争的であるが，他方において各企業は，"差別化"された最終財サービスを生産することによって独自の需要

---

4) 銀行ビジネス継続確率を θ_{t+1}^F とすれば，撤退率は $1-\theta_{t+1}^F$ で表せる。θ_{t+1}^F は外生的に決まり且つすべての銀行家に共通とする。また，θ_{t+1}^F は財サービス生産ビジネス継続率 θ_{t+1}^E と同様に他のショックと相互に無相関（idiosyncratic）とする。
5) Bernanke/Gertler/Gilchrist (1999), Christensen/Dib (2008).
6) Gertler/Kiyotaki (2010), ditto/Karadi (2011).

関数に直面し，したがって最終財サービス価格に決定力・支配力を有するという点では「独占的」である。また，それぞれの最終財サービスはある程度まで相互に代替的であり，価格の過度の引き上げは自社製品から他社製品に需要がシフトする可能性があるという意味では各独占的企業は「競争」関係にある。他方，多数の労働者もまた労働市場への参入・退出が自由であるという点では競争的であるが，単純技能職，専門技術職，事務職，管理職など独自の職業能力に基づく異質的な差別化された労働力を企業に提供することによって個別労働需要関数に直面し，それゆえ，賃金率に決定力・支配力を有するという点では同じく独占的である。また，労働も財サービス同様ある程度まで相互に代替的であり，過度の賃金引上げ要求は競争的に他者へ雇用がシフトすることもあり得る。その他，中間財サービス市場ならびに資本ストック市場は完全競争的と仮定する。

　こうした枠組みの下で，各家計は所得制約式ならびに資本ストック遷移式を制約条件として合理的予想に基づき将来に亘る割引効用を最大化する。中間財サービスを生産する各企業も，同じく合理的予想の下，それぞれの技術関係を表す生産関数ならびにバランスシート式を制約条件として所得収支の将来に亘る流列和の割引現在価値を最大化する。小売企業は，自らが設定する販売価格に基づいた自社製品需要量を制約条件として費用の最小化を図る。銀行は，企業と資金の貸借契約を結び，貸出債権＝預金＋純資産というバランスシート制約式のもと，将来に亘る純資産の流列和の割引現在価値を最大にすべく，貸出量の拡大に努める。さらに，政府・通貨当局は，財政収支の均衡を図りつつ政策金利の制御によって上述したマクロ経済を運営する。

　かくして，それら各部門の経済主体の主体的均衡によって一意的に定まった財サービス需給量，労働需給量，資本ストック需給量，資金需給量が，それぞれの市場でクリアーされ市場均衡が達成される。

　以下，これら動学的貨幣経済一般均衡モデルのスケッチをさらに厳密に定式化してみよう[7]。

---

7)　本節で展開した理論モデルの構築にあたっては，Bernanke/Gertler/Gilchrist（1999），Gertler/Kiyotaki（2011），ditto/Karadi（2011），Smets/Wouters（2003）（2007），Christiano/Eichenbaum/Evans（2005），Iiboshi/Matsumae/Nishiyama（2013）に依拠した。

2 家計

a 選好

各家計（$\forall i \in [0,1] \subset R^1$）は次のような消費習慣仮説に従うところの同形的な CRRA 型効用関数を持つものとする。

(1) $\quad U_t(i) = E_t[\sum_{s=t}^{\infty} \beta^{s-t} u_s(i)], \ \forall t \in \{1,2,\cdots\}$

$$u_s(i) = \frac{\{C_s(i) - hC_{s-1}(i)\}^{1-\rho}}{1-\rho} - \frac{L_s(i)^{1+\nu}}{1+\nu}$$

ただし $\beta(\in(0,1))$：時間的割引率
$h(\in[0,1))$：消費習慣係数
$\rho(>0), \nu(>0)$：定数
$E[\cdot]$：期待値オペレータ

ここで $C_t(i)$ は家計 i の t 期における財サービス消費指標を表す。また，$L_t(i)$ は家計 i の t 期における労働供給時間を表す。

b 資本ストック遷移式

家計 i の保有する資本ストック K の t 期における遷移式を，

(2) $\quad K_{t+1}(i) = (1-\delta)K_t(i) + \left[1 - A\left(\frac{I_t(i)}{I_{t-1}(i)}\right)\right]I_t(i)$

と定義する。ただし δ は資本ストック損耗率を表す。また，$A(\cdot)$ は投資調整費用関数であり，

(3) $\quad A\left(\frac{I_t(i)}{I_{t-1}(i)}\right) = \frac{1}{\phi}\frac{1}{2}\left(\frac{I_t(i)}{I_{t-1}(i)} - 1\right)^2$

と定義する。ここで $\phi(>0)$ は定数である。さらに定常状態では，投資調整費用関数は $A(1)=0,\ A'(1)=0,\ A''(1)=\frac{1}{\varphi}>0$ となる。

c 予算制約式

つぎに家計 i の t 期における予算制約式を，

(4) $\quad P_t C_t(i) + B_t(i) + P_t I_t(i)$
$\leq (1+R_{t-1})B_{t-1}(i) + W_t(i)L_t(i) + P_t Q_t K_t(i)$
$+ P_t \Phi_t^E(i) + P_t \Phi_t^F(i) + P_t \Phi_t^R(i) - P_t \tau_t(i)$

で表す[8]。ここで $B(i)$ は家計 i の名目預金額, $I(i)$ は家計 i が実行する実質投資量, $K(i)$ は家計 i が保有する実質資本ストック量, Q は資本ストック実質価格（＝実質資本レント）, R は名目預金利子率, $W(i)$ は各企業から家計 i に支払われる名目賃金率, $\Phi^E(i)$ は中間財サービス生産企業から家計 i に支払われる実質配当金, $\Phi^F_t(i)$ は銀行から家計 i に支払われる実質利益剰余金, $\Phi^R_t(i)$ は小売企業から家計 i に支払われる実質利益剰余金, $\tau(i)$ は財サービス指標 C と同一ニューメレールの家計 i の支払う実質一括個人税である。また, P は最終財サービス（i.e. 消費財サービス＋投資財サービス）の総合的価格指標である。

d 主体的均衡

各家計は, 財サービス価格, 消費需要量（1期前）, 配当金・利益剰余金, 預金額（1期前）, 預金利子率（1期前）, 保有資本ストック, 資本ストック価格, 投資量（1期前）, 一括個人税が所与の時, 予算制約式ならびに資本ストック遷移式の制約条件の下で将来に亘る予想効用和を最大とするように, 消費需要量, 投資量, 預金額, 資本ストック（次期）をそれぞれ決めるものとする。したがって, 家計 i の最適化行動は, 合理的予想の下で

(5) $\max_{\{D_t(i)\}\{C_t(i)\}\{I_t(i)\}\{K_{t+1}(i)\}} U_t(i) = E_t[\sum_{s=t}^{\infty} \beta^{s-t} u_s(i)], \quad \forall t \in \{1,2,\cdots\}$

$$u_s(i) = \frac{\{C_s(i) - hC_{s-1}(i)\}^{1-\rho}}{1-\rho} - \frac{L_s(i)^{1+\nu}}{1+\nu}$$

s.t. $C_s(i) + D_s(i) + I_s(i)$

$\leq \dfrac{1+R_{s-1}}{\Pi_s} D_{s-1}(i) + \dfrac{W_s(i)}{P_s} L_s(i) + Q_s K_s(i) + \Phi^E_s(i)$

$\quad + \Phi^F_s(i) + \Phi^R_s(i) - \tau_s(i)$

$K_{s+1}(i) \leq (1-\delta)K_s(i) + \{1 - A(\dfrac{I_s(i)}{I_{s-1}(i)})\} I_s(i)$

given $P_s, P_{s-1}, C_{s-1}(i), D_{s-1}(i), R_{s-1}, Q_s, K_s(i), I_{s-1}(i), \Phi^E_s(i), \Phi^F_s(i), \Phi^R_s(i), \tau_s(i)$

---

[8] 家計の予算制約式において, 正の価格 $P_t > 0$ に対し, 個人可処分所得を正, すなわち
$0 < (1+R_{t-1})B_{t-1}(i) + W_t(i)L_t(i) + P_t Q_t K_t(i) + P_t \Phi^E_t(i) + P_t \Phi^F_t(i) + P_t \Phi^R_t(i) - P_t \tau_t(i)$
$\forall t \in \{1,2,\cdots\}$
と仮定する。

なる制約条件付き最大化問題を解くことで得られる。ただし $D_t \equiv \dfrac{B_t}{P_t}$, $\Pi_t \equiv \dfrac{P_t}{P_{t-1}}$ である。したがって，動学的ラグランジュ方程式として

(6) $\mathcal{L}_t = E_t \sum_{s=t}^{\infty} \beta^{s-t} \left\{ \left[\dfrac{\{C_s(i) - hC_{s-1}(i)\}^{1-\rho}}{1-\rho} - \dfrac{L_s(i)^{1+\nu}}{1+\nu} \right] \right.$

$\qquad + \lambda_s^C(i) \left[\dfrac{1+R_{s-1}}{\Pi_s} D_{s-1}(i) + \dfrac{W_s(i)}{P_s} L_s(i) + Q_s K_s(i) + \Phi_s^E(i) + \Phi_s^F(i) \right.$

$\qquad \left. + \Phi_s^R(i) - \tau_s(i) - C_s(i) - D_s(i) - I_s(i) \right]$

$\qquad \left. + \lambda_s^K(i) \left[(1-\delta)K_s(i) + \{1 - A\left(\dfrac{I_s(i)}{I_{s-1}(i)}\right)\} I_s(i) - K_{s+1}(i) \right] \right\}$

と置く。$\lambda_s^C(i), \lambda_s^K(i)$ は各々ラグランジュ乗数である。この(6)式に関して「Kuhn=Tucker 定理」[9]を適用して最適解のための1階の必要条件を求めると，以下のような t 期における各家計の主体的均衡条件を得る[10]。すなわち，

(7) $\lambda_t^C(i) = \{C_t(i) - hC_{t-1}(i)\}^{-\rho}$ 　　…消費

(8) $\lambda_t^C(i) = \beta(1+R_t)E_t\left[\dfrac{1}{\Pi_{t+1}}\lambda_{t+1}^C(i)\right]$ 　　…預金

(9) $\lambda_t^C(i) = \lambda_t^K(i)\left[1 - A\left(\dfrac{I_t(i)}{I_{t-1}(i)}\right) - A'\left(\dfrac{I_t(i)}{I_{t-1}(i)}\right)\dfrac{I_t(i)}{I_{t-1}(i)}\right]$

$\qquad + \beta E_t\left[\lambda_{t+1}^K(i) A'\left(\dfrac{I_{t+1}(i)}{I_t(i)}\right)\left(\dfrac{I_{t+1}(i)}{I_t(i)}\right)^2\right]$

　　　　　　　　　　　　　　　　　　　　　…投資

(10) $\lambda_t^K(i) = \beta E_t[\lambda_{t+1}^K(i)(1-\delta) + \lambda_{t+1}^C(i) Q_{t+1}]$ 　　…資本ストック

(11) $E_t\left[\lim_{T \to \infty} \dfrac{D_{T+t}(i)}{\prod_{s=t}^{T+t}(1+R_s)/\Pi_{s+1}}\right] = 0$ 　　…no-Ponzi-game 条件式

$\qquad E_t[\lim_{T \to \infty} \lambda_{T+t}^K(i) K_{T+t+1}(i)] = 0$

である。ここで，変数 $\Lambda_t(i)$ に対し，資本ストックの制約式に付随するラグランジュ乗数 $\lambda_t^K(i)$ を消費財サービスのシャドウ・プライス $\lambda_t^C(i)$ で評価した

---

9) Kuhn/Tucker (1951).
10) 岡田（2013）。ただし，最大化のための1階の必要条件として，(7)～(11)式にさらにラグランジュ乗数が非負で且つ制約条件式との積がゼロであることが付加される。

もの,すなわち $\Lambda_t(i) \equiv \dfrac{\lambda_t^K(i)}{\lambda_t^C(i)}$ と定義すれば,上式(9)ならびに(10)はさらに以下のように書き換えられる。

(9a) $\quad 1 = \Lambda_t(i)\left[1 - A\left(\dfrac{I_t(i)}{I_{t-1}(i)}\right) - A'\left(\dfrac{I_t(i)}{I_{t-1}(i)}\right)\dfrac{I_t(i)}{I_{t-1}(i)}\right]$

$\qquad\qquad + \beta E_t \dfrac{\lambda_{t+1}^C(i)}{\lambda_t^C(i)} \Lambda_{t+1}(i) A'\left(\dfrac{I_{t+1}(i)}{I_t(i)}\right)\left(\dfrac{I_{t+1}(i)}{I_t(i)}\right)^2$

(10a) $\qquad \Lambda_t(i) = \beta E_t\left[\dfrac{\lambda_{t+1}(i)}{\lambda_t(i)}\{\Lambda_{t+1}(i)(1-\delta) + Q_{t+1}\}\right]$

e 賃金率設定

つぎに,家計のうち労働者グループは,独占的競争下の労働市場で名目賃金率を以下のごとく設定する。

各労働者にとって賃金率引き上げの改定機会は限定的であり,企業との賃金交渉で名目賃金率をいつでも欲するときに引き上げられるわけではなく,一定の確率に従ってランダムになし得ると想定する(i.e. カルボ型粘着価格モデル[11])。すなわち,労働者 i が任意の時点で名目賃金率を据え置く確率を $\omega_W(\in (0,1))$,賃金率を引き上げ得る確率を $1-\omega_W$ とする。したがって,将来に亘り名目賃金率を改定できないリスクがある状況下では,各労働者は,単に当期の効用のみならず,将来に亘る効用の割引現在価値も含めてその最大化を図るものと考えられる。ところで,当該経済では労働者数は十分に大きいと仮定していたので,このことは,毎期一定割合(i.e. $1-\omega_W$)の労働者だけ賃金率の引き上げ改定機会が与えられることと同義である。さらに加えて,各労働者は,今期名目賃金率が最適水準に改定できず賃金率を据え置いた場合でも,全般的な物価上昇に即し,前期における国内物価の上昇率分だけは今期の名目賃金率にスライドさせることが可能であるという,いわゆるウッドフォード型インデクセーション・ルール[12]の採用を考える。かくして,労働者 i の名目賃金率ならびに労働供給に関する最適化行動様式は,以

---

11) Calvo (1983).
12) Woodford (2003) Chap. 3.

下のように定式化できる。

まず，集計的労働時間は，労働者 i の個別労働時間 $L(i)$ に対し，$\mu_L(>0)$ を労働需要に関する賃金の代替弾力性とすれば，

(12) $\quad L_t = \left[\int_0^1 L_t(i)^{\frac{1}{1+\mu_L}} di\right]^{1+\mu_L}$

なる Dixit=Stiglitz 型集計指標に基づく集計式で表されるものとする。したがって，上述 (12) 式に対応する全体的な名目賃金率 W は，

(13) $\quad W_t = \left[\int_0^1 W_t(i)^{-\frac{1}{\mu_L}} di\right]^{-\mu_L}$

となる。それゆえ，個別労働需要時間 $L(i)$ は，名目賃金支払額一定の下で投入労働時間を最大とする企業の最適化行動により，

(14) $\quad L_t(i) = \left(\frac{W_t(i)}{W_t}\right)^{-\frac{1+\mu_L}{\mu_L}} L_t$,

によって求められる。したがって，先の (5) 式で示された労働者 i の条件付最大化問題に対し，以下のような t 期における最適名目賃金率設定式が導ける。

(15) $\quad \max_{(W_t(i))} E_t \sum_{s=0}^{\infty} (\beta \omega_W)^s \left[\lambda_{t+s}^C(i)\left(\frac{W_t(i)}{P_{t+s}}\right)\left(\frac{P_{t-1+s}}{P_{t-1}}\right)^{\gamma_W} L_{t+s}(i) - \frac{L_{t+s}(i)^{1+\nu}}{1+\nu}\right]$

$\quad\quad$ s.t. $W_{t+s}(i) = W_t(i) \prod_{k=1}^s \left(\frac{P_{t-1+k}}{P_{t-2+k}}\right)^{\gamma_W}$

$\quad\quad\quad\quad L_{t+s}(i) = \left(\frac{W_{t+s}(i)}{W_{t+s}}\right)^{-\frac{1+\mu_L}{\mu_L}} L_{t+s}$

$\quad\quad$ given $P_{t-1}, P_{t+s}, W_{t+s}, L_{t+s}$

ただし $\beta(\in(0,1))$ は労働者の主観的割引率であり，また $\gamma_W(\in[0,1])$ はインデクセーション・ルールに基づく賃金率への価格転嫁率である。

かくして，主方程式に両制約条件式を代入して名目賃金率 $W_t(i)$ で偏微分し，この制約条件つき最大化問題を解くと，以下のような労働者 i の最適化行動に関する1階の必要条件が導かれる[13]。

---

[13] 岡田（2013）。

$$\text{(16)} \quad E_t\sum_{s=0}^{\infty}(\beta\omega_W)^s L_{t+s} W_{t+s}^{\frac{1+\mu_L}{\mu_L}}\left[\lambda_{t+s}^C(i)\frac{W_t(i)}{P_{t+s}}\left(\frac{P_{t-1+s}}{P_{t-1}}\right)^{\gamma_W}-(1+\mu_L)L_{t+s}(i)^{\nu}\right]=0$$

…賃金率設定式

したがって，このことから，労働者 i の賃金率設定に関する主体的均衡条件，すなわち，最適実質賃金率ならびに財サービス消費量と労働供給との限界代替率の将来の流列に関する次のような関係式が得られる[14]。

$$\text{(17)} \quad \frac{W_t(i)}{P_t}=(1+\mu_L)E_t\sum_{s=0}^{\infty}f_{t+s}\frac{L_{t+s}(i)^{\nu}}{\lambda_{t+s}^C(i)}$$

ただし $\quad f_{t+s}\equiv\dfrac{(\beta\omega_W)^s L_{t+s} W_{t+s}^{\frac{1+\mu_L}{\mu_L}}\left(\frac{P_{t+s}}{P_t}\right)\left(\frac{P_{t-1}}{P_{t-1+s}}\right)^{\gamma_W}}{E_t\sum_{s=0}^{\infty}(\beta\omega_W)^s L_{t+s} W_{t+s}^{\frac{1+\mu_L}{\mu_L}}}$

$\forall i\in[0,1], \quad \forall t\in\{0,1,2,\cdots\}$

これより，労働者 i に対して同質性条件を課せば，労働者全体の集計的賃金率遷移式

$$\text{(18)} \quad W_t=\left[(1-\omega_W)X_{Wt}^{-\frac{1}{\mu_L}}+\omega_W\left\{W_{t-1}\left(\frac{P_{t-1}}{P_{t-2}}\right)^{\gamma_W}\right\}^{-\frac{1}{\mu_L}}\right]^{-\mu_L}$$

が求まる。ここで X_{Wt} は t 期に名目賃金率改定の機会を得た労働者群の設定する最適賃金率である。

3　銀行

資金の出し手たる家計と資金の借り手たる企業との間で金融仲介業務を担う"銀行部門"を以下のごとく設定する。

a　資本市場の不完全性

資金が取引される資本市場は完全競争市場ではなく不完全競争市場であると仮定する。したがって，資金の貸手・借手間には情報の非対称性ならびにエージェンシー問題（i.e. 利害の不一致）が存在することにより，①資金の貸手である銀行と借手である企業との間での財務状況健全性立証や逆選択阻止

---

[14] ibid.

などの費用＝エージェンシー・コスト[15]や，②資金の出し手である預金者と借手である銀行との間でのモラルハザード阻止や経営是正勧告などの費用＝エージェンシー・コスト[16]が発生すると考える。

b 参入・撤退

各家計のうち銀行家グループに属する $f(\in m \subset [0,1])$ は，t 期から $t+1$ 期にかけて，外生的に決まる確率的な銀行ビジネス継続率 θ^F_{t+1} に直面する。ここで $\theta^F_{t+1} = \theta^F (\forall t \in \{0,1,2 \cdots\})$ と置き，他のショックと相互に無相関で且つ全銀行家にとって共通とする。したがって，t 期から $t+1$ 期にかけ，$1-\theta^F$ の割合で銀行家は銀行ビジネスから撤退するが，同数の銀行家が $t+1$ 期に家計から新たに参入すると考える。銀行ビジネスに新規参入する銀行家は家計から事業開始資金の供与を受けるが，他方，撤退した銀行家は自らの純資産を家計に返却する。それ故，個々の事業開始資金に対する集計値は銀行部門における総純資産量 N^F_t の一定割合 ξ^F，すなわち $\xi^F N^F_t$ であり，さらに個々の返却資金量の集計値は $(1-\theta^F)N^F_t$ と考える。かくして，銀行部門から家計全体へ配分される実質剰余金の集計値 Φ^F_t は，

(19) $\qquad \Phi^F_t = (1-\theta^F-\xi^F)N^F_t$

と表される。

c 銀行部門のバランスシート

ここで銀行 f の t 期におけるバランスシートの実質値を以下のごとく設定する[17]。

(20) $\qquad Q^S_t S_t(f) = N^F_t(f) + D_t(f)$

上述式のうち，$S_t(f)$ は企業への貸出債権であり，さらに $N^F_t(f)$ は銀行の純資産を，$D_t(f)$ は家計からの預金をそれぞれ表す。また Q^S_t は貸出債権の実質価格である。銀行 f は，t 期に家計から $D_t(f)$ の預金を受け入れるとと

---

15) Bernanke/Gertler/Gilchrist (1999).
16) Gertler/Kiyotaki (2011), ditto/Karadi (2011).
17) ここでは銀行家 $f (\in [0,1])$ の経営する銀行を便宜的に f とする。それゆえ個別銀行を銀行部門全体で集計したものは $\int_0^1 f = m \subset [0,1] \subset R^1$ となる。

もに $t+1$ 期に $\frac{R_t}{\Pi_{t+1}}$ ($\equiv r_{t+1}$) の実質金利を預金者に支払う。他方，銀行 f は t 期に企業に対して $Q_t^S S_t(f)$ だけの貸出をはかり，$t+1$ 期に $\frac{R_t^E(f)}{\Pi_{t+1}}$ ($\equiv r_{t+1}^E(f)$) の実質貸出金利を企業から受け取る。かくして，銀行 f の $t+1$ 期における純資産の増分は $N_{t+1}^F(f) = r_{t+1}^E(f) Q_t^S S_t(f) - r_{t+1} D_t(f)$ となるから，(20)式のバランスシート式を用いることにより，以下のような銀行 f の純資産遷移式が求まる。

(21) $\quad N_{t+1}^F(f) = (r_{t+1}^E(f) - r_{t+1}) Q_t^S S_t(f) + r_{t+1} N_t^F(f)$

ところで，我々は資本市場の不完全競争性を想定したので，銀行と企業との間にはエージェンシー・コストが発生し，また銀行間には預金獲得能力に差が生ずる。このことより金利プレミアムが発生し，銀行家 f による預貸金利スプレッドの"期待値"は厳密に正，すなわち $E_t[r_{t+1}^E(f) - r_{t+1}] > 0$ となる。もちろん，次期に銀行 f の純資産が実際に増えるか否かは $r_{t+1}^E(f)$ の"実現値"に依存する。

d　銀行部門の最適化行動

かくして銀行家 f の最適化行動は，(21)式で示される自行の純資産遷移式が与えられたとき，以下のような将来に亘る純資産の流列和を消費限界効用で評価した割引現在価値を目的関数に設定し，銀行貸出量 $S_t(f)$ を操作変数としてこれら目的関数の最大化を目論むと考える。

(22) $\quad V_t^F(f) = \max_{\{S_t(f)\}} E_t \sum_{i=0}^{\infty} (1-\theta^F)(\theta^F)^i \beta^{1+i} \frac{\lambda_{t+1+i}^C}{\lambda_t^C} N_{t+1+i}^F$

$\qquad = \max_{\{S_t(f)\}} E_t \sum_{i=0}^{\infty} (1-\theta^F)(\theta^F)^i \beta^{1+i} \frac{\lambda_{t+1+i}^C}{\lambda_t^C}$
$\qquad \quad \times [(r_{t+1+i}^E(f) - r_{t+1+i}) Q_{t+i}^S S_{t+i}(f) + r_{t+1+i} N_{t+i}^F(f)]$

ところで，預貸金利スプレッドの期待値は厳密に正であったから，上述(22)式は銀行家 f が貸出量 $S_t(f)$ を無限に拡張しようとするインセンティブの存在することを意味する。しかしながら，ここにエージェンシー問題を導入することにより，それら拡張インセンティブに制約を課すことができ

る[18]。例えば，以上のごとく増え続ける貸出債権の一定割合 α を銀行家 f が銀行本来のビジネス目的から逸脱して私的に不正流用することを考える。すると，預金者は銀行家に破産を強いて残る $(1-\alpha)Q_t^S S_t(f)$ の貸出債権を保全することになるであろう。しかしながら，銀行家の私的流用額が余りに大きいと，預金者がそれら保全債権をもって不正流用額を補填するのは困難となる。かくして，預金者が安心して銀行に預金し，銀行家がそれによって銀行ビジネスを円滑に運営維持するために，各期以下のようなインセンティブ制約を課すことが求められる。

(23) $\quad V_t(f) \geq \alpha Q_t^S S_t(f)$

上述不等式の左辺は，銀行家 f が資産の不正流用により将来に亘って失うであろうところのいわゆるコストであり，他方右辺は不正流用によって得ることが期待される利得である。したがって，上述不等式は毎期不正使用コストがそれによる利得を上回る必要のあることを意味している。

銀行家 f の最適化行動を表す上述(22)式は，さらに以下のようなベルマン方程式で表示できる。

(24) $\quad V_t^F(f) = \max_{\{S_t(f)\}} [v_t(f) Q_t^S S_t(f) + \eta_t(f) N_t^F(f)]$

$$v_t(f) = E_t\left[(1-\theta^F)\beta\frac{\lambda_{t+1}^C}{\lambda_t^C}(r_{t+1}^F(f)-r_{t+1}) + \theta^F\beta\frac{\lambda_{t+1}^C}{\lambda_t^C}\frac{Q_{t+1}^S S_{t+1}(f)}{Q_t^S S_t(f)}v_{t+1}(f)\right]$$

$$\eta_t(f) = E_t\left[(1-\theta^F) + \theta^F\beta\frac{\lambda_{t+1}^C}{\lambda_t^C}\frac{N_{t+1}^F(f)}{N_t^F(f)}\eta_{t+1}(f)\right]$$

ここで，銀行 f への貸出機会 $S_t(f)$ 対するショック $\omega_t^F(f)$ は各銀行共通で相互に無相関 (idiosyncratic) 且つ $\omega_t^F(f) \sim i.i.d.D(1,\sigma^2)$ と仮定すれば，$E_t[r_{t+1}^F(f)] = \bar{r}_{t+1}^F$ として，$v_t(f) = v_t, \eta_t(f) = \eta_t (\forall f \in [0,1])$ となる。さらにインセンティブ制約式(23)式を用いることにより $v_t Q_t^S S_t(f) + \eta_t N_t^F(f) \geq \alpha Q_t^S S_t(f)$ であるから，

(25) $\quad \dfrac{Q_t^S S_t(f)}{N_t^F(f)} \leq \dfrac{\eta_t}{\alpha - v_t} \equiv \phi_t$

が導ける。この(25)式は，銀行 f のレバレッジ比率がある閾値を超えないことを意味する。かくして，資本市場の不完全性よりエージェンシー問題が発

---

[18] Gertler/Kiyotaki (2011), ditto /Karadi (2011).

生すると，銀行 f のレバレッジ比率は内生的に縛りを受けることが示される。

銀行家 f による最適化行動の結果，市場が（部分）均衡に達したとき，インセンティブ制約式が等号で成立すると仮定すれば，銀行 f の貸出債権と純資産との間には，毎期

(26) $\quad Q_t^S S_t(f) = \phi_t N_t^F(f), \quad \forall f \in [0,1] \quad \forall t \in \{0,1,2\cdots\}$

なる関係式が成り立つ。

e 銀行部門の集計値

上述(26)式で示される個別銀行 f の貸出債権と純資産を銀行部門全体で集計すると，

(27) $\quad Q_t^S S_t = \varphi_t N_t^F$

を得る。さらに銀行家の t 期から $t+1$ 期にかけての銀行ビジネス継続率 θ^F を考慮すれば，個別銀行の純資産遷移式(21)式より(27)式と併せ銀行部門全体の純資産遷移式が以下のごとく求まる。

(28) $\quad N_{t+1}^F = [\theta^F \{(\bar{r}_{t+1}^F - r_{t+1})\phi_t + r_{t+1}\} + \xi^F] N_t^F$

ここで，$\bar{r}_t^F = E_f[r_t^F(f)]$ である。さらに後述するところの企業と銀行間の貸借契約から特定化される(42)式ならびに銀行部門全体の集計条件(43)式より，貸出金利の全銀行平均 $\bar{r}_t^F$ は，

(29) $\quad \bar{r}_{t+1}^F = \frac{1}{s_t} \frac{R_t^E}{\Pi_{t+1}}$

なる関係式によって求めることができる。

4 貸出先企業

a 参入・撤退

銀行部門の貸出先である企業 $j(\in [0,1])$ は，t 期から $t+1$ 期にかけて，外生的に決まる確率的な財サービス生産ビジネス継続率 θ_{t+1}^E に直面する。ここで $\theta_{t+1}^E = \theta^E (\forall t \in \{0,1,2\cdots\})$ と置き，他のショックと相互に無相関で且つ全ての企業にとって共通とする。したがって，t 期から $t+1$ 期にかけ，$1-\theta^E$ の割合でビジネスに失敗した企業が撤退するが，同じく同数の企業が $t+1$

期に新たに参入すると考える。これら新規参入企業は当初必要な事業開始資金を家計から出資してもらうが，他方，撤退する企業は資本ストックを処分し，また満期前負債を貸主に返済し，残った純資産を家計に支払う。したがって，個々の事業開始資金に対する集計値は企業部門における総純資産量 N_t^E の一定割合 ξ^E，すなわち $\xi^E N_t^E$ とし，さらにビジネスから撤退する個々の企業の家計への返却資金量の集計値は $(1-\theta^E)N_t^E$ と考える。したがって，企業部門から家計全体へ配分される実質剰余金の集計値 Φ_t^E は，

(30) $\quad \Phi_t^E = (1-\theta^E-\xi^E)N_t^E$

となる。

b 企業の所得収支

ここで企業 j の t 期におけるバランスシートの実質値を以下のごとく設定する[19]。

(31) $\quad Q_t K_{t+1}(j) = N_t^E(j) + B_t^E(j)$

上述(31)式のうち，$K_{t+1}(j)$ は生産に要する同質的な資本ストックであり，t 期末に市場から新規の資本ストックを購入するかあるいは既存資本ストックを再購入し $t+1$ 期に生産要素として用いる。$N_t^E(j)$ は t 期における企業の純資産であり，$B_t^E(j)$ は t 期における銀行からの借入れをそれぞれ表す。また Q_t は資本ストックの実質価格（＝実質資本レント）である。

企業 j の t 期における生産関数を

(32) $\quad Y_t(j) = A_t K_t^a(j) L_t^{1-a}(j)$

$\qquad$ ただし，$A_t = \overline{A}\exp(\varepsilon_t^A),\ \varepsilon_t^A \sim i.i.d.D(0,\sigma_A^2)$

で定義する。企業 j は，可変的生産要素である労働 $L_t(j)$ と固定的生産要素である資本ストック $K_t(j)$ を投入し，同質的な中間財サービス $Y_t(j)$ を生産

---

[19] 企業 j の銀行からの借入れ予想 $B_t^E(j)$ が常に正，すなわち
  $B_t^E(j) = Q_t K_{t+1}(j) - N_t^E(j) > 0 (\forall t \in \{0,1,2\cdots\})$
  となることは，次のようにして示すことができる。いま補論の枠組みを踏襲すれば，企業が危険中立的であるかぎり，銀行にとって
  $F(\omega_K^* \leq \omega_K)\omega_K^* R^k QK + F(\omega_K < \omega_K^*)(1-\mu)E(\omega_K|\omega_K < \omega_K^*)R^k QK = R(QK-N)$
  なる等式が成立する。ここで $\forall \omega_K^* \in (0,\infty)$ に対して左辺は正となるので，安全資産金利 R は正であることから，$QK-N>0$ が言える。

する。$Y_t(j)$ は完全競争市場で小売企業に販売される。$A_t(>0)$ は技術水準（i.e. 全要素生産性（TFP）ないしはソロー残差）であり，$a(\in(0,1))$ は資本分配率である。ただし各企業の生産技術構造はすべて同形であるとする。かくして，企業 j の t 期における実質所得収支は，

$$(33) \quad N_t^E(j) = P_t^{\text{int}} Y_t(j) - w_t(j) L_t(j) - \frac{R_{t-1}^E(j)}{\Pi_t} B_{t-1}^E(j) + Q_t(1-\delta) K_t(j)$$

と書ける。ここで P_t^{int} は完全競争市場で決まる中間財サービスの実質市場価格であり，また $w_t \equiv \frac{W_t(j)}{P_t}$ は独占的競争下の労働市場で決まる企業 j の実質賃金率である。ただし，企業 j にとってこの賃金率は労使間の賃金交渉における決まり方よりプライス・テイカーとなる。さらに $\frac{R_{t-1}^E(j)}{\Pi_t}$ は実質銀行借入金利である。

c 最適化行動

t 期にビジネスを展開する企業 j の最適化行動は，中間財サービス実質価格，実質賃金率，実質銀行借入金利，資本ストック実質価格が所与のとき，合理的予想の下，(31)式・(32)式を制約条件として資本ストック，労働，銀行借入に関して(33)式の将来に亘る流列和の割引現在価値を最大とすることである。すなわち，

$$(34) \quad V_t^E(j) = \max_{\{K_t(j)\}\{L_t(j)\}\{B_{t-1}^E(j)\}} E_t \sum_{i=0}^{\infty} (\theta^E \beta)^i \frac{\lambda_{t+i}^C}{\lambda_t^C} N_{t+i}^E(j)$$

$$= \max_{\{K_t(j)\}\{L_t(j)\}\{B_{t-1}^E(j)\}} E_t \sum_{i=0}^{\infty} (\theta^E \beta)^i \frac{\lambda_{t+i}^C}{\lambda_t^C}$$

$$\times \left[P_{t+i}^{\text{int}} Y_{t+i}(j) - w_{t+i}(j) L_{t+i}(j) - \frac{R_{t-1+i}^E(j)}{\Pi_{t+i}} B_{t-1+i}^E(j) + Q_{t+i}(1-\delta) K_{t+i}(j) \right]$$

s.t. $Q_t K_{t+1}(j) = N_t^E(j) + B_t^E(j)$

$Y_t(j) = A_t K_t^a(j) L_t^{1-a}(j)$

given $P_{t+i}^{\text{int}}, w_{t+i}(j), R_{t-1+i}^E(j)/\Pi_{t+i}, Q_{t+i}$

と定式化できる。したがって，これら制約条件つき最大化問題に関して最適

解のための1階の必要条件を求めると，

$$(35) \quad w_t(j) = (1-a)\frac{P_t^{\text{int}} Y_t(j)}{L_t(j)}$$

$$(36) \quad E_t\left[\theta^E \beta \frac{\lambda_{t+i}^C}{\lambda_t^C} \frac{R_t^E(j)}{\Pi_{t+1}} Q_t\right] = E_t\left[\theta^E \beta \frac{\lambda_{t+i}^C}{\lambda_t^C} \{\frac{aP_{t+1}^{\text{int}} Y_{t+1}(j)}{K_{t+1}(j)} + Q_{t+1}(1-\delta)\}\right]$$

を得る[20]。(35)式は $L_t(j)=L_t^*(j)$ で労働の限界費用が労働の限界生産性に等しくなることを示しているから，これは企業 j の最適労働需要となっている。また，(36)式は，$K_{t+1}(j)=K_{t+1}^*(j)$ において銀行借入により $B_t^E(j)=B_t^{E*}(j)$ だけファイナンスされた資本ストックの限界費用に関する期待値が資本ストックの限界生産性の期待値に等しくなることを示しているから，企業 j の最適資本ストック需要ないしは最適銀行借入需要となっている。ところで，企業の確率的ビジネス継続率 θ^E は他のショックと無相関で且つ全ての企業にとって共通と仮定したので，(36)式はさらに

$$(37) \quad E_t\left[\frac{R_t^E(j)}{\Pi_{t+1}}\right] = E_t\left[\frac{1}{Q_t}\{\frac{aP_{t+1}^{\text{int}} Y_{t+1}(j)}{K_{t+1}(j)} + Q_{t+1}(1-\delta)\}\right]$$

と書ける。

d 貸借契約

企業 j は毎期任意の銀行 $f(\in[0,1])$ と借入れ契約を締結し，資本ストック K の購入資金に当てる。借入れ契約は1期限りとし，次期に必要であれば f と再契約するか他の銀行 f' と新規契約を結ぶ。仮定により企業 j は毎期生産性ショック $\varepsilon_t^A(\sim i.i.d.D(0,\sigma_A^2))$ にさらされる。ところで，資本市場は不完全競争市場であると仮定したので，企業と銀行との間には情報の非対称性とエージェンシー問題が存在する。企業 j は生産性ショックを経て t 期の事業結果が明らかになった後，$t+1$ 期の期首に，貸借契約に基づいて銀行に借入れ資金を返済するか否かを決定する。企業 j が返済を選択すれば，銀行は，生産性ショックとは関係無く貸出債権1単位当たり $\frac{R_t^E}{\Pi_{t+1}}$ を受け取る。もし返済がなければ，銀行は破産を宣告しつつ一定の費用を掛けて企業 j の生産

---

[20] 岡田 (2013)．

性ショックによる生産状況 $Y_{t+1}(j)$ の把握に努め,貸出債権の保全を図ろうとする。その場合,企業の手元には何も残らない。

e 企業部門の純資産遷移式

先の個別企業の実質所得収支(33)式を集計し,さらに t 期から $t+1$ 期にかけての企業のビジネス継続率 θ^E を考慮すると,上述 d 段で示した貸借契約の下,

$$(38) \quad N_{t+1}^E = \theta^E \left[r_{t+1}^k Q_t K_{t+1} - \frac{R_t^E}{\Pi_{t+1}} B_t^E \right] + \xi^E N_t^E$$

なる企業部門の純資産遷移式を得る。ただし,r_{t+1}^k は $t+1$ 期における資本ストック 1 単位当たりの実質限界収益であり,

$$(39) \quad r_{t+1}^k \equiv \frac{1}{Q_t} \left(\frac{aP_{t+1}^{\text{int}} \overline{Y}_{t+1}}{K_{t+1}} + (1-\delta) Q_{t+1} \right)$$

で定義される。ここで,$\overline{Y}_{t+1}$ は全企業による個別生産量 $Y_{t+1}(j)$ の平均値 $E_j[Y_{t+1}(j)] = \overline{Y}_{t+1}$ である。企業 j のバランスシート式(31)式を用いれば,(38)式はさらに

$$(40) \quad N_{t+1}^E = \theta^E \left[\left(r_{t+1}^k - \frac{R_t^E}{\Pi_{t+1}} \right) Q_t K_{t+1} + \frac{R_t^E}{\Pi_{t+1}} N_t^E \right] + \xi^E N_t^E$$

と書き換えられる。かくして上述(37)式ならびに(39)式より $E_t \left[\frac{R_t^E}{\Pi_{t+1}} \right] = E_t[r_{t+1}^k]$ であるから,(40)式により,ex ante には(37)式の合理的予想均衡条件によって資本ストックの予想収益と借入れコストとは一致する。しかしながら,ex post には TFP ショックの顕現により資本ストックの収益実現値 r_{t+1}^k は借入れコストとは必ずしも一致しない。したがって,こうした経済動向に関する事前の予測値が事後的な実績値と異なるとき,企業部門における純資産の遷移は影響される。また,ビジネスの成否による各企業の事業継続率 θ^E もまた純資産の遷移に影響を及ぼすことが併せて示される。

f 金利プレミアムとレバレッジ比率

いま $R_t(j)$ を企業 j の内部資金コスト（＝非危険資産のリターン）とし，外部借入れ資金プレミアムを $s_t(j) \equiv \dfrac{R_t^E(j)}{R_t(j)}$ と定義する。またレバレッジ比率を $k_t(j) \equiv \dfrac{Q_t K_{t+1}(j)}{N_t^E(j)}$ とすれば，企業 j の外部借入れ資金プレミアム $s_t(j)$ は，

$$(41) \qquad s_t(j) = (k_t(j))^{\varphi^s}, \quad \varphi^s > 0$$

で表わすことができる[21]。したがって，銀行 f にとって，t 期から $t+1$ 期にかけて貸借契約より得られるであろうと予想するリターンは，企業の借入れ金利を借入れ外部借入れ資金プレミアムで割り引いたものに一致する。すなわち，

$$(42) \qquad E_t[R_{t+1}^F(f)] = \frac{R_t^E(j)}{s_t(j)}$$

となる。ところで，企業の同質性条件よりレバレッジ比率 $k_t(j)$ は $\forall j \in [0,1]$ に対して同一となるので，資金プレミアムもまた $s_t = s_t(j)(\forall j \in [0,1])$ となる。(37)式に対しても同じく企業の同質性条件を課せば，$R_t^E = R_t^E(j)(\forall j \in [0,1])$ となる。したがって，銀行 f の予想リターンは，すべての銀行にとって同一，すなわち，

$$(43) \qquad E_t[R_{t+1}^F(f)] = \frac{R_t^E}{s_t} \quad (\forall f \in [0,1])$$

となる。

5 小売企業

a 最適化行動

小売企業 $z(\in[0,1])$ は，完全競争市場で同質的な中間財サービスを競売人の提示する実質価格水準 P_t^{int} によって購入する。そしてこの中間財サービスを独自の生産技術により消費財サービスと資本財サービスの合成財 $Y(z)$ に組み立て加工し，独占的競争市場で家計に販売する。すなわち，F^z を小売企業 z の生産関数とすれば，$Y(z) = F^z(Y(j))(j \in [0,1])$ である。

---

21) 本章・補論参照。

これら差別化された最終財サービス $Y(z)$ を小売企業全体で集計すると,

(44) $\quad Y_t = \left[\int_0^1 Y_t(z)^{\frac{1}{1+\mu_P}} dz \right]^{1+\mu_P}$

となる。ただし, $\mu_P(>0)$ は財サービス需要の価格に対する代替の弾力性を示す定数である。したがって, 小売企業 z の設定する価格 $P_t(z)$ に対し(44)式に対応する集計的最終財サービス価格指標 P_t は,

(45) $\quad P_t = \left[\int_0^1 P_t(z)^{-\frac{1}{\mu_P}} dz \right]^{-\mu_P}$

で定義される。

ところで, 当該小売企業の最適生産計画は, 以下のような制約条件付売上げ額最大化問題を解くことで得られる。

(46) $\quad \max_{\{Y_t(z)\}} \int_0^1 P_t(z) Y_t(z) dz$

$\qquad$ s.t. $\left[\int_0^1 Y_t(z)^{\frac{1}{1+\mu_P}} dz \right]^{1+\mu_P} \leq Y_t$

$\qquad$ given $P_t(z), Y_t$

かくして, 小売企業 z が生産・販売する最終財サービスの家計による需要量は,

(47) $\quad Y_t(z) = \left(\dfrac{P_t(z)}{P_t} \right)^{-\frac{1+\mu_P}{\mu_P}} Y_t$

によって示され得る[22]。

b 財サービス価格設定

独占的競争の状況下では, 最終財サービスを販売する小売企業は差別化された自社の財サービスに対して自ら価格を設定し得る。ただし, 各企業にとっては, 家計の名目賃金率改定と同様, 価格の調整機会は限定的であり, 自社製品価格をいつでも欲するときに変更できるわけではなく, 一定の確率に従ってランダムになし得ると想定する (i.e. カルボ型粘着価格モデル)。すなわち, 小売企業 z が任意の時点で価格を据え置く確率を $\omega_P(\in(0,1))$, 価格を変

---

[22] 岡田 (2013)。

更し得る確率を $1-\omega_P$ とする。したがって，将来に亘り価格を改定できないリスクがある状況下では，各企業は，単に当期の利潤のみならず，将来に亘る予想利潤の割引現在価値も含めてその最大化を図るものと考えられる。ところで，当該経済では小売企業の数は十分に大きいと仮定していたので，このことは，毎期一定割合（i.e. $1-\omega_P$）の企業だけ価格改定の機会が与えられることと同義である。さらに各小売企業の価格設定行動様式に対し，次のようなルールの採用を付け加える。すなわち，各企業は今期価格が最適水準に改定できず価格を据え置いた場合でも，全般的な物価上昇に即し，前期における国内物価の上昇率分だけは部分的に自社製品価格にスライドさせ得るという，いわゆるウッドフォード型インデクセーション・ルールの採用である。

かくして，小売企業 z の最適化行動様式は合理的予想の下で以下のように定式化できる。

(48) $\max_{\{P_t(z)\}} : \tilde{\Phi}_t^R(z)$

$$= E_t \sum_{s=0}^{\infty} \beta_{t+s} \omega_P^s \left[\left(\frac{P_t(z)}{P_{t+s}}\right)\left(\frac{P_{t-1+s}}{P_{t-1}}\right)^{\gamma_P} Y_{t+s}(z) - P_{t+s}^{\text{int}} Y_{t+s}(z) \right]$$

s.t. $P_{t+s}(z) = P_t(z) \prod_{k=1}^{s} \left(\frac{P_{t-1+k}}{P_{t-2+k}}\right)^{\gamma_P}$

$Y_{t+s}(z) = \left(\frac{P_{t+s}(z)}{P_{t+s}}\right)^{-\frac{1+\mu_P}{\mu_P}} Y_{t+s}$

given $P_{t+s}^{\text{int}}, P_{t-1}, P_{t+s}, Y_{t+s}$

ただし β_{t+s} は小売企業の最終所有者たる家計の限界効用で評価された企業の主観的割引率であり，$\beta_{t+s} = \beta^s \frac{\lambda_{t+s}^C}{\lambda_t^C}$ ($\beta \in (0,1)$) で定義される。また，γ_P ($\in [0,1]$) はインデクセーション・ルールに基づく価格転嫁率である。

したがって，(48)式で両制約条件式を主方程式に代入し，設定価格 $P_t(z)$ で偏微分して制約条件つき最大化問題を解くと，以下のような小売企業 z の最適化行動に関する1階の必要条件が導かれる[23]。

(49) $E_t \sum_{s=0}^{\infty} \beta_{t+s} \omega_P^s Y_{t+s} \left[\left(\frac{P_t(z)}{P_{t+s}}\right)\left(\frac{P_{t-1+s}}{P_{t-1}}\right)^{\gamma_P} - (1+\mu_P) P_{t+s}^{\text{int}} \right] = 0$

---

23) ibid.

…価格設定式

このことから，小売企業 z の価格設定に関する主体的均衡条件，すなわち，最適価格が中間財サービス価格の将来の流列に一定のマークアップ率 $(1+\mu_P)$ を乗じたものと等しくなるという以下の関係式が得られる[24]。

(50) $\quad \dfrac{P_t(z)}{P_t} = (1+\mu_P) E_t \sum_{s=0}^{\infty} g_{t+s} P_{t+s}^{\text{int}}$

ただし $g_{t+s} \equiv \dfrac{\beta_{t+s} \omega_P^s \left(\left(\dfrac{P_t}{P_{t+s}}\right) \left(\dfrac{P_{t-1+s}}{P_{t-1}}\right)^{\gamma_P} \right)^{-\frac{1+\mu_P}{\mu_P}} Y_{t+s}}{E_t \sum_{s=0}^{\infty} \beta_{t+s} \omega_P^s \left(\left(\dfrac{P_t}{P_{t+s}}\right) \left(\dfrac{P_{t-1+s}}{P_{t-1}}\right)^{\gamma_P} \right)^{-\frac{1}{\mu_P}} Y_{t+s}}$

$\forall z \in [0,1], \ \forall t \in \{0,1,2,\cdots\}$

これより，(50)式の右辺はすべての小売企業 z にとって同一であるから，小売企業全般の集計的価格遷移式

(51) $\quad P_t = \left[(1-\omega_P) X_{Pt}^{\frac{1}{\mu_P}} + \omega_P \left\{ P_{t-1} \left(\dfrac{P_{t-1}}{P_{t-2}} \right)^{\gamma_P} \right\}^{-\frac{1}{\mu_P}} \right]^{-\mu_P}$

が求まる。ここで X_{Pt} は t 期に価格改定の機会を得た小売企業群の設定する最適価格水準である。

6 政府・通貨当局部門

a 財政金融政策

政府は，通常，一括個人税（i.e. 人頭税）による税収を基に，消費財サービス指標 C で表示された財政支出 G 行うものとする。ただし財政収支は毎期単年度で均衡が達成されると考える。したがって，政府部門の t 期の財政収支式は，

(52) $\quad P_t \tau_t = P_t G_t$

$\forall t \in \{0,1,2\cdots\}$

なる式で表せる。他方，通貨当局は金融政策変数として名目金利水準 R_t をコントロールすると考える。したがって，通貨当局の政策反応関数としては

---

[24] ibid.

次のようなオーソドックスなテイラー・ルール型を採用する．すなわち，

(53) $\quad 1+R_t = (1+R_{t-1})^{\varphi_1} \left(\left(\frac{\Pi_t}{\Pi_0}\right)^{\varphi_2} \left(\frac{Y_t}{Y}\right)^{\varphi_3} \right)^{1-\varphi_1}$

$\forall t \in \{1,2,\cdots\}$

である．ただし $\varphi_i (i=1,2,3)$ はパラメータであり，且つ $\varphi_1 \in (0,1)$ とする．かくして，通貨当局は 1 期前の名目金利水準 R_{t-1} の動向を踏まえつつ，現行インフレ率 $\Pi_t \equiv \frac{P_t}{P_{t-1}}$ と目標インフレ率 Π^0 との乖離や GDP ギャップ $\frac{Y_t}{Y}$ の現況にも対応して今期の政策金利を操作すると考える．

b 量的緩和政策(1)

経済がなんらかの理由で金融危機・不況に陥った場合，政府は税収入以上に財政支出を拡大させ，財政面から景気を刺激する政策を採用する．その際，政府は満期 1 年の国債を発行し，歳出不足を賄う．したがって，政府部門の t 期の財政収支式を表す(52)式は，国債発行額の名目値を TB_t とすれば

(52a) $\quad P_t \tau_t + TB_t = (1+R_{t-1})TB_{t-1} + P_t G_t$

$\forall t \in \{1,2\cdots\}$

と書き改められる．ただし国債の金利 R_t は預金金利と同一とする．

他方，中央銀行は流動性を市場に潤沢に供与すべくバランスシート拡大による量的緩和政策を採用する[25]．すなわち，国債の一部[26]を買いオペしてバランスシートの資産勘定に組み入れ，それに対応した形で負債勘定項目の準備預金と通貨流通残高を増やす．さらにこれら発行通貨は家計部門の保有する預金項目に振り替えられ，また準備預金は（民間）銀行部門の預金勘定項目に組み入れられる．したがって，（民間）銀行部門の預金勘定は，家計の銀行部門に対する預け入れ金とともに，銀行部門が中央銀行に保有する当座預金額がこれに加わる．かくして，中央銀行の資産額（＝国債）を $Q_t^S S_{gt}$ と

---

[25] 中央銀行は，危機の際に援助の手を差し伸べてくれる good Samaritan としての役割を果たすものと想定する．したがって，中央銀行の金融行動にはエージェンシー問題は発生せず，それゆえ民間銀行部門のようなバランスシート制約を受けないと考える．

[26] 残りの国債は，金利水準が銀行預金と同一なことから，家計部門が完全代替資産として銀行預金とともに自己のポートフォリオに組み入れるものとする．

すれば，(民間) 銀行部門の貸出債権額 $Q_t^S S_t$ は，正常時の貸出債権額 $Q_t^S S_t^*$ に量的緩和政策による注入分 $Q_t^S S_{gt}$ が追加される。したがって，金融危機時における (民間) 銀行部門による実質貸出債権総額 $Q_t^S S_t$ は $Q_t^S S_t = Q_t^S S_t^* + Q_t^S S_{gt}$ なる式で表せるから，

(54) $\quad TB_t \geq Q_t^S S_{gt} = \phi_{ct} Q_t^S S_t$

$$\phi_{ct} \equiv \frac{Q_t^S S_{gt}}{Q_t^S S_t} \in (0,1)$$

を得る。さらに(27)式と併せて

(55) $\quad Q_t^S S_t = \phi_t N_t^F + \phi_{ct} Q_t^S S_t = \phi_t^* N_t^F$

$$\phi_t^* \equiv \frac{1}{1-\phi_{ct}} \phi_t$$

が求まる。

かくして，金融危機・不況時には，政府は国債を発行して景気刺激政策を採用すると同時に，通貨当局も併せて(53)式において $\varphi_1 = 0$，すなわち金利平滑化政策を放棄しつつ

(56) $\quad \phi_{ct} = \kappa^c E_t[r_{t+1}^k - r_{t+1}], (\kappa^c > 0)$

$\quad\quad\quad \forall t \in \{0,1,2\cdots\}$

なる中央銀行のバランスシート拡大による量的緩和政策を採用すると考える。ここで実質金利水準 r_{t+1} は，(53) 式における政策金利 (=預金・国債金利) の名目金利水準 R_t にフィッシャー方程式 (i.e. $E_t r_{t+1} = R_t - E_t \pi_{t+1}$) を適用することによって求められる。したがって，これより，金融危機・不況時に政策金利が例えばゼロ水準まで引き下げられたとき，実質金利スプレッドの予想値 $r_{t+1}^k - r_{t+1}$ が拡大するにつれ φ_{ct} は上昇し，したがって貸出レバレッジ率 ϕ_t^* も上昇するから，(55)式より量的緩和政策の採用により企業への貸出額の増加することが確認できる。

c 量的緩和政策(2)

金融危機に陥り，金融システムの安定が脅かされそうになった場合には，中央銀行は信用秩序維持を目的に個別民間銀行に対して「最後の貸し手」として更なる流動性支援を行うものと考える[27]。したがって，上述第6項b段

で詳述した政府・通貨当局の量的緩和オペレーションにより，中央銀行からある一定の流動性が個別銀行に投入された結果，（民間）銀行部門全体でΔN_t^F だけ銀行純資産が増加したとすれば，(55)式より

(57) $\Delta Q_t^S S_t = \phi_t^* \Delta N_t^F$

なる企業への貸出債権増が確保できる。

7 市場均衡

第2項〜第6項で見たような各企業・各家計・各銀行の最適化行動ならびに通貨当局の金利政策や政府の財政政策に基づいて一意的に定まる個々の財サービスの需給量，労働の需給量，資金の需給量，資本ストックの需給量が，完全競争市場のみならず"見えざる手"不在の不完全競争状況下にある市場を含む各市場で，全体として個別主体の均衡条件と整合的にそれぞれどのようにして過不足なく完全にクリアーされるであろうか。すなわち，市場の需給均衡問題である。

a 財サービス市場

独占的競争下の最終財サービス市場に関する集計的需給均衡式は，

(58) $Y_t = C_t + I_t + G_t$
 $\forall t \in \{0, 1, 2, \cdots\}$

によって示される。

また完全競争市場で取引される中間財サービスに関しては，市場価格 P^{int} のシグナル機能により例えばワルラス的模索過程により需給は均衡する。

---

27) 日本においても，1990年以降資産価格バブルが崩壊し，金融機関の不動産関連不良債権問題や山一證券・三洋証券・北拓銀行などの経営破綻等，深刻な"金融危機"が顕現したあと，システミック・リスクを回避し，金融システムの安全を確保するために，例えば2003年5月には「りそな銀行」へ公的資金が投入された。その他，今次金融経済危機発生以降，米国，英国，スウェーデン，ドイツ，スイスなど，多くの国々でも国際金融資本市場が著しい緊張に見舞われた局面において，個別金融機関等への流動性支援がなされている（日銀企画局（2009）pp.13-14）。

b 労働市場

労働市場に関しては，企業の総労働需要量は，中間財サービス価格と実質賃金が所与のとき，中間財サービス生産企業の利潤最大化行動により決まる最適産出量を基に主体的均衡条件式 $L_t^p = (1-a)\dfrac{P_t^{\text{int}} Y_t}{w_t}$ から決まる。他方，家計の総労働供給量は，賃金率決定に支配力を有する家計の主体的均衡条件式 $\dfrac{W_t}{P_t} = (1+\mu_L) E_t \sum_{s=0}^{\infty} f_{t+s} \dfrac{L_{t+s}^{\nu}}{\{C_{t+s} - hC_{t+s-1}\}^{-\rho}}$ なる関係式から決まる L_t^S によって求められる。したがって，独占的競争の労働市場における集計的均衡労働量は，$L_t^p = L_t^S$ ($\forall t \in \{0,1,2,\cdots\}$) によって求められる。

c 金融資本市場

金融資本市場では金融仲介業たる銀行部門のバランスシート式(20)式によって資金の需給の均衡が示される。すなわち，

(59) $\quad \int_0^1 B_t^E(j) dj = \int_0^1 Q_t^S S_t(f) df = \int_0^1 \{N_t^F(f) + D_t(f)\} df$

$\quad \forall t \in \{0,1,2,\cdots\}$

である。(59)式左辺は企業部門の外部借入れ（＝資金需要）であり，中間項は銀行部門の企業への貸出総量を示す。さらに右辺は銀行の純資産と預金量の総量（＝資金供給）を表している。

d 資本ストック市場

最後に，資本ストック市場に関しては，同質的な資本ストック K に対し市場は完全競争的なので，実質価格 Q のシグナル機能によってワルラス的模索過程より家計部門と中間財サービス生産企業部門との間において需給の均衡が達成される。

3 対数線形化とカリブレーション

本節において，前節で展開した理論モデル式に対し，全ての経済変数の定

常状態＝動学的均衡解からの近傍乖離の変化率を対数線形式で近似する。以下で，＾付き変数は定常状態からの対数線形乖離を表す。ただし，各金利と資本レント Q_t ならびにインフレ率 π_t に関しては単に定常状態からの線形乖離を表す[28]。また，t 期に関する添え字のないものは，定常均衡解とする。さらにその上で，それら定常状態からの近傍乖離に関する対数線形近似式をもとに任意の構造パラメータを与えてカリブレーション分析をおこない，現実の主要マクロ経済変数の離散的時間の経過（$t \in \{0,1,2,\cdots\}$）に伴う継起的ないしは逐次的動学過程を導く。

1 家計部門

a 消費オイラー方程式

先の(7)式・(8)式に基づき，消費オイラー方程式に関する定常状態からの近傍乖離の対数線形近似式は

(Eq01) $\qquad \widehat{c}_t = \dfrac{h}{1+h}\widehat{c}_{t-1} + \dfrac{1}{1+h}E_t\widehat{c}_{t+1} - \dfrac{1-h}{(1+h)\rho}E_t\widehat{r}_{t+1}$

で表現される。

b 投資オイラー方程式

(9a)式において，投資に対する定常状態からの微小乖離の影響を考えるために，両辺を $\dfrac{I_t}{I_{t-1}}$, $\dfrac{I_{t+1}}{I_t}$ でそれぞれ微分し，さらに定常状態では $A'(1)=0$，$\beta(Q+(1-\delta))=1$ であることに留意すれば，(10a)式と併せて，

(Eq02) $\qquad \widehat{i}_t = \dfrac{1}{1+\beta}\widehat{i}_{t-1} + \dfrac{\beta}{1+\beta}E_t\widehat{i}_{t+1} + \dfrac{\phi}{1+\beta}\widehat{\Lambda}_t$

---

[28] $|x|<1$ なる x に対しテイラー展開により $\ln(1+x_t) \approx x_t$ であるから，定常状態からの"対数線形乖離"は $\ln(1+x_t) - \ln(1+x) \approx x_t - x$ と単なる"線形乖離"となる。したがって，金利に関しては，＾付きアルファベット大文字変数は名目金利の定常状態からの線形乖離を，小文字変数は実質金利の定常状態からの線形乖離をそれぞれ表す。またインフレ率 $\Pi_t = \dfrac{P_t}{P_{t-1}} = 1 + \pi_t$ も同様にして $\ln(\Pi_t) = \ln(1+\pi_t) \approx \pi_t$ であるから，π_t は単に定常状態からの線形乖離を表す。

$$\widehat{\Lambda}_t = -E_t\widehat{r}_{t+1} + \frac{1-\delta}{1-\delta+Q}E_t\widehat{\Lambda}_{t+1} + \frac{Q}{1-\delta+Q}E_t\widehat{Q}_{t+1}$$

ただし，$\phi \equiv \dfrac{1}{A''(1)}$

なる実質投資需要式が導かれる。ここで(8)式より得られるところの $\dfrac{\lambda_{t+1}^c}{\lambda_t^c} = \dfrac{1}{\beta(1+R_t)}E_t\Pi_{t+1}$ なる関係式を用いた。

c 資本ストック遷移式

(2)式より定常状態では $\dfrac{i}{k}=\delta$ であるから，

(Eq03) $\quad \widehat{k}_t = (1-\delta)\widehat{k}_{t-1} + \delta \widehat{i}_{t-1}$

を得る。したがって，上述式において，δ は実質資本ストックの損耗率を表すとともに，定常状態における実質投資の実質資本ストックに対する比率を表している。

d 実質賃金率設定式

先の(17)式 $\dfrac{W_t(i)}{P_t} = (1+\mu_L)E_t\sum_{s=0}^{\infty}f_{t+s}\dfrac{L_{t+s}(i)^\nu}{\lambda_{t+s}^c(i)}$ に対し $\beta\omega_W$ を乗じて1期繰り上げ，さらにそれを元の(17)式から減ずれば，実質賃金率設定に対する定常状態からの対数線形乖離は，$w \equiv \dfrac{W}{P}$ として，

(Eq04) $\quad \widehat{w}_t = \dfrac{\beta}{1+\beta}E_t\widehat{w}_{t+1} + \dfrac{1}{1+\beta}\widehat{w}_{t-1} + \dfrac{\beta}{1+\beta}E_t\widehat{\pi}_{t+1}$

$$-\frac{1+\beta\gamma_W}{1+\beta}\widehat{\pi}_t + \frac{\gamma_W}{1+\beta}\widehat{\pi}_{t-1}$$

$$-\frac{(1-\beta\omega_W)(1-\omega_W)}{(1+\beta)\left(1+(\frac{1+\mu_L}{\mu_L})\nu\right)\omega_W}\left[\widehat{w}_t - \nu\widehat{l}_t - \frac{\rho}{1-h}(\widehat{c}_t - h\widehat{c}_{t-1})\right]$$

となる。

2 銀行部門

a 銀行純資産増加率式

銀行部門の純資産増加率 $\frac{N_{t+1}^F}{N_t^F}(\equiv Z_{t+1})$ に関しては，銀行部門の純資産遷移式(28)式を用いることにより，

(Eq05) $\quad \widehat{\xi_t} = (\theta^F r^F \phi)\widehat{r}_t^F + (\theta^F \phi(r^F - r))\widehat{\phi}_{t-1} - (\theta^F r(\phi-1))\widehat{r}_t + u_t^\xi$

なる対数線形近似式が求まる。ただし，定常状態の閾値 ϕ は，$\phi = \frac{\eta}{\alpha - v}$ によって求められる。また，u_t^ξ は銀行純資産増加率の構造ショックである。

b 銀行貸出債権増加率式

銀行部門の貸出債権に関する増加率 $\frac{Q_{t+1}^S S_{t+1}}{Q_t^S S_t}(\equiv X_{t+1})$ に関しては，(27)式を用いれば $X_{t+1} \equiv \frac{Q_{t+1}^S S_{t+1}}{Q_t^S S_t} = \frac{\phi_{t+1} N_{t+1}^F}{\phi_t N_t^F} = \frac{\phi_{t+1}}{\phi_t} Z_{t+1}$ であるから，これより

(Eq06) $\quad \widehat{\chi}_t = \widehat{\phi}_t - \widehat{\phi}_{t-1} + \widehat{\xi}_t$

を得る。

c 銀行純資産価値評価式

銀行部門の保有する純資産 N_t^F 1単位当たりの価値評価 η_t は，(24)式を用いることにより，

(Eq07) $\quad \widehat{\eta}_t = \theta^F E_t \widehat{\xi}_{t+1} - \theta^F E_t \widehat{r}_{t+1} + \theta^F E_t \widehat{\eta}_{t+1}$

となる。ただし，ここでも(8)式より得られるところの $\frac{\lambda_{t+1}^C}{\lambda_t^C} = \frac{1}{\beta(1+R_t)} E_t \Pi_{t+1}$ なる関係式を用いた。

d 銀行貸出債権価値評価式

銀行部門の貸出債権 $Q_t^S S_t$ 1単位当たり価値評価 v_t は，同じく(24)式を用いることにより，

(Eq08) $\quad \widehat{v}_t = (1-\theta^F)\dfrac{r^k}{vr}E_t\widehat{r}^k_{t+1} + \dfrac{\theta^F}{r}(\widehat{\chi}_t + E_t\widehat{v}_{t+1}) - E_t\widehat{r}_{t+1}$

が導かれる。

e 貸出レバレッジ比率閾値式

銀行部門の貸出レバレッジ比率 $\dfrac{Q^S_t S_t}{N^F_t}$ に対する閾値 ϕ_t は，(25)式より，

(Eq09) $\quad \widehat{\phi}_t = \dfrac{v}{\alpha-v}\widehat{v}_t + \widehat{\eta}_t$

となる。

f 貸出先企業の主体的均衡式

銀行部門による貸出先企業の主体的均衡式として，(37)式により，

(Eq10) $\quad \widehat{R}^E_t = \dfrac{ap^{\text{int}}/\dfrac{k}{y}}{ap^{\text{int}}/\dfrac{k}{y}+(1-\delta)Q}(E_t\widehat{y}_{t+1} - E_t\widehat{k}_{t+1} + E_t\widehat{p}^{\text{int}}_{t+1})$

$\qquad\qquad + \dfrac{1-\delta}{\dfrac{ap^{\text{int}}}{Q}/\dfrac{k}{y}+(1-\delta)}E_t\widehat{Q}_{t+1} - (\widehat{Q}_t - E_t\widehat{\pi}_{t+1})$

なる銀行借入の最適条件式が導かれる。ただし，ここで定常状態での中間財サービス価格 P^{int} は $p^{\text{int}} = \dfrac{1}{1+\mu_p}$ によって求められる。また，(35)式と(37)式を組み合わせることにより，資本ストックと労働との技術的限界代替率が両者の生産要素価格比に等しくなることから，$\dfrac{a}{1-a}\dfrac{L_t}{K_t} = \dfrac{r^E_t Q_{t-1} - (1-\delta)Q_t}{w_t}$ より

(Eq11) $\quad \widehat{l}_t = \dfrac{r^E-1}{r^E-(1-\delta)}(\widehat{k}_t - \widehat{w}_t) + \dfrac{1}{r^E-(1-\delta)}\{r^E\widehat{r}^E_t + r^E\widehat{Q}_{t-1} - (1-\delta)\widehat{Q}_t\}$

なる対数線形近似式が導かれる。これは，資本ストックと労働に関する最適条件式となっている。

g 貸出先企業の純資産遷移式

銀行部門による貸出先企業の純資産 N_t^E に関する遷移式は，(40)式により，

(Eq12) $\quad \widehat{n}_t^E = (1-\xi^E)Q\dfrac{k}{n^E}(\widehat{r}_t^K - \widehat{r}_t^E) + (1-\xi^E)(\widehat{r}_t^E + \widehat{n}_{t-1}^E) + \xi^E \widehat{n}_{t-1}^E + \varepsilon_t^N$

となる．ただし，ここで定常状態における関係式 $\theta^E r^K = \theta^E r^E = 1-\xi^E$ を用いた．また，ε_t^N は $\varepsilon_t^N \sim i.i.d.D(0,\sigma_N^2)$ に従うホワイト・ノイズを表す．

h 貸出先企業の限界収益式

銀行部門による貸出先企業の資本ストック $Q_t K_{t+1}$ 1単位当たり実質限界収益 r_{t+1}^k は，(37)式・(39)式により，

(Eq13) $\quad E_t \widehat{r}_{t+1}^k = \widehat{R}_t^E - E_t \widehat{\pi}_{t+1}$

を得る．

i 外部借入れ資金プレミアム式

銀行部門による貸出先企業の外部借入れ資金プレミアム s_t は，(41)式より

(Eq14) $\quad \widehat{s}_t = \varphi^s(\widehat{Q}_t + E_t \widehat{k}_{t+1} - \widehat{n}_t^E)$

によってその対数線形近似式が示される．

j 銀行部門の予想リターン式

銀行部門が貸出債権より得られるであろうと予想する単位当たりリターン r_{t+1}^F は，(43)式より

(Eq15) $\quad E_t \widehat{r}_{t+1}^F = (\widehat{R}_t^E - E_t \widehat{\pi}_{t+1}) - \widehat{s}_t$

なる対数線形式によって示される．

k フィッシャー方程式

家計の預金金利ならびに企業の銀行借入金利に関するフィッシャー方程式は，

(Eq16) $\quad E_t \widehat{r}_{t+1} = \widehat{R}_t - E_t \widehat{\pi}_{t+1}$

$$E_t\widehat{r}^E_{t+1}=\widehat{R}^E_t-E_t\widehat{\pi}_{t+1}$$

である。

3 企業部門

a 小売企業価格設定式

(51)式の $\dfrac{P_t(z)}{P_t}=(1+\mu_P)E_t\sum_{s=0}^{\infty}g_{t+s}P^{\text{int}}_{t+s}$ に対し $\beta\omega_P$ を乗じて1期繰り上げ，さらにそれを元の(51)式から減ずれば，小売企業の設定価格に対する定常状態からの対数線形乖離は，

(Eq17) $\quad\widehat{\pi}_t=\dfrac{\gamma_P}{1+\beta\gamma_P}\widehat{\pi}_{t-1}+\dfrac{\beta}{1+\beta\gamma_P}E_t\widehat{\pi}_{t+1}+\dfrac{(1-\beta\omega_P)(1-\omega_P)}{(1+\beta\gamma_P)\omega_P}\widehat{p}^{\text{int}}_t$

で表せる。

b 中間財サービス生産企業生産関数式

中間財サービス生産企業の生産関数(32)式から固定費用 Ψ を差し引いておくと

(Eq18) $\quad\widehat{y}_t=\phi a\widehat{k}_{t-1}+\phi(1-a)\widehat{l}_t+\phi\varepsilon^A_t$

が求まる。ただし，ϕ は実質生産量に占める固定費用 Ψ の割合に1を加えたものである。また，ε^A_t は全要素生産性の $A_t=\overline{A}\exp(\varepsilon^A_t)$, $\varepsilon^A_t\sim i.i.d.D(0,\sigma^2_A)$ によって規定される撹乱項である。

c 中間財サービス価格式

中間財サービス生産企業の最適生産計画より生産要素の限界費用と所与の競争市場価格 P^{int}_t とは等しくなるから，ここで限界費用式 $MC_t=\dfrac{1}{A_t}\left(\dfrac{r^E_tQ_{t-1}-Q_t}{a}\right)^a\left(\dfrac{w_t}{1-a}\right)^{1-a}$ を用いれば，

(Eq19) $\quad\widehat{p}^{\text{int}}_t=\dfrac{a}{r^E-1}(\widehat{r}^E_t+r^E\widehat{Q}_{t-1}-\widehat{Q}_t)+(1-a)\widehat{w}_t-\varepsilon^A_t$

となる。ただし，ここで全要素生産性に関する関係式 $A_t=\overline{A}\exp(\varepsilon^A_t)$ に拠った。

4 金融政策ルール式

　金利の定常状態からの偏倚に関しては，通貨当局によるテイラー・ルール型政策反応関数(53)式より，名目利子率 R_t を政策変数としたところの

(Eq20) 　　　$\widehat{R}_t = \varphi_1 \widehat{R}_{t-1} + (1-\varphi_1)\{\varphi_2(\widehat{\pi}_t - \pi^0) + \varphi_3 \widehat{y}_t\} + u_t^R$

なる金融政策ルール式によって得られる。u_t^R は政策金利ショックである。

　金融危機時には，(Eq20)において $\phi_1 = 0$ と置いて，さらに(56)式の量的緩和政策式を定常状態からの線形乖離で表現した

(Eq21) 　　　$\widehat{\phi}_{ct} = \kappa^c E_t[\widehat{r}^k_{t+1} - \widehat{r}_{t+1}],\ (\kappa^c > 0)$

なる式をもって追加する。したがって，先の銀行貸出債権増加率式(Eq06)は，

(Eq06a) 　　　$\widehat{\chi}_t = E_t \widehat{\phi}^*_{t+1} - \widehat{\phi}^*_t + E_t \widehat{\zeta}_{t+1}$
　　　　　　　$\widehat{\phi}^*_t = \widehat{\phi}_t + \widehat{\phi}_{ct}$

なる式に替えられる。

5 財サービス市場均衡式

　最終財サービス市場全体の需給均衡に関しては，定常状態からの近傍乖離に対して(58)式より

(Eq22) 　　　$\widehat{y}_t = (1 - \delta k_y - g_y)\widehat{c}_t + \delta k_y \widehat{i}_t + g_y \widehat{g}_t$

なる対数線形近似式が得られる。ただし，$k_y \equiv \dfrac{k}{y}$ ならび $g_y \equiv \dfrac{g}{y}$ である。

6 その他

　銀行純資産増加率ショック u_t^{ζ} [29] ならびに政策金利ショック u_t^R は1階の自己回帰過程（AR(1)）に従うものとする。したがって，

(Eq23) 　　　$u_t^{\zeta} = \varphi^{\zeta} u_{t-1}^{\zeta} + \varepsilon_t^{\zeta}$
　　　　　　　$u_t^R = \varphi^R u_{t-1}^R + \varepsilon_t^R$
　　　　　　　$\varphi^{\zeta}, \varphi^R \in (0,1),\ \varepsilon_t^{\zeta} \sim i.i.d.D(0, \sigma_{\zeta}^2),\ \varepsilon_t^R \sim i.i.d.D(0, \sigma_R^2)$

と置く。また，生産性ショック[30]ならびに貸出先企業の純資産ショックの両

---

[29] 量的緩和政策を採用した場合には自己回帰係数をゼロ（i.e. $\varphi^{\zeta} = 0$）と置く。

予想誤差を以下のごとく定める。

(Eq24) $\widehat{y}_t = E_{t-1}\widehat{y}_t + \varepsilon_t^A$
$\widehat{n}_t^E = E_{t-1}\widehat{n}_t^E + \varepsilon_t^N$

7 カリブレーション分析

定常状態からの近傍乖離に対する対数線形近似式(Eq01)式〜(Eq24)において，各構造パラメータを第1表のように設定する[31]。

そのうえで，金融資本市場の不完全性より資金の出し手の家計と銀行間や銀行と借り手の企業間には情報の非対称性とエージェンシー問題が存在することを前提とし，さらに企業の生産性や純資産額，銀行部門自身の純資産額，通貨当局の政策変数のそれぞれに対して1標準偏差だけ構造ショックが加わったとき，主要マクロ経済変数が定常状態から乖離していかなる動学的経路を辿ることになるかシミュレーションを行ってみる[32]。そのインパルス応答結果をグラフで表すと第1図〜第6図のごとくである。ただし各図において，y は実質 GDP，k は実質資本ストック，π はインフレ率，r^K は実質資本ストック1単位当たりの限界収益，r は預金・国債の実質利子率，φ は銀行部門の貸出レバレッジ比率，nw は貸出先企業の実質純資産額，bnw は銀行部門の実質純資産増加率，x は銀行部門の実質貸出債権増加率のそれぞれを表す。

まず第1図において，企業の生産技術構造になんらかの生産性（TFP）ショックが加わったときの経済全体への影響を検討する。すなわち，企業の生産関数においてプラスの全要素生産性ショックが生ずると，資本ストックの限界生産性は上昇し，企業の財務状況は良化する。したがって企業のレバレ

---

30) 生産性ショックの攪乱項 ε_t^A に対しては1に rescale しておく。
31) 構造パラメータの設定に際しては，各先行業績の設定値や日米欧経済の統計的推定値を参考にした。
32) なお，本計算では，金融資本市場の不完全性に伴うアクセラレーション・プロセスと銀行部門の最適化行動という金融サイドの本質的な特性が陽表的に捉えられるよう，Christiano/Eichenbaum/Evans (2005) ならびに Smets/Wouters (2003) (2007) に即した実体経済部門のモデルを一部簡略化した。また，本カリブレーションでは，MATLAB ソフトの上で DYNARE-Version4.1.3 により計算した。これらカリブレーション計算のための DYNARE コードに関しては，岡田 (2013) 参照。

第1表 構造パラメータ

パラメータ	値	説明
β	0.990	時間的割引率
h	0.790	消費習慣係数
ρ	1.920	異時点間の消費代替弾力性の逆数(i.e. 相対的危険回避度係数)
φ	0.120	投資費用調整関数の第二次微係数の逆数（＝$1/A''(1)$）
δ	0.050	資本ストック損耗率
Q	$1/\beta-1+\delta$	資本レント（定常状態）
r	$1/\beta$	預金金利（定常状態）
γ_P	0.580	価格インデクセーション転嫁率
γ_W	0.500	賃金インデクセーション転嫁率
ω_P	0.800	価格据え置き確率
ω_W	0.275	賃金率据え置き確率
a	0.330	資本分配率
μ_p	0.100	価格設定のマークアップ率
μ_w	0.050	賃金率設定のマークアップ率
ν	2.080	異時点間労働供給の代替弾力性の逆数
ξ^E	0.013	中間財サービス生産ビジネス新規参入率
α	0.383	貸出量拡張インセンティブ制約パラメータ
θ^F	0.952	銀行ビジネス継続率
v	（注1）	銀行貸出債権価値評価パラメータ（定常状態）
η	（注2）	銀行純資産価値評価パラメータ（定常状態）
s	1.0075	企業外部借入れ資金プレミアム（定常状態）
r^E	1.060	企業銀行借入金利（定常状態）
r^F	r^E/s	銀行貸出金利（定常状態）
φ^s	0.040	外部借入れ資金プレミアムの対レバレッジ比率弾力性
ϕ	$\eta/(\alpha-v)$	銀行貸出レバレッジ比率（定常状態）
k/n^E	1.920	企業レバレッジ比率（定常状態）
k_y	2.200	資本ストックの対GDP比率（定常状態）
g_y	0.200	政府支出の対GDP比率（定常状態）
ψ	1.600	固定費用Ψの対GDP比率＋1
φ_1	0.680	1期前の金利に対する政策反応係数
φ_2	1.620	インフレ率目標値との乖離に対する政策反応係数
φ_3	0.100	GDPギャップに対する政策反応係数
π^0	0.000	インフレ率目標値
κ^c	1.500	量的緩和係数
σ_A	0.050	全要素生産性（TFP）ショックの標準偏差
σ_R	0.200	政策金利ショックの標準偏差
σ_ζ	0.020	銀行純資産増加率ショックの標準偏差
σ_N	0.200	貸出先企業純資産額ショックの標準偏差
φ^ζ	0.800	銀行純資産増加率ショックの自己回帰係数
φ^R	0.800	政策金利ショックの自己回帰係数

（注1） $v=\dfrac{(1-\theta^F)(r^F-r)}{1/\beta-\theta^F}$

（注2） $\eta=\dfrac{1-\theta^F}{1-\beta\theta^F}$

第1図　生産性ショック

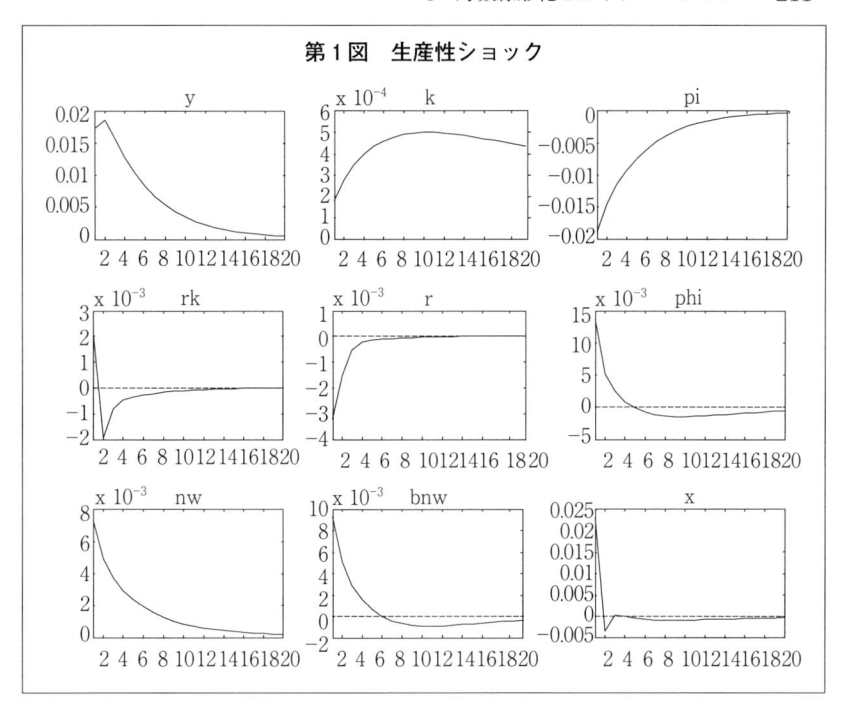

ッジ比率は低下し，それゆえ外部借入れ資金プレミアムは縮小するから，企業にとって銀行からの借入れによる外部資金調達は容易になる。かくして企業の保有する自己資本の増加に加え，銀行借入増により手元資金のアベイラビリティは増して設備投資は活発化し，資本ストックは増大する。実質GDPは上昇し，他方でインフレ率は低下するから，経済はかくのごとくして好況な景気状況が享受できる。しかもこれら生産性ショックは当初ただ1回限りのものであるが，経済への影響は各経済主体の動学的調整を経て20期程度に及ぶ持続的なものとなる。

つぎに第2図において，金融面と実体面との双方向増幅プロセス（＝フィナンシャル・アクセラレーター）を検証する。すなわち，企業の純資産額にマイナスの構造ショックが加わると，まず純資産額の減少は資金不足を補填すべく銀行からの借入れ増につながる。ただし，一方で事前に要求される予想収益率は上昇することから外部借入れ資金プレミアムは拡大する。それゆえ

第2図 企業純資産ショック

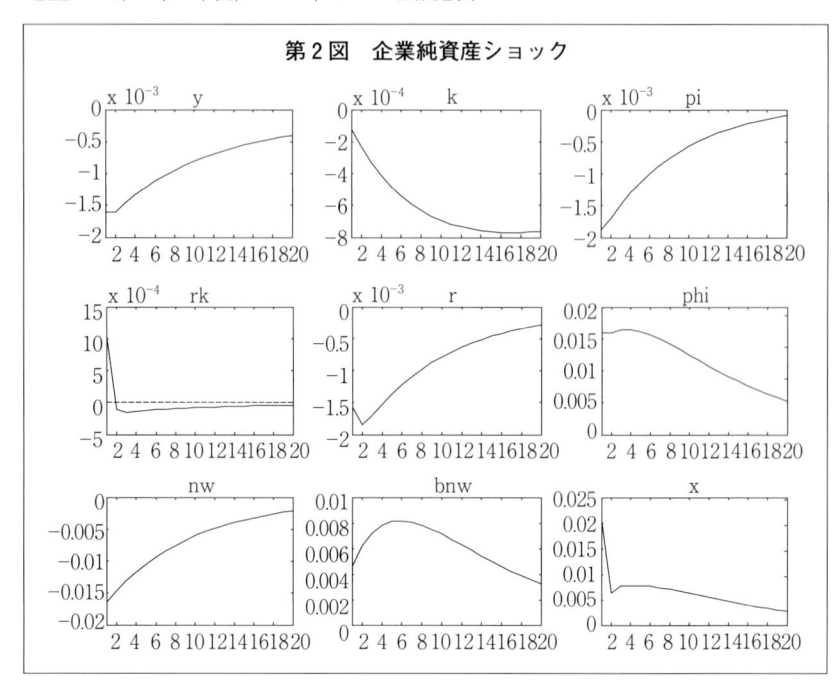

資金調達難から資金のアベイラビリティは低下し、投資活動は減退して資本ストックも縮小する。したがって資本ストック価格は下落し、さらなる企業の純資産価値額の減少をもたらす。こうして、負のスパイラルは増幅され、景気は長期に亙って低迷を続けるしデフレ傾向もまた持続する。かくのごとく、これら当初1回限りの企業の純資産額に対するマイナスの構造ショックは、金融面と実体面との双方向増幅プロセスを経て20期以上に亙って負の影響を及ぼすことになる。

銀行部門における純資産額へのマイナスの構造ショックはもう少し直截的で、第3図で示されるごとく、銀行部門の純資産額の減少は貸出レバレッジ比率の低下をもたらし、それら双方の要因から企業への貸出し額を減少させる。かくして金融面でのこうした引き締め基調は、"スタグフレーション"という実体経済の活動水準に少なからぬ悪影響を及ぼすことになる。

第4図において、通貨当局による金融緩和政策の影響が示される。まず政

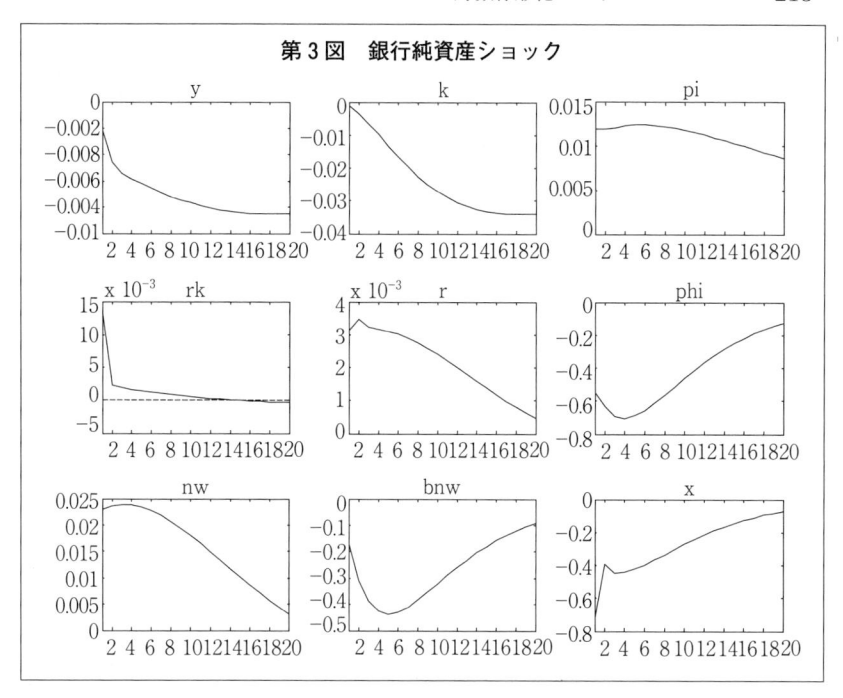

3 対数線形化とカリブレーション 213

第3図 銀行純資産ショック

策金利引き下げショックが生ずると，銀行にとって預金金利などの資金調達コストは引き下がるゆえ，銀行の純資産額は増加基調に転じ，銀行の貸出レバレッジ比率も上昇して銀行貸出額は増加する。かくして企業の手元資金アベイラビリティは高まることから投資活動は活発化し，それゆえ資本ストックは拡大する。また市場では流動性が潤沢なことから物価水準を押し上げる。かくして景気判断の総合指標である実質GDPは増加し，ここに好況な経済が達成できる。

最後に第5図・第6図において，経済が金融危機に陥った際に採用されるであろう中央銀行のバランスシート拡大による量的緩和政策に関する効果を見てみる。先の(Eq20)において1期前の金利に対する政策反応係数 ϕ_1 をゼロと置き，さらに(Eq21)において $\kappa^c = 1.5$ と置いて生常時とは異なる波及ルートによって政策金利引下げショック効果をシミュレートしてみると，第5図で示されるように，銀行の貸出レバレッジ比率は当初正常時に比べ1.4倍

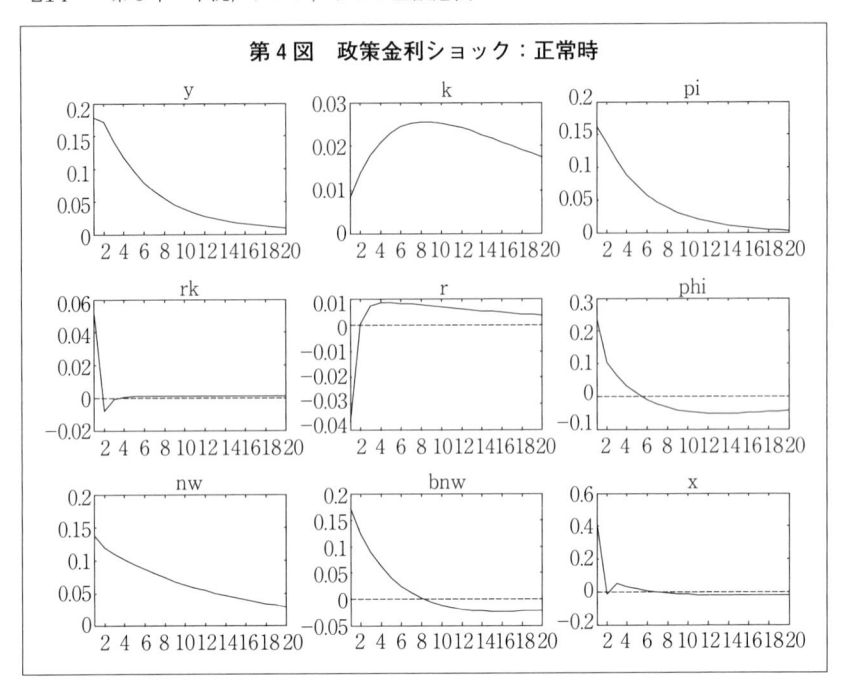

214 第5章 不況，デフレ，および金融危機

第4図 政策金利ショック：正常時

程度上昇し，企業への貸出額もおよそ2倍程度増加する傾向が見てとれる。ただし，実体経済活動の動学プロセスには正常時に比べ著しいパターンの相違は見られない。しかしながら，それら政策金利引下げに加え，中央銀行が信用秩序維持を目的に個別民間銀行に対して更なる流動性支援を行った場合，すなわち，中央銀行が一定の流動性をワン・ショットで銀行部門に投入した場合を想定すると，第6図で示されるごとく，銀行の純資産増と相俟って銀行の貸出レバレッジ比率は上昇し，銀行貸出額も増加する。こうして企業の手元流動性は潤沢となることから設備投資は活発化し，資本ストックは拡大する。インフレ率も低下し，景気はそれゆえ好況な状況が長期に亘って享受できる。

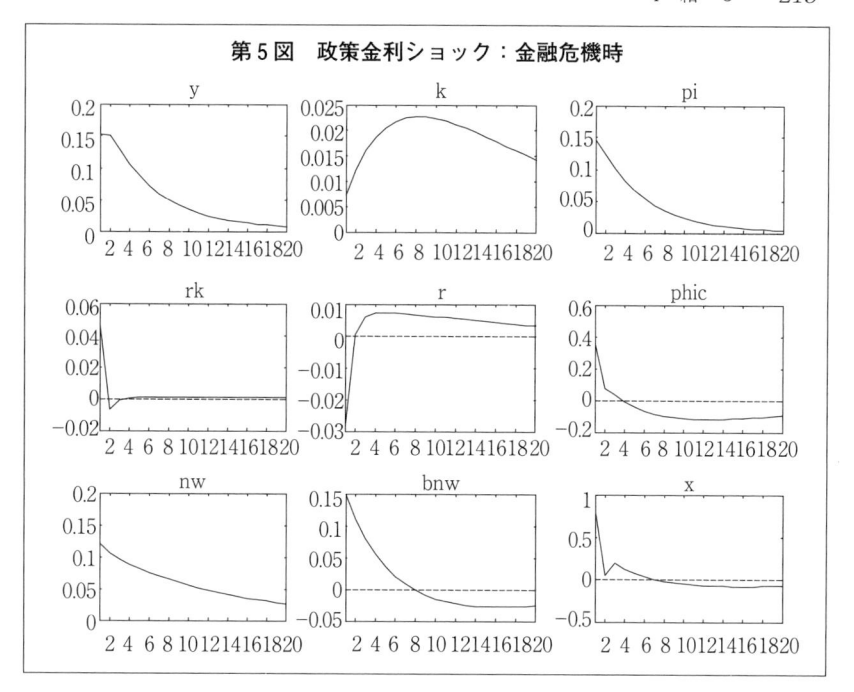

第5図　政策金利ショック：金融危機時

4　結　び

　1990年以降今日まで，日本経済は資産価格バブルの崩壊とともに長期に亘る深刻な景気低迷とデフレ現象に悩まされることとなった。のみならず，2000年代後半になると，米国におけるサブプライム住宅ローンの不良債権化問題に端を発した世界的金融危機・同時不況がさらに深刻さを倍加した。かくして，実体経済と金融活動の双方向で影響が増幅されていく過程は一層錯綜し，これら現実経済が提起した諸問題に応えるべき理論モデルの開発と意味ある政策命題の導出が近年強く望まれた。

　本章では，こうした現状を踏まえ，金融資本市場の不完全性を前提に，ファイナンシャル・アクセラレータ・モデルと金融仲介業者の最適化行動を明確化した理論モデルとを動学的一般均衡モデルに整合的に取り込む作業を試みた。さらにこれら統合された動学的貨幣経済一般均衡モデル（Dynamic

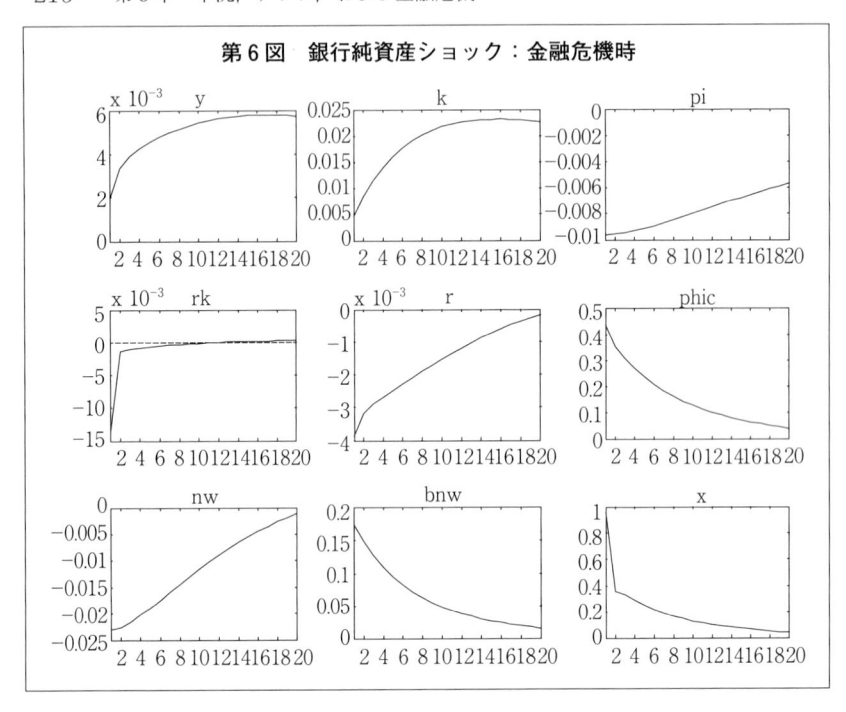

第6図 銀行純資産ショック：金融危機時

（図：20期までのインパルス応答。変数は y, k, pi, rk, r, phic, nw, bnw, x）

Monetary Economic General Equilibrium Model）に対数線形化を施してカリブレーション分析を試みた。

その結果，①生産技術構造にプラスの生産性ショックが加わると，経済は持続的な好況が享受できる，②企業の純資産額へマイナスの構造ショックが加わると，金融面と実体面との双方向増幅プロセスが確認できる，③銀行部門の純資産額へマイナスの構造ショックが加わると，経済には景気悪化とインフレーションが並存するいわゆる"スタグフレーション"が生ずる，④経済が金融危機に陥った際に中央銀行のバランスシート拡大による量的緩和政策が採用されると，有効な政策効果が得られる，などの結論が得られた。

補論[33]　レバレッジ比率と外部資金プレミアム

本補論において，第2節・第4項・f段で扱った企業のレバレッジ比率と

外部資金借り入れプレミアムとの関係を検討する。

いま資本ストック K の単位当たりリターンを ωR^k としよう。ここでリターンへのショック $\omega \in [0, \infty)$ はすべての企業に共通で互いに無相関且つ $E(\omega)=1$ とする。$f(\omega)$ を確率変数 ω の確率密度関数とし，$F(\omega \leq x)$（$=\int_0^x f(\omega)d\omega$）を累積分布関数（$F(0)=0, F(\infty)=1$）とする。投資実施前には銀行も企業も ω は未知であるが，投資実施後は企業のみ観測可能とする。したがって，銀行は一定のモニタリング・コスト $\mu\omega R^k QK(\forall \mu \in (0,1))$ を負担して企業にとって既知となった ω を事後的に確認することが可能になると考える。ここでカットオフ値 ω^* に対し，$\omega^* \leq \omega$ であれば企業は銀行に $\omega^* R^k QK$ だけ支払い，さらに残り $(\omega - \omega^*)R^k QK$ を営業余剰として蓄積する。一方，$\omega < \omega^*$ であれば企業は貸手である銀行によって破産手続きが進められ，企業の手元には何も残らず，銀行に対しては負担済みのモニタリング・コストを差し引いた $(1-\mu)\omega R^k QK$ が弁済される。したがって企業と銀行間での資金需給均衡状態では，銀行の予想収益は資金の機会費用に等しくなるが，本件では貸出リスクは完全に分散可能としているので，銀行にとって機会費用は安全資産金利 $R(>0)$ となる。それゆえ，企業が危険中立的であるかぎり銀行にとって

$$F(\omega^* \leq \omega)\omega^* R^k QK + F(\omega < \omega^*)(1-\mu)E(\omega|\omega < \omega^*)R^k QK = R(QK-N)$$

なる等式が成立する。企業の生産関数が規模に関して収益一定と仮定すれば（i.e. $Y=AK^a L^{1-a} \Leftrightarrow \omega Y = A(\omega K)^a (\omega L)^{1-a}$），カットオフ値 ω^* が予想粗利潤 $R^k QK$ の企業と銀行間の配分を決定する。そこで，銀行の予想粗利潤配分比率 $\Gamma(\omega^*)$ を

$$\Gamma(\omega^*) \equiv \int_0^{\omega^*} \omega f(\omega)d\omega + \omega^* \int_{\omega^*}^{\infty} f(\omega)d\omega$$

と定義する。したがって，$\forall \omega^* \in [0, \infty)$ に対して

$$\Gamma'(\omega^*) = \omega^* f(\omega^*) + (1-F(\omega^*)) + \omega^*(-f(\omega^*)) = 1 - F(\omega^*) > 0$$
$$\Gamma''(\omega^*) = -f(\omega^*) < 0$$

が言える。同様にして，$\mu G(\omega^*)$ を予想モニタリング費用負担率として

---

33) 以下 Bernanke/Gertler/Gilchrist (1999) Appendix を基にまとめた。

$$\mu G(\omega^*) \equiv \mu \int_0^{\omega^*} \omega f(\omega) d\omega$$

で定義する。同様にして，$\forall \omega^* \in (0,\infty)$ に対して

$$\mu G'(\omega^*) = \mu \omega^* f(\omega^*) > 0$$
$$\mu G''(\omega^*) = \mu f(\omega^*) > 0$$

が言える。

かくして，銀行の予想純利潤配分比率 NP は

$$NP(\omega^*) \equiv \Gamma(\omega^*) - \mu G(\omega^*)$$

となる。$\Gamma(\omega^*) \equiv \bar{\omega} + \omega^*(1 - F(\omega < \omega^*))$ ならびに $\mu G(\omega^*) = \mu \bar{\omega}$ なので，

$$NP(\omega^*) > 0 \quad \forall \omega^* \in (0,\infty)$$

が言える。さらに，ハザード率を $h(\omega^*) \equiv \dfrac{f(\omega^*)}{1 - F(\omega^*)}$ とすれば，$\forall \omega^* \in (0,\infty)$ に対して

$$h'(\omega^*) = \frac{-f(\omega^*) \Gamma''(\omega^*)}{(\Gamma'(\omega^*))^2} > 0$$

となるので，

$$NP'(\omega^*) = \{1 - F(\omega^*)\}\{1 - \mu \omega^* h(\omega^*)\} < 0 \text{ for } \omega^* > \omega_M^*$$
$$\geq 0 \text{ for } \omega^* \leq \omega_M^*$$

となる。それゆえ ω_M^* が銀行に最大予想純利潤配分をもたらすカットオフ値となる。

資金の借手たる企業の銀行との最適貸借契約（＝最適予想粗利潤配分）は，それゆえ

$$\max_{\{K\}\{\omega^*\}} (1 - \Gamma(\omega^*)) R^K QK$$

s.t. $\{\Gamma(\omega^*) - \mu G(\omega^*)\} R^K QK \geq R(QK - N)$

で定式化される。したがって，外部資金プレミアム s を $s \equiv \dfrac{R^K}{R}$，レバレッジ比率 k を $k \equiv \dfrac{QK}{N}$ で定義すれば，この制約条件つき最大化問題の最適解は，λ（＞0）をラグランジュ乗数として

$$\partial \omega^* : \Gamma'(\omega^*) - \lambda\{\Gamma'(\omega^*) - \mu G'(\omega^*)\} = 0$$
$$\partial k : [(1 - \Gamma(\omega^*)) + \lambda\{\Gamma(\omega^*) - \mu G(\omega^*)\}]s - \lambda = 0$$
$$\partial \lambda : \{\Gamma(\omega^*) - \mu G(\omega^*)\} sk - (k - 1) = 0$$

によって求められる。

上述最適条件より $\lambda = \dfrac{\Gamma'(\omega^*)}{\Gamma'(\omega^*) - \mu G'(\omega^*)}$ であるから，ラグランジュ乗数 λ はカットオフ値 ω^* の関数，すなわち $\lambda = \lambda(\omega^*)$ となる。したがって，$\forall \omega^* \in (0, \omega_M^*)$ に対して

$$\lambda'(\omega^*) = \frac{\mu\{\Gamma'(\omega^*)G''(\omega^*) - \Gamma''(\omega^*)G'(\omega^*)\}}{\{\Gamma'(\omega^*) - \mu G'(\omega^*)\}^2} > 0$$

が言える。かくして，

$$\rho(\omega^*) \equiv \frac{\lambda(\omega^*)}{[(1 - \Gamma(\omega^*)) - \lambda\{\Gamma(\omega^*) - \mu G(\omega^*)\}]}$$

と置けば，最適条件より

$$s = \rho(\omega^*)$$

が求まる。この式をカットオフ値 ω^* で微分すると，

$$\rho'(\omega^*) = s\frac{\lambda'(\omega^*)}{\lambda(\omega^*)} > 0, \quad \forall \omega^* \in (0, \omega_M^*)$$

となることが分かる。

つぎに，同じく最適条件より，

$$k(\omega^*) = \frac{-1}{\{\Gamma(\omega^*) - \mu G(\omega^*)\}\rho(\omega^*) - 1}$$

と定式化できるが，

$$k'(\omega^*) = \frac{\{\Gamma'(\omega^*) - \mu G'(\omega^*)\}\rho(\omega^*) + \{\Gamma(\omega^*) - \mu G(\omega^*)\}\rho'(\omega^*)}{[\{\Gamma(\omega^*) - \mu G(\omega^*)\}\rho(\omega^*) - 1]^2} > 0,$$

$$\forall \omega^* \in (0, \omega_M^*)$$

となることが言える。したがって，k は ω^* が $(0, \omega_M^*)$ の範囲で連続且つ狭義単調増加関数であるから，逆関数が $(k(0), k(\omega_M^*))$ の範囲で一意的に定義できる，かくして，先の $s = \rho(\omega^*)$ と併せれば，$\forall \omega^* \in (0, \omega_M^*)$ に対して

$$s = \psi(k)$$

$$\psi' > 0$$

が導かれる。これより，企業のレバレッジ比率 k が増加すると，外部資金プレミアム s が一対一対応で正比例的に定まることが分かる。

第6章　財政金融リスクとマクロ経済への インパクト：欧州の事例

1　はじめに

　世界の金融環境は今日極めて厳しい状況にある。2000年代半ば以降，サブプライム・ローン市場の混乱に端を発した米国の金融危機は，100年に1度あるかないかというほどの深刻な信用不安・信用収縮をもたらした。そして，2008年9月には米国5大証券会社の一翼を担ってきた「リーマン・ブラザーズ」が破綻したことにより，それまでの米国の金融システムは根底から覆されることとなった。さらにそれら金融危機の拡大は，世界の金融機関におけるローン残高や保有証券をことごとく劣化させ，多額の損失を発生させた。その結果，こうした信用危機は世界の実体経済をして1930年代の大恐慌を想起させるほどの未曾有の不況にまで追い込んだ。ところが，世界経済の景気回復が未だ完全とは言えないなか，今度は欧州に財政金融危機が発生した。20世紀に二度にわたる世界大戦を経験した欧州にとって，政治的・経済的統合は悲願であった。1970年に欧州共同体（EC）がウェルナー報告をまとめ，経済通貨同盟（EMU）の段階的実現を展望した。そして，1989年には「ドロール委員会報告」によって経済通貨同盟形成の三段階論（i.e.政策協調，中央銀行創設，統一通貨の流通）が提唱され，1993年のマーストリヒト条約により1999年1月から共通通貨「ユーロ」が導入され，ここにユーロ圏が誕生した。2000年代に入ると，ユーロは揺籃期から国際通貨としての定着期を経て，2004年秋に始まるEUの中・東欧諸国への東方拡大もあり，米ドルに匹敵する双極的地位を獲得した。しかしながら，2009年秋にはギリシャの財政赤字問題が顕現し，その支援策を巡ってユーロ圏各国の利害対立が顕著となった。その結果，同じく財政赤字を抱えるアイルラン

ド，ポルトガルに対しても国債債務不履行危機が波及した。それゆえ，そうした国々の国債を保有する EU 全域の銀行経営不安を生んだ。米国の金融危機後に急減した域内のクロスボーダー・バイキング・ビジネスがそれら経営不安を倍加させた。2011 年にはスペイン，イタリアに対し信用不安・流動性懸念が広がり，政府が妥当な利率によって市場から資金調達することが困難となった。かくして，欧州金融資本市場は縮小し，加えてギリシャのユーロ圏からの離脱可能性など，ユーロ圏の存立そのものが問われる事態に陥った。

ところで，こうした欧州財政金融危機が生じた原因は，「最適通貨圏」の主張する国際通貨制度の適用されるべき経済的領域，すなわち通貨圏の最適圏域（optimal area）を越えてユーロ圏が拡大し過ぎたことにより，当初設計された制度がもはや制御不能となったことに帰することができるであろう。ユーロ圏に属する各国経済が最適通貨圏の域内，すなわち同質的経済で生産要素は容易に移動し，且つ構造ショックに対する反応が対称的であれば，共通通貨が導入されても経済格差や景気循環の不一致は起こりにくい。したがって，たとえ"通貨は一つで財政はバラバラ"であっても最適性基準は充分に担保される。しかしながら，中核国のみならず周縁国を含む今日のユーロ圏であれば，何らかの制度変更を企図せざるを得ない。

本章において，当該分野で先駆的位置を占めた Gali/Monacelli（2005）(2008)の論文をベースに，さらに近年進展の著しい動学的一般均衡モデルの開放化を図った新オープン・エコノミー・マクロ経済学（NOEM）に関する成果を取り入れて[1]，上述したユーロ圏ないしは欧州経済通貨同盟に内在する欧州財政金融危機発生の構造的要因を分析する。まず第 2 節において欧州財政金融危機の経緯を辿る。続く第 3 節・第 4 節において危機問題を分析するための共通通貨同盟経済に関する理論モデルの構築を試みる。さらに第 5 節において，欧州中央銀行の金利政策と通貨同盟各国の財政政策の政策効果

---

[1] 動学的一般均衡モデルや新オープン・エコノミー・マクロ経済学に関し最近の展開を概観したものとして，岡田義昭（2012）「日本経済学会 2012 年度春季全国大会：鈴木報告に対するコメント」『地域分析』第 51 巻第 1 号，愛知学院大学産業研究所，第Ⅲ章参照。

を，パレート効率的資源配分という観点から省察する。併せて若干のカリブレーションも試みる。最後に第6節において，理論的分析の帰結から導かれる欧州財政金融危機の解決策を展望する。

2 欧州財政金融危機の経緯

1 危機の経緯
a 発端

今日世界の金融資本市場を大きく揺るがすに至った欧州財政金融危機の発端は，ギリシャの財政問題であった。南欧その他周縁国 (e.g. ポルトガル，イタリア，アイルランド，ギリシャ，スペイン) は，1999年に発足したユーロ圏に参加したことにより，低金利・低為替リスクという便益を享受し得たことから，国債の発行や海外からの資金導入がそれ以前に比して容易となった。このことは，一方で欧州銀行の過大なクロスボーダー・バンキングをもたらし，また他方で政府部門が財政節度を欠くことにより，例えばアイルランド，スペインでは住宅不動産バブルを発生させることとなった。また，ギリシャでは公共部門肥大化，税金捕捉率低，公務員の高賃金・年金優遇などにより大幅財政赤字を記録した[2]。こうしたギリシャの国家債務残高増は，粉飾操作の疑念も加わって債務不履行 (デフォルト) 懸念を惹き起こし，南欧他国へ危機 (i.e. ソブリン・リスク) が波及することとなった。例えば，アイルランド，ポルトガルに対しては国債債務不履行危機をもたらした。さらに，スペイン，イタリアは，信用不安・流動性危機が生じて政府が妥当な利率により市場から資金を調達することが困難な状況となった。加えて，銀行危機も発生した。すなわち，これら各国国債を保有するEU全域の銀行におけるシステミック・リスクが急増したことから，銀行は資金調達が困難とな

---

[2] 2009年10月の総選挙で，ギリシャでは全ギリシャ社会主義運動のパパンドレウ党首が首相に就任した。新政権は予算編成にともない，旧政府の財政統計を精査したところ，2008年財政赤字の対GDP比が5.0%ではなく7.7%であるとし，さらにその比率は最終的には9.8%に上方修正された。また2009年の財政赤字比率も15.4%に達した (岩田 (2011) p.16)。

ると同時に与信残高の縮小も発生した。

b 対応策

ユーロ圏から一国でも離脱すれば，離脱する国も残留する国も市場から信認を失う。すなわち，市場は次に離脱する国はどこかと疑心暗鬼となり，預金流出・市場からの資金調達途絶となることから，世界の金融資本市場は麻痺することが予想された。したがって，上述した欧州財政金融危機を救済すべく，これまで各種対応策が関係者間で検討ないしは実施された[3]。

まず返済不能国となったギリシャでは，民間部門債権者と欧州中央銀行を含む公的部門債権者による政府債務免除が取り決められた。民間部門債権者保有分に対し秩序だった債務削減が実施され，2012年3月下旬の国債大量償還は混乱なく終了した。債務削減率は70～75％（現在価値換算）に達した。さらにEUによる第1次支援1,100億ユーロ，第2次支援1090億ユーロの資金援助や，IMFによる第1次支援・第2次支援合計で580億ユーロの資金支援枠が設定された。また，公務員賃金・社会保障・年金などの引き下げと増税もあわせて実施の見込みとなった。アイルランド，ポルトガルも同様の債務再編策が検討された。例えばEUはIMFと協力して，アイルランドへは総額675億ユーロ（2010年11月），ポルトガルへは総額780億ユーロ（2011年5月）の支援パッケージを決めた。

スペイン，イタリアを初めとして，信用不安に見舞われ資金繰りが困難となった国々に対しては，欧州金融安定基金（EFSF，支援枠7000億ユーロ）を設置し，そこからの流動性供給や両国国債購入のファーストロス保証（20～30％）を行うこととなった。ただし，EFSFは2013年6月までの時限措置であったため，期限到来以降それを継承するものとして欧州安定メカニズム（European Stability Mechanism; ESM）なる恒久的セイフティ・ネット機関の創設が決められた。そして2012年9月にドイツ連邦憲法裁判所がドイツのESM参加は合憲であるとの判決を下したため，1年前倒しで発足する

---

3) 2012年8月末現在までの対応策である（一部2012年9月）。資料は，主としてFinancial Times電子版，Economist，日本経済新聞に拠った。

こととなった。

　さらにギリシャ，イタリア，スペインなどに対しては「トロイカプログラム」の実施による信認の回復が試みられた。すなわち，EU，ECB，IMF3機関の検証・監視により財政規律回復と構造改革支援を行うものである。

　その他，ユーロ共同債の発行や，欧州銀行全般の資本増強と公的資金注入が必要視されるし，その前提となる銀行同盟の設立も併せて検討されている。ユーロ共同債とは，加盟各国がそれぞれの信用度に応じて国債を発行するのでなく，欧州財務省のような共同機関が一括して債券を発行し，加盟各国はそこから資金融通を受けるという内容のものである。ソブリン・スプレッドに差がある現状では，周縁国は実現に期待を寄せる一方で，独・仏政府は発行コスト増に加え，財政不安国の再建インセンティブを殺ぎ，モラルハザードを生むとして反対している。また，銀行同盟とは，現在個々のEU加盟国に任せられている規制の立法化・制定，銀行免許の付与，銀行監督，預金保護保険，銀行救済・破綻処理などをEUないしはユーロ圏レベルの統一機関で行うというものである。ユーロ圏創設時から，ECBが通貨政策についてのみ責任を負い，金融システムの安定化・健全化に関しては各国の裁量に委ねられる現行制度は少なからず疑問視されていた。すなわち，現在の金融の仕組みでは，通貨の大部分はもはや現金通貨ではなく預金通貨であり，例えばユーロ圏では現金通貨はM1（現金＋決済性預金）の2割に満たない状況にある。したがって，共通通貨ユーロがユーロ圏全体で実質的に共通であるためには，銀行預金の安全度が加盟国に共通していなければならない[4]。いずれにしても，銀行への監督を一元化し透明化することにより，公的資金の注入がしやすくなるし，加えて金融システムの安定化・健全化に結びつくことが期待される。

c　危機の構造的要因

　欧州統合は，20世紀に二度にわたる世界大戦を経験した苦い教訓を踏ま

4）　有吉章（2012）「銀行同盟，EUの底力試す」『日本経済新聞・経済教室』2012年8月19日．

え，1970年に欧州共同体（EC）がウェルナー報告をまとめ，経済通貨同盟（EMU）の段階的実現を展望した。1979年には為替レートメカニズム（ERM）を中心に据えた欧州通貨制度（EMS）を発足させた。そして，1989年には「ドロール委員会報告」によって経済通貨同盟形成の三段階論（i.e. 政策協調，中央銀行創設，共通通貨の流通）が提唱され，1993年のマーストリヒト条約により1999年1月から共通通貨「ユーロ」が導入され[5]，ここにユーロ圏が誕生した[6]。

こうした一連の過程でユーロ圏制度設計の不備が露呈した[7]。すなわち，ユーロ圏＝欧州経済通貨同盟が，当初の理念型としての水平型から現実には垂直型へ転換せざるを得なかったことである。当初企図された案は，理論的背景としての「最適通貨圏」の議論もあり，同質的な先進国同士の通貨同盟という性格のものであった。しかしながら，ユーロ圏参加に際しては，物価，為替，財政ポジション，金利に関する厳しい事前審査，すなわち「収斂4条件」があるにもかかわらず，現実にはその後，経済パフォーマンスの相対的に劣る南欧諸国も参加した。また，加盟後も「安定と成長の協定（SGP）」（1997年6月採択）によるペナルティ付きの財政規律遵守ルールが

---

[5] 通貨同盟内で流通する一種類の通貨に対しては，共通通貨（common currency），統一通貨（unified currency），単一通貨（single currency）などの用語が適用される。一般に通貨金融制度の統合に関し，各国の制度を単一体へと再編する場合には単一通貨という用語が妥当し，他方，欧州のように各国の多様な制度の差異を残したまま共通のフレームワークの下で互いに協調しつつ一つの統合体として機能させようとする場合には，共通通貨という用語が適当であるとされる（田中（素）（2002）p.90）。

[6] 欧州通貨統合史に関しては今日邦語・英語ともに膨大な文献が存在するが，上川／矢後編（2007）第7章ならびにその文献案内が一つの展望を与えてくれる。その他，島崎（1987）（1997）は多くの一次資料を基に議論を展開している。

[7] 以下ユーロ圏制度設計の不備に関する議論は，田中（素）（2002）（2010）に拠った。田中（素）はまた，次のような欧州の構造変化も欧州財政金融危機の原因として指摘している。すなわち，20世紀のEC統合時代，西欧諸国はECを世界に冠たる先進国同盟としてEC統合に誇りを持った。しかしながら21世紀になり，中・東欧諸国が同盟に参加すると，先進国＋途上国連合のEUへと変質した。したがって，西欧諸国は自国を誇ることができても，EUのどこを誇るべきか曖昧となった。かくして，EUの一体性は弱まり，連邦主義志向は低減した。また，中核国たる独の欧州政策も変化した。例えば，独は欧州から取れるべきものはすべて取ると（e.g. 独統一と統一通貨による経済繁栄等），国益との兼ね合いで，EUにこれまで以上に新たな責任をもたされることへの強い拒否反応が顕現したとする（田中（素）（2010）終章）。

あるが，各種事例が示すように，この基本規定は必ずしも的確に運用されなかった。したがって域内の経済格差が解消できず，ユーロ圏に不均一が残存した。さらにまた，「通貨は一つ，財政はバラバラ」なる制度も災いした。単一市場，共通通貨，欧州中央銀行[8]によって構築された制度は，国家と類似の構造を有する[9]。しかしながら，財政は各国の主権に委ねられたから，リージョナル・インバランス問題ないしは中核国・周縁国問題が生じた。例えば，中核国は高い技術水準により貿易部門の生産性を高めることでバラッサ・サミュエルソン効果[10]が働き，さらに相対的に低いインフレ率も幸いして，実質実効為替レートや実効交易条件で示されるごとく，増価圧力が高まった。だが，一元的・集権的に運営される中央銀行制度や単一市場・共通通貨により，中核国は本来の通貨価値よりも安い水準を確保し得たことから，域内・域外への輸出は拡大し経済繁栄を享受した。他方，周縁国は逆に高失業・低賃金・経済停滞に悩まされた。それゆえ，国家であればそうした場合，通常は財政による富の再配分機能を活用して経済の格差是正をはかるという方策が採られる。だが，ユーロ圏のような分権的な財政制度では，効果的な財政資金のトランスファー・システムがビルトインされておらず，各国の利害・得失が衝突して財政による富の再配分機能は有効には働かなかった[11]。

---

8) ユーロ中央銀行制度 (Eurosystem) は，上部機関である欧州中央銀行 (European Central Bank; ECB) と下部機関のユーロ圏加盟各国中央銀行 (National Central Banks; NCBs) から構成され，ECB が"通貨価値の安定"を最優先課題として政策金利その他の決定を行うとともに NCBs がそれら決定事項を実行する。また，ECB は NCBs とともに唯一の法定通貨たるユーロを発行する（欧州中央銀行ウェブサイト：www.ecb.europa.eu）。

9) 田中（俊）(1998) 第3章。

10) バラッサ・サミュエルソン効果とはおよそ以下のようなものである。いま添え字 T を貿易財部門，N を非貿易財部門とすれば，

$$P_T = SP_T^*$$ …貿易財サービスの一物一価法則

$$S^{ppp} = \frac{P}{P^*} = \frac{(P_T)^\omega (P_N)^{1-\omega}}{(P_T^*)^\omega (P_N^*)^{1-\omega}}$$ …購買力平価式（ω は貿易財・非貿易財価格のウエイト）

であるから，貿易財サービス部門の生産性上昇率が相対的に高まって貿易財サービス価格（P_T）が上昇し，それに伴い非貿易財サービス価格を含む物価水準（P）も上昇し，結果的に $\Delta S^{ppp} > \Delta S$ となる，すなわち，自国通貨建て為替レート（S）は購買力平価水準（S^{ppp}）より増価方向に乖離するというものである。

2 最適通貨圏

a 国家と通貨圏

一般に，政治上の単位である「国家」(nation-state) と国際通貨制度の適用されるべき「経済的地域」すなわち「通貨圏」(currency area) とは，同一である場合もあれば異なる場合もある。すなわち，①世界のそれぞれの国が一国の主権の象徴でもある通貨発行権を行使して独自の通貨を発行し，それに基づいて各国が独自の通貨圏を形成すると同時に他国通貨との間には変動相場制を採用するのが望ましいか，それとも，②いくつかの国がグループを作ってグループごとに一つの通貨圏を形成し，域内では単一通貨・共通通貨を採用するかあるいは固定相場制を採用すると同時に，グループ間では変動相場制を採用するのが望ましいか，という問題である。ところで，通貨圏の域内では原則として為替変動リスクや為替取引コストは存在しないし，価格の透明性も確保できるから，通貨圏の範囲が広ければ広いほどそこで流通される貨幣の諸機能（ニューメレール，取引機能，価値保蔵機能）がスムーズに発揮できる。しかしながら，他方において一つの通貨圏の地理的範囲が広ければ，それだけ経済構造の異質性やマクロ経済活動の多様性が拡大して経済政策効果は希釈せざるを得なくなる。例えば，通貨圏の範囲の地理的拡大とともに，域内のある国・地域は好況であるが別のある国・地域は不況であるという景気循環の不一致状況は起こり易くなる。その際，金融緩和・財政刺激政策は不況地域にはプラスとなっても，好況地域にはかえってインフレ・プレッシャーをもたらしかねない。かくして，どの程度の地理的範囲を最適な通貨圏と考えるべきかという検討が次に必要になってくる。

b 最適性

最適通貨圏問題で議論される「最適性」基準ないしは尺度とは，域内の雇

---

11) 田中（素）によれば，ユーロ圏では2000年代は民間資金が財政資金の移転に代替し，深刻な中核国・周縁国問題が生じなかったとしている（田中（素）(2010) pp.200-202）。しかしながら，2007～09年に世界的金融危機が顕在化して以降，周縁国に対する民間資金フローは大きく反転し，欧州銀行によるクロスボーダーの国際保有残高は激減した（BIS統計各年）。

用水準および物価水準を安定化させ得るか否か[12]，ないしはその域内における①完全雇用の維持，②国際収支の均衡，③国内物価水準の安定，が図れるか否か[13]をもって判断を与えるのが一般的である。

それではどのような条件が満たされたとき，複数国家がグループ化して上述最適性基準に照らして最適な一つの通貨圏を形成すべきであろうか。

まず第1に生産要素の移動性が挙げられよう[14]。通貨圏内で労働・資本などの生産要素に関する移動性が高ければ，域内の地域間・国際間収支が不均衡に陥った際に生産要素が赤字・不況地域から黒字・好況地域に移動することにより不均衡は是正される。したがって，域内では地域間相互に変動相場制を採用して為替レートによる調整を行うことなく最適性基準を確保できることになる。

次に経済の開放性の程度が挙げられる[15]。例えば全体の生産に占める貿易財サービス比率の大小をもって開放度の高低を表すとすれば，開放度が高い経済では，変動相場制の下では貿易財の国内価格は大きく変動し，国内の物価水準やひいては雇用水準を不安定化させるから，むしろ最適通貨圏を形成した方が望ましいと言える。

また，輸出の多様化なる議論もある[16]。輸出の多様化すなわち生産活動が多様化した経済では，①与件の変化に伴う交易条件の大幅な変化が少数の製品に特化した経済よりも起こりにくい，②当該経済の主要輸出品に対する需要が減退しても，そのために生ずる失業を他産業で吸収し易い，③輸出の変動が即国内投資水準に影響を及ぼし，両者の変動が一致して国内雇用水準を大幅に変動させることは少ない，などから，交易条件の頻繁な変化すなわち為替レートの頻繁な変化の必要性を低下させることより，最適通貨圏の形成を主張する。

その他，物価・賃金の伸縮性・可変性に着目した議論もある[17]。不況国・

---

12) Mundell (1961).
13) McKinnon (1963).
14) 小宮（1975），Mundell (1961).
15) ditto (1975), McKinnon (1963).
16) ditto (1975), Kenen (1969).
17) 田中（素）(2002).

地域において，実質賃金が伸縮的で下落するならば，限界費用の低下から企業業績は回復し，それゆえ同時に価格を引き下げることによって交易条件は上昇し価格競争力を増すこともできる。したがって，不況にともなう域内の地域間不均衡は是正され，変動相場制採用による為替レート調整なくして最適性基準を確保できる。

c 通貨同盟

最適通貨圏内で通貨金融を統合し，関係国が通貨同盟，すなわち固定為替相場制の導入や単一通貨・共通通貨の発行を進めると，一方で域内での為替変動リスク消滅に加え，さらに単一通貨・共通通貨を発行する場合には，域内で為替両替コストの消滅，価格の透明性確保，金融・資本市場の厚み増，などの便益が期待できる。これに対し他方で，為替レートによる対外不均衡調整機能の放棄や金融政策の独自性・自律性の喪失，更に単一通貨・共通通貨発行のケースでは自国の通貨発行権・通貨発行益（seigniorage gain）喪失という費用が発生する。こうした経済的観点からする便益・費用の比較考量に加えて，NAFTA（北米自由貿易協定）を基礎とする米州自由貿易圏（FTAA）や欧州経済通貨同盟（EMU）の事例が示すように，通貨統合に際してはさらにある一定の歴史的共通認識や地理的・文化的・社会的背景，政治的判断・決断を伴うのが通例である。

d ユーロ圏

ところで，欧州ユーロ圏の現実は，①国際間の生産要素移動が僅少で，②賃金・物価は下方硬直的であり，しかも③EUの財政規模はGDP比1％強程度と小さく財政資金の地域的移転能力が乏しい，などが挙げられる。したがって，上述したユーロ圏の財政金融危機をはじめとする今日の様々な問題点は，トーマス・マンの"ドイツ的欧州でなく欧州的ドイツを"という言葉に代表されるごとく，まさにユーロ圏が最適通貨圏の経済的条件に先んじて政治的事由を優先させ，しかもその欠陥・弱点を補填するに足る十全たる制度設計をなし得なかったことに起因すると言えるであろう[18]。

そこでこうした「欧州経済通貨同盟」ないしは「ユーロ圏」に関する議論を踏まえ，次節以降，理論モデル分析をベースにこれら諸問題に関連する要因を整理・検討してみよう。

3 理論的分析

1 理論モデルの素描

我々は，欧州におけるユーロ圏のような共通通貨同盟 (common currency union; CCU) なる開放マクロ経済を想定する。そして，これら通貨同盟は，実直線上の単位閉区間 $[0,1] \subset R^1$ に連続的に分布する小国経済の集合体と考える。さらにこれら集合体の内と外との経済取引を便宜的に捨象し，また，各国経済主体の選好・技術や各市場構造は同形的と仮定する。

通貨同盟に属する各国は企業，家計，政府の3部門から構成されるものとする。これら各国企業はブランド力などにより差別化された1種類の財サービスを生産し，自国ならびに自国以外の同盟内各国 (i.e. 外国) に販売する。他方，各国家計は労働を自国企業に提供して賃金を受け取るとともに株式を保有する同盟各国企業から利益配分を配当として受け取り，さらに期をまたがる価値保蔵手段として保有する共通通貨建て債券ポートフォリオのペイオフとともに，一括個人税を差し引いたそれら可処分所得を対価に自国・外国の財サービスを購入・消費する。

財サービス市場はここでも独占的競争の状況下にあると仮定する。すなわ

---

18) これに対して以下のような反論が提起されている（田中（素）(2002) 第6章）。すなわち，①に関しては，EU 主要国はほとんど全ての産業を有しており，しかも産業構造が類似していることから特定国だけ不況に陥ることは考えにくく，仮にそうした不況に陥っても国内で不況部門から好況部門へ生産要素が移転すればよいのであり，したがって，Mundell の言う国際間の生産要素移動という最適性条件に合致しないことをもって必ずしも EMU の実現性を否定することにはならない，②に関しては，通貨統合への収斂プロセスにおいて，EMU 参加各国の労働組合が「平均的行動の法則」に従うようになり，したがって為替レートによる調整が必要な国別賃金水準の歪みは少なくなった，③に関しては，EMU 参加国平均の財政規模は GDP 比 50% 前後と高く，したがって EU 財政に資金を集めなくても地域的な不況に十分対応可能である，などである。これらは，ユーロ圏＝最適通貨圏という条件が妥当するかぎり正当化される議論と言えるであろう。だが，欧州ユーロ圏の現状は，最適通貨圏が想定する「最適圏域」を超えたのであった。

ち，多数の企業が生産活動を行い，企業の市場への参入・退出が自由であるという点では競争的であるが，他方において各企業は，"差別化"された財サービスを生産することによって独自の需要関数に直面し，したがって財サービス価格に決定力・支配力を有するという点では独占的である。また，それぞれの財サービスはある程度まで相互に代替的であり，価格の過度の引き上げは自社製品から他社製品に需要がシフトする可能性があるという意味では各独占的企業は「競争」関係にある。かくして，こうした独占的競争によって決まる財サービス価格に対しては，カルボ型の確率的価格設定ないしは変更による粘着性をそれぞれ想定する。他方，債券市場に関しては完全競争的で，利子率のシグナル機能を基に共通通貨建て債券が取引されるものとする。また，労働市場に関しても完全競争的で，伸縮的な賃金率によって労働の需給が調整されると考える。

　国民の一括個人税徴収を見合いに政府部門の供給する公共財サービスに関しては，ホームバイアスの強い現状に鑑みて輸出入を考えず国内財サービスの調達のみとし，また，家計が供給する労働力もまた国際間移動を考えない。

　これら小国開放経済の枠組みの下で，各家計は，合理的予想形成に基づき，異時点間の所得制約式を条件として将来に亘る効用を最大化する。また各企業は，それぞれの生産技術構造と自己の設定する価格水準に対する個別財サービス需要量とを制約条件として，同じく合理的予想形成に基づき将来に亘る利潤の最大化をはかる。

　最後に，通貨同盟は，単一の中央銀行を持ち，各国に共通した金利を主要政策変数として，通貨同盟全体の経済厚生最大化という政策目標を追求する。加えて，同盟各国の個別政府はまた，歳入（i.e. 一括個人税）ならびに歳出（i.e. 公共財サービス）に係わる財政政策を個別裁量により独自に追求する。

　かくして，同盟中央銀行・各国政府の財政金融政策が実施されたとき，それら各部門の経済主体の主体的均衡によって一意的に定まった通貨同盟内の各国ないしは同盟全体における財サービス需給量，労働需給量，債券需給額が，それぞれのローカルもしくはグローバルな市場でクリアーされ今期の市

場均衡が達成される。

以下の項において，これら共通通貨同盟に関する小国開放経済型動学的（確率的）一般均衡モデル（Small Open Economy Dynamic Stochastic General Equilibrium Model）のスケッチをさらに厳密に定式化してみよう[19]。ただし，通貨同盟に属する自国を i，他の同盟各国を j，家計を h，企業を f とし，それぞれ1次元実空間の単位閉区間に連続的に分布すると仮定する（$\forall i,j,h,f \in [0,1] \subset R^1$）[20]。

2　家計

a　選好

通貨同盟に属する i 国の代表的家計は，次のような同形的効用関数を持つものとする。

(1) $\qquad U_t(i) = E_t[\sum_{s=0}^{\infty} \beta^s u_{t+s}(i)], \ \forall i \in [0,1], \ \forall t \in \{0,1,2,\cdots\}$

$$u_{t+s}(i) = (1-\chi)\frac{(C_{t+s}(i))^{1-\rho}}{1-\rho} + \chi\frac{(G_{t+s}(i))^{1-\rho}}{1-\rho} - \frac{(N_{t+s}(i))^{1+\nu}}{1+\nu}$$

ただし　$\beta(\in(0,1))$：時間的割引率

$\chi(\in[0,1))$：公共財サービス消費比率

$\rho, \nu(>0)$：定数

$E[\cdot]$：期待値オペレータ

ここで i 国の代表的家計による輸入財サービス消費指標 $C_{Ft}(i)$ を，次のような Dixit=Stiglitz 型集計指標[21]で定義する。すなわち，

(2) $\qquad C_{Ft}(i) = \left[\int_0^1 C_{Ft}(i,j)^{\frac{\theta-1}{\theta}} dj\right]^{\frac{\theta}{\theta-1}}$

とする。ただし $C_{Ft}(i,j)$ は通貨同盟の j 国で生産され i 国に輸入された個別財サービス消費指標を，また $\theta(>1)$ は各国財サービス需要における代替の価格

---

[19]　本節で展開したモデルは，主として Gali/Monacelli（2005）（2008）に負う。

[20]　以下，i,j,h,f（$\in[0,1]\subset R^1$）を引数とする全ての経済変数（e.g. F）は，実空間上の単位閉集合上で定義された連続な実関数，すなわち

　　　　$F:R^4 \to R^1$ & $F \in C([0,1] \times [0,1] \times [0,1] \times [0,1])$

とする。したがって，全ての経済変数に関し，定義域の上で通常の微分・積分が求められる。

[21]　Dixt/Stiglitz (1977).

弾力性を表す．したがって，経済の開放度 $\alpha(\in(0,1))$ を私的財サービスの全消費量に占める輸入財サービスの比率で定義すれば，i 国の代表的家計による私的財サービス消費指標 $C_t(i)$ は，$C_{Ht}(i)$ を自国財サービス消費指標とし，自国と外国の財サービス需要における代替の価格弾力性を $\eta(>1)$ として，

$$(3) \quad C_t(i) = \left[(1-\alpha)^{\frac{1}{\eta}}(C_{Ht}(i))^{\frac{\eta-1}{\eta}} + \alpha^{\frac{1}{\eta}}(C_{Ft}(i))^{\frac{\eta-1}{\eta}}\right]^{\frac{\eta}{\eta-1}}$$

で表される。さらに $\eta \to 1$ とすれば，"ロピタルの定理"を用いて(3)式の消費指標は，コブ=ダグラス型の

$$(3a) \quad C_t(i) = \left(\frac{C_{Ht}(i)}{1-\alpha}\right)^{1-\alpha}\left(\frac{C_{Ft}(i)}{\alpha}\right)^{\alpha}$$

という形をとる[22]。また，$G_t(i)$ は，i 国の代表的家計による公共財サービス消費指標を，$N_t(i)$ は代表的家計の労働供給時間を表す。さらにこれら(2)式・(3)式・(3a)式に対応した各価格指標は，

$$(4) \quad P_{Ft}(i) = \left[\int_0^1 P_{Ft}(i,j)^{1-\theta}dj\right]^{\frac{1}{1-\theta}}$$

ならびに

$$(5) \quad P_t(i) = [(1-\alpha)(P_{Ht}(i))^{1-\eta} + \alpha(P_{Ft}(i))^{1-\eta}]^{\frac{1}{1-\eta}}$$

$$(5a) \quad P_t(i) = (P_{Ht}(i))^{1-\alpha}(P_{Ft}(i))^{\alpha} \quad (\eta \to 1)$$

で表される。ただし，ここで $P_{Ht}(i)$ は i 国の共通通貨建て表示による自国財サービス価格指数を，$P_{Ft}(i,j)$ は i 国による j 国からの共通通貨建て表示輸入財サービス価格指数を，$P_t(i)$ は i 国の消費者物価指数をそれぞれ示している。また各国の個別財サービスに関する上述価格 P_{Ht},P_{Ft} は後に本節・第3項で見るごとく，独占的競争下にある各国企業の利潤最大化行動から決まってくる。

b 予算制約式

i 国の代表的家計における t 期の予算制約式を，

$$(6) \quad P_t(i)C_t(i) + E_t[R_{t,t+1}B_{t+1}(i)] \leq W_t(i)N_t(i) + \Phi_t(i) + B_t(i) - TX_t(i)$$

---

22) 西村和雄（1990）『ミクロ経済学』東洋経済新報社，pp.197-198.

$\forall t \in \{0,1,2,\cdots\}$

で表す。ここで消費者物価指数 $P_t(i)$ は(5)式から，私的財サービス消費指標 $C_t(i)$ は(3)式からそれぞれ決まるものである。また $B_t(i)$ は $C_t(i)$ と共通のニューメレールをとった代表的家計の保有する名目債券ポートフォリオ，$R_{t,t+1}$ はそれらポートフォリオ・ペイオフに対する時間的割引率（i.e. 各国共通），$\Phi_t(i)$ は株式を保有する同盟各国企業から i 国の代表的家計に支払われるところの $C_t(i)$ と共通のニューメレールをとった名目配当金，$W_t(i)$ は自国企業から代表的家計に支払われる時間当たり名目賃金率，$N_t(i)$ は i 国の代表的家計が自国企業に提供する労働時間，$TX_t(i)$ は同じく $C_t(i)$ と共通のニューメレールをとった自国政府によって徴収される一括個人税である。

c 個別財需要

次に i 国の代表的家計は，自国・外国の個別財サービス消費需要を，名目総支出額一定の下でそれら個別財サービス消費の総実質量を最大にするようにそれぞれ決めるものとするものとすれば，$I_t(i)(\equiv I_{Ht}(i) + I_{Ft}(i)), I_{Ft}(i)$ を全財サービス（≡ 自国＋外国）および外国財サービスに対する一定の名目総支出額として，$\forall t \in \{0,1,2,\cdots\}$ に対し，

(7) $\max_{\{C_H(i)\}} : C_t(i) = \left[(1-\alpha)^{\frac{1}{\eta}}(C_{Ht}(i))^{\frac{\eta-1}{\eta}} + \alpha^{\frac{1}{\eta}}(C_{Ft}(i))^{\frac{\eta-1}{\eta}}\right]^{\frac{\eta}{\eta-1}}$

s.t. $\left[(1-\alpha)(P_{Ht}(i))^{1-\eta} + \alpha(P_{Ft}(i))^{1-\eta}\right]^{\frac{1}{1-\eta}} C_t(i) \leq I_t(i)$

given $P_{Ht}(i), P_{Ft}(i), I_t(i)$

ならびに

(8) $\max_{\{C_F(i,j)\}} : C_{Ft}(i) = \left[\int_0^1 C_{Ft}(i,j)^{\frac{\theta-1}{\theta}} dj\right]^{\frac{\theta}{\theta-1}}$

s.t. $\int_0^1 P_{Ft}(i,j) C_{Ft}(i,j) dj \leq I_{Ft}(i)$

given $P_{Ft}(i,j), I_{Ft}(i)$

を同時に解くことで得られる。したがって，

(9) $C_{Ht}(i) = \left(\frac{1-a}{a}\right)\left(\frac{P_{Ht}(i)}{P_{Ft}(i)}\right)^{-\eta} C_{Ft}(i)$

$$C_{Ft}(i,j) = \left(\frac{P_{Ft}(i,j)}{P_{Ft}(i)}\right)^{-\theta} C_{Ft}(i)$$

となる[23]。

d 主体的均衡

i 国の代表的家計は，財サービス価格，債券ポートフォリオ，ポートフォリオ割引率，配当金，賃金率，一括個人税が所与のとき，予算制約式の下，合理的予想形成に基づきつつ期待効用を最大とするように今期の消費需要量および労働供給量ならびに次期債券ポートフォリオをそれぞれ決めるものとする。したがって，i 国家計の最適化行動は，

(10) $\max_{\{B_{s+1}\}\{C_s\}\{N_s\}} : U_t(i) = E_t[\sum_{s=t}^{\infty} \beta^{s-t} u_s(i)]$,

$$u_s(i) = (1-\chi)\frac{(C_s(i))^{1-\rho}}{1-\rho} + \chi\frac{(G_s(i))^{1-\rho}}{1-\rho} - \frac{(N_s(i))^{1+\nu}}{1+\nu}$$

s.t. $C_s(i) + E_s[R_{s,s+1}\frac{P_{s+1}}{P_s}\frac{B_{s+1}(i)}{P_{s+1}}] \leq \frac{W_s}{P_s}N_s(i) + \frac{\Phi_s(i)}{P_s} + \frac{B_s(i)}{P_s} - \frac{TX_s(i)}{P_s}$

given $P_s, P_{s+1}, B_s(i), R_{s,s+1}, \Phi_s(i), W_s, TX_s(i)$

$\forall i \in [0,1], \forall t \in \{0,1,2,\cdots\}$

なる制約条件付き最大化問題を解くことで得られる。そこで，動学的ラグランジュ方程式として，

(11) $\mathcal{L}_t = E_t[\sum_{s=t}^{\infty} \beta^{s-t}\{((1-\chi)\frac{(C_s(i))^{1-\rho}}{1-\rho} + \chi\frac{(G_s(i))^{1-\rho}}{1-\rho} - \frac{(N_s(i))^{1+\nu}}{1+\nu})$

$+ \lambda_s[\frac{W_s}{P_s}N_s(i) + \frac{\Phi_s(i)}{P_s} + \frac{B_s(i)}{P_s} - \frac{TX_s(i)}{P_s} - C_s(i) - (R_{s,s+1}\frac{P_{s+1}}{P_s}\frac{B_{s+1}(i)}{P_{s+1}})]\}]$

と置く。この(11)式に「Kuhn=Tucker定理」[24]を適用して1階の必要条件を求めると，以下のような t 期における i 国家計の主体的均衡条件を得る[25]。すなわち，

(12) $(C_t(i))^{-\rho} = \beta E_t\left[\frac{P_t}{R_{t,t+1}P_{t+1}}(C_{t+1}(i))^{-\rho}\right]$ …消費オイラー方程式

---

23) 岡田（2012c）。
24) Kuhn/Tucker (1951).

(13) $\quad (C_t(i))^\rho = (1-\chi)\dfrac{W_t}{P_t}(N_t(i))^{-\nu}$ …消費・余暇トレードオフ条件式

(14) $\quad E_t[\lim_{T\to\infty} B_{T+t}(i)\prod_{s=t}^{T+t-1} R_{s,s+1}] = 0$ …no-Ponzi-game 条件式

である。ここで r_t を共通通貨建て名目債券ポートフォリオ B の名目利子率とすれば,ポートフォリオの時間的割引率に対してこの利子率を適用することにより(i.e. $E_t[R_{t,t+1}]=\dfrac{1}{1+r_t}$),(12)式の消費オイラー方程式はさらに

(12a) $\quad (C_t(i))^{-\rho} = \beta(1+r_t) E_t\left[\dfrac{P_t}{P_{t+1}}(C_{t+1}(i))^{-\rho}\right]$

と書ける。

3 企業

a 生産技術

通貨同盟に属する j 国の各企業は,固定的生産要素である機械設備を一定とし,可変的生産要素である労働を投入して差別化された1種類の財サービスを生産する。これら各企業の生産技術構造はすべて同形的であるとする。したがって,各企業の個別生産関数 F^j は,A_t を技術水準(or 労働生産性)[26]とすれば,$\forall t \in \{0,1,2,\cdots\}$ に対し,

(15) $\quad Y_t(j) = F^j(N_t(j)) = A_t(j)N_t(j), \quad \forall j \in [0,1]$

$\qquad A_t(j) = A_0(j)\exp(\varepsilon_t),\ A_0(j)(>0)$:定数&$\varepsilon_t \sim i.i.d.D(0,\sigma_a^2)$

で表せる。

ところで,実質国内総生産の t 期における通貨同盟各国の需要総計を,先の財サービス消費指標に倣って $Y_t = \left[\int_0^1 Y_t(j)^{\frac{\theta-1}{\theta}} dj\right]^{\frac{\theta}{\theta-1}}$(ただし $\theta>1$)と置き,

---

[25] 岡田(2012c)。ただし,i 国家計の主体的均衡条件式(12)式〜(14)式に加え,

$\qquad \lambda_s \geq 0,\ f_s(x) \equiv \{\dfrac{W_s}{P_s}N_s + \dfrac{\Phi_s}{P_s} + \dfrac{B_s}{P_s} - \dfrac{TX_s}{P_s} - C_s - (R_{s,s+1}\dfrac{B_{s+1}}{P_s})\} \geq 0$

に対して

$\qquad \lambda_s[f_s(x)] = 0$

なる条件式が加わる。また,i 国家計の公共財サービス消費需要量決定に関しては,合理的予想に基づき,所得制約の下で家計の総効用和の最大化が図られることにより今期の財サービス消費量全体が決まると,そのうち100χパーセントが公共財サービス消費需要に向けられる。一方,残りの100$(1-\chi)$パーセントが私的財サービスの消費需要に当てられる。

[26] その他 A_t はソロー残差,全要素生産性(TFP)とも称されるもので,ここでは毎期確率変動しながら指数拡大的に増加していくと仮定する。

これを対数表示による1次までのテイラー展開式で近似すると，$\ln Y_t = \int_0^1 \ln Y_t(j) dj$ なる関係式を得る[27]。また，各国企業の労働需要総計は，$N_t = \int_0^1 N_t(j) dj$ であるから[28]，同じく対数表示による1次までのテイラー展開式で近似すると，$\ln N_t = \int_0^1 \ln N_t(j) dj$ なる関係式を得る。したがって，(15)式を用いて，$\ln N_t = \int_0^1 \ln N_t(j) dj = \int_0^1 \{\ln Y_t(j) - \ln A_t(j)\} dj$ より，ここに通貨同盟各国の t 期における集計的な生産関数

(16) $\quad y_t = a_t + n_t$

$\qquad a_t = a_0 + \varepsilon_t, \quad \varepsilon_t \sim i.i.d.D(0, \sigma_a^2)$

を得る。ここでアルファベット小文字は，それぞれ大文字変数の対数表示を表している。

b　最適化行動

j 国企業の最適化行動は，完全競争的労働市場において"見えざる手"からアナウンスされる名目賃金率ならびに次の c 段で示される自らの設定価格水準を所与とし，且つ自社の生産技術構造を示す(15)式を制約条件として，今期における費用関数の最小化をはかるものとして表わせ得る。すなわち，

(17) $\quad \min_{\{N_t(j)\}} : \dfrac{W_t}{P_{Ht}(j)} N_t(j)$

$\qquad\quad$ s.t. $Y_t(j) \leq A_t(j) N_t(j)$

$\qquad\quad$ given $W_t, P_{Ht}(j)$

---

[27] $Y_t = \left[\int_0^1 Y_t(j)^{\frac{\theta-1}{\theta}} dj\right]^{\frac{\theta}{\theta-1}}$ は $Y_t^{\frac{\theta-1}{\theta}} = \left[\int_0^1 Y_t(j)^{\frac{\theta-1}{\theta}} dj\right]$ と書けるから，1次までのテイラー展開で近似させると，

$$1 = \int_0^1 \left(\frac{Y_t(j)}{Y_t}\right)^{\frac{\theta-1}{\theta}} dj = \int_0^1 \exp\left\{\frac{\theta-1}{\theta}(\ln Y_t(j) - \ln Y_t)\right\} dj \approx \int_0^1 \left\{1 + \frac{\theta-1}{\theta}(\ln Y_t(j) - \ln Y_t)\right\} dj$$

$$= j\big|_0^1 + \frac{\theta-1}{\theta} \int_0^1 (\ln Y_t(j) - \ln Y_t) dj$$

となる。したがって，これより $\ln Y_t = \int_0^1 \ln Y_t(j) dj$ なる対数表示の関係式が得られる。

[28] 第3節第1項「理論モデルの素描」で記したごとく，本節で展開された理論モデルでは，労働は差別化された財サービスと異なり"同質的"と仮定する。

なる制約条件付き最小化問題として定式化できる。かくして，各企業にとって，$\lambda_t(j)$をラグランジュ乗数とすれば，(17)式に対する最適解のための1階の必要条件は，

(18) $\quad \dfrac{W_t}{P_{Ht}(j)} - \lambda_t(j) A_t(j) = 0$

として求まる[29]。また，この(18)式より以下のような企業の実質限界費用$MC_t(j)$が求まる。

(19) $\quad MC_t(j) = \dfrac{1}{A_t(j)} \dfrac{W_t}{P_{Ht}(j)}$

c 財サービス価格設定

　通貨同盟内における独占的競争状況下の私的財サービス市場では，各企業は差別化された自社の財サービスに対して自ら価格を設定し得る。ただし，各企業にとっては，価格の調整機会は限定的であり，自社製品サービス価格をいつでも欲するときに変更できるわけではなく，一定の確率に従ってランダムになし得ると想定する（i.e. カルボ型粘着価格モデル[30]）。すなわち，j国企業が任意の時点で価格を据え置く確率を$\omega(\in(0,1))$，価格を変更し得る確率を$1-\omega$とする。したがって，将来に亘り価格を改定できないリスクがある状況下では，各企業は，単に当期の利潤のみならず，将来に亘る予想利潤の割引現在価値も含めてその最大化を図るものと考えられる。ところで，当該経済では私的財サービス生産企業数は十分に大きいと仮定していたので，このことは，毎期一定割合（i.e. $1-\omega$）の企業だけ価格改定の機会が与えられることと同義である。さらに各企業の価格設定行動様式に対し，次のようなルールの採用を付け加える。すなわち，各企業は今期価格が最適水準に改定できず価格を据え置いた場合でも，全般的な物価上昇に即し，前期における物価の上昇率分だけは部分的に自社製品サービス価格にスライドさせ得るという，いわゆるウッドフォード型インデクセーション・ルール[31]の採用で

---

29) 岡田（2012c）。さらに$\lambda_t \geq 0$ & $\lambda_t\{Y_t(j) - A_t(j)N_t(j)\} = 0$が最適解のための1階の必要条件に加わる。

30) Calvo (1983).

3 理論的分析

ある。

かくして，t 期における j 国企業の最適化行動様式は，名目賃金率に加え，自社の設定価格水準 $P_{Ht}(j)$ によって与えられる各財の個別需要関数に直面したとき，物価水準や全体の私的財サービス生産額を所与として，合理的予想の下で以下のように定式化できる[32]。

(20) $\max_{\{P_t(j)\}} : \tilde{\Phi}_t(j)$

$$= E_t[\sum_{s=0}^{\infty} \beta_{t+s} \omega^s \{ (\frac{P_{Ht}(j)}{P_{H,t+s}})(\frac{P_{H,t-1+s}}{P_{H,t-1}})^\gamma Y_{t+s}(j) - MC_{t+s}(j) Y_{t+s}(j) \}]$$

s.t. $P_{H,t+s}(j) = P_{Ht}(j) \prod_{k=1}^{s} \left(\frac{P_{H,t-1+k}}{P_{H,t-2+k}} \right)^\gamma$

$Y_{t+s}(j) = \left(\frac{P_{H,t+s}(j)}{P_{H,t+s}} \right)^{-\frac{1+\theta}{\theta}} Y_{t+s}$

given $MC_{t+s}(j), P_{H,t-1}, P_{H,t+s}, Y_{t+s}$

$\forall j \in [0,1], \forall t \in \{0,1,2,\cdots\}$

ただし β_{t+s} は企業の最終所有者たる家計の限界効用で評価された企業の主観的割引率であり，$\beta_{t+s} = \beta^s \frac{\lambda_{t+s}(j)}{\lambda_t(j)} (\beta \in (0,1))$ で定義される。さらに $\gamma (\in [0,1])$ はインデクセーション・ルールに基づく価格転嫁率である。

したがって，両制約条件式を主方程式に代入し，設定価格 $P_t(j)$ で偏微分してこれら制約条件つき最大化問題を解くと，以下のような j 国企業の最適化行動に関する 1 階の必要条件が導かれる[33]。

(21) $E_t[\sum_{s=0}^{\infty} \beta_{t+s} \omega^s Y_{t+s}(j) \{ (\frac{P_{Ht}(j)}{P_{H,t+s}})(\frac{P_{H,t-1+s}}{P_{H,t-1}})^\gamma - (1+\theta) MC_{t+s}(j) \}] = 0$

…価格設定式

このことから，j 国企業の価格設定に関する主体的均衡条件，すなわち，最適価格が限界費用の将来の流列に一定のマークアップ率 $(1+\theta)$ を乗じたものと等しくなるという以下の関係式が得られる。

---

31) Woodford (2003) Chap. 3.
32) ここで私的財サービス需要の代替弾力性を $\frac{\theta-1}{\theta} \to \frac{1}{1+\theta}, \frac{\theta}{\theta-1} \to 1+\theta, \frac{1}{\theta} \to \frac{\theta}{1+\theta}$，$\theta > 1 \to \theta > 0$ とそれぞれ変更しているが，以下議論の本質に変わりはない。
33) 岡田（2012c）。

(22) $$\frac{P_{Ht}(j)}{P_{Ht}} = (1+\theta)E_t\sum_{s=0}^{\infty} f_{t+s} MC_{t+s}(j)$$

ただし $$f_{t+s} \equiv \frac{\beta_{t+s}\omega^s\left(\left(\frac{P_{Ht}}{P_{H,t+s}}\right)\left(\frac{P_{H,t-1+s}}{P_{H,t-1}}\right)^{\gamma}\right)^{-\frac{1+\theta}{\theta}} Y_{t+s}}{E_t\sum_{s=0}^{\infty} \beta_{t+s}\omega^s\left(\left(\frac{P_{Ht}}{P_{H,t+s}}\right)\left(\frac{P_{H,t-1+s}}{P_{H,t-1}}\right)^{\gamma}\right)^{-\frac{1}{\theta}} Y_{t+s}}$$

$\forall j \in [0,1], \forall t \in \{0,1,2,\cdots\}$

我々はここで通貨同盟内の各国企業に同質性条件を課せば国を識別する引数 j が落とせる。これより，各国企業全般の集計的価格遷移式

(23) $$P_{Ht} = \left[(1-\omega)X_t^{-\frac{1}{\theta}} + \omega\{P_{H,t-1}(\frac{P_{H,t-1}}{P_{H,t-2}})^{\gamma}\}^{-\frac{1}{\theta}}\right]^{-\theta}$$

が求まる。ここで X_t は t 期に価格改定の機会を得た企業群の設定する最適価格水準である。

4 公共財サービス

i 国政府の t 期における公共財サービス購入集計量 $G_t(i)$ は，$G_t(i,f)$ を政府によって購入される自国企業 f の生産する個別自国財サービスとすれば，$\forall t \in \{0,1,2,\cdots\}$ に対し，

(24) $$G_t(i) = \left[\int_0^1 \{G_t(i,f)\}^{\frac{\theta-1}{\theta}} df\right]^{\frac{\theta}{\theta-1}}, (\theta > 1)$$

で定義される。したがって，(24)式に対応する公共財サービス価格は

(25) $$P_{Ht}(i) = \left[\int_0^1 \{P_{Ht}(i,f)\}^{1-\theta} df\right]^{\frac{1}{1-\theta}}$$

で示せる。ただし $P_{Ht}(i,f)$ は自国企業 f の生産する個別自国財サービス価格である。ここで，i 国政府の最適化行動を，歳入額（i.e. 自国民の一括個人税）の制約下で歳出額（i.e. 公共財サービス購入額）の最大化をはかるものとすれば，

(26) $$\max_{\{G_t(i,f)\}} : G_t(i) = \left[\int_0^1 \{G_t(i,f)\}^{\frac{\theta-1}{\theta}} df\right]^{\frac{\theta}{\theta-1}}$$

$$\text{s.t.} \int_0^1 P_{Ht}(i,f)G_t(i,f)df \leq \int_0^1 TX_t(i,h)dh$$

given $P_{Ht}(i,f), TX_t(i,h)$

と定式化できる。したがって,これより i 国政府の t 期における個別公共財サービス需要量は,

(27) $\qquad G_t(i,f) = \left(\dfrac{P_{Ht}(i,f)}{P_{Ht}(i)}\right)^{-\theta} G_t(i)$

で示せる[34]。

5 交易条件・物価・消費

a 交易条件・物価

通貨同盟内における自国 i と外国 j との二国間 (bilateral) 交易条件 $S(j)$ を,共通通貨建て j 国財サービス価格 $P_{Ft}(j)$ と共通通貨建て自国財サービス価格 P_{Ht} との比率と定義すれば,$S_t(j) = \dfrac{P_{Ft}(j)}{P_{Ht}}$ となるから,t 期における i 国の実効 (effective) 交易条件 S_t は,$\forall t \in \{0,1,2,\cdots\}$ に対して

(28) $\qquad S_t = \dfrac{P_{Ft}}{P_{Ht}} = \left(\displaystyle\int_0^1 S_t(j)^{1-\eta} dj\right)^{\frac{1}{1-\eta}}$

で求められる。この(28)式をさらにテイラー展開における1次までの項で近似させれば,

(29) $\qquad s_t = \displaystyle\int_0^1 s_t(j) dj$

なる対数表示による実効交易条件式が求められる。

つぎに(5)式で示される i 国の消費者物価指数 $P_t = [(1-\alpha)(P_{Ht})^{1-\eta} + \alpha(P_{Ft})^{1-\eta}]^{\frac{1}{1-\eta}}$ に対し,自国・外国の財サービスに関する代替の弾力性を $\eta \to 1$ とすれば,既述のごとく $P_t = (P_{Ht})^{1-\alpha}(P_{Ft})^{\alpha}$ なるフォーミュラとなる。したがって,この式の両辺に対し対数をとれば,

(30) $\qquad p_t = p_{Ht} + \alpha s_t$

を得る。

さらにインフレ率に関して,$\Pi_t = \dfrac{P_t}{P_{t-1}}$ および $\Pi_{Ht} = \dfrac{P_{Ht}}{P_{H,t-1}}$ と置けば,(30)

---

34) ibid.

式より対数表示で

(31) $\quad \pi_t = \pi_{Ht} + \alpha \Delta s_t$

が導ける。ところで，通貨同盟内全体では $S_t^* = \left[\int_0^1 \int_0^1 \left(\frac{P_{Ft}(j)}{P_{Ht}(i)} \right)^{1-\eta} dj di \right]^{\frac{1}{1-\eta}} = 1$ であるから，$s_t^* = \ln S_t^* = 0$ となるゆえ，通貨同盟全体では

(32) $\quad p_t = p_{Ht}$

$\quad\quad\quad \pi_t = \pi_{Ht}$

なる関係式が導ける。

b　リスク・シェア

我々は通貨同盟国内の債券市場はすべて完全競争的と仮定したので，$\forall t \in \{0,1,2,\cdots\}$ に対して

(33) $\quad 1 + r_t = \frac{1}{\beta} \left(\frac{P_{F,t+1}(j)}{P_{Ft}(j)} \right) \left(\frac{C_{Ft}(j)}{C_{F,t+1}(j)} \right)^{-\rho}, \forall j \in [0,1]$

が各国家計における異時点間のリスク・シェアを示す式として成立する。したがって，先の(12a)式と組み合わせ，さらに $\frac{P_t}{P_{Ft}} = \frac{P_{Ht} S_t^\alpha}{P_{Ft}} = S_t^{\alpha-1}$ であることに留意すれば，

(34) $\quad C_t = V(j) C_{Ft}(j) S_t^{\frac{1-\alpha}{\rho}}$

が求まる。ここで $V(j)(>0)$ は，j 国家計の保有する債券ポートフォリオの初期条件によって定まる定数である。ところで，各国は同形的経済構造を持つという仮定に加え，さらに初期条件が各国すべて同一とする。それ故，0期における各国家計の債券保有額 (i.e. B_0) はゼロとなるから，$V(j)=1$ となる。かくして，$c^* = \int_0^1 c_F(j) dj$ に留意すれば，

(35) $\quad c_t = c_t^* + \frac{(1-\alpha)}{\rho} s_t$

を得る。この(35)式は，自国・外国の財サービス需要に関する代替の価格弾力性が 1（i.e. $\eta \to 1$）のとき，t 期における i 国の国内消費量，通貨共同体全体の総消費量ならびに実効交易条件との間の対数表示による関係式を示している。

3 理論的分析

6 市場

かくして第2項～第4項で見たような各企業・各家計の最適化行動に基づいて一意的に定まる個々の財サービスの需給量，労働の需給量，債券ポートフォリオの需給額が，完全競争市場のみならず"見えざる手"不在の不完全競争状況下にある市場を含む各市場において，全体として個別主体の均衡条件と整合的にそれぞれどのようにして過不足なく完全にクリアーされるであろうか。すなわち，市場の均衡条件問題である。

a 財サービス市場

通貨同盟内の小国開放経済における財サービス市場の需給均衡条件は，次のようにして示すことができる。

まず任意の i 国において，自国企業 f によって生産された t 期における個別財サービス供給量 $Y_{Ht}(f)$ に対し，その需要量は

$$(36) \quad C_{Ht}(f) + \int_0^1 C_{Ht}(f,j)dj + G_{Ht}(f)$$
$$= \left(\frac{P_{Ht}(f)}{P_{Ht}}\right)^{-\theta}\left[(1-\alpha)\left(\frac{P_t}{P_{Ht}}\right)C_{Ht} + \alpha\int_0^1 \left(\frac{P_t(j)}{P_{Ht}}\right)C_{Ht}(j)dj + G_{Ht}\right]$$

で表すことができる。大括弧内の第2項は他国への輸出を表している。ここで上述した交易条件を考慮すれば，$Y_{Ht}(f)$ に対する需要量は，さらに

$$(37) \quad \left(\frac{P_{Ht}(f)}{P_{Ht}}\right)^{-\theta}\left[(1-\alpha)S_t^\alpha C_{Ht} + \alpha\int_0^1 S_t(j)^\alpha C_{Ht}(j)dj + G_{Ht}\right]$$
$$= \left(\frac{P_{Ht}(f)}{P_{Ht}}\right)^{-\theta}(S_t^\alpha C_{Ht} + G_{Ht})$$

となる。ところで，i 国の財サービス供給量に対する需要総計は，$Y_t = \left[\int_0^1 Y_t(f)^{\frac{\theta-1}{\theta}}df\right]^{\frac{\theta}{\theta-1}}$ であったから，(37)式で示される自国企業 f によって生産された財サービスの需要量に $\frac{\theta-1}{\theta}$ をべき乗して集計量をとると，$\int_0^1 \left(\frac{P_{Ht}(f)}{P_{Ht}}\right)^{1-\theta}df = 1$ であることを考慮すれば，$(Y_{Ht})^{\frac{\theta-1}{\theta}} = (C_{Ht}S_t^\alpha + G_{Ht})^{\frac{\theta-1}{\theta}}$ を得る。したがって，i 国における t 期の財サービス市場に関する需給均衡式は

$$(38) \quad Y_t = C_t S_t^\alpha + G_t$$

$$\forall t \in \{0,1,2,\cdots\}$$

で示せる。他の通貨同盟各国の財サービス市場も同様である。

b 債券市場・労働市場

通貨同盟内の債券市場の均衡条件に関しては，自国・外国双方の実質債券の国際的受取りと支払いの差は符号が逆で絶対値が等しくなるから，債券ストックの純供給がゼロと仮定すれば，

$$(39) \quad \int_0^1 \int_0^1 \left(\frac{B_{Ht}(i)}{P_{Ht}} + \frac{B_{Ft}(j)}{P_{Ft}} \right) dj di = 0, \ \forall t \in \{0,1,2,\cdots\}$$

となる。

労働市場に関しては，各国市場は完全競争的であるとしたから，例えば i 国の企業 f は，t 期において労働市場よりアナウンスされた名目賃金率 W_t （>0）ならびに自社の生産技術構造を所与とし，加えて自ら設定した価格に基づく自社財サービスの需要予想量をもとに利潤が最大となるよう最適生産量を決める。これより，生産関数の逆関数によって労働需要量 $N^D(f,W_t)$ を notional に決め，市場に提示する。他方，家計 h は，同じく労働市場からアナウンスされた名目賃金率 W_t をもとに主体の均衡条件に基づく消費・余暇トレードオフ式より notional な労働供給量 $N^S(h,W_t)$ を決めて市場に提示する。市場全体の労働需給集計量を $N^D(W_t) = \int_0^1 N^D(f,W_t) df$ ならびに $N^S(W_t) = \int_0^1 N^S(h,W_t) dh$ とし，労働の国際間移動を考えないとき，$N^D(W_t) > N^S(W_t)$ であれば市場の見えざる手により賃金率は引き上げられるものとする（vice versa）。かくして，こうした模索過程により，最終的には今期の actual な正の均衡労働量 $\overline{N}_t$ と均衡賃金率 $\overline{W}_t$ が i 国の労働市場全体で一意的に決まる。すなわち，

$$(40) \quad \exists \overline{W}_t \in (0,\infty) : \overline{N}_t = N^D(\overline{W}_t) = N^S(\overline{W}_t), \ \forall t \in \{0,1,2,\cdots\}$$

である[35]。他の通貨同盟国の労働市場も同様である。

---

35) 本章・補論 2 参照。

4 対数線形化

前節で展開した理論モデルに対し，本節において，マクロ経済における定常状態からの近傍乖離に関する対数線形近似式を $\forall t \in \{0,1,2,\cdots\}$ に対して考える。以下で，＾付き変数は定常状態からの対数線形表示による近傍乖離を表す。また，アルファベット小文字は原則それぞれ大文字変数の対数表示とする。ただし，金利ならびにインフレ率に関しては単に定常状態からの線形乖離を表す。また，通貨同盟に属するすべての国，家計，企業は同形的ゆえ，引数 $i,j,h,f (\in [0,1])$ を以下省略する。

1 経済主体

a 家計

家計の消費オイラー方程式と消費・余暇トレードオフ条件式に関しては，(12a)式・(13)式に対してそれぞれ対数をとり，定常状態からの対数表現による近傍乖離を求めれば，

(41) $\quad \widehat{c}_t = E_t[\widehat{c}_{t+1}] - \dfrac{1}{\rho}(r_t - E_t[\widehat{\pi}_{t+1}])$

(42) $\quad \rho \widehat{c}_t = \widehat{w}_t - \widehat{p}_t - \nu \widehat{n}_t$

を得る。ただし，$\Pi_{t+1} \equiv \dfrac{P_{t+1}}{P_t} = 1 + \pi_{t+1}$ と置いて，$\ln \Pi_{t+1} \approx \pi_{t+1}$ である。

b 企業

企業の生産関数に関しては，(16)式を用いて定常状態からの乖離を求めれば，

(43) $\quad \widehat{y}_t = \widehat{a}_t + \widehat{n}_t$

$\qquad \widehat{a}_t = \varepsilon_t, \quad \varepsilon_t \sim i.i.d. D(0, \sigma_a^2)$

を得る。また，先の(22)式で示される $\dfrac{P_{Ht}(j)}{P_{Ht}} = (1+\theta) E_t \sum_{s=0}^{\infty} f_{t+s} MC_{t+s}(j)$ に対し $\beta\omega$ を乗じて1期繰り上げ，さらにそれを元の(23)式から減ずれば，企業の設定する国内価格に関するインフレ率の定常状態からの対数線形式が，

(44) $$\widehat{\pi}_{Ht} = \frac{\gamma}{1+\beta\gamma}\widehat{\pi}_{H,t-1} + \frac{\beta}{1+\beta\gamma}E_t[\widehat{\pi}_{H,t+1}] + \frac{(1-\beta\omega)(1-\omega)}{(1+\beta\gamma)\omega}\widehat{mc}_t$$

で表せる。さらに限界費用に関しては,(19)式を用いれば,

(45) $$\widehat{mc}_t = \widehat{w}_t - \widehat{p}_{Ht} - \widehat{a}_t$$

となるから,先の(16)式ならびに以下の(51)式を用いることによって,

(46) $$\widehat{mc}_t = \left(\frac{1}{1-\xi}+\nu\right)\widehat{y}_t - \frac{\xi}{1-\xi}\widehat{g}_t - (1+\nu)\widehat{a}_t$$

が得られる[36]。したがって,この(46)式と先の(44)式とを組み合わせれば,i 国の国内価格インフレ率に関する定常状態からの近傍乖離が

(47) $$\widehat{\pi}_{Ht} = \frac{\gamma}{1+\beta\gamma}\widehat{\pi}_{H,t-1} + \frac{\beta}{1+\beta\gamma}E_t[\widehat{\pi}_{H,t+1}]$$
$$+ \kappa'\left(\frac{1}{1-\xi}+\nu\right)\widehat{y}_t - \kappa'\frac{\xi}{1-\xi}\widehat{g}_t - \kappa'(1+\nu)\widehat{a}_t$$

ただし $\kappa' \equiv \dfrac{(1-\beta\omega)(1-\omega)}{(1+\beta\gamma)\omega}$

なる対数線形式によって得られる。(44)式ならびに(47)式は,1期までのラグ項が含まれたバックワード・ルッキング的要素とさらにまた1期先のフォワード・ルッキング的要素とが"交配"されたいわゆるハイブリッド型新ケインジアン・フィリップス曲線と称されるものであり[37],前者は限界費用ギャップが説明変数に取り入れられている。他方,後者は代わってGDPギャップと公共財サービスギャップならびに労働生産性ギャップが説明変数に取り入れられたフォーミュラーとなっている。ところで,これを,i に対して

---

[36] 先の(19)式より,
$mc_t = w_t - p_{ht} - a_t$
$= (w_t - p_t) + (p_t - p_{Ht}) - a_t$
$= \{\rho c_t + \nu n_t - \ln(1-\chi)\} + \{(p_{Ht} + \alpha s_t) - p_{Ht}\} - a_t$
$= (\rho c_t + \alpha s_t) + \nu n_t - a_t - \ln(1-\chi)$

を得る。したがって,ここで消費の代替弾力性の逆数を 1 (i.e. $\rho \to 1$) とし,さらに先の(16)式ならびに以下の(51)式を用いれば,$\widehat{n}_t = \widehat{y}_t - \widehat{a}_t$ ならびに $\widehat{c}_t + \alpha \widehat{s}_t = \dfrac{1}{1-\xi}\widehat{y}_t - \dfrac{\xi}{1-\xi}\widehat{g}_t$ であるから,これらを上述式に代入すれば,限界費用の定常状態からの対数線形乖離が(46)式で求められる。

[37] Gali/Gertler (1999).

さらに [0,1] 区間で積分すれば,

(48) $\quad \widehat{\pi}_t^* = \dfrac{\gamma}{1+\beta\gamma}\widehat{\pi}_{t-1}^* + \dfrac{\beta}{1+\beta\gamma}E_t[\widehat{\pi}_{t+1}^*]$

$\qquad\qquad +\kappa'(\dfrac{1}{1-\xi}+\nu)\widehat{y}_t^* - \kappa'\dfrac{\xi}{1-\xi}\widehat{g}_t^* - \kappa'(1+\nu)\widehat{a}_t^*$

なる価格インフレ率の定常状態からの近傍乖離に関する通貨同盟全体の集計式が求まる。ただし,＊付き変数は通貨同盟全体の集計量を表す（以下同様）。

2 市場

先の(38)式で示される i 国の財サービス市場に関する需給均衡式に対し,定常状態での実質 GDP に占める財政支出比率を $\xi = \dfrac{G}{Y}$ と置き,さらに $\dfrac{Y_t - G_t}{Y - G}$ をテイラー展開して 1 次の項までをとると,$\dfrac{Y_t - G_t}{Y - G} \approx 1 + \ln\left(\dfrac{Y_t - G_t}{Y - G}\right)$

となる。したがって,定常状態では $Y = \dfrac{G}{\xi}$ であることを考慮すれば,

(49) $\quad \ln(Y_t - G_t) = \ln((1-\xi)Y) + \dfrac{(Y_t - G_t) - (Y - G)}{Y - G}$

$\qquad\qquad\quad = \ln((1-\xi)Y) + \left\{\dfrac{Y_t - Y}{(1-\xi)Y} - \dfrac{\xi(G_t - G)}{(1-\xi)G}\right\}$

$\qquad\qquad\quad = \ln((1-\xi)Y) + \dfrac{1}{1-\xi}(\widehat{y}_t - \xi\widehat{g}_t)$

なる近似式が求まる。ここでさらに定常状態の原点を移動した対数線形式を $\widehat{y}_t - \xi\widehat{g}_t = (\widehat{y}_t - \xi\widehat{g}_t) + (1+\xi)\ln(Y - G)$ と再定義しておくことにより[38],

(50) $\quad \ln(Y_t - G_t) = \dfrac{1}{1-\xi}(\widehat{y}_t - \xi\widehat{g}_t)$

を得る。それゆえ,(38)式の両辺の対数をとってこの(50)式を代入すれば,ここに i 国財サービス市場の需給均衡定常状態からの近傍乖離に対し,

---

[38] 線形空間における座標軸の原点移動（i.e. $+(1+\xi)\ln(Y-G)$）によっては,線形対数関数の傾きは変わらない。したがって,原関数の定常状態からの僅少乖離の近似式に関する特性はそのまま保持される。

(51) $\quad \widehat{y}_t = (1-\xi)(\widehat{c}_t + \alpha \widehat{s}_t) + \xi \widehat{g}_t$

なる対数線形近似式が得られる。ところで先の(35)式は自国・外国の財サービスに関する代替の弾力性が1（i.e. $\eta \to 1$）のときのi国の国内消費量，通貨同盟全体の総消費量ならびに実効交易条件との間の対数表示による関係式を示していた。したがって，この(35)式でさらに消費の代替弾力性の逆数を1（i.e. $\rho \to 1$）として[39]この(51)式に代入すれば，

(52) $\quad \widehat{y}_t = (1-\xi)\widehat{c}_t^* + \xi \widehat{g}_t - (1-\xi)(\widehat{p}_t - \widehat{p}_t^*)$

となる。すなわち，i国の国内財政支出や通貨同盟全体の実質総消費量が定常状態からプラスに乖離すると，実質GDPも定常状態からプラスに乖離する。加えて，外国価格に比して自国価格が相対的に低下すると，価格効果が働いてi国の実質輸出は増加するから，この面からも実質GDPのプラスの乖離に寄与する。これを通貨同盟全体で集計，すなわち，各変数をiに対して$[0,1]$区間で積分すると，交易条件に関して通貨同盟全体では $S_t^* = \left[\int_0^1 \int_0^1 \left(\frac{P_{Ft}(j)}{P_{Ht}(i)} \right)^{1-\eta} dj di \right]^{\frac{1}{1-\eta}} = 1$ であったから $s_t^* = \ln S_t^* = 0$ となるゆえ，(52)式はさらに

(53) $\quad \widehat{y}_t^* = (1-\xi)\widehat{c}_t^* + \xi \widehat{g}_t^*$

と書ける。

同様にして，(12a)式を $i \in [0,1]$ 上で積分し，(53)式と組み合わせると，$E_t[\widehat{c}_{t+1}^*] = \frac{1}{1-\xi} E_t[\widehat{y}_{t+1}^* - \xi \widehat{g}_{t+1}^*]$ であることを考慮すれば，通貨同盟全体の実質GDPの変動に関する1階の定差方程式

(54) $\quad \widehat{y}_t^* = E_t[\widehat{y}_{t+1}^*] - (1-\xi)(r_t^* - E_t[\widetilde{\pi}_{t+1}^*]) - \xi E_t[\Delta \widehat{g}_{t+1}^*]$

が求められる。この(54)式は，通常，定常状態を基準とした"予想 IS 曲線式"ないしは"動学的 IS 曲線式"と称されるものである[40]。ここで，公共財サービスギャップ・GDPギャップは長期的には定常状態に収束すると考え，すなわち

---

39) このとき，財サービス消費の効用関数は $\lim_{\rho \to 1} \frac{C_t^{1-\rho}}{1-\rho} = \ln(C_t)$ となる。

40) Gali (2008) Chap. 3.

5 金融財政政策   *249*

(55) $\quad \lim_{T\to\infty} E_t[\widehat{g}^*_{t+T}] = \lim_{T\to\infty} E_t[\widehat{y}^*_{t+T}] = 0$

と仮定して(54)式を逐次代入して解くことにより,

(56) $\quad \widehat{y}^*_t = \xi \widehat{g}^*_t - (1-\xi)\sum_{s=0}^{\infty} E_t[r^*_{t+s} - \widehat{\pi}^*_{t+s+1}]$

なる定差方程式の解を得る。かくして,(56)式から,通貨同盟全体の t 期における定常状態からの実質 GDP 変動は,同盟全体の財政支出変動に加え,同盟全体の現在および将来に亘る実質金利の予想にも帰せられることが読み取れる。

5 金融財政政策

1 パレート効率的資源配分

ここで,まず通貨同盟各国の政策当局が追及する政策目標に関連して,そのベースとなるパレート効率的資源配分を考えてみよう。そのために, t 期における家計の効用関数ならびに i 国経済の資源量を基に,

(57) $\quad \max_{\{C_{Ht}(i)\}\{N_{Ht}(i)\}\{G_{Ht}(i)\}} : V_t$

$$= \int_0^1 \left((1-\chi)\frac{(C_{Ht}(i))^{1-\rho}}{1-\rho} + \chi\frac{(G_{Ht}(i))^{1-\rho}}{1-\rho} - \frac{(N_{Ht}(i))^{1+\nu}}{1+\nu} \right) di$$

s.t. $Y_{Ht}(i) = A_t N_{Ht}(i)$

$\qquad Y_{Ht}(i) \geq C_{Ht}(i) + \int_0^1 C_{Ht}(i,j)dj + G_{Ht}(i)$

$\qquad \forall i \in [0,1], \forall t \in \{0,1,2,\cdots\}$

と定式化し,この制約条件付き最大化問題を解くと,

(58) $\quad \dfrac{(N_{Ht}(i))^\nu}{A_t} = \dfrac{(1-\chi)(1-\alpha)}{(C_{Ht}(i))^\rho} = \int_0^1 \dfrac{(1-\chi)\alpha}{(C_{Ht}(i,j))^\rho}dj = \dfrac{\chi}{(G_{Ht}(i))^\rho}$

なる 1 階の必要条件を得る[41]。したがって,完全雇用状態では $N_{Ht}(i) = \int_0^1 dh = h\big|_0^1 = 1$ であること,ならびに同質性条件を課せば i が落とせることにより,さらに消費の代替弾力性の逆数が 1 (i.e. $\rho \to 1$) であると仮定して, t 期における i 国経済のパレート効率的資源配分が,

---

[41] 岡田(2012c)。

(59) 　　　$\overline{N}_{Ht}=1$
　　　　　$\overline{Y}_{Ht}=\overline{A}_t$
　　　　　$\overline{C}_{Ht}=(1-\chi)(1-\alpha)\overline{A}_t$
　　　　　$\overline{C}_{Ht}(j)=(1-\chi)\alpha\overline{A}_t(j)$
　　　　　$\overline{G}_{Ht}=\chi\overline{A}_t$
　　　　　$\forall j\in[0,1], \forall t\in\{0,1,2,\cdots\}$

として求まる。ただし、バー付き変数はパレート効率的資源配分量を表す。したがって、上述(59)式の第3式と第4式とに先の(3a)式を組み合わせれば、対数表示で

(60) 　　　$\bar{c}_t=(1-\alpha)\bar{a}_t+\alpha\int_0^1\bar{a}_t(j)dj+\ln(1-\chi)$

ないしは、レベル表示で

(61) 　　　$\overline{C}_t=(1-\chi)(\overline{A}_t)^{1-\alpha}(\overline{A}_t^*)^\alpha$

が得られる。ただし、ここで $\overline{A}_t^*=\exp(\int_0^1\ln(\overline{A}_t(j))dj)$ であり、同盟全体の技術水準ないしは労働生産性を示す指標である。また、(59)式の第5式より、定常状態での財政支出がパレート効率的となるためには、定常状態において実質GDPに占める財政支出比率 $\xi=\dfrac{G}{Y}$ が家計の効用関数における公共財サービス消費のウエイト χ と一致する、すなわち、

(62) 　　　$\xi=\chi$

となることが求められる。

　さらに先の(59)式で示される通貨同盟各国の効率的資源配分量を集計すれば、t 期における同盟全体としての総生産、私的財サービス、公共財サービスに関するパレート効率的資源配分が、同盟全体の技術水準ないしは労働生産性の関数として、

(63) 　　　$\overline{Y}_t^*=\overline{A}_t^*$
　　　　　$\overline{C}_t^*=(1-\chi)\overline{A}_t^*$
　　　　　$\overline{G}_t^*=\chi\overline{A}_t^*$

によって表せる。

2 政策トレードオフ

a 通貨同盟各国

まず，t期におけるi国経済の実質GDPならびに公共財サービスに関するパレート効率的資源配分を，(59)式に基づいて対数表示で

(64) $\bar{y}_{Ht}=\bar{a}_t$

$\bar{g}_{Ht}=\bar{a}_t+\ln(\chi)$

と表そう。そして，このパレート効率的資源配分からの乖離の線形対数表示を~を付けて表す。すなわち，$\tilde{y}_{Ht}\equiv y_{Ht}-\bar{y}_{Ht}$ならびに$\tilde{g}_{Ht}\equiv g_{Ht}-\bar{g}_{Ht}$とし，それぞれを$i$国経済のGDPギャップならびに公共財サービスギャップと称する。そして，各国財政当局の政策スタンスを計る測度として，公共財サービスギャップからGDPギャップ（いずれも対数表示）を差し引いたものを

(65) $\tilde{\varphi}_{Ht}\equiv\tilde{g}_{Ht}-\tilde{y}_{Ht}$

と定義して，これを財政ギャップと称する。$\tilde{\varphi}_{Ht}$が小さければ，i国の財政当局は，提供する公共財サービスギャップがGDPギャップとの比較において相対的に小さい，すなわち，公共財サービスに関し社会的成員の主観的満足感が最大となるような資源配分に成功していると言える。換言すれば，i国の財政当局は国民の経済厚生を高めるような財政政策スタンスであると言える。

ここで，$\bar{y}_{Ht}-y_H=\bar{g}_{Ht}-g_H=\hat{a}_t$なる関係式を用いれば[42]，$i$国企業の限界費用式(46)式と合わせて

(66) $\widehat{mc}_t=\left(\dfrac{1}{1-\chi}+\nu\right)\tilde{y}_{Ht}-\dfrac{\chi}{1-\chi}\tilde{g}_{Ht}=(1+\nu)\tilde{y}_{Ht}-\dfrac{\chi}{1-\chi}\tilde{\varphi}_{Ht}$

が求まる。すなわち，i国企業の限界費用に関する定常状態からの近傍乖離は，定常状態での財政支出のパレート効率条件を課せば（i.e. $\xi=\chi$），GDPギャップと公共財サービスギャップないしは財政ギャップによって決定される。この式を先の企業の設定価格上昇率に関する定常状態からの乖離式(44)

---

[42] (59)式より，$\bar{y}_{Ht}=a_t, y_H=a$であるから，$\bar{y}_{Ht}-y_H=a_t-a=\hat{a}_t$となる。また，同様にして$\bar{g}_{Ht}=a_t+\ln(\chi), g_H=a+\ln(\chi)$であるから，$\bar{g}_{Ht}-g_H=a_t-a=\hat{a}_t$を得る。加えて，$\tilde{y}_{Ht}=y_{Ht}-\bar{y}_{Ht}=y_{Ht}-(y_H+\hat{a}_t)=\hat{y}_{Ht}-\hat{a}_t$より，$\hat{y}_{Ht}=\tilde{y}_{Ht}+\hat{a}_t$が求まる。$g_{Ht}$に関しても同じく$\hat{g}_{Ht}=\tilde{g}_{Ht}+\hat{a}_t$が求まる。

式に代入すれば,

$$(67) \quad \widehat{\pi}_{Ht} = \frac{\gamma}{1+\beta\gamma}\widehat{\pi}_{H,t-1} + \frac{\beta}{1+\beta\gamma}E_t[\widehat{\pi}_{H,t+1}] + \kappa'(1+\nu)\widetilde{y}_{Ht} - \frac{\kappa'\chi}{1-\chi}\widetilde{\varphi}_{Ht}$$

$$\text{ただし} \quad \kappa' \equiv \frac{(1-\beta\omega)(1-\omega)}{(1+\beta\gamma)\omega}$$

で表せる。加えて,先の(52)式から(53)式を差し引き,$\widetilde{g}_{Ht}=\widetilde{\varphi}_{Ht}+\widetilde{y}_{Ht}$ ならびに $\widehat{y}_{Ht}=\widetilde{y}_{Ht}+\widehat{a}_t$ & $\widehat{g}_{Ht}=\widetilde{g}_{Ht}+\widehat{a}_t$ なる関係式を考慮すると,

$$(68) \quad \Delta\widetilde{y}_{Ht} - \Delta\widetilde{y}_t^* = \frac{\chi}{1-\chi}(\Delta\widetilde{\varphi}_{Ht}-\Delta\widetilde{\varphi}_t^*) - (\widehat{\pi}_{Ht}-\widehat{\pi}_t^*) - (\Delta\widehat{a}_t - \Delta\widehat{a}_t^*)$$

なる1階の階差式が得られる[43]。(68)式は,GDPギャップ (i.e. パレート効率的資源配分からの乖離) の階差に係わる個別同盟各国と同盟全体との差は,財政ギャップ (同) の階差に係わる個別・全体との差,定常状態からのインフレ率乖離の階差に係わる個別・全体との差,そして定常状態からの労働生産性乖離の階差に係わる個別・全体との差のそれぞれに帰せられることを意味している。

ところで,いま同盟全体ではGDPギャップ,財政ギャップ,インフレ率に変動がなく,したがってそれぞれの階差はゼロ,すなわち,$\Delta\widetilde{y}_t^* = \Delta\widetilde{\varphi}_t^* = \widehat{\pi}_t^* = 0$ としてみる。ところで,(67)式によれば,同盟各国は,t期の自国GDPや公共財サービスをパレート効率的資源配分に近づけることでGDPギャップや財政ギャップを縮小させることは (i.e. $\widetilde{y}_{Ht}, \widetilde{\varphi}_{Ht} \to 0$) 即国内物価の安定につながることを意味している。しかしながら,(68)式では,同盟各国において非対称的な生産性ショックがあったとき,一定の財政ギャップを所与として生産ギャップを縮小させることは,他方において必ずしも国

---

[43] $\widetilde{g}_{Ht}=\widetilde{\varphi}_{Ht}+\widetilde{y}_{Ht}$ ならびに $\widehat{y}_{Ht}=\widetilde{y}_{Ht}+\widehat{a}_t$ & $\widehat{g}_{Ht}=\widetilde{g}_{Ht}+\widehat{a}_t$ なる関係式を考慮しつつ(52)式から(53)式を差し引くと,

$$(\widetilde{y}_{Ht}-\widetilde{y}_t^*) + (\widehat{a}_t - \widehat{a}_t^*) = \xi\{(\widetilde{g}_{Ht}-\widetilde{g}_t^*) + (\widehat{a}_t-\widehat{a}_t^*)\} - (1-\xi)(p_{Ht}-p_t^*)$$
$$= \xi\{(\widetilde{\varphi}_{Ht}+\widetilde{y}_{Ht}) - (\widetilde{\varphi}_t^* + \widetilde{y}_t^*)\} + \xi(\widehat{a}_t-\widehat{a}_t^*) - (1-\xi)(p_{Ht}-p_t^*)$$

となるから,これを整理すれば,

$$\widetilde{y}_{Ht} - \widetilde{y}_t^* = \frac{\xi}{1-\xi}(\widetilde{\varphi}_{Ht}-\widetilde{\varphi}_t^*) - (p_{Ht}-p_t^*) - (\widehat{a}_t-\widehat{a}_t^*)$$

を得る。したがって,これより1階の階差をとり,さらに $\xi=\chi$ なる条件と定常状態のインフレ率が $\Pi=\frac{P}{P}=1 \Rightarrow \ln(\Pi) \approx \pi=0$ であることに留意すれば,(68)式が導ける。

内物価の安定には結びつかず変動するし，したがって交易条件にも影響する。すなわち，仮にプラスの生産性ショックがあって GDP が増加したとき，一方で GDP のパレート効率的な資源配分を達成させるか，あるいはまた国内物価を安定させるかということは，まさに同盟各国の政策当局にとって二律背反の関係にあると言える。

b 通貨同盟全体

次に，通貨同盟全体の GDP ギャップ，財政ギャップ，インフレーションを考えてみよう。そのために，(67)式の各変数を i に対して $[0,1]$ 区間で積分すると，同盟全体のインフレ率に関する生産性ギャップ・財政ギャップ型ハイブリッド新ケインジアン・フィリップス曲線式

$$(69) \quad \widehat{\pi}_t^* = \frac{\gamma}{1+\beta\gamma}\widehat{\pi}_{t-1}^* + \frac{\beta}{1+\beta\gamma}E_t[\widehat{\pi}_{t+1}^*] + \kappa'(1+\nu)\widetilde{y}_t^* - \frac{\kappa'\chi}{1-\chi}\widehat{\varphi}_t^*$$

を得る。さらに，ここで企業における生産関数 $Y_t = A_t N_t$ の技術水準（or 労働生産性）A_t は，実物資本である労働 N_t の収益性を表現していることから，J. G. K. ウィクセルにならってこれを自然利子率（Wicksellian natural rate of interest）と称し[44]，

$$(70) \quad r_t^n \equiv E_t[\Delta \widehat{a}_{t+1}]$$

と定義する。すると，$\widehat{y}_{Ht} = \widetilde{y}_{Ht} + \widehat{a}_t$ & $\widehat{g}_{Ht} = \widetilde{g}_{Ht} + \widehat{a}_t$ なる関係式を考慮すれば，(54)式は，

$$(71) \quad \begin{aligned} \widetilde{y}_t^* &= E_t[\widetilde{y}_{t+1}^*] - (1-\xi)(r_t^* - E_t[\widehat{\pi}_{t+1}^*]) - \xi E_t[\Delta \widetilde{g}_{t+1}^*] + (\widehat{a}_{t+1}^* - \widehat{a}_t^*) \\ &\quad - \xi(\widehat{a}_{t+1}^* - \widehat{a}_t^*) \\ &= E_t[\widetilde{y}_{t+1}^*] - (1-\xi)(r_t^* - E_t[\widehat{\pi}_{t+1}^*] - r_t^{n*}) - \xi E_t[\Delta \widetilde{g}_{t+1}^*] \end{aligned}$$

と書けるから，さらに $\widetilde{g}_{Ht} = \widehat{\varphi}_{Ht} + \widetilde{y}_{Ht}$ なる関係式と定常状態でのパレート効率的公共財サービス比率条件 $\xi = \chi$ を課せば，次のパレート効率的資源配分基準の動学的 IS 曲線式が求まる。

---

[44] ウィクセルはその著『利子と物価』において，実物資本が実物の形で貸し付けられるときに成立するであろう利子率（i.e. 実物資本の収益率）をもって自然利子率と称した（阿部統・鎌倉昇（1955）「北欧学派」『経済学大辞典Ⅲ』東洋経済新報社 pp.269-270）。

(72) $$\tilde{y}_t^* = E_t[\tilde{y}_{t+1}^*] - (r_t^* - E_t[\tilde{\pi}_{t+1}^*] - r_t^{n*}) - \frac{\chi}{1-\chi} E_t[\Delta \tilde{\varphi}_{t+1}^*]$$

この(72)式は，同盟の財政ギャップがゼロで安定しているかぎり，同盟全体のGDPギャップ縮小と物価安定とは必ずしも二律背反の関係とはならず両立し得るものであることを示している。これは同盟の単一中央銀行が，例えば

(73) $$r_t^* = r_t^{n*} + \psi_\pi \pi_t^*$$

ただし，$\psi_\pi(>1)$：定数[45]

なる金利政策を採れば，GDPギャップ縮小と物価安定の双方を達成し得る。しかしながら，同盟の各国政府が個々に独自の財政政策を採り，同盟全体として財政ギャップが安定せず変動すると，同盟中央銀行が上述した金利政策によりGDPギャップ縮小と物価安定の双方を達成させることは難しくなる[46]。

3　最適ポリシー・ミックス

前項において，金融政策は通貨同盟の単一中央銀行が一元的・集権的に担い，他方，財政政策は同盟の各国政府が自らの責任と裁量で実施する状況を想定したとき，同盟各国において非対称的な生産性ショックが発生すると，GDPのパレート効率的資源配分を達成させるか，あるいはまた国内物価を安定させるかという政策目標は同時達成が難しく，同盟各国の政策当局にとって二律背反の関係に陥ることを明らかにした。加えて，同盟の各国政府が

---

45) 動学的IS曲線式において，政策金利r_tと生産量y_tがその動きに対してcounter-cyclicalとなるためには，$\frac{d\pi_{t+1}}{d\pi_t} = \psi_\pi > 1$となることが十分条件である。

46) (61)式に(63)式を代入すれば，$\lim_{T\to\infty} E_t[\tilde{g}_{t+T}^*] = \lim_{T\to\infty} E_t[\tilde{y}_{t+T}^*] = 0$を仮定することにより，$\tilde{\varphi}_{t+T}^* \equiv \tilde{g}_{t+T}^* - \tilde{y}_{t+T}^*$もまた$\lim_{T\to\infty} E_t[\tilde{\varphi}_{t+T}^*] = 0$となるから，

$$\pi_t^* = \frac{\gamma}{1+\beta\gamma} \pi_{t-1}^* + \frac{\beta}{1+\beta\gamma} E_t[\pi_{t+1}^*] + \frac{\kappa'\nu\chi}{1-\chi} \tilde{\varphi}_t^* - \kappa'(1+\nu) \sum_{s=0}^{\infty} E_t[r_{t+s}^* - \pi_{t+s+1}^* - r_{t+s}^{n*}]$$

を得る。したがって，この式から共同体全体の財政ギャップに関するプラスの拡大はインフレ圧力を惹き起こすことが分かる。それゆえ，これを緩和するためには自然利子率を上回る今期and/or将来に亘る実質金利の引き上げなど引き締め金融政策が必要とされるが，そのことはまた，共同体各国の拡張的財政政策に水を注すことにもなり，共同体全体としての物価安定やGDPギャップの安定化実現には必ずしも結び付かない。

個々に独自の財政政策を採ることにより同盟全体として財政ギャップが変動すると，中央銀行が金利政策によりGDPギャップ縮小と物価安定の双方を達成させることはもはや困難となることも明らかにした。そこで本項において，同盟全体で経済厚生が最大（または，経済損失が最小）となる最適財政金融ポリシー・ミックスとはパレート効率的資源配分との関連でどのようなものなのか，そして，同盟全体でそうした最適政策が採られたとき，同盟の個別各国にとって，GDPギャップ，財政ギャップ，インフレ率等の動学的経路とは一体どのようなものとなるのであろうか，さらには，同盟各国の個別財政政策がこうした経路とどう係わり合うか，という点に関して議論を深めてみよう。

a 社会的損失関数

ここで共通通貨同盟全体の社会的損失関数を，家計の効用関数を基に以下のように定義しよう[47]。

$$(74) \quad W = \frac{1}{2}E_0 \sum_{t=0}^{\infty} \beta^t \left[\int_0^1 \{ \frac{\theta}{\kappa} \pi_t(i)^2 + (1+\nu)\tilde{y}_t(i)^2 + \frac{\chi}{(1-\chi)}\tilde{\varphi}_t(i)^2 \} di \right]$$

すなわち，GDPや財政支出がパレート効率的資源配分から乖離し，インフレ率が昂進すると経済厚生は低下し，経済損失が発生すると考える。すると，t期の政策変数を，同盟各国の財政ギャップ $\tilde{\varphi}_t(i)(\forall i \in [0,1])$ ならびに同盟共通の利子率 r_t^* としたとき，

(75) $\min_{\{\tilde{\varphi}_t(i)\}\{r_t^*\}} : W$

s.t. $\beta E_t[\hat{\pi}_{t+1}(i)] \leq \hat{\pi}_t(i) - \kappa(1+\nu)\tilde{y}_t(i) + \frac{\kappa\chi}{1-\chi}\tilde{\varphi}_t(i)$

$\Delta \hat{a}_t(i) - \Delta \hat{a}_t^* \leq \frac{\chi}{1-\chi}(\Delta\tilde{\varphi}_t(i) - \Delta\tilde{\varphi}_t^*)$

$-(\hat{\pi}_t(i) - \hat{\pi}_t^*) - (\Delta\tilde{y}_t(i) - \Delta\tilde{y}_t^*)$

---

[47] 本章・補論1参照。ただしここでは企業は価格設定に際してインデクセーション・ルールを適用することができず，したがって κ' において $\gamma=0$ と置き，$\kappa \equiv \frac{(1-\omega)(1-\beta\omega)}{\omega}$ と仮定しておく。さらに本論で定義する社会的損失関数 W_t は，補論1で展開した社会的厚生関数 $\mathcal{W}_t$ に対し，$W_t = -\mathcal{W}_t$ となる。それゆえ，$\min : W_t \Leftrightarrow \max : \mathcal{W}_t$ である。

$$\pi_t^* \leq \int_0^1 \pi_t(i)di$$

$$\widetilde{y}_t^* \leq \int_0^1 \widetilde{y}_t(i)di$$

$$\widetilde{\varphi}_t^* \leq \int_0^1 \widetilde{\varphi}_t(i)di$$

$$\forall t \in \{0,1,2,\cdots\}$$

なる LQ 最適化問題[48]が定義できる。したがって，動学的ラグランジュ方程式として

(76) $\quad \mathcal{L}_t = E_0 \sum_{t=0}^{\infty} \beta^t \{ \frac{1}{2} \int_0^1 (\frac{\theta}{\kappa}\pi_t(i)^2 + (1+\nu)\widetilde{y}_t(i)^2 + \frac{\chi}{(1-\chi)}\widetilde{\varphi}_t(i)^2)di$

$\quad + \lambda_t^1(i)[\beta\widehat{\pi}_{t+1}(i) - \widehat{\pi}_t(i) + \kappa(1+\nu)\widetilde{y}_t(i) - \frac{\kappa\chi}{1-\chi}\widetilde{\varphi}_t(i)]$

$\quad + \lambda_t^2(i)[(\Delta\widehat{a}_t(i) - \Delta\widehat{a}_t^*) - \frac{\chi}{1-\chi}(\Delta\widetilde{\varphi}_t(i) - \Delta\widetilde{\varphi}_t^*)$

$\quad + (\widehat{\pi}_t(i) - \widehat{\pi}_t^*) + (\Delta\widetilde{y}_t(i) - \Delta\widetilde{y}_t^*)]$

$\quad + \lambda_t^3[\pi_t^* - \int_0^1 \pi_t(i)di]$

$\quad + \lambda_t^4[\widetilde{y}_t^* - \int_0^1 \widetilde{y}_t(i)di]$

$\quad + \lambda_t^5[\widetilde{\varphi}_t^* - \int_0^1 \widetilde{\varphi}_t(i)di]\}$

と定式化する。そしてこの(76)式に「Kuhn=Tucker 定理」[49]を適用して制約条件つき最小化問題を解くと，ここに経済損失が最小となるような最適財政金融政策に関する 1 階の必要条件を $\forall i \in [0,1]$, $\forall t \in \{0,1,2,\cdots\}$ に対して導くことができる。ただし，$\lambda_t^n (n=1,2\cdots 5)$ はラグランジュ乗数であり，また $\lambda_{-1}^1(i)=0$ と仮定する。

---

[48] 2 次形式の目的関数に線形式の制約条件を課した動学的最適化問題は，一般的に linear-quadratic optimal control problem（LQ 最適制御問題）ないしは linear-quadratic dynamic programming（LQ 動的計画法）と称される。例えば，Ljungqvist, L. and T. Sargent (2000), *Recursive Macroeconomic Theory*, The MIT Press, Chapter 4, ならびに McCandless, G. (2008), *The ABCs of RBCs*, Harvard UP, Chapter 7 などを参照。

[49] Kuhn/Tucker (1951).

b 最適政策と経済パフォーマンス

最適政策の各条件をまとめれば，以下のごとくである[50]。ただし，L はリード演算子にて $L^{-1}x_t = x_{t-1}$ を表す。

(77) $\quad \dfrac{\theta}{\kappa}\pi_t(i) + \Delta\lambda_t^1(i) + \lambda_t^2(i) - \lambda_t^3 = 0$

(78) $\quad (1+\nu)\tilde{y}_t(i) - \kappa(1+\nu)\lambda_t^1(i) + (1-\beta L^{-1})\lambda_t^2(i) - \lambda_t^4 = 0$

(79) $\quad \tilde{\varphi}_t(i) + \kappa\lambda_t^1(i) - (1-\beta L^{-1})\lambda_t^2(i) - \dfrac{1-\chi}{\chi}\lambda_t^5 = 0$

(80) $\quad -\int_0^1 \lambda_t^2(i)di + \lambda_t^3 = 0$

(81) $\quad -(1-\beta L^{-1})\int_0^1 \lambda_t^2(i)di + \lambda_t^4 = 0$

(82) $\quad \dfrac{\chi}{1-\chi}(1-\beta L^{-1})\int_0^1 \lambda_t^2(i) + \lambda_t^5 = 0$

ここで上述(77)式を i に対し [0,1] 区間で積分すると，(80)式を考慮すれば

(83) $\quad \dfrac{\theta}{\kappa}\pi_t^* + \int_0^1 \Delta\lambda_t^1(i)di = 0$

を得る。同様にして，(78)式を i に対し [0,1] 区間で積分し，(81)式を考慮すると，

(84) $\quad \tilde{y}_t^* - \kappa\int_0^1 \lambda_t^1(i)di = 0$

が求まる。(83)式・(84)式を合わせると，$\theta\pi_0^* + \tilde{y}_0^* = 0$ として，

(85) $\quad \theta\pi_t^* + \Delta\tilde{y}_t^* = 0, \quad \forall t \in \{1,2,\cdots\}$

が導ける。さらに(79)式を i に対し [0,1] 区間で積分し，(82)式・(84)式を考慮すると，

(86) $\quad \tilde{\varphi}_t^* + \tilde{y}_t^* = 0$

を得る。同盟全体の均衡条件を示す(69)式・(71)式と相俟って，これら(85)式・(86)式の意味するところは，経済損失を最小とする最適政策下では，同

---

[50] 岡田 (2012c)。ただし，$f_{nt}(x)(n=1,2\cdots 5)$ を(75)式の各制約条件式としたとき，最小化のための1階の必要条件は，(77)式〜(82)式に加え，$\lambda_t^n \geq 0, f_{nt}(x) \leq 0$ に対して
$\lambda_t^n[f_{nt}(x)] = 0, (n=1,2\cdots 5)$
なる条件式も加わる。

盟経済は

(87)　　　$\tilde{y}_t^* = \tilde{\varphi}_t^* = \pi_t^* = 0, \quad \forall t \in \{0,1,2,\cdots\}$

なる均衡条件を満たす必要があるということである。換言すれば，経済厚生を高めるべく（or 経済損失を最小とすべく），同盟全体では，財政金融ポリシー・ミックスにより，期を通じて GDP や公共財サービスに対しパレート効率的資源配分を達成しつつさらに物価を安定させる必要があるというものである。加えて $r_t^* = r_t^{n*}$，すなわち政策金利を自然利子率に常に等しくする必要がある。

かくして，各国当局の財政政策運営により同盟全体の財政ギャップ・ゼロを確保し得たとき（i.e. $\tilde{\varphi}_t^* = 0$），中央銀行は，

(88)　　　$r_t^* = r_t^{n*} + \psi_\pi \pi_t^*$
　　　　　$\psi_\pi > 1$

なる金融政策ルールを期を通じて（$\forall t \in \{0,1,2,\cdots\}$）適用することによって望ましき政策目標を追求することが可能となる。

ところで，(81)式・(82)式によって $\frac{\chi}{1-\chi}\lambda_t^4 + \lambda_t^5 = 0$ となるから，(78)式・(79)式より

(89)　　　$(1+\nu)\tilde{y}_t(i) + \tilde{\varphi}_t(i) - \kappa\nu\lambda_t^1(i) = 0$

が導ける。それゆえ，財サービス価格が独占的競争市場下で粘着的・硬直的であるならば $\lambda_t^1(i) > 0$ ＆ $\tilde{y}_t(i) = \tilde{\varphi}_t(i) = 0$ となり得るが[51]，i 国の政策当局にと

---

51) 動学的ラグランジュ方程式(76)式における制約条件式

$\lambda_t^1(i)[\tilde{\pi}_t(i) - \beta\tilde{\pi}_{t+1}(i) - \kappa(1+\nu)\tilde{y}_t(i) + \frac{\kappa\chi}{1-\chi}\tilde{\varphi}_t(i)]$

に対して，「Kuhn=Tucker 定理」（Kuhn/Tucker (1951)）により

$[\tilde{\pi}_t(i) - \beta\tilde{\pi}_{t+1}(i) - \kappa(1+\nu)\tilde{y}_t(i) + \frac{\kappa\chi}{1-\chi}\tilde{\varphi}_t(i)] < 0 \iff \lambda_t^1(i) = 0$

$[\tilde{\pi}_t(i) - \beta\tilde{\pi}_{t+1}(i) - \kappa(1+\nu)\tilde{y}_t(i) + \frac{\kappa\chi}{1-\chi}\tilde{\varphi}_t(i)] = 0 \iff \lambda_t^1(i) > 0$

が導ける。それゆえ，財サービス価格が硬直的・粘着的（i.e. $\tilde{\pi}_t(i) = \tilde{\pi}_{t+1}(i) = 0$）であれば，$\tilde{y}_t(i) = \tilde{\varphi}_t(i) = 0$ ＆ $\lambda_t^1(i) > 0$ かもしくは（$\tilde{y}_t(i) \neq 0$ and/or $\tilde{\varphi}_t(i) \neq 0$）＆ $\lambda_t^1(i) = 0$ のいずれかである。
他方，価格が伸縮的（i.e. $\tilde{\pi}_t(i) = \tilde{\pi}_{t+1}(i) \neq 0$）であるとき，先に我々は $\frac{d\pi_{t+1}}{d\pi_t} = \psi_\pi > 1$ と仮定したから，$\tilde{\pi}_t > 0$ であれば家計の時間的割引率 β が十分 1 に近いとき，$\tilde{\pi}_t(i) - \beta\tilde{\pi}_{t+1}(i) < 0$ が言える。したがって，$\tilde{y}_t(i) = \tilde{\varphi}_t(i) = 0$ ＆ $\lambda_t^1(i) = 0$ かもしくは（$\tilde{y}_t(i) \neq 0$ and/or $\tilde{\varphi}_t(i) \neq 0$）＆ $\lambda_t^1(i) > 0$ のいずれかである。

って，最適政策によりパレート効率的資源配分を達成し生産ギャップ・財政ギャップをゼロにすること（i.e. $\tilde{y}_t(i)=\tilde{\varphi}_t(i)=0$）は上述(89)式より必ずしも動学的均衡とはなり得ないことが分かる．むしろ，パレート効率的資源配分から乖離し，$(1+\nu)\tilde{y}_t(i)+\tilde{\varphi}_t(i)>0$ とすることが同盟各国にとって均衡を保証することになる．他方において，財サービス価格が完全競争的市場メカニズムに従って伸縮的であるならば $\lambda_t^1(i)=0$ & $\tilde{y}_t(i)=\tilde{\varphi}_t(i)=0$ となり得るから，したがって，i 国の政策当局にとって最適政策によりパレート効率的資源配分を達成し生産ギャップ・財政ギャップをゼロにすることが，各国にとって動学的均衡を保証することを上述(89)式は示している．

4　カリブレーション

上述のごとくして，共通通貨同盟の動学的マクロ経済体系を，新ケインジアン・フィリップス曲線式(69)式ならびに動学的 IS 曲線式(72)式によって描くことができる[52]．

(Eq1) $\quad \hat{\pi}_t^* = \dfrac{\gamma}{1+\beta\gamma}\hat{\pi}_{t-1}^* + \dfrac{\beta}{1+\beta\gamma}E_t[\hat{\pi}_{t+1}^*] + \kappa'(1+\nu)\tilde{y}_t^* - \dfrac{\kappa'\chi}{1-\chi}\tilde{\varphi}_t^*$

…新ケインジアン・フィリップス曲線式

(Eq2) $\quad \tilde{y}_t^* = E_t[\tilde{y}_{t+1}^*] - (r_t^* - E_t[\hat{\pi}_{t+1}^*] - r_t^{n*}) - \dfrac{\chi}{1-\chi}E_t[\Delta\tilde{\varphi}_{t+1}^*] + \varepsilon_t^a$

…動学的 IS 曲線式

これら二式に加え，通貨同盟の単一中央銀行によるインフレ率ならびに実質 GDP ギャップに対応するところの以下のようなテイラー・ルール型金利政策反応関数を導入することによって体系を閉じる．

(Eq3) $\quad r_t^* = \zeta r_{t-1}^* + (1-\zeta)\{\varphi_1\hat{\pi}_t^* + \varphi_2\tilde{y}_t^*\} + \varepsilon_t^r \quad$ …金利政策反応関数

ここで ζ は金利ラグ・ウエイトを，φ_1 はインフレ率政策反応係数を，φ_2 は実質 GDP ギャップ政策反応係数を表す．また，ε_t^a は生産性ショック攪乱

---

[52]　動学的 IS 曲線式(Eq2)式において，(70)式の自然利子率 $r_t^n \equiv E_t[\Delta\hat{a}_{t+1}]$ に関する定義式に対し，(43)式の
$\hat{a}_t = \varepsilon_t^a, \quad \varepsilon_t^a \sim i.i.d.D(0,\sigma_a^2)$
なる関係式を用いた．また Smets/Wouters に倣ってホワイト・ノイズ ε_t^a に対しては 1 に re-scale し，ε_{t+1}^a に関しては消去してある（Smets/Wouters (2003) pp. 1123-1175）．

第1表　構造パラメータ

パラメータ	設定値	説明
β	0.99	時間的割引率
η	1.00	自国財サービスと外国財サービスの代替弾力性
ρ	1.00	異時点間の消費代替弾力性の逆数（i.e. 相対的危険回避度係数）
θ	6.00	財サービス需要における代替弾力性
γ	0.00	価格インデクセーション転嫁率（注47参照）
ω	0.70	価格据え置き確率
ν	3.00	異時点間労働供給の代替弾力性の逆数
ξ	0.25	定常状態での実質GDPに占める財政支出比率
χ	0.25	公共財サービス消費比率
ζ	0.80	金利ラグ・ウエイト
φ_1	1.50	インフレ率政策反応係数
φ_2	0.50	実質GDPギャップ政策反応係数
σ_a	0.20	労働生産性ショック標準偏差
σ_r	0.20	名目金利ショック標準偏差

項を表し，ε_t^r は金利ショック攪乱項を示す。

　かくして，構造パラメータを第1表のごとく設定した上で[53]生産性ショックならびに金利ショックに伴う主要経済変数の動学経路をシミュレートすると，第1図・第2図のような結果を得る。ただし Y は実質GDPを，pi はインフレ率を，R は名目金利水準をそれぞれ表す。かくして通貨同盟各国当局の財政政策運営により同盟全体の財政ギャップ・ゼロを確保し得たとき（i.e. $\widetilde{\varphi}_t^* = \widetilde{\varphi}_{t+1}^* = 0$），通貨同盟に1標準偏差だけプラスの生産性ショックがあると，それに伴って同盟の実質GDP，インフレ率および金利水準は上昇するが，やがて実質GDPはパレート効率的資源配分状態に，そしてインフレ率ならびに金利水準は定常状態に収束する。また，同盟の単一金利に1標準偏差だけプラスの構造ショックがあると，逆に同盟の実質GDP，インフレ率はそれぞれ低下するが，時間の経過とともに同じく実質GDPはパレート効率的資源配分状態に，そしてインフレ率は定常状態にいずれも収束することが見てとれる。

---

53)　構造パラメータの設定値に関しては，各先行事例に倣った。

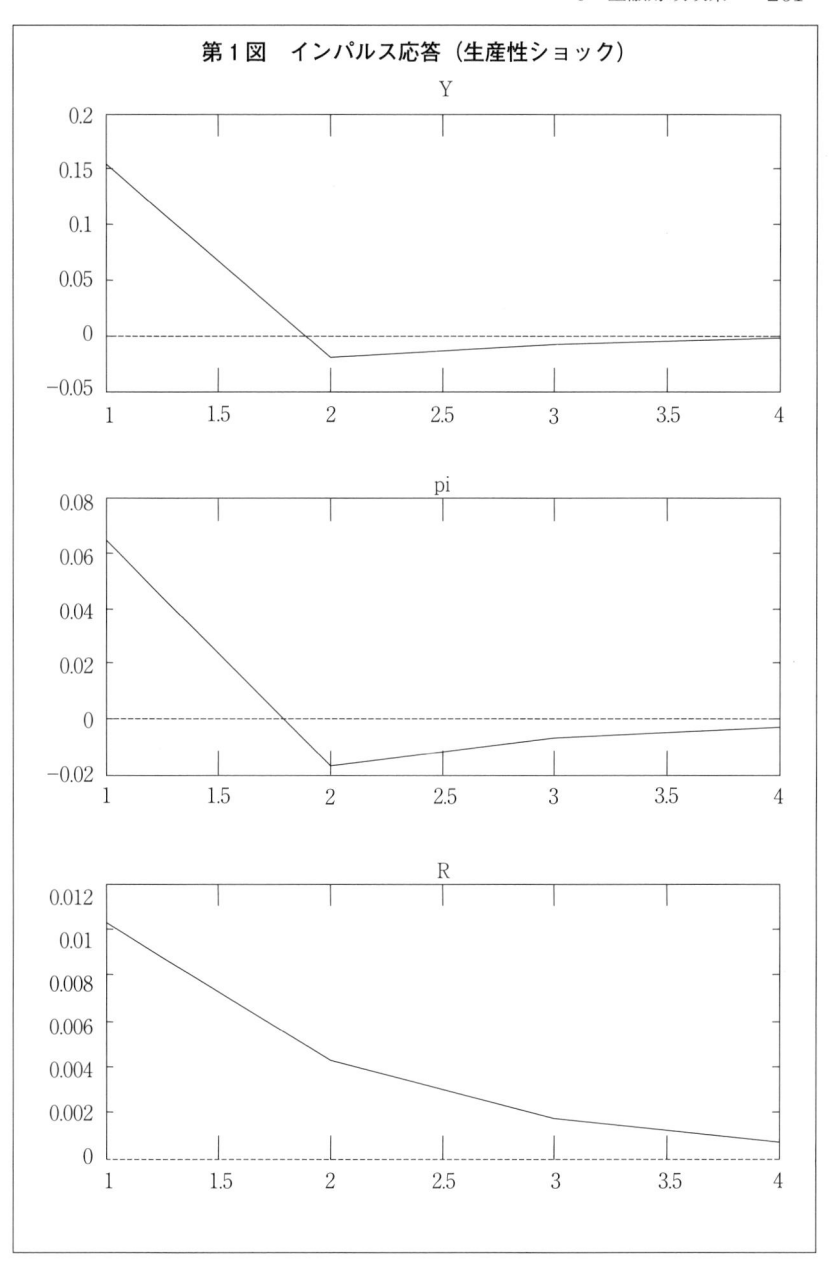

第1図　インパルス応答（生産性ショック）

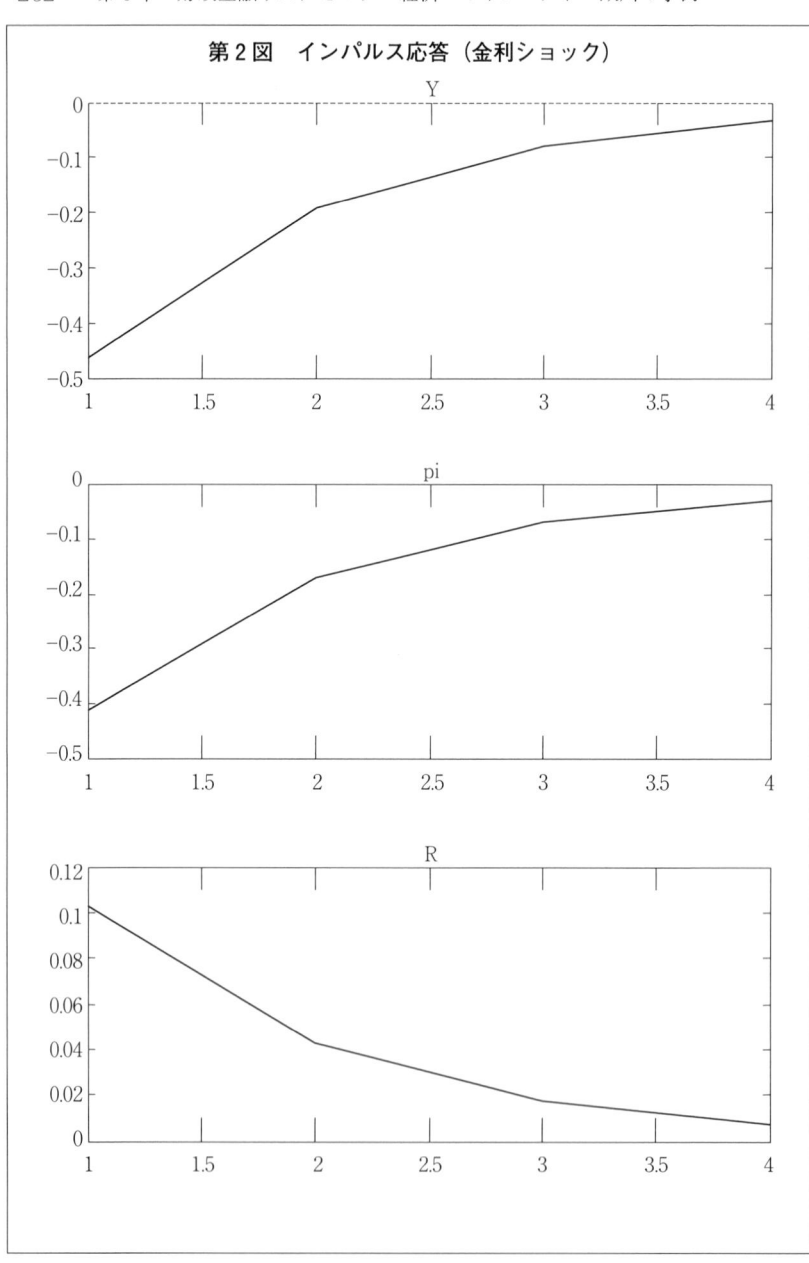

第2図　インパルス応答（金利ショック）

Y

pi

R

6 結 び

　本章において，今日世界経済を震撼させている欧州財政金融危機に関し，動学的一般均衡理論のプロトタイプを拡張した新開放マクロ経済学を適用して，その錯綜する問題点を"透徹した論理"をもって総体的・体系的に分析した。理論モデル分析から得られた結論をまとめれば以下のごとくである。
　共通通貨同盟において，金利政策は，ユーロ圏の欧州中央銀行のごとく通貨同盟の単一中央銀行が一元的・集権的に担い，他方，財政政策は同盟内の各国政府が自らの責任と裁量に基づいて実施する経済を想定する。
　同盟各国は，自国財政政策によりGDPや公共財サービスをパレート効率的資源配分に近づけることでGDPギャップや財政ギャップを縮小させることは即国内物価の安定にもつながる。しかしながら，非対称な生産性ショックが同盟国において発生すると，GDPのパレート効率的資源配分を達成させるか，あるいはまた国内物価を安定させるかという政策目標は同時達成がもはや困難となる。加えて，同盟の各国政府が個々に独自の財政政策を採ることにより同盟全体としては財政ギャップが安定せず変動すると，中央銀行が金利政策によりGDPギャップ縮小と物価安定の双方を同時達成させることは難しい。
　同盟全体で経済厚生が最大となる最適財政金融ポリシー・ミックスとは，各国当局の財政政策運営により同盟全体の財政ギャップ・ゼロを確保しつつ，他方において中央銀行は実質政策金利を自然利子率に等しくすることである。ただし，同盟内の財サービス価格が粘着的・硬直的である限り，各国の政策当局にとって，最適財政金融政策により生産ギャップ・財政ギャップをゼロにすること必ずしも動学的均衡に結びつかない。これに反し，財サービス価格が伸縮的であるならば，最適政策により生産ギャップ・財政ギャップをゼロにすることが各国の均衡を保証する。

　かくして，ユーロ圏が「最適通貨圏」の最適圏域を越えて拡大し過ぎた現状では，金利政策は通貨同盟の単一中央銀行が一元的・集権的に担い，他

方,財政政策は同盟内の各国政府が自らの責任と裁量で実施する経済は,上述した理論分析のごとく,価格が粘着的である限り最適財政金融ポリシー・ミックスによっては安定的な動学的均衡はもはや保証されず,経済危機の原因となる不均衡がもたらされ得る。したがって,以上の理論的帰結から,次のような政策命題が導かれる。

 (i) 新制度への発展

 財政による富の再配分機能を活用すべくユーロ圏に中核国から周縁国への財政移転メカニズムを装備し,もって経済の格差是正をはかるという方策が採られる必要がある。加えて,国内産業間や国際間の労働移動を促進させて同盟内における価格・賃金の硬直性・粘着性の是正を図ることも重要である。

 (ii) 経済政府の創設

 欧州中央銀行に加えて最終的には各国の財政権限を統合しユーロ圏全体の財政政策を監督する「欧州財務省」を創設し,「通貨は一つ,財政はバラバラ」の弊害を是正する。すなわち,公的資金の各国移転に加え,①ユーロ圏各国が自国の議会で予算を決定する前に審議・調整する,②ユーロ圏国で財政政策の協調を強め,財政不均衡を縮小しつつ,税制の一体化を高める,などを実施する。

 (iii) 原点への回帰

 経済のグローバル化が進展する今日,欧州政治経済統一のメリットの再確認が必要である。例えば,①域内におけるヒト,モノ,カネの自由な移動,②財サービス・金融における規模の経済性,③為替リスクの低減,④為替手数料の回避,など,今日,共通通貨「ユーロ」なくして欧州経済はもはや成り立たないところまで来ている。加えて,一国単独より複数国のほうが政治力・外交力は格段に増す。欧州通貨統一の原点たるマーストリヒト条約(1993)における「ユーロ=経済通貨+政治通貨」の公式を再確認する必要があるであろう。

補論1　社会的厚生関数

本補論において，第5節・第3項で扱われた共通通貨同盟全体の社会的厚生（損失）関数(74)式に関する導出法を検討する。

i 国の代表的家計における t 期の効用関数は，(1)式のごとく

（A1）　　$U_t(i) = E_t[\sum_{s=0}^{\infty} \beta^s u_{t+s}(i)], \quad \forall t \in \{0,1,2,\cdots\}$

$$u_{t+s}(i) = (1-\chi)\frac{(C_{t+s}(i))^{1-\rho}}{1-\rho} + \chi\frac{(G_{t+s}(i))^{1-\rho}}{1-\rho} - \frac{(N_{t+s}(i))^{1+\nu}}{1+\nu}$$

で示される。ここで消費の代替弾力性の逆数を 1 (i.e. $\rho \to 1$) としておく。したがって，(38)式を用いれば，

（A2）　　$\ln C_t(i) = \ln\{Y_t(i) - G_t(i)\} - \alpha \ln S_t(i)$

であるから，同盟全体では $\int_0^1 \ln S_t(i) di = 0$ であることを考慮し，且つ Gali=Monacelli の補助定理[54]を適用することにより，

（A3）　　$\int_0^1 \ln C_t(i) di = \frac{1}{1-\chi}\int_0^1 (\tilde{y}_t(i) - \chi\tilde{g}_t(i)) di - \frac{1}{2}\frac{\chi}{(1-\chi)^2}\int_0^1 (\tilde{y}_t(i) - \tilde{g}_t(i))^2 di$

が求まる。

また，$\hat{n}_t(i) \equiv \ln\left(\frac{N_t(i)}{N(i)}\right)$ と置き，2次までのテイラー展開をとると，

$$\left(\frac{N_t(i)^{1+\nu}}{1+\nu} - \frac{N(i)^{1+\nu}}{1+\nu}\right) \bigg/ \frac{N(i)^{1+\nu}}{1+\nu} \approx (1+\nu)\hat{n}_t(i) + \frac{1}{2}(1+\nu)^2 \hat{n}_t(i)^2$$

となるから，

---

54) 【Gali=Monacelli の補助定理】

$\overline{Y}_t, \overline{G}_t$ をそれぞれ GDP ならびに財政支出の t 期におけるパレート効率的資源配分とし，その比率を $\chi \equiv \frac{\overline{G}_t}{\overline{Y}_t}$ と定義する。そのとき，$\ln \tilde{Y}_t \equiv \ln\left(\frac{Y_t}{\overline{Y}_t}\right)$，対数表示では $\tilde{y}_t \equiv y_t - \bar{y}_t$ と表し，同じく，$\ln \tilde{G}_t \equiv \ln\left(\frac{G_t}{\overline{G}_t}\right)$，対数表示では $\tilde{g}_t \equiv g_t - \bar{g}_t$ と表せば，2次までのテイラー展開を取ることにより，

$$\ln(Y_t - G_t) \approx \frac{1}{1-\chi}(\tilde{y}_t - \chi\tilde{g}_t) - \frac{1}{2}\frac{\chi}{(1-\chi)^2}(\tilde{y}_t - \bar{g}_t)^2$$

と近似できる。

（補助定理・証明ともに Gali=Monacelli (2008) p. 130 参照）

266   第6章 財政金融リスクとマクロ経済へのインパクト：欧州の事例

(A4) $\quad \dfrac{N_t(i)^{1+\nu}}{1+\nu} = \dfrac{N(i)^{1+\nu}}{1+\nu} + N(i)^{1+\nu}(\widehat{n}_t(i) + \dfrac{1}{2}(1+\nu)\widehat{n}_t(i)^2)$

を得る。経済がパレート最適政策を採る場合の労働量は完全雇用であることから、その定常状態も完全雇用、すなわち、$N(i)=1$ となるゆえ、上述式は

(A5) $\quad \dfrac{N_t(i)^{1+\nu}}{1+\nu} = \widehat{n}_t(i) + \dfrac{1}{2}(1+\nu)\widehat{n}_t(i) + t.i.p.$

と書ける。最後の$t.i.p.$は政策独立項（terms independent of policy）で、ここでは $\dfrac{1}{1+\nu}$ なる定数である。さらに、関係式 $N_t = \dfrac{Y_t}{A_t}\int_0^1 \left(\dfrac{P_t(j)}{P_t}\right)^{-\theta} dj$ に対し、$z_t = \ln \int_0^1 \left(\dfrac{P_t(j)}{P_t}\right)^{-\theta} dj$ と置いて、

(A6) $\quad \widehat{n}_t = \widehat{y}_t - a_t + z_t = \widetilde{y}_t + z_t$

が求まる。したがって、(A6)式を(A5)式に代入すれば

(A7) $\quad \dfrac{N_t(i)^{1+\nu}}{1+\nu} = \widetilde{y}_t(i) + z_t(i) + \dfrac{1}{2}(1+\nu)\widetilde{y}_t(i)^2 + t.i.p.$

を得る。

ところで、$\ln(\dfrac{P_t(j)}{P_t})^{1-\theta} = (1-\theta)\check{p}_t(j)$ と定義すれば、

(A8) $\quad (\dfrac{P_t(j)}{P_t})^{1-\theta} = \exp\{(1-\theta)\check{p}_t(j)\} \approx 1 + (1-\theta)\check{p}_t(j) + \dfrac{(1-\theta)^2}{2}(\check{p}_t(j))^2$

なる近似式が導ける。これを j に対して $[0,1]$ 区間で積分することにより、

(A9) $\quad \int_0^1 (\dfrac{P_t(j)}{P_t})^{1-\theta} dj = 1 + (1-\theta)\int_0^1 \check{p}_t(j)dj + \dfrac{(1-\theta)^2}{2}\int_0^1 (\check{p}_t(j))^2 dj$

が求まる。ここで $\int_0^1 (\dfrac{P_t(j)}{P_t})^{1-\theta} dj = 1$ であることを考慮すれば、さらに

(A9) $\quad E_j[\check{p}_t(j)] = \dfrac{(\theta-1)}{2} E_j[(\check{p}_t(j))^2]$

となる。この関係式を用いれば、

(A10) $\quad \int_0^1 (\dfrac{P_t(j)}{P_t})^{-\theta} dj = 1 - \dfrac{\theta(\theta-1)}{2} E_j[(\check{p}_t(j))^2]$

$\quad\quad\quad\quad + \dfrac{\theta^2}{2} E_j[(\check{p}_t(j))^2] = 1 + \dfrac{\theta}{2}\mathrm{var}_j[\check{p}_t(j)]$

補論1 社会的厚生関数

が得られる。かくして，これより

(A11) $\quad z_t = \ln \left(\int_0^1 \left(\frac{P_t(j)}{P_t} \right)^{-\theta} dj \right) = \ln \left(1 + \frac{\theta}{2} \mathrm{var}_j [\check{p}_t(j)] \right) \approx \frac{\theta}{2} \mathrm{var}_j [\check{p}_t(j)]$

なる近似式が導ける。さらにこの(A11)式に Woodford の論証[55]を適用すれば，

(A12) $\quad \sum_{t=0}^{\infty} \beta^t z_t(i) = \frac{\theta}{2} \frac{\omega}{(1-\omega)(1-\beta\omega)} \sum_{t=0}^{\infty} \beta^t \pi_t(i)^2$

が得られる。

つぎに，i 国の代表的家計における t 期の効用関数（ただし $\rho \to 1$）を通貨同盟全体で集計すれば，

(A13) $\quad V_t = (1-\chi) \int_0^1 \ln C_t(i) di + \chi \int_0^1 \ln G_t(i) di - \int_0^1 \frac{(N_t(i))^{1+\nu}}{1+\nu} di$

$\quad = \int_0^1 (\widetilde{y}_t(i) - \chi \widetilde{g}_t(i)) di - \frac{1}{2} \frac{\chi}{(1-\chi)} \int_0^1 (\widetilde{y}_t(i) - \widetilde{g}_t(i))^2 di + \chi \int_0^1 \widetilde{g}_t(i) di$

$\quad - \int_0^1 (\widetilde{y}_t(i) + z_t(i) + \frac{1}{2}(1+\nu)\widetilde{y}_t(i)^2) di + t.i.p.$

$\quad = -\int_0^1 \{ z_t(i) + \frac{1}{2}(1+\nu)\widetilde{y}_t(i)^2 + \frac{1}{2} \frac{\chi}{(1-\chi)} (\widetilde{y}_t(i) - \widetilde{g}_t(i))^2 \} di + t.i.p.$

が求まる。かくして，通貨同盟全体の t 期における社会的厚生関数 $\mathcal{W}_t$ に対して，同盟全体における各家計の効用の無限和割引現在価値

(A14) $\quad \mathcal{W}_t = E_t \sum_{s=0}^{\infty} \beta^s V_{t+s} = \int_0^1 E_t \sum_{s=0}^{\infty} \beta^s U(C_{t+s}(i), G_{t+s}(i), N_{t+s}(i)) di$

を採用すれば，

(A15) $\quad \mathcal{W}_t = -\frac{1}{2} E_t \sum_{s=0}^{\infty} \beta^s \left[\int_0^1 \{ \frac{\theta}{\kappa} \pi_{t+s}(i)^2 + (1+\nu)\widetilde{y}_{t+s}(i)^2 \right.$

$\quad\quad\quad\quad \left. + \frac{\chi}{(1-\chi)} (\widetilde{y}_{t+s}(i) - \widetilde{g}_{t+s}(i))^2 \} di \right]$

---

55) Woodford (2003) は，カルボ・タイプ (i.e. 価格改定確率 $=(1-\omega)$) の価格粘着モデルを論ずる第6章において，

$\sum_{t=0}^{\infty} \beta^t \mathrm{var}_j [\ln P_t(j)] = \frac{\omega}{(1-\omega)(1-\beta\omega)} \sum_{t=0}^{\infty} \beta^t \pi_t^2$

なる関係式を導いている（Woodford (2003) Appendix E 参照）。

268　第6章　財政金融リスクとマクロ経済へのインパクト：欧州の事例

$$\text{ただし，} \kappa = \frac{(1-\omega)(1-\beta\omega)}{\omega}$$

が近似的に求められる。

補論2　労働市場

本補論2では，各国における完全競争的労働市場の模索過程を検討する。

いま t 期の企業 $f(\in[0,1])$ の限界費用 $MC(f)$ を賃金率 $\forall W_t \in (0,\infty) \subset R^1$ で偏微分すると，

(B1) $\quad \dfrac{\partial MC_t(f)}{\partial W_t} = \dfrac{1}{A_t(f)P_t(f)} > 0$

となるから，企業 f の価格設定式に対して

(B2) $\quad \dfrac{\partial}{\partial W_t}\left(\dfrac{P_{Ht}(f)}{P_{Ht}}\right) = (1+\theta)E_t \sum_{s=0}^{\infty} f_{t+s} \dfrac{\partial}{\partial W_t}(MC_{t+s}(f)) > 0$

である。したがって，自社価格を $P_{Ht}(f)$ に設定したときの最適生産量 $Y_t(f)$ に対し，

(B3) $\quad \dfrac{\partial}{\partial W_t}(Y_t(f)) = -\left(\dfrac{1+\theta}{\theta}\right)Y_{t+s}\left(\dfrac{P_{Ht}(f)}{P_{Ht}}\right)^{-\frac{1+\theta}{\theta}-1}\dfrac{\partial}{\partial W_t}\left(\dfrac{P_{Ht}(f)}{P_{Ht}}\right) < 0$

を得る。それゆえ，生産関数の逆関数 $N^D(f,W_t) = \dfrac{Y_t(f)}{A_t(f)}$ を用いれば，t 期の企業 f の労働需要関数に関し，

(B4) $\quad \dfrac{\partial N^D(f,W_t)}{\partial W_t} < 0$

が求まる。さらに，家計 h の労働供給関数に対しては，

(B5) $\quad \dfrac{\partial N^S(h,W_t)}{\partial W_t} = \dfrac{1-\chi}{\nu}\dfrac{1}{P_t}C_t(h)^{-\rho}N_t(h)^{1-\nu} > 0$

となる。かくして，市場全体の労働需給集計量に関し，

(B6) $\quad N^D(W_t) > N^S(W_t) \quad (W_t \to 0)$
$\quad\quad\quad N^D(W_t) < N^S(W_t) \quad (W_t \to \infty)$

と仮定し，さらに，Ψ を労働市場のワルラス的調整関数として，

(B7)　　　$N^D(W_{t|\tau}) > N^S(W_{t|\tau}) \Rightarrow \Delta W_{t|\tau} = \Psi[N^D(W_{t|\tau}) - N^S(W_{t|\tau})] > 0$

　　　　　$N^D(W_{t|\tau}) < N^S(W_{t|\tau}) \Rightarrow \Delta W_{t|\tau} = \Psi[N^D(W_{t|\tau}) - N^S(W_{t|\tau})] < 0$

　　　　　$N^D(W_{t|\tau}) = N^S(W_{t|\tau}) \Rightarrow \Delta W_{t|\tau} = \Psi[N^D(W_{t|\tau}) - N^S(W_{t|\tau})] = 0$

と定式化する。ただし，τ は t 期の微小分割区間で，$\Delta W_{t|\tau} \equiv W_{t|\tau} - W_{t|\tau-1}$ とする。ここで，

(B8)　　　$F = \{W_{t|\tau} | W_{t|\tau} \in [0, \infty) \subset R^1, N^S(W_{t|\tau}) - N^D(W_{t|\tau}) \leq 0\}$

と置くと[56]，F は閉集合であり，且つ $\{0\} \in F$ であるから，非空である。したがって，非空な閉集合は必ず上限を持つことから，それを $c = \sup_{W_{t|\tau} \in F} W_{t|\tau}$ とすれば，F の適当な数列を選ぶことにより c に収束し且つ $\{c\} \in F$ となる。他方，$\{\infty\} \not\in F$ であるから，M を充分大きく取れば $c < M < +\infty$ とできる。かくして，$\tau_0 \to \nu = 1$，$\tau_1 \to \nu = 2$，…として

(B9)　　　$x_\nu = (1 - \dfrac{1}{\nu})c + \dfrac{1}{\nu}M \quad (\nu = 1, 2, \cdots)$

と置けば，任意の ν に対して $c < x_\nu \leq M$ であるから，$x_\nu \not\in F (\nu = 1, 2, \cdots)$ となる。したがって，

(B10)　　　$N^S(x_\nu) - N^D(x_\nu) > 0 (\nu = 1, 2, \cdots)$

が言える。ここで $\lim_{\nu \to \infty} x_\nu = c$ であるから，(B4)式・(B5)式で示されるごとく，$N^S - N^D$ の W に対する単調性と連続性を用いれば，

(B11)　　　$\lim_{\nu \to \infty} \{N^S(x_\nu) - N^D(x_\nu)\} = N^S(c) - N^D(c) \geq 0$

を得る。かくして，先の $N^S(c) - N^D(c) \leq 0$ と併せてここに

(B12)　　　$N^S(c) - N^D(c) = 0$

が求まる。これより，$c = \overline{W}_{t|\tau}$ と置けば，ワルラス的調整関数には τ の進行とともに t 期における賃金率の不動点（i.e. 均衡点）の存在することが言える。すなわち

(B13)　　　$\exists \overline{W}_{t|\tau} \in (0, \infty) : \Delta \overline{W}_{t|\tau} = 0 \ \& \ N^D(\overline{W}_{t|\tau}) = N^S(\overline{W}_{t|\tau})$

　　　　　　$\forall t \in \{0, 1, 2, \cdots\}$

である。

---

[56]　以下証明は二階堂 (1960) pp.97-99 に負う。

第7章　中国のインフレーション：統計的分析

1　はじめに

　中国は，1978年末の改革開放政策導入後今日までの30年間で平均10％の経済成長率を謳歌し，東アジア経済を牽引してきた。しかしながら，近年，中国はルイスの転換点に差し掛かったことや人口ボーナスがピークアウトしたことなどをもって「中所得国の罠」が今や懸念され始めた。すなわち，中国経済の構造的変化が着目されるに至ったのだ。したがって，昨今の経済成長率低下は一時的なものに過ぎず，発展途上国の持つ「後発優位性」を最大限活用することで技術革新や産業の高度化をはかり，今後ともある程度の成長率を確保できるのか否か，中国経済は今や一つの岐路に立たされている。
　中国経済は，2008年秋からの米国金融危機発生にともなう世界的な同時不況により，景気後退を余儀なくされた。これに対し，中国政府当局は4兆元に達する景気刺激策[1]や金利・預金準備率の引き下げ[2]という金融緩和政策を採ったことから，これが功を奏して中国経済はV字型回復を遂げ，成長率を再び加速させた。しかしながら，2011年に至り，景況感に陰りが見え始めた[3]。実質GDPの前年同期比伸び率が，2011年初めより2013年4-6月期まで2年半に亘って減少したのだ。その直接的理由としては，欧州財政金融危機や日中間領土問題などの影響で，中国からの対日・対欧輸出の鈍化したことなどが挙げられよう。また，間接的には景気の過熱や不動産バブルによるインフレ昂進への対策としての昨今の景気引き締め策も影響した。

---

1)　日本経済新聞朝刊2010年1月11日，7頁。
2)　中国人民銀行『中国人民銀行統計季報』各季版。
3)　中国国家統計局『China Monthly Economic Indicators』各月版。

1　はじめに　　*271*

　ところで,日本の輸入相手国は2002年にはそれまでの米国から中国にトップの座が取って替わった。日本企業は,従来,製品の国際競争力を高めるためと巨大な国内市場に着目してとの理由で生産拠点を中国に移してきたことから,中国で製品を生産し日本に輸入するという新しい貿易体制が構築された[4]。また,輸出相手国のトップも,2008年にはそれまで50年余り続いた米国から同じく中国に替わった。米国の金融危機に端を発した世界景気の落ち込みのなかで中国の相対的な高成長が日本の輸出拡大につながった。したがって,こうした日中間経済の相互依存関係が深まるなか,上述した中国の経済動向を抜きにしてはもはや日本経済は語れない状況に差し掛かっている。

　一般に,インフレが昂進すると,"物価の安定"を第一義的使命とする各国の中央銀行は,あらゆる金融政策を駆使してインフレ要因の排除を図る。中国の場合,1978年に改革開放政策を採り始めて以降今日まで,1980年,1985年,1988年・89年,1994年,2008年をピークとする5つのインフレ・サイクルを経験し[5],それとともに自律的な経済活動のみならず物価安定目的で他律的・外生的に働き掛ける中国政府当局の経済政策効果もあって,経済成長率は上下に振れた[6]。したがって,中国経済の物価動向は,中国のマクロ経済それ自体の動きを左右するとともに,日本の対中国輸出入を通じて日本経済にも影響してくる。あるいはまた,中国からの輸入品価格を通じて日本の物価へも少なからず跳ね返ってくる。さらに言えば,GDP統計でみて中国が米国に次ぐ世界の主要大国となった今日,自国を取り巻く経済環境を与件とする「小国経済」から文字通りの「大国経済」としてその動向は世界経済に何らかの影響を及ぼすまでに至った。

　加えて,インフレーションは経済的弱者の生活を直撃する。それゆえ,インフレーションの加速は中国国内の所得格差を増長させ,社会的不安を激化させる恐れのあることから,中国共産党政権の基盤を根底から揺るがしかねない危険性を孕んでいる。中国経済のインフレ問題は,したがって単に経済

---

4)　経済産業省(2005)『通商白書2005』。
5)　IMF (2012a).
6)　ibid.

問題のみならず，政治的・社会的問題として中国政権それ自身にとっての最重要政策課題となった。

翻って中国経済を"診断"する手掛かりに目を転ずると，近年，中国の経済統計データ整備はその利用可能性や信頼性の面から見て急速に進展した[7]。例えば，IMF 統計マニュアルに即したところの IFS 掲載の中国各種統計データ（月次，四半期，年次）はその一例である。また，中国国家統計局による「China Statistical Yearbook」の最近の充実振りは目覚しいものがある。そこで本章では，日本経済や世界経済と深い関わりの持たれる中国の物価動向に対し，これら時系列データを利用して統計分析を加え，これまでの先行研究における定性分析を定量的に検証する。まず第 2 節では，1978 年に「改革開放政策」を採り始めて以降今日までの中国のインフレ動向を概観し，その特色を GARCH モデル等で検討する。続く第 3 節では，中国における物価騰貴に関し，その発生メカニズムを①需要サイド，②供給サイド，③金融サイド，の 3 側面から各種時系列統計的手法を適用して総体的に分析する。第 4 節ではさらに中国通貨当局の金融政策にどの程度の物価コントロール機能があるかという問題を検証すべく，構造ベクトル自己回帰モデルを用いて計測する。かくして本章では一般的なマクロ経済理論的枠組みのもと，一連の計量分析を通じ，中国におけるインフレ問題に対して従来の定性分析とは異なる新たな視点からの論点整理を試みる。以上が本章の狙いと概要である。

2 中国のインフレ動向

1 インフレ・サイクル

中国では，1978 年に「改革開放政策」を採り始めて以降今日まで，第 1 図のごとく 1980 年，1985 年，1988 年・89 年，1994 年，2008 年をピークとする五つのインフレ・サイクルを観察することができる[8]。

---

[7] IMF*IFS* の統計データにより，IMF 加盟国 180 カ国強の時系列的比較が可能となることから，ここに比較計量経済学的手法が可能となる。したがって，これより社会主義市場経済を標榜する中国経済の構造的特色が一層鮮明となる。

2 中国のインフレ動向   273

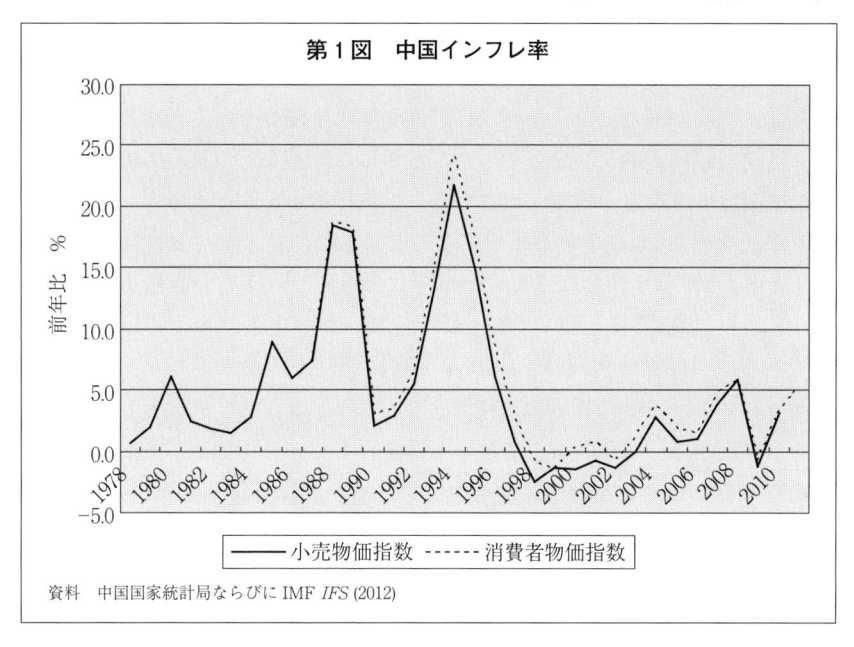

第1図 中国インフレ率

縦軸：前年比 %（-5.0〜30.0）
横軸：1978〜2010年
凡例：—— 小売物価指数　------ 消費者物価指数

資料　中国国家統計局ならびに IMF *IFS* (2012)

　こうした循環的インフレ動向において，1980年代・90年代のインフレ昂進は，主として政府による価格統制が緩和・自由化されたことにより，それまで低位に抑えられていた生活必需品を中心とする価格が高騰したこと，ならびに政策の権限が中央政府から地方政府，企業に委譲される過程で，地方政府や国有企業間で設備投資拡大・賃金引上げ競争が激化した結果，総需要が膨張したことなどをもってその要因として指摘することができる[9]。

　ただし1994年のピークを過ぎると，中国物価水準は安定した動きとなった。とりわけ1998〜99年ならびに2002年はデフレとなった。その原因としては，1996年以降，国有企業や国有銀行の改革が本格化し，市場経済化が進展したことにより，価格メカニズムによる財サービスの需給調整が弾力的

---

[8] 中国で消費者物価指数（CPI）統計が導入されたのは1985年であり，また IMF の *IFS* で利用可能なのは1987年からであるため，それ以前のデータとして小売物価指数（RPI）で代替する。
[9] 大山他（2005）。

となって，過度の需要拡大が回避されるようになったこと，加えて，国有銀行の不良債権対策に端を発した貸し渋りが多くの企業倒産をもたらし，価格引下げにつながったこと，ならびに経済全体の生産性上昇や効率化の促進により供給力が相対的に高まったこと，さらには原油など原材料の価格低下と関税率引き下げなどが影響したことなどをあげることができる[10]。

しかしながら2000年代も半ばになると，ふたたびインフレ傾向が再燃した。とりわけ2007年には5％，2008年には6％という高い数値を記録した（いずれもCPI前年比）。2008年におけるピークの主因はおよそ以下のごとくである。中国通貨当局は，2005年7月にそれまでの米ドル・ペッグ制から通貨バスケット管理相場制に移行した。しかしながら，人民元レート決定をある程度市場の需給状況に委ねるとはいうものの，①国際収支が循環的には変動するとしても趨勢的には均衡しているか，②外貨準備／貿易額の比率が趨勢的に見て安定して推移しているか，の2点から人民元レートの割安・割高評価を"傍証"すると，人民元レートは，いぜんとして国際収支の自動調整機能により本来あるべき水準より割安に誘導されていたと見ることができる。すなわち，中国人民銀行は人民元高を抑制すべく，外国為替市場に介入して大量の人民元売り・米ドル買いを行ない，その結果，急速に増大しつつある外貨準備＝人民元の国内流通量を，保有国債の売却や人民銀行債の発行などの売りオペによって吸収することができず，そうした中央銀行による不胎化政策の不徹底さによりインフレ昂進の一因となったと考えられる[11]。その他の要因としては，さらに不動産バブルが指摘できる。すなわち，地方政府の不動産開発に対するインセンティブが強いことや海外からの資本規制を潜り抜けての資金流入（i.e. 熱銭）も加わって，都市部を中心とした不動産市場は過熱し，こうした不動産価格の高騰が全般的なインフレをさらに昂進させた[12]。

---

10) 樊鋼（2003），Feyzioglu（2004）。
11) 岡田（2011）第6章。
12) 露口（2009），武藤他（2010）。

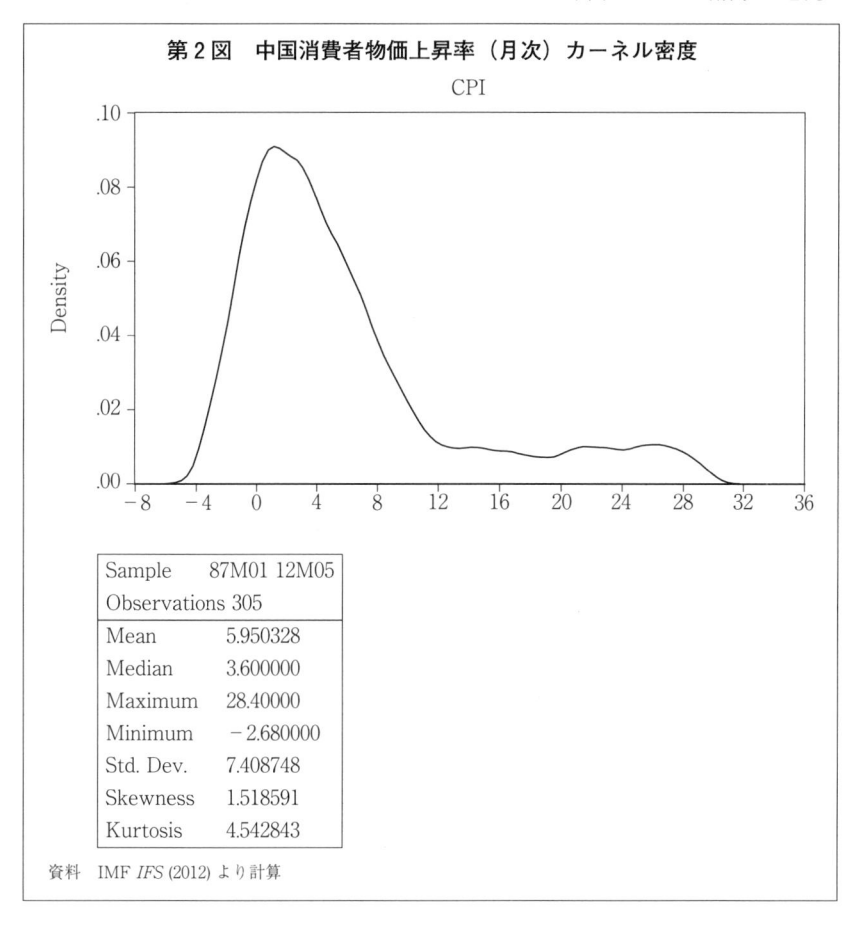

第2図 中国消費者物価上昇率（月次）カーネル密度

CPI

Sample	87M01 12M05
Observations	305
Mean	5.950328
Median	3.600000
Maximum	28.40000
Minimum	−2.680000
Std. Dev.	7.408748
Skewness	1.518591
Kurtosis	4.542843

資料　IMF *IFS* (2012) より計算

2　循環的インフレの分散変動

　中国消費者物価上昇率の時系列データ（1987年1月～2012年5月）に関し，柱状グラフを滑らかな曲線グラフに置き換えたカーネル密度とその分布特性によって示すと，第2図のごとくである。

　ところで，こうした循環的物価変動の分散は，時間の経過とともに変動することが一般に観察される。とりわけ第3図で示されるごとく，大きな物価変動のあとは大きな変動が続き，小さな物価変動ないしは安定的な物価のあとは小さな安定した物価変動が続く。すなわち，「volatility clustering現象」

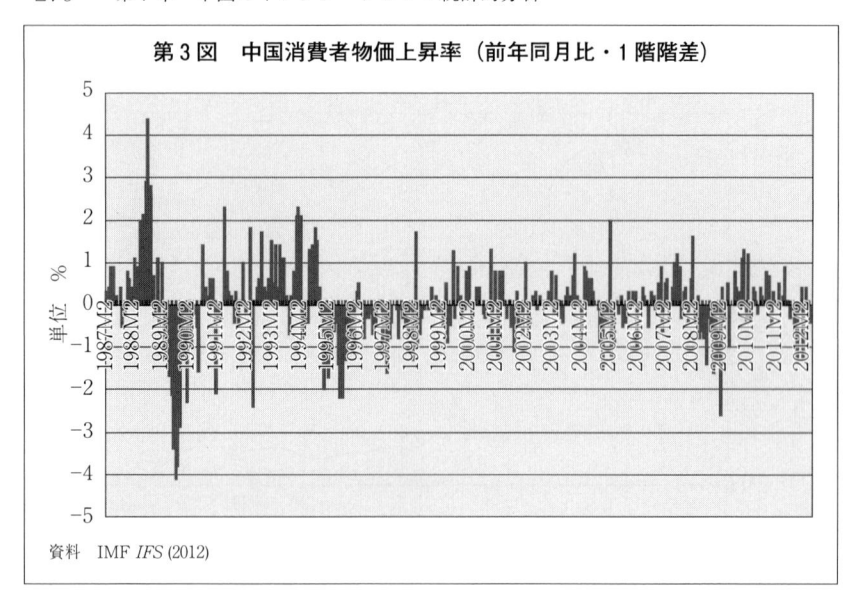

第3図　中国消費者物価上昇率（前年同月比・1階階差）

資料　IMF *IFS* (2012)

と称されるものである。また，同じ規模の分散変動であっても，価格高騰という正のインフレ・ショックは物価下落という負のショックより将来の物価変動により大きな影響を及ぼすことも時としてあり得る。したがって，これら物価変動の時系列を分析するために，ここで Bollerslev（1986）や Taylor（1986）によって提唱された GARCH ならびに分散式に非対称性を導入した Exponential GARCH（Nelson（1991））や Threshold GARCH（Glosten et al. (1993), Zakoian (1994)）によって，その動きを把握してみよう。

今 p を消費者物価指数とし，$\pi_t \equiv \dfrac{p_t}{p_{t-12}}$ を t 期（$t=1,2,\cdots T$）の消費者物価上昇率（前年同月比）とすれば，GARCH（1,1）モデルは

$\Delta \pi_t = \alpha_0 + \alpha_1 \Delta \pi_{t-1} + u_t$

ただし，$u_t = v_t \sqrt{h_t}, v_t \sim N(0,1), h_t = \beta_0 + \beta_1 u_{t-1}^2 + \beta_2 h_{t-1}$

と定式化できる。また，EGARCH モデルは，

$\Delta \pi_t = \alpha_0 + \alpha_1 \Delta \pi_{t-1} + u_t$

ただし，$u_t = v_t \sqrt{h_t}, v_t \sim N(0,1)$,

$$\ln h_t = \gamma_0 + \gamma_1 \ln h_{t-1} + \gamma_2 \frac{u_{t-1}}{\sqrt{h_{t-1}}} + \gamma_3 \frac{|u_{t-1}|}{\sqrt{h_{t-1}}}$$

で表せる。ここで非対称性の効果は，$\gamma_2 \neq 0$ で検定できる。すなわち，$\gamma_2 = 0$ であれば効果は対称的であり，$\gamma_2 > 0$ であれば，正のインフレ・ショックは負のインフレ・ショックより将来の変動により大きな影響を及ぼすことになる。さらに TGARCH モデルは，

$$\Delta \pi_t = \alpha_0 + \alpha_1 \Delta \pi_{t-1} + u_t$$

ただし，$u_t = v_t \sqrt{h_t}, v_t \sim N(0,1),$

$$h_t = \delta_0 + \delta_1 u_{t-1}^2 + \delta_2 h_{t-1} + \delta_3 u_{t-1}^2 I_{t-1}, \quad I_t = 1, \text{ if } u_{t-1} < 0$$
$$= 0, \text{ otherwise}$$

で示せる。非対称性の効果は EGARCH と同様にして，$\delta_3 \neq 0$ で検定できる。

ところで，中国消費者物価上昇率（前年同月比，1987年1月～2012年5月）の1階階差変数 $\Delta \pi_t$ は，拡張的 Dickey=Fuller 検定においてもあるいは標本自己相関を考慮した Phillips=Perron 検定においてもいずれの場合でも1％の有意水準で定常時系列変数であることが第1表から見てとれる。つぎに，この変数の自己回帰式（AR(1)）$\Delta \pi_t = \alpha_0 + \alpha_1 \Delta \pi_{t-1} + u_t$ における誤差項に不均一分散検定（White test）を施すと，第2表で示されるごとく，分散が時間を通じて均一であるという帰無仮説を自由度2の χ^2 統計量によって1％の有意水準で棄却できる。かくして，ここに誤差項の分散不均一性が確認されたことから，定常時系列変数 $\Delta \pi_t$ に GARCH, EGARCH, TGARCH をそれぞれ適用すると，第3表のような結果を得る。

GARCH モデルの推計値では，ARCH 効果（RESID(-1)^2）と GARCH 効果（GARCH(-1)）の係数は，z 統計量[13]の p 値からいずれも1％水準で有意である。また，今期のインフレ率変化は前期の変化のおよそ3～4割程度の自己回帰的影響を受けていることが分かる。さらに，定数項に関しゼロであるという帰無仮説は10％有意水準でも棄却し得ないことから，中国経済に

---

[13] 攪乱項が正規分布に従う場合は，係数の標準誤差に対する推計値の比率が t 分布に従うが，攪乱項の正規性が漸近的に妥当する場合は，標本平均・標本分散から計算された t 統計量に替わって母平均・母分散による z 統計量が用いられる（Quantitative Micro Software (2009) *EViews7 User's Guide* II, p. 12）。

第1表　ADF・PP単位根検定

Null Hypothesis: DCPI has a unit root Exogenous: Constant Lag Length: 1 (Automatic-based on SIC, maxlag = 15)		
	t-Statistic	Prob.*
Augmented Dickey-Fuller test statistic	-6.688022	0
Test critical values: 1% level	-3.451847	
5% level	-2.870899	
10% level	-2.571828	

*MacKinnon (1996) one-sided p-values.

Null Hypothesis: DCPI has a unit root Exogenous: Constant Bandwidth: 8 (Newey-West automatic) using Bartlett kernel		
	Adj. t-Stat	Prob.*
Phillips-Perron test statistic	-11.02585	0
Test critical values: 1% level	-3.451775	
5% level	-2.870868	
10% level	-2.571811	

*MacKinnon (1996) one-sided p-values.

第2表　不均一分散検定

Heteroskedasticity Test: White			
Obs*R-squared	27.66609	Prob. Chi-Square (2)	0

インフレ傾向が構造的にビルト・インされているとは必ずしも言えない。

さらに EGARCH モデルならびに TGARCH モデルの推計値では，前者の係数 C(5) ならびに後者の RESID(-1)^2 * (RESID(-1) < 0) の係数のいずれもが z 統計量の p 値より統計的に有意でない。したがって，このことから正のインフレ・ショックならびに負のインフレ・ショックが共に物価変動に与える影響は対称的であり，すなわち，同じ規模の分散変動であれば，価格が高騰してもあるいは物価が下落しても共に将来の物価変動に及ぼす影響は同程度であることが示される。

第3-a表 GARCH

Dependent Variable: DCPI
Sample (adjusted): 1987M03 2012M05
Included observations: 303 after adjustments
GARCH = C(3) + C(4)*RESID(-1)^2 + C(5)*GARCH(-1)

Variable	Coefficient	Std. Error	z-Statistic	Prob.
C	0.013192	0.042504	0.310379	0.7563
DCPI(-1)	0.364952	0.062722	5.818545	0
Variance Equation				
C	0.177224	0.068225	2.597646	0.0094
RESID(-1)^2	0.263473	0.072863	3.616034	0.0003
GARCH(-1)	0.518046	0.108402	4.778948	0

第3-b表 EGARCH

Dependent Variable: DCP
Sample (adjusted): 1987M03 2012M05
Included observations: 303 after adjustments
LOG(GARCH) = C(3) + C(4)*ABS(RESID(-1)/@SQRT(GARCH(-1))) + C(5)*RESID(-1)/@SQRT(GARCH(-1)) + C(6)*LOG(GARCH(-1))

Variable	Coefficient	Std. Error	z-Statistic	Prob.
C	0.010853	0.042908	0.252936	0.8003
DCPI(-1)	0.421047	0.059804	7.040418	0
Variance Equation				
C(3)	-0.518793	0.095866	-5.411646	0
C(4)	0.505297	0.106535	4.742989	0
C(5)	0.025346	0.071425	0.354863	0.7227
C(6)	0.63555	0.1351	4.704299	0

　最後に，$\Delta\pi_t$ に GARCH-M モデル[14]を適用して推計してみると，第3-d表で示されるごとく，GARCH の係数が統計的に有意でない。一般に，物価が安定している期に比べ物価変動のボラティリティが高まると，将来の価格

---

14) GARCH-M モデルは次のような式に従う (Engle et al. (1987))。
$\Delta\pi_t = \alpha_0 + \alpha_1 \Delta\pi_{t-1} + \alpha_2 h_{t-1} + u_t$
ただし，$u_t = v_t\sqrt{h_t}$, $v_t \sim N(0,1)$, $h_t = \beta_0 + \beta_1 u_{t-1}^2 + \beta_2 h_{t-1}$

第3-c表　TGARCH

Dependent Variable: DCPI
Sample (adjusted): 1987M03 2012M05
Included observations: 303 after adjustments
GARCH = C(3) + C(4)*RESID(-1)^2 + C(5)*RESID(-1)^2*(RESID(-1)< 0) + C(6)*GARCH(-1)

Variable	Coefficient	Std. Error	z-Statistic	Prob.
C	-0.004644	0.041266	-0.112529	0.9104
DCPI(-1)	0.406517	0.052964	7.675406	0
Variance Equation				
C	0.565724	0.071442	7.918696	0
RESID(-1)^2	0.551207	0.192009	2.870738	0.0041
RESID(-1)^2*(RESID(-1)< 0)	-0.296199	0.207698	-1.426102	0.1538
GARCH(-1)	-0.15251	0.063236	-2.411742	0.0159

第3-d表　GARCH-M

Dependent Variable: DCPI
Sample (adjusted): 1987M03 2012M05
Included observations: 303 after adjustments
GARCH = C(4) + C(5)*RESID(-1)^2 + C(6)*GARCH(-1)

Variable	Coefficient	Std. Error	z-Statistic	Prob.
GARCH	-0.102762	0.157908	-0.650771	0.5152
C	0.080552	0.104167	0.773292	0.4393
DCPI(-1)	0.348388	0.06304	5.526445	0
Variance Equation				
C	0.155658	0.06245	2.492499	0.0127
RESID(-1)^2	0.250891	0.068976	3.637383	0.0003
GARCH(-1)	0.558203	0.101282	5.511391	0

高騰を見越した消費者の買いだめ・買い急ぎを招来してインフレ昂進につながることが多い。しかしながら，中国の場合，月次データで見る限り，たとえそうした物価変動のボラティリティが高まっても趨勢的な物価の動きにはなんら影響を及ぼすことはないことが見てとれる。

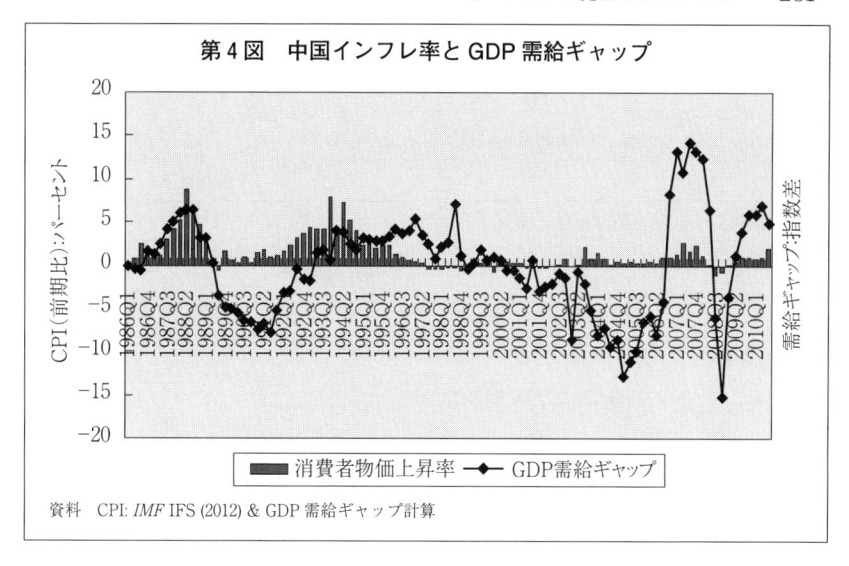

3 インフレ発生のメカニズム　*281*

第4図　中国インフレ率とGDP需給ギャップ

資料　CPI: *IMF* IFS (2012) & GDP 需給ギャップ計算

3　インフレ発生のメカニズム

本節において，前述した中国におけるインフレ動向に関し，その発生メカニズムを①需要サイド，②供給サイド，③金融サイドの3側面から分析してみる。

1　需給ギャップ―需要サイド

物価上昇を決定する最も基本的な要因は，経済全体の需給ギャップであろう。一般に「フィリップス曲線」で示されるごとく，需要が生産能力を上回り需給が逼迫すると物価は上昇する。逆に需要が生産能力を下回り需給が緩やかになると，物価は安定する。ところで，需給ギャップを計測するには，①マクロ生産関数を用いて潜在GDPを求め，現実GDPのそこからの乖離をもって計る方法や，②現実GDPの趨勢的な変動を抽出し，そこからの乖離をもって推計する方法などがある。本章では，毎期の資本ストックや稼働率，雇用者数や一人当たり労働時間など，マクロ生産関数を正確に推計するに足るだけの統計データのアベイラビリティの点から②の方法を採用する。

第7章 中国のインフレーション：統計的分析

第4表 ADF 単位根検定

Null Hypothesis: D(CPI) has a unit root
Exogenous: Constant
Lag Length: 0 (Automatic - based on SIC, maxlag = 12)

	t-Statistic	Prob.*
Augmented Dickey-Fuller test statistic	-3.147222	0.0264
Test critical values: 1% level	-3.498439	
5% level	-2.891234	
10% level	-2.582678	

*MacKinnon (1996) one-sided p-values.

Null Hypothesis: GAPD has a unit root
Exogenous: Constant
Lag Length: 1 (Automatic - based on SIC, maxlag = 12)

	t-Statistic	Prob.*
Augmented Dickey-Fuller test statistic	-3.605499	0.0073
Test critical values: 1% level	-3.498439	
5% level	-2.891234	
10% level	-2.582678	

*MacKinnon (1996) one-sided p-values.

第5表 インフレと需給ギャップ

Dependent Variable: D(CPI)
Method: Least Squares
Sample (adjusted): 1986Q2 2010Q4
Included observations: 99 after adjustments

Variable	Coefficient	Std. Error	t-Statistic	Prob.
C	2.957727	0.35648	8.297037	0
GAPD	0.270498	0.062946	4.297329	0
R-squared	0.159933	Mean dependent var		2.957723
Adjusted R-squared	0.151273	S.D. dependent var		3.850069
S.E. of regression	3.54693	Akaike info criterion		5.390037
Sum squared resid	1220.329	Schwarz criterion		5.442464
Log likelihood	-264.8068	Hannan-Quinn criter.		5.411249
F-statistic	18.46704	Durbin-Watson stat		0.471002
Prob (F-statistic)	0.000041			

3 インフレ発生のメカニズム

まず，四半期ベースの実質 GDP に対して Hodrick-Prescott Filter を用いて趨勢値を求め，そこからの乖離をもって需給ギャップの代理変数 gapd とする。消費者物価上昇率（前期比）とこの需給ギャップをグラフにすると第4図のごとくである。つぎに，この gapd のレベル変数ならびに消費者物価指数 cpi の1階の階差変数に対して拡張的 Dickey=Fuller（ADF）単位根検定を施すと第4表のごとくであり，1％ないしは5％の有意水準で定常時系列変数であることが確認される。すなわち，cpi は $I(1)$ であり，gapd は $I(0)$ である。したがってこの2変数の回帰式を OLS 計算すると，第5表のような結果が得られる。gapd の係数の最小二乗推計値が有意に正であることから，中国経済において，需給がタイトになるとインフレの昂進することが見て取れる。

2 単位労働費用―供給サイド

単位労働費用 ulc とは，実質 GDP1 単位当たりの賃金支払い総額である。賃金は企業の総費用の主要な部分を占めるため，名目賃金の上昇はコスト面からインフレ要因となるなど，賃金の動向は物価に大きな影響を及ぼす（第5図参照）。

ところで，単位労働費用 ulc は，y を実質 GDP，w を名目賃金率，L を労働投入量とすれば，$ulc = \frac{wL}{y}$ で表せるから，この式の両辺の対数をとれば，$\ln(ulc) = \ln(w) - \ln(\frac{y}{L})$ となる。ここで右辺第2項は労働生産性を示す変数である。したがって，労働生産性が高まっている場合は，たとえ賃金が増加しても単位労働費用の上昇を吸収する余地があり，物価を抑制する方向に働く。実際，中国の国有企業において，1990年代半ばには賃金総額の伸び率を税引き後利益の伸び率以内に抑えること，ならびに一人当たり実質賃金の伸び率を労働生産性の上昇率以内に収めること，の二つの規制が導入されていた[15]。

いま，消費者物価指数 cpi，名目賃金指数 wage ならびに労働生産性指数

---

15) 大山他（2005）。

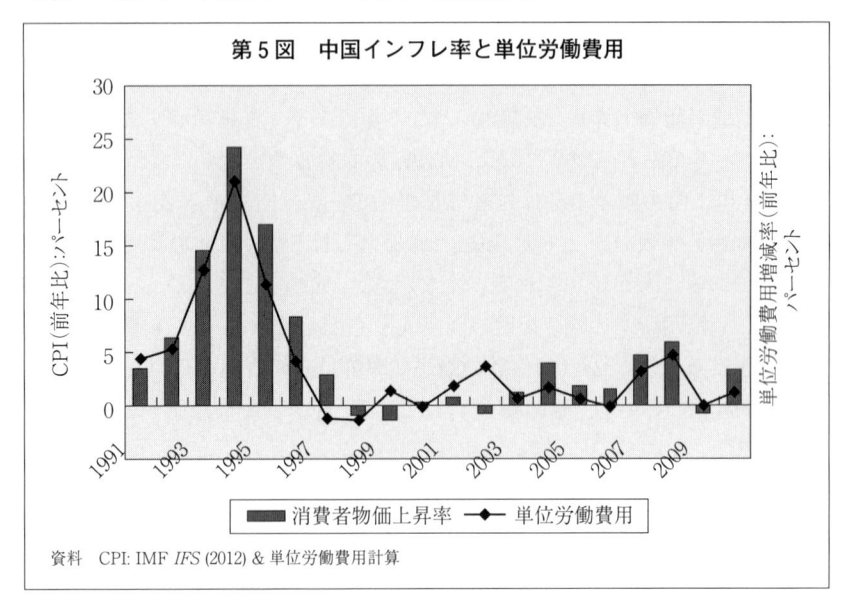

第5図　中国インフレ率と単位労働費用

資料　CPI: IMF *IFS* (2012) & 単位労働費用計算

　prod の年次データに対し，ADF 単位根検定ならびに標本自己相関を考慮した Phillips-Perron 単位根検定の双方を施すと，第6表のごとく，いずれの検定でもレベル変数は10％の有意水準で「H_0：単位根を持つ」という帰無仮説を棄却できない。さらにこれら3変数に関して1階の階差を取ると，いずれの単位根検定でも定常時系列変数となることが分かる。すなわち，$I(1)$ である。したがって，この3変数のレベル変数に Johansen 共和分検定を施すと，トレース検定によっても最大固有値検定によっても「H_0：共和分の関係は存在しない」という帰無仮説は1％の有意水準で棄却され，これより少なくとも次のような1個の共和分関係の存在することが導かれる（第7表参照）。

　　cpi $-0.730694 *$ *wage* $+0.616340 *$ *prod* $=0$
　　　（0.12572）　　（0.17566）
　　（standard error in parentheses）

　このことから，賃金が上昇すると物価も上昇し，他方，労働生産性が高まると物価は下落することが分かる。ただし，これら年次データは21標本期

3 インフレ発生のメカニズム

第6表　ADF・PP 単位根検定

Null Hypothesis: CPI has a unit root Exogenous: None Lag Length: 1 (Automatic - based on SIC, maxlag = 4)		
	t-Statistic	Prob.*
Augmented Dickey-Fuller test statistic	0.785677	0.8744
Test critical values: 1% level	-2.692358	
5% level	-1.960171	
10% level	-1.607051	

*MacKinnon (1996) one-sided p-values.

Null Hypothesis: CPI has a unit root Exogenous: Constant Bandwidth: 2 (Newey-West automatic) using Bartlett kernel		
	Adj. t-Stat	Prob.*
Phillips-Perron test statistic	-2.467724	0.1376
Test critical values: 1% level	-3.808546	
5% level	-3.020686	
10% leve	-2.650413	

*MacKinnon (1996) one-sided p-values.

Null Hypothesis: WAGE has a unit root Exogenous: Constant Lag Length: 2 (Automatic - based on SIC, maxlag = 4)		
	t-Statistic	Prob.*
Augmented Dickey-Fuller test statistic	-1.209041	0.6465
Test critical values: 1% level	-3.857386	
5% level	-3.040391	
10% level	-2.660551	

*MacKinnon (1996) one-sided p-values.

Null Hypothesis: WAGE has a unit root Exogenous: Constant Bandwidth: 2 (Newey-West automatic) using Bartlett kernel		
	Adj. t-Stat	Prob.*
Phillips-Perron test statistic	-1.727894	0.4029
Test critical values: 1% level	-3.808546	
5% level	-3.020686	
10% level	-2.650413	

*MacKinnon (1996) one-sided p-values.

Null Hypothesis: PRO has a unit root Exogenous: Constant Lag Length: 1 (Automatic - based on SIC, maxlag = 4)		
	t-Statistic	Prob.*
Augmented Dickey-Fuller test statistic	-0.493104	0.8724
Test critical values: 1% level	-3.831511	
5% level	-3.02997	
10% level	-2.655194	

*MacKinnon (1996) one-sided p-values.

Null Hypothesis: PRO has a unit root Exogenous: Constant Bandwidth: 2 (Newey-West automatic) using Bartlett kernel		
	Adj. t-Stat	Prob.*
Phillips-Perron test statistic	-0.072564	0.94
Test critical values: 1% level	-3.808546	
5% level	-3.020686	
10% level	-2.650413	

*MacKinnon (1996) one-sided p-values.

第7表 Johansen 共和分検定

Sample (adjusted): 1992 2010
Included observations: 19 after adjustments
Trend assumption: Linear deterministic trend
Series: CPI WAGE PRO
Lags interval (in first differences): 1 to 1

Unrestricted Cointegration Rank Test（Trace）

Hypothesized No. of CE(s)	Eigenvalue	Trace Statistic	0.05 Critical Value	Prob.**
None *	0.730117	39.37124	29.79707	0.0029
At most 1	0.442345	14.48565	15.49471	0.0705
At most 2	0.163382	3.38937	3.841466	0.0656

Trace test indicates 1 cointegrating eqn(s) at the 0.05 level
* denotes rejection of the hypothesis at the 0.05 level
**MacKinnon-Haug-Michelis (1999) p-values

Unrestricted Cointegration Rank Test (Maximum Eigenvalue)

Hypothesized No. of CE(s)	Eigenvalue	Max-Eigen Statistic	0.05 Critical Value	Prob.**
None *	0.730117	24.8856	21.13162	0.0141
At most 1	0.442345	11.09627	14.2646	0.1494
At most 2	0.163382	3.38937	3.841466	0.0656

Max-eigenvalue test indicates 1 cointegrating eqn(s) at the 0.05 level
* denotes rejection of the hypothesis at the 0.05 level
**MacKinnon-Haug-Michelis (1999) p-values

1 Cointegrating Equation(s): Log likelihood 161.2889
Normalized cointegrating coefficients (standard error in parentheses)

CPI	WAGE	PROD
1	-0.730694 (0.12572)	0.616340 (0.17566)

間と標本数が少ないため，精度の高い共和分推計値を常に期待することは難しい。すなわち，小標本データから得られた上述パラメータ値が尤度関数を必ずしも最大化しているとは限らない可能性も十分あり得る。そこで，マルコフ連鎖モンテカルロ（MCMC）法によるベイズ推定によって最尤推定量を

3 インフレ発生のメカニズム

第8表 MCMC 推計結果 (Posterior Distributions of the Parameters)

Variable	Mean	SD	SE	95% Interval
Intercept	4.5528168	0.1189441	0.001368	[4.3209350　4.790523]
Wage	1.2583038	0.0674483	0.000761	[1.1258067　1.391341]
Prod	-1.2511909	0.0917014	0.001048	[-1.4328147　-1.069514]

求め,上述した共和分方程式と同一のフォーミュラを補足的に推計すると,第8表のような結果を得る[16]。第8表は,ギブス・サンプラー・アルゴリズムにより,最初の1,000個を初期値に依存する稼動検査(burn-in)期間として捨て,その後の10,000個の標本を事後分布からの標本と考えて,事後分布の平均,標準偏差,標準誤差,95%信頼区間のそれぞれを表示している[17]。さらに第6図は,ギブス・サンプラーで得られた各パラメータならびに分散に関する標本経路(左部分)と事後確率密度関数(右部分)を表示している。いずれの標本経路も安定した動きで十分に状態空間全体を行き来していると見なされ得ることから不変分布に収束していると判定され,かつ各推計値が事後確率密度関数の中央近辺に来ていることも分かる。かくして,MCMC法に基づく推定によってしても,賃金が上昇すると物価には上昇圧力として働き,他方,労働生産性が上昇すると物価には下落圧力として働くことが示される。

3 素原材料・エネルギー価格―供給サイド

つぎに,生産に要する素原材料やエネルギー価格と消費者物価との関連を見てみよう。一般に,それら川上の素原材料価格や中間財投入価格が上昇すると,川下の価格,すなわち消費段階の価格にもコストアップとなって跳ね返ってくる。それゆえ,こうした物価の連鎖を検証するために,まず川上の

---

16) マルコフ連鎖モンテカルロ(MCMC)法によるベイズ推定に関しては,本書第1章・補論1参照。
17) ここでギブス・サンプラーの初期値としてOLS推計値を用いた。

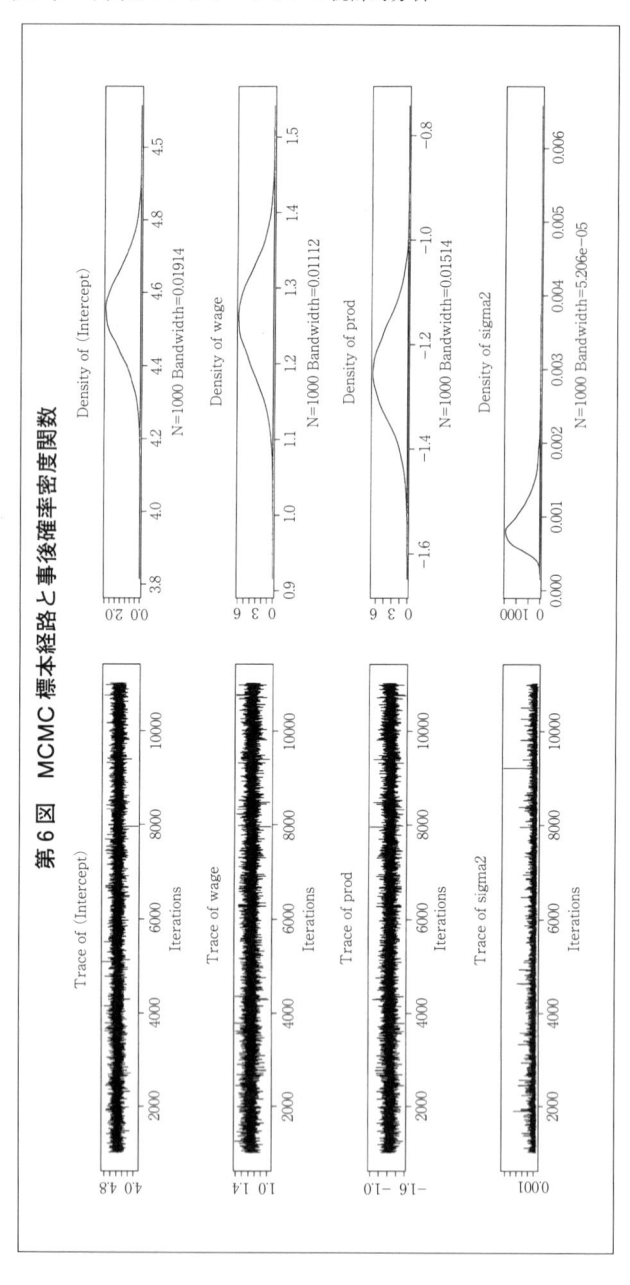

288　第7章　中国のインフレーション：統計的分析

第6図　MCMC標本経路と事後確率密度関数

3 インフレ発生のメカニズム　289

第7図　中国生産者物価と一次産品価格

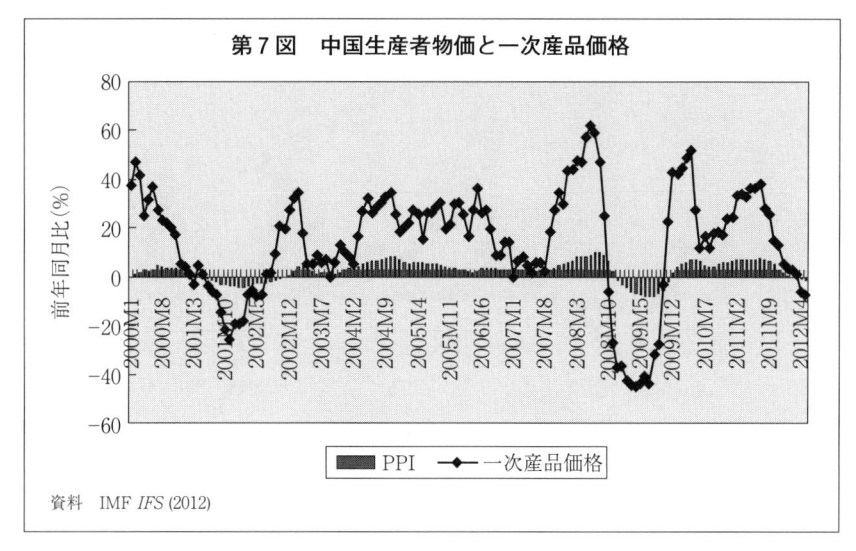

凡例：PPI　　一次産品価格

資料　IMF *IFS* (2012)

第8図　中国生産者物価と為替レート

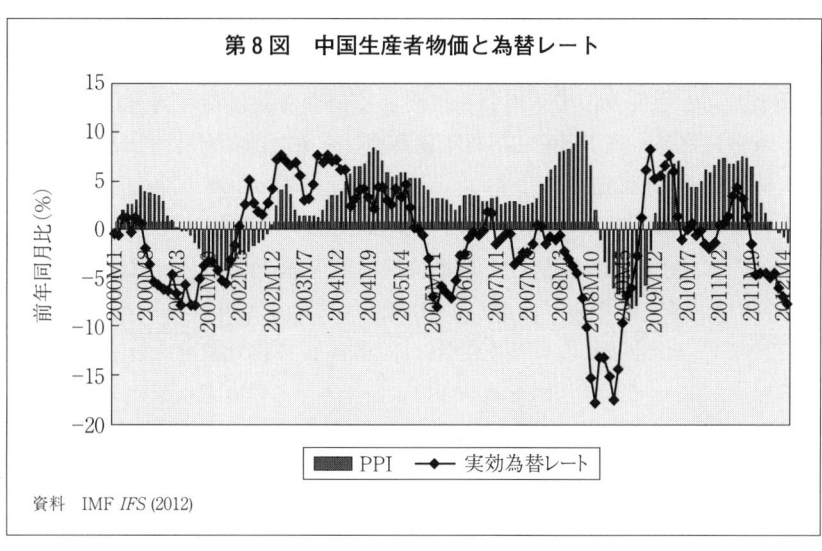

凡例：PPI　　実効為替レート

資料　IMF *IFS* (2012)

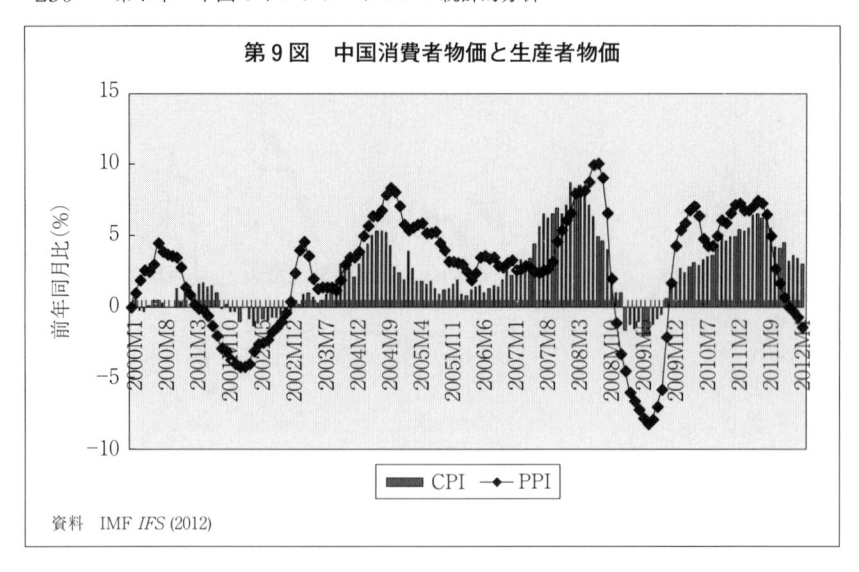

第9図　中国消費者物価と生産者物価

資料　IMF *IFS* (2012)

　価格として，一次産品世界価格[18]の前年同月比 *comp* ならびに生産者物価前年同月比 *ppi* を採り，川下の価格に同じく消費者物価前年同月比 *cpi* を採る。さらに為替レートとして名目実効為替レートの前年同月比 *exr* を採用する（第7図〜第9図参照）。

　そこでこれら4変数に関し，利用可能な2000年1月〜2012年6月の月次データ[19]に対してそれぞれADF単位根検定を施すと，*comp* ならびに *ppi* は $I(0)$ であり，*exr* ならびに *cpi* は $I(1)$ であることが第9表より確認される。そこでこの *exr* と *cpi* のレベル変数にJohansen共和分検定を施すと，トレース検定によっても最大固有値検定によっても5%の有意水準で1個の共和分関係の存在することが確認される（第10表参照）。したがって，レベル変数の *comp* ならびに *ppi* と階差変数の Δexr ならびに Δcpi に対し，さらに共和分関係によって規定される *exr* と *cpi* の長期均衡関係を取り込んだところ

---

18)　中国では品目別輸入価格が利用できないため，一次産品"輸入"価格に対してIMF（2012a）の一次産品"世界"価格データで代替した。

19)　IMF（2012a）では中国のPPI（前年同月比）データは2000年1月から利用可能となっている。

のベクトル誤差修正モデル（VECM）を推計する[20]。ただしラグに関してはラグ基準に照らして1次とする。これらVECM推計値に対して「逐次的制約」としてのコレスキー順序を $(comp, \Delta exr, ppi, \Delta cpi)$ と仮定してコレスキー分解を施せば[21]，構造VARは"適度に"識別が可能となる。こうして求められた構造VARを基に，一次産品価格，為替レートならびに生産者物価の各ショックを1標準偏差だけプラスで与えたときのそれぞれの生産者物価と消費者物価の12期までの単純インパルス応答を求めると，第10図のように示すことができる。かくして中国経済の場合，石炭・石油や金属その他の一次産品価格が上昇すると国内生産者物価もそれに伴って上昇し，さらに一定の波及経路を経て川下の消費者物価にも影響を及ぼすことが分かる。加えて，人民元の名目実効為替レートが増価すると生産者物価は大きく低下することが見て取れるから，中国では為替レートの生産者物価に対する「パス・スルー効果」は極めて高いことが分かる[22]。

4 金利，銀行貸出，マネーサプライ─金融サイド

消費者物価は，金利，銀行貸出額，マネーサプライなど，主要金融変数とも密接に関わってくる。例えば，金利が引き下げられたり，あるいは銀行貸出額やマネーサプライが増加したりすれば，金利経路や銀行貸出経路・マネーサプライ経路など通常のトランスミッション・メカニズムが機能する限りにおいて，人々の手元流動性は潤沢となって購買意欲が増す。あるいは設備

---

20) いま μ を定数ベクトル，A_i を $m \times m$ 行列，ε_t を独立で平均が0，共分散行列が Σ の正規確率変数ベクトルとしたとき，p 次のベクトル自己回帰モデル

$$VAR(p) : x_t = \mu + \sum_{i=1}^{p} A_i x_{t-i} + \varepsilon_t$$

をまず以下の式のごとく変換する。

$$\Delta x_t = \mu + \Pi x_{t-1} + \sum_{i=1}^{p-1} \Gamma \Delta x_{t-i} + \varepsilon_t$$

ここで階差変数は全て定常とする。誤差項は系列相関のないホワイトノイズなので定常であるから，したがって，左辺と右辺がバランスするには Π 行列が O（零行列）であるかあるいはレベル変数 x_{t-1} が共和分の関係にあるかのいずれかでなければならない。それ故，r 個の共和分関係が存在し且つ Πx_{t-1} が定常となるならば，これら共和分関係を組み込んだフォーミュラ，すなわち，ベクトル誤差修正モデル（VECM）によって推計する必要がある。

21) コレスキー順序に関し，外生的な $comp$ に対して $\Delta exr, ppi, \Delta cpi$ なる3変数の順序を変えても主要結果に変化は見られなかった。したがって，本推計結果の頑健性が確認される。

22) 為替レートの物価へのパス・スルー問題に関しては，大谷他（2006）参照。

第9表　ADF 単位根検定

Null Hypothesis: COMP has a unit root
Exogenous: Constant
Lag Length: 1 (Automatic-based on SIC, maxlag = 13)

	t-Statistic	Prob.*
Augmented Dickey-Fuller test statistic	-3.620213	0.0064
Test critical values: 1% level	-3.474567	
5% level	-2.880853	
10% level	-2.577147	

*MacKinnon (1996) one-sided p-values.

Null Hypothesis: D(EXR) has a unit root
Exogenous: Constant
Lag Length: 12 (Automatic-based on SIC, maxlag = 13)

	t-Statistic	Prob.*
Augmented Dickey-Fuller test statistic	-4.684343	0.0002
Test critical values: 1% level	-3.478911	
5% level	-2.882748	
10% level	-2.578158	

*MacKinnon (1996) one-sided p-values.

Null Hypothesis: PPI has a unit root
Exogenous: Constant
Lag Length: 1 (Automatic-based on SIC, maxlag = 13)

	t-Statistic	Prob.*
Augmented Dickey-Fuller test statistic	-4.177625	0.001
Test critical values: 1% level	-3.475184	
5% level	-2.881123	
10% level	-2.577291	

*MacKinnon (1996) one-sided p-values.

Null Hypothesis: D(CPI) has a unit root
Exogenous: Constant
Lag Length: 11 (Automatic-based on SIC, maxlag = 13)

	t-Statistic	Prob.*
Augmented Dickey-Fuller test statistic	-5.1135	0
Test critical values: 1% level	-3.478911	
5% level	-2.882748	
10% level	-2.578158	

*MacKinnon (1996) one-sided p-values.

3 インフレ発生のメカニズム　*293*

第10表　Johansen 共和分検定

Sample (adjusted): 2000M06 2012M05 Included observations: 144 after adjustments Trend assumption: No deterministic trend (restricted constant) Series: CPI EXR Lags interval (in first differences): 1 to 4					
Unrestricted Cointegration Rank Test (Trace)					
Hypothesized No. of CE(s)	Eigenvalue	Trace Statistic	0.05 Critical Value	Prob.**	
None * At most 1	0.129631 0.050491	27.45335 7.460673	20.26184 9.164546	0.0043 0.1041	
Trace test indicates 1 cointegrating eqn(s) at the 0.05 level * denotes rejection of the hypothesis at the 0.05 level **MacKinnon-Haug-Michelis (1999) p-values					
Unrestricted Cointegration Rank Test (Maximum Eigenvalue)					
Hypothesized No. of CE(s)	Eigenvalue	Max-Eigen Statistic	0.05 Critical Value	Prob.**	
None * At most 1	0.129631 0.050491	19.99268 7.460673	15.8921 9.164546	0.0107 0.1041	
Max-eigenvalue test indicates 1 cointegrating eqn(s) at the 0.05 level * denotes rejection of the hypothesis at the 0.05 level **MacKinnon-Haug-Michelis (1999) p-values					
1 Cointegrating Equation(s): Log likelihood -404.9856 Normalized cointegrating coefficients (standard error in parentheses)					
CPI	EXR		C		
1	-0.943626 (0.24592)		-0.94902 (1.05533)		

　投資・住宅建設投資の増大にもつながる。その結果、総需要は拡大し、財サービス市場では"見えざる手"の需給調整機能が働いて価格は上昇する（第11図〜第13図参照）。

　そこで、本節では、消費者物価 $lcpi$ に加え、銀行貸出金利 $rate$、銀行貸出額 $lend$、マネーサプライ（M2ベース）$m2$ の各四半期データ（季節調整済み）を採択する。そしてそれぞれの対数値に対して ADF 単位根検定を施す

第10図　単純インパルス応答

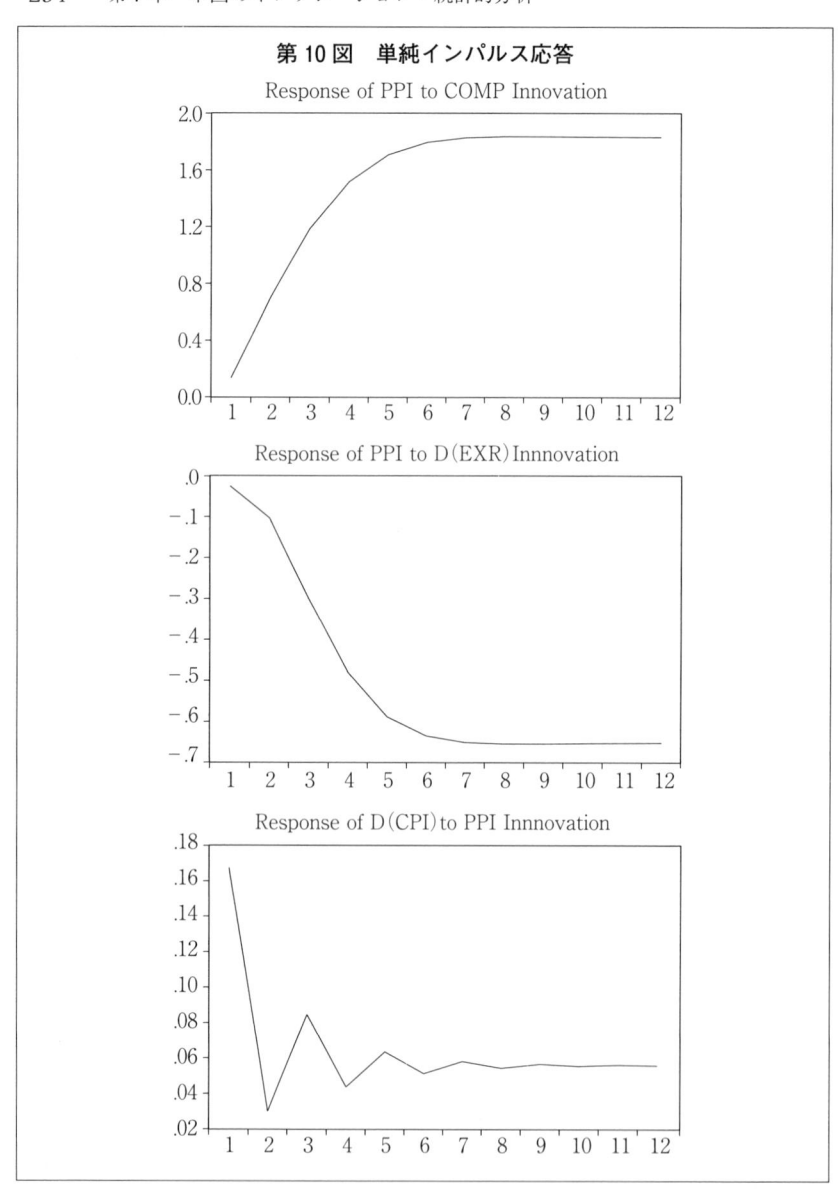

Response of PPI to COMP Innovation

Response of PPI to D(EXR) Innnovation

Response of D(CPI) to PPI Innnovation

3 インフレ発生のメカニズム　*295*

第11図　中国インフレ率とマネーサプライ

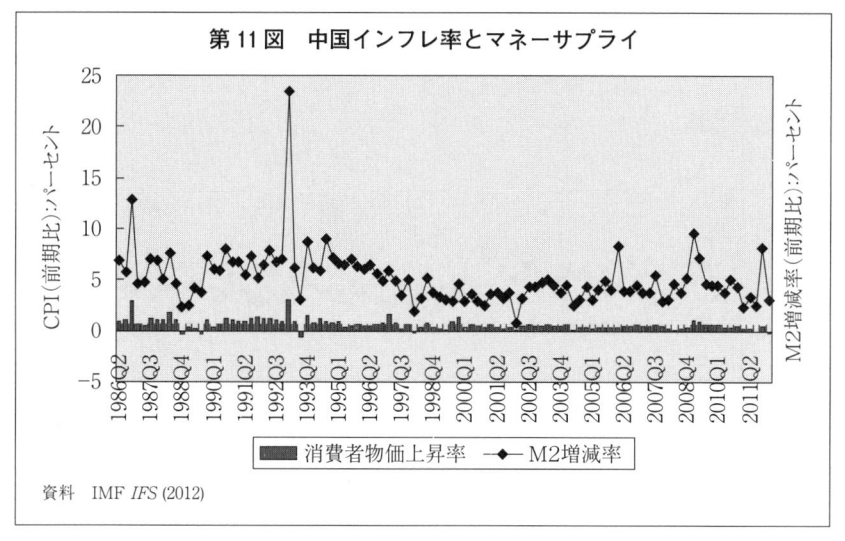

資料　IMF *IFS* (2012)

第12図　中国インフレ率と金利

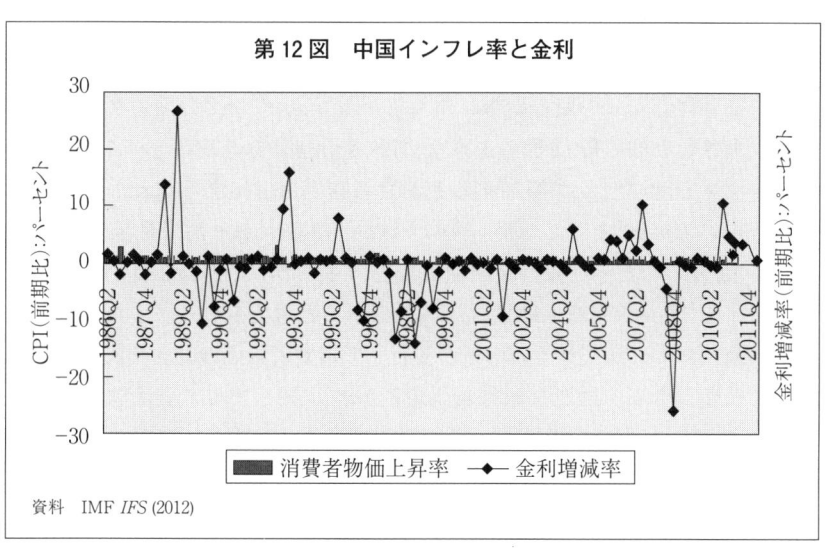

資料　IMF *IFS* (2012)

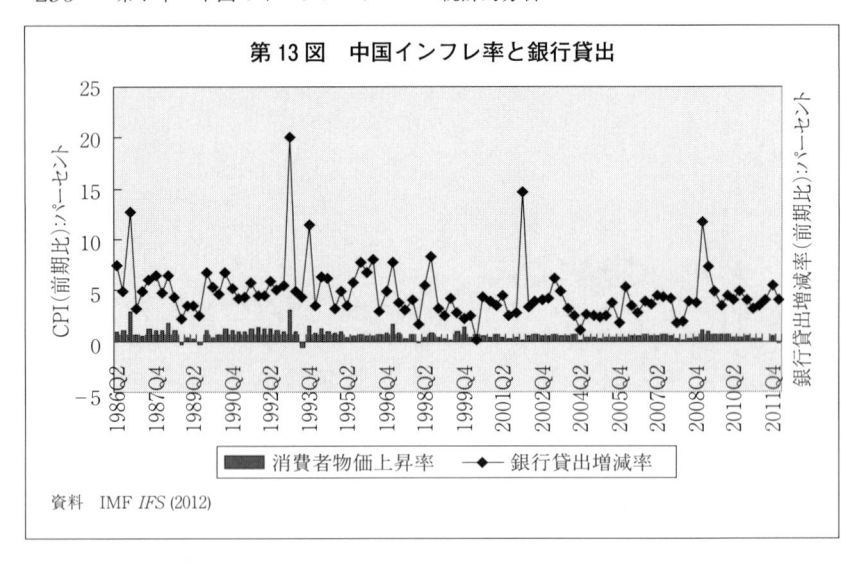

第13図　中国インフレ率と銀行貸出

資料　IMF *IFS* (2012)

と，1％ないしは5％の有意水準でそれぞれ $I(1)$ となる（第11表参照）。そこで，消費者物価 *lcpi* の階差変数に対して *rate*, *lend*, *m2* の階差変数でそれぞれ説明させると，第12表のようなOLS推計結果を得る。これより銀行貸出額やマネーサプライが増加すると消費者物価は上昇することが見て取れる。さらに *lcpi* に対して *rate*, *lend*, *m2* との Granger 因果性検定を行うと，第13表のごとく，銀行貸出額 *lend*, マネーサプライ *m2* は消費者物価 *lcpi* に対して1％の有意水準で因果関係にあると考えられる。すなわち，銀行貸出額，マネーサプライの増減が先行して消費者物価の動きを決定すると見ることができる。ただし銀行貸出金利 *rate* に関しては消費者物価に対して10％の有意水準でも因果関係にあるとは言えず，両者はともに同時的に決定されると見て取れる。さらに第12表の回帰式推計結果を見ても，金利が物価を決定するとも解釈し得るしあるいは逆に物価が金利を決定するとも解釈し得る結果となっている。このケースで金利変数 *rate* の係数のOLS推計値が有意に正となっているのは，Sims（1992）が指摘したごとく，当該推計モデルに商品価格指数や為替レートなど将来の物価動向の先行指標が考慮されていないことによると考えられる。すなわち，金利の上昇は，外生的な

第 11 表　ADF 単位根検定

Null Hypothesis: D(LCPI) has a unit root
Exogenous: None
Lag Length: 1 (Automatic - based on SIC, maxlag = 12)

	t-Statistic	Prob.*
Augmented Dickey-Fuller test statistic	-2.023023	0.0418
Test critical values: 1% level	-2.587831	
5% level	-1.944006	
10% level	-1.614656	

*MacKinnon (1996) one-sided p-values.

Null Hypothesis: D(RATE) has a unit root
Exogenous: Constant
Lag Length: 0 (Automatic - based on SIC, maxlag = 12)

	t-Statistic	Prob.*
Augmented Dickey-Fuller test statistic	-8.171531	0
Test critical values: 1% level	-3.494378	
5% level	-2.889474	
10% level	-2.581741	

*MacKinnon (1996) one-sided p-values.

Null Hypothesis: D(LEND) has a unit root
Exogenous: Constant
Lag Length: 0 (Automatic - based on SIC, maxlag = 12)

	t-Statistic	Prob.*
Augmented Dickey-Fuller test statistic	-9.04942	0
Test critical values: 1% level	-3.494378	
5% level	-2.889474	
10% level	-2.581741	

*MacKinnon (1996) one-sided p-values.

Null Hypothesis: D(M2) has a unit root
Exogenous: Constant
Lag Length: 2 (Automatic - based on SIC, maxlag = 12)

	t-Statistic	Prob.*
Augmented Dickey-Fuller test statistic	-3.637534	0.0066
Test critical values: 1% level	-3.495677	
5% level	-2.890037	
10% level	-2.582041	

*MacKinnon (1996) one-sided p-values.

第12表　OLS 推計結果

Dependent Variable: D(LCPI)
Method: Least Squares
Sample (adjusted): 1986Q3 2012Q1
Included observations: 103 after adjustments

Variable	Coefficient	Std. Error	t-Statistic	Prob.
D(LEND(-1))	0.280848	0.033155	8.470669	0
R-squared	0.074901	Mean dependent var		0.013836
Adjusted R-squared	0.074901	S.D. dependent var		0.018322
S.E. of regression	0.017623	Akaike info criterion		-5.229608
Sum squared resid	0.031677	Schwarz criterion		-5.204028
Log likelihood	270.3248	Hannan-Quinn criter.		-5.219248
Durbin-Watson stat	0.482664			

Dependent Variable: D(LCPI)
Method: Least Squares
Sample (adjusted): 1986Q3 2012Q1
Included observations: 103 after adjustments

Variable	Coefficient	Std. Error	t-Statistic	Prob.
D(M2(-1))	0.278731	0.029998	9.291767	0
R-squared	0.14654	Mean dependent var		0.013836
Adjusted R-squared	0.14654	S.D. dependent var		0.018322
S.E. of regression	0.016927	Akaike info criterion		-5.310211
Sum squared resid	0.029224	Schwarz criterion		-5.284631
Log likelihood	274.4758	Hannan-Quinn criter.		-5.29985
Durbin-Watson stat	0.472882			

Dependent Variable: D(LCPI)
Method: Least Squares
Sample (adjusted): 1986Q2 2012Q1
Included observations: 104 after adjustments

Variable	Coefficient	Std. Error	t-Statistic	Prob.
C	0.013937	0.00166	8.397855	0
D(RATE)	0.121647	0.028622	4.250068	0
R-squared	0.150447	Mean dependent var		0.013731
Adjusted R-squared	0.142118	S.D. dependent var		0.018265
S.E. of regression	0.016917	Akaike info criterion		-5.30194
Sum squared resid	0.029191	Schwarz criterion		-5.251087
Log likelihood	277.7009	Hannan-Quinn criter.		-5.281338
F-statistic	18.06308	Durbin-Watson stat		0.56778
Prob(F-statistic)	0.000047			

Dependent Variable: D(RATE)
Method: Least Squares
Sample (adjusted): 1986Q2 2012Q1
Included observations: 104 after adjustments

Variable	Coefficient	Std. Error	t-Statistic	Prob.
C	-0.018676	0.006629	-2.817338	0.0058
D(LCPI)	1.236748	0.290995	4.250068	0
R-squared	0.150447	Mean dependent var		-0.001694
Adjusted R-squared	0.142118	S.D. dependent var		0.058237
S.E. of regression	0.053941	Akaike info criterion		-2.982823
Sum squared resid	0.296778	Schwarz criterion		-2.93197
Log likelihood	157.1068	Hannan-Quinn criter.		-2.962221
F-statistic	18.06308	Durbin-Watson stat		1.823693
Prob(F-statistic)	0.000047			

第13表　Granger 因果性検定

Pairwise Granger Causality Tests Sample: 1986Q1 2012Q2 Lags: 12			
Null Hypothesis:	Obs	F-Statistic	Prob.
D(RATE) does not Granger Cause D(LCPI) D(LCPI) does not Granger Cause D(RATE)	92	0.68655 0.86885	0.7584 0.5815
D(LEND) does not Granger Cause D(LCPI) D(LCPI) does not Granger Cause D(LEND)	92	2.87877 1.02029	0.003 0.441
D(M2) does not Granger Cause D(LCPI) D(LCPI) does not Granger Cause D(M2)	92	9.37602 0.64999	3.00E-10 0.7917

金利変化だけでなくインフレ予想の高まりに内生的に反応した金利上昇分も含まれていると解されるのである。

5　インフレとGDP成長率

ここで貨幣的要因であるインフレと実物経済との関係を見ておこう。

上述のような需要サイド，供給サイド，金融サイドの各要因によってインフレが発生し，さらにそれが昂進すると，マクロ経済において各経済変数の名目値が一定である限り実質値は減少するから，実質GDP成長率も低下する。他方，実質GDP成長率が上昇すると，景気は活発化するであろうとの人々の予想も働いて有効需要を拡大させるから，インフレ昂進に結び付く（第14図参照）。

こうしたインフレと実物経済との相互依存関係を中国経済で検証するために，四半期ベースのCPI前期比増減率（季節調整済み）cpiと実質GDP前期比成長率（同）gdpをとってそれぞれにADF単位根検定を施すと，第14表で示されるごとく，いずれも1％の有意水準で$I(1)$であることが見て取れる。さらにこの2変数のレベル変数にJohansen共和分検定を施すと，5％の有意水準で共和分関係にないことが示される（第15表参照）。したがって，これら2変数の1階の階差変数に対し，ラグ基準に照らして3次の誘導形

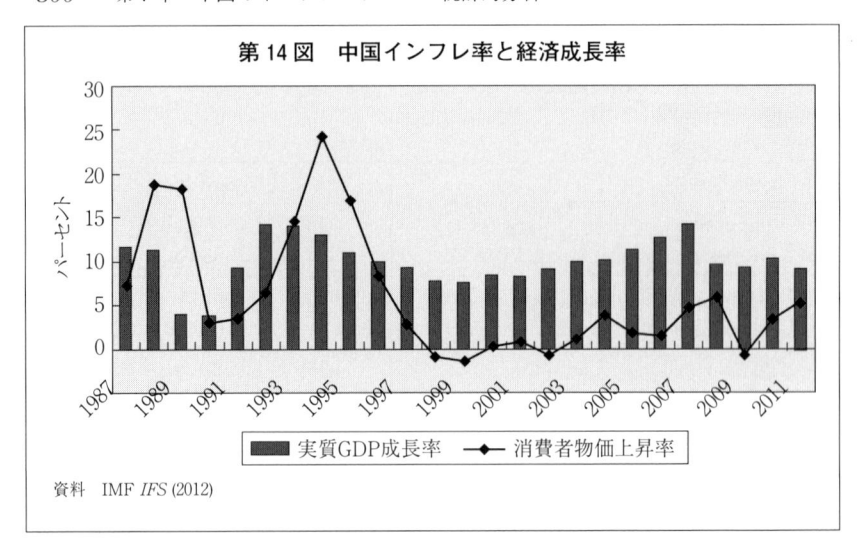

300 第 7 章 中国のインフレーション：統計的分析

第 14 図　中国インフレ率と経済成長率

凡例：実質GDP成長率　消費者物価上昇率

資料　IMF *IFS* (2012)

第 14 表　ADF 単位根検定

Null Hypothesis: D(CPI) has a unit root Exogenous: Constant Lag Length: 0 (Automatic - based on SIC, maxlag = 12)		
	t-Statistic	Prob.*
Augmented Dickey-Fuller test statistic	-11.86896	0.0001
Test critical values: 1% level	-3.496346	
5% level	-2.890327	
10% level	-2.582196	

*MacKinnon (1996) one-sided p-values.

Null Hypothesis: D(GDP) has a unit root Exogenous: Constant Lag Length: 1 (Automatic - based on SIC, maxlag = 11)		
	t-Statistic	Prob.*
Augmented Dickey-Fuller test statistic	-12.52465	0.0001
Test critical values: 1% level	-3.49991	
5% level	-2.891871	
10% level	-2.583017	

*MacKinnon (1996) one-sided p-values.

3 インフレ発生のメカニズム　*301*

第15表　Johansen 共和分検定

Sample (adjusted): 1987Q3 2010Q4
Included observations: 94 after adjustments
Trend assumption: No deterministic trend (restricted constant)
Series: CPI GDP
Lags interval (in first differences): 1 to 4

Unrestricted Cointegration Rank Test (Trace)

Hypothesized No. of CE(s)	Eigenvalue	Trace Statistic	0.05 Critical Value	Prob.**
None *	0.143251	23.43539	20.26184	0.0177
At most 1	0.090356	8.901984	9.164546	0.0561

Trace test indicates 1 cointegrating eqn(s) at the 0.05 level
* denotes rejection of the hypothesis at the 0.05 level
**MacKinnon-Haug-Michelis (1999) p-values

Unrestricted Cointegration Rank Test (Maximum Eigenvalue)

Hypothesized No. of CE(s)	Eigenvalue	Max-Eigen Statistic	0.05 Critical Value	Prob.**
None	0.102587	10.17445	11.2248	0.0761
At most 1	0.009492	0.896545	4.129906	0.3976

Max-eigenvalue test indicates no cointegration at the 0.05 level
* denotes rejection of the hypothesis at the 0.05 level
**MacKinnon-Haug-Michelis (1999) p-values

VARを推計する。ここで，t期に発生したcpiの構造ショックのgdpへの無限大期先に亘る累積効果がゼロ，すなわち，長期的にはcpiの構造ショックのgdpに及ぼす効果は「中立的」と仮定する。この長期ゼロ制約仮定を課せば，第16表で示されるごとく，構造VARは"適度に"識別が可能となる[23]。こうして求められた構造VARを基に，成長率ショックならびにインフレ・ショックを1標準偏差だけプラスで与えたときの各変数の12期までの累積インパルス応答を求めると，第15図のように示すことができる。こから，インフレが昂進すると経済成長率は当初プラスとなったあとマイナ

---

23) Blanchard/Quah (1989) 並びに本章・補論 2。

第16表 長期制約 SVAR 推計

Structural VAR Estimates Sample (adjusted): 1987Q2 2010Q4 Included observations: 95 after adjustments Estimation method: method of scoring (analytic derivatives) Convergence achieved after 6 iterations Structural VAR is just-identified				
Model: Ae = Bu where E[uu']= I Restriction Type: long-run text form				
Long-run response pattern:				
C(1)　　　　0 C(2)　　　　C(3)				
	Coefficient	Std. Error	z-Statistic	Prob.
C(1) C(2) C(3)	0.380458 0.272313 1.054408	0.027601 0.109969 0.076495	13.78405 2.476272 13.78405	0 0.0133 0
Log likelihood	−266.4986			
Estimated A matrix:				
1.000000　　　　0.000000 0.000000　　　　1.000000				
Estimated B matrix:				
0.896108　　　　0.100949 −0.004501　　　　1.079606				

スに転じ,その後ゼロに収束していくが,他方,実質 GDP 成長率が増加するとインフレ率は一貫してプラスで推移することが見て取れる。

6 インフレ予想

　一般に,人々の合理的経済行動は,既知となった過去の情報のみならず今期利用可能な情報を最大限活用して将来の動向を予想しながら最適化を図る。したがって,今期のインフレ率を考える場合,それは経済主体のバックワード・ルッキングな要素のみならずフォワード・ルッキングな要素をも加

3 インフレ発生のメカニズム　303

第15図　インパルス応答

Accumulated Response of D(GDP) to Structural One S.D. Shock2

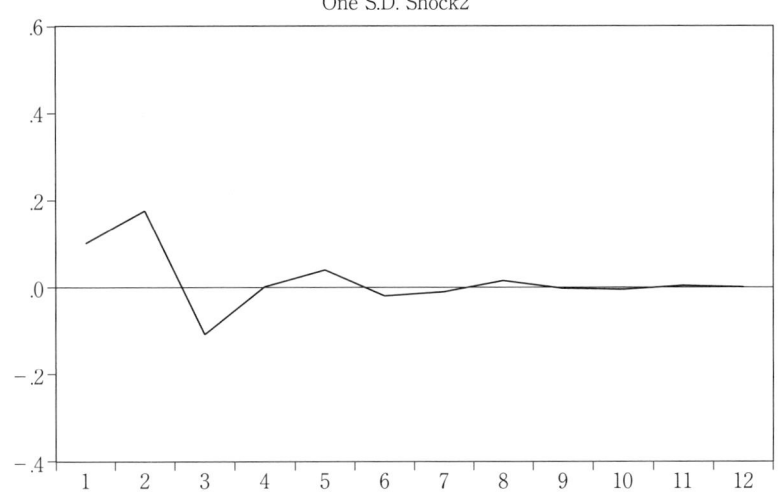

Accumulated Response of D(CPI) to Structural One S.D. Shock1

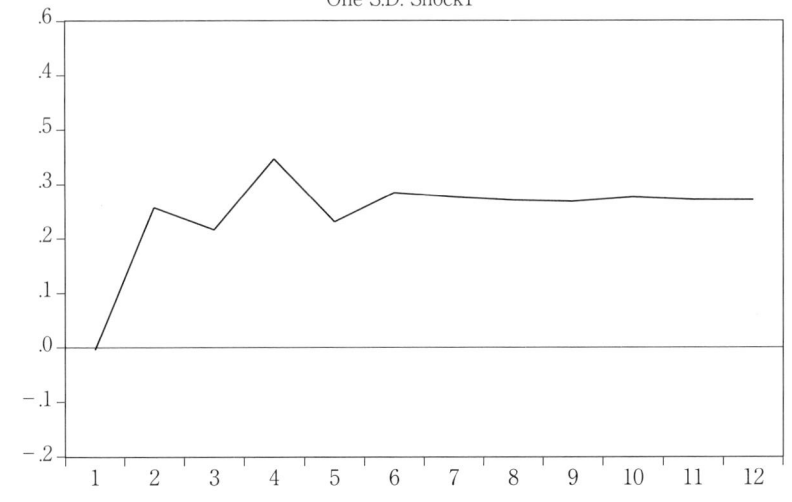

味したところの経済行動を反映した定式化が必要となるであろう。こうした議論を踏まえて誕生したインフレ・モデルが,次のような新ケインジアン・フィリップス曲線（NKPC）式と称されるものである[24]。

$$\pi_t = \alpha_0 + \alpha_1 \pi_{t-1} + \alpha_2 E_t[\pi_{t+1}] + \alpha_3 y_t + \varepsilon_t, \quad \forall t \in \{1, 2, \cdots T\}$$

上述式中, α_i ($i=0,1,2,3$) は係数であり,また π_t はインフレ率を, y_t は実質GDP をそれぞれ表す。ここで,各変数は定常均衡解からの近傍乖離に関する対数線形近似式（ただし π_t は線形近似式）となっている。さらに ε_t は $\varepsilon_t \sim i.i.d. N(0,\sigma^2)$ なる攪乱項とする。ところで,上述式には説明変数にインフレ率に関する1期までのラグ項が含まれている。したがって,上述式は,バックワード・ルッキング的要素の加味された伝統型フィリップス曲線と,さらにはフォワード・ルッキング的要素が取り入れられた新ケインジアン型フィリップス曲線との双方を折衷ないし"交配"したものとして,「ハイブリッド型」新ケインジアン・フィリップス曲線[25]と称されている。

ところで,これら統計式の推計法に関してオーソドックスな直接最小二乗推定量を適用しても,統計式の特定化に鑑みて (i.e. 説明変数に合理的予想形成仮説を前提とした1期先の予想インフレ率 $E_t[\pi_{t+1}]$ を含む) もはや一致性も不偏性も持たない[26]。したがって,ここでは一般化モーメント法 (GMM) を適用する。かくして,これら推計法により,一致性や漸近正規性など望ましい特性が確保できることになる[27]。なお GMM の操作変数としては,本推計の場合,実質経済成長率 $\hat{y}_t$,潜在成長率 $\bar{y}_t$ [28],銀行貸出金利 r_t ,銀行貸出額 l_t ,マネーサプライ（M2 ベース）m_t を採用する。また,これら変数は実

---

24) Gali/Gertler (1999). なお, NKPC 式の係数 α_1, α_2 を $\alpha_2=(1-\alpha_1)$ と線形結合して全体を最尤法で推計する例もある。例えば, Kurmann, A. (2007), "VAR-Based Estimation of Euler Equations with an Application to New Keynesian Pricing," *Journal of Economic Dynamic and Control*, Vol. 31, No. 3, pp. 767-796, Jondeau, E. and H. Le Bihan (2005), "Testing for the New Keynesian Phillips Curve. Additional International Evidence," *Economic Modeling*, Vol. 22, No. 3, pp. 521-550 を参照。

25) Gali/Gertler (1999).

26) Hayashi (2000).

27) ibid.

28) 実質 GDP 成長率に対し Hodrick-Prescott Filter を適用して趨勢値を求め, それをもって潜在成長率の代理変数とする。

第17表 ADF 単位根検定

Null Hypothesis: π has a unit root
Exogenous: Constant
Lag Length: 2 (Automatic - based on SIC, maxlag = 12)

	t-Statistic	Prob.*
Augmented Dickey-Fuller test statistic	-4.684307	0.0002
Test critical values: 1% level	-3.495677	
5% level	-2.890037	
10% level	-2.582041	

*MacKinnon (1996) one-sided p-values.

Null Hypothesis: Y has a unit root
Exogenous: None
Lag Length: 0 (Automatic - based on SIC, maxlag = 12)

	t-Statistic	Prob.*
Augmented Dickey-Fuller test statistic	-2.158207	0.0304
Test critical values: 1% level	-2.58853	
5% level	-1.944105	
10% level	-1.614596	

*MacKinnon (1996) one-sided p-values.

Null Hypothesis: M has a unit root
Exogenous: Constant
Lag Length: 0 (Automatic - based on SIC, maxlag = 12)

	t-Statistic	Prob.*
Augmented Dickey-Fuller test statistic	-3.557618	0.0083
Test critical values: 1% level	-3.493747	
5% level	-2.8892	
10% level	-2.581596	

*MacKinnon (1996) one-sided p-values.

Null Hypothesis: R has a unit root
Exogenous: None
Lag Length: 1 (Automatic - based on SIC, maxlag = 12)

	t-Statistic	Prob.*
Augmented Dickey-Fuller test statistic	-3.470051	0.0007
Test critical values: 1% level	-2.587387	
5% level	-1.943943	
10% level	-1.614694	

*MacKinnon (1996) one-sided p-values.

Null Hypothesis: L has a unit root
Exogenous: None
Lag Length: 0 (Automatic - based on SIC, maxlag = 12)

	t-Statistic	Prob.*
Augmented Dickey-Fuller test statistic	-3.060038	0.0025
Test critical values: 1% level	-2.587172	
5% level	-1.943912	
10% level	-1.614713	

*MacKinnon (1996) one-sided p-values.

Null Hypothesis: Y-dot has a unit root
Exogenous: Constant
Lag Length: 2 (Automatic - based on SIC, maxlag = 11)

	t-Statistic	Prob.*
Augmented Dickey-Fuller test statistic	-3.223484	0.0216
Test critical values: 1% level	-3.49991	
5% level	-2.891871	
10% level	-2.583017	

*MacKinnon (1996) one-sided p-values.

Null Hypothesis: Y-bar has a unit root
Exogenous: Constant
Lag Length: 3 (Automatic - based on SIC, maxlag = 11)

	t-Statistic	Prob.*
Augmented Dickey-Fuller test statistic	-3.934456	0.0027
Test critical values: 1% level	-3.500669	
5% level	-2.8922	
10% level	-2.583192	

*MacKinnon (1996) one-sided p-values.

第18表　NKPC 推計

Method: Generalized Method of Moments
Sample (adjusted): 1986Q3 2010Q4
Included observations: 98 after adjustments
Linear estimation with 1 weight update
Estimation weighting matrix: HAC (Bartlett kernel, Newey-West fixed
　　bandwidth = 4.0000)
Instrument specification: Y-dot Y-dot(-1) Y-bar Y-bar(-1) R M(-1) L(-1)
Constant added to instrument list

Variable	Coefficient	Std. Error	t-Statistic	Prob.
$\pi(-1)$	0.44526	0.036377	12.24	0
$\pi(+1)$	0.617064	0.041054	15.03045	0
Y	-0.104616	0.044497	-2.351084	0.0208
R-squared	0.985059	Mean dependent var		-0.002842
Adjusted R-squared	0.984744	S.D. dependent var		0.042549
S.E. of regression	0.005255	Sum squared resid		0.002624
Durbin-Watson stat	2.551758	J-statistic		3.004147
Instrument rank	8	Prob(J-statistic)		0.699346

質経済成長率と潜在成長率を除き，すべて定常均衡解からの近傍乖離に関する対数線形近似式とする。

　ここで，GMMでは対象となる時系列変数は定常的であることが要求されることから[29]，上述各変数に拡張的 Dickey-Fuller 単位根検定を行うと，第17表のような結果が得られる。それゆえ，消費者物価上昇率 π_t，実質 GDP y_t，実質経済成長率 $\dot{y}_t$，潜在成長率 $\bar{y}_t$，銀行貸出金利 r_t，銀行貸出額 l_t，マネーサプライ m_t は5％ないしは1％の有意水準で，それぞれ帰無仮説（i.e. H_0：単位根あり）は棄却され，したがって各変数は定常時系列であることが確認される。

　かくして，ハイブリッド型 NKPC 式に GMM を適用すると，第18表のような推計結果を得る。今期のインフレ率決定に際しては，フォワード・ルッキングな要素がバックワード・ルッキングな要素よりやや優越して影響して

---

29) Hayashi (2000).

いることが推計値からうかがえる。また，これらインフレ率の各係数に関する t-統計量も 1％の水準でそれぞれ有意な結果を得ている。統計式全体の適合度を見ると，$R^2=0.99$（自由度修正済み $R^2=0.98$）と高い決定係数の値となっている。さらに GMM においては，操作変数の個数が，推計されるべきパラメータ数を上回るところのいわゆる過剰識別を許容することから，過剰識別制約条件（i.e. 標本直交条件）を満たすという意味で，選択された上述操作変数が原推計式に対し妥当なものであるかどうかを検証する必要がある。そのため，J-統計量（$=3.00$）を用いて χ^2 検定を施すと，$\chi^2(5)=9.24(P=0.10)>3.00$ であるから，帰無仮説「H_0：過剰識別制約条件が満たされる」は，10％の有意水準でも棄却され得ない。かくして，本推計で特定化された操作変数は原回帰式に対して不適切なものであるとは言えないと判断される[30]。

ところで，GMM によるハイブリッド型 NKPC 式の上述推計結果において，実質 GDP ギャップ y_t の係数に関しては，t-統計量は 5％の水準で有意な結果を得ているものの，ただし符号が負となっている[31]。これは，Sims（1992）が指摘した「物価パズル」と同様に，将来のマクロ経済活動の需給を判断する先行指標が本推計式に含まれていないことから，インフレが昂進すると，経済政策は今後引き締め基調に転ずるかもしれぬとの判断や，あるいは家計の消費活動や企業の生産活動にも手控えの動きの誘発されることなどの将来予想を伴う内生的反応もあって，今期の実質 GDP ギャップ y_t に負の影響を及ぼしていると考えられる。

---

30) ibid. and Hansen (1982).
31) 例えば
$$\pi_t=\alpha_0+\alpha_1 y_t+\varepsilon_t$$
$$\pi_t=\alpha_0+\beta_1\pi_{t-1}+\beta_2 y_t+\varepsilon_t$$
のようなインフレ予想を考慮しない回帰式の OLS 推計（1986Q1〜2010Q4）では，需給ギャップ y_t の係数の符号は以下のごとく 1％の水準でいずれも有意に正となっている。

Variable	Coefficient	Std. Error	t-Statistic	Prob.
$\alpha1$	0.723988	0.206914	3.498975	0.0007
$\beta2$	0.432856	0.057326	7.55072	0

4　金融政策と物価の制御

1　中国人民銀行

　中国の中央銀行である中国人民銀行の政策目標は，1995年に制定された「中国人民銀行法」において，「中国人民銀行は…通貨価値の安定を維持し，それをもって経済の成長を促進する」と規定されている[32]。中国人民銀行にとってあらゆる金融政策をもって物価をコントロールすることは至上命令であり，預貸金利の規制や窓口指導による銀行への"直接的"コントロールによってこれまで物価の安定を図ってきた。これは，中国では証券市場を初めとする金融市場が必ずしも充分に発達してはいない状況から，家計の金融資産の太宗は現預金であるほか，企業の資金調達の多くも銀行借入であるなど，間接金融のウエイトが極めて高く，したがって短期金融市場の金利による市場調整方式に優先する金融政策手段となった[33]。

　中国では，1978年の改革開放政策導入以降もいぜんとして厳格な銀行貸出額の規制・管理が採られていた[34]。しかしながら，1992年に社会主義市場経済の構築が提唱され，市場経済への移行が開始すると，市場メカニズムを重視したところの直接的規制・管理でない経済政策の運営が望まれた。それゆえ，中国人民銀行は，1998年から国有商業銀行の貸出額への直接管理を止め，公開市場操作や預金準備率操作，法定・超過準備への付利金利操作など各種金融政策手段を活用して操作目標としてのベースマネーや中間目標としてのマネーサプライをコントロールし，物価安定と経済成長の政策目標達成を目指した。加えて，中国人民銀行の窓口指導や国務院の行政的措置という補助的政策手段によって，政策意図を伝えつつ行政指導を行うことでも銀行貸出のコントロールを図った。こうして中国における計画経済から市場経済への進展の流れのなかで，中国通貨当局は直接的コントロールから間接的コントロールへと政策転換したが，そこでは金利という「価格」ではなく

---

32)　中国人民銀行ウェブサイト（www.pbc.gov.cn/）。
33)　大山他（2005）。
34)　以下議論は王/長井（2007）に拠る。

第19表 Johansen 共和分検定

Sample (adjusted): 1987Q2 2012Q1				
Included observations: 100 after adjustments				
Trend assumption: Linear deterministic trend				
Series: LCPI LEND GDP				
Lags interval (in first differences): 1 to 4				

Unrestricted Cointegration Rank Test (Trace)

Hypothesized No. of CE(s)	Eigenvalue	Trace Statistic	0.05 Critical Value	Prob.**
None	0.130594	21.0117	29.79707	0.3569
At most 1	0.072641	7.71694	15.49471	0.4961
At most 2	0.0058	0.552567	3.841466	0.4573

Trace test indicates no cointegration at the 0.05 level
* denotes rejection of the hypothesis at the 0.05 level
**MacKinnon-Haug-Michelis (1999) p-values

Unrestricted Cointegration Rank Test (Maximum Eigenvalue)

Hypothesized No. of CE(s)	Eigenvalue	Max-Eigen Statistic	0.05 Critical Value	Prob.**
None	0.130594	13.29476	21.13162	0.4255
At most 1	0.072641	7.164373	14.2646	0.4699
At most 2	0.0058	0.552567	3.841466	0.4573

Max-eigenvalue test indicates no cointegration at the 0.05 level
* denotes rejection of the hypothesis at the 0.05 level
**MacKinnon-Haug-Michelis (1999) p-values

銀行貸出や通貨供給といった「量」が，中国金融政策の物価や成長へのトランスミッションでは主要な機能を果たしている。

2 中国金融政策の物価制御能力

上述した中国通貨当局の金融政策に関する特色に鑑みて，本項では中国の金融政策にどの程度の物価コントロール機能があるかを検証する。

まず，銀行貸出 $lend$，マネーサプライ（M2ベース）$m2$，実質GDPgdp，消費者物価 $lcpi$ の4変数に関し，対数値をとってADF単位根検定を施すと，マネーサプライを除き，他の3変数は5％ないしは1％の有意水準でレ

ベル変数は非定常的で且つ1階の階差変数は定常的，すなわち $I(1)$ となることが分かる[35]。ただし，マネーサプライに関しては先に見たごとく，1%の有意水準でレベル変数が定常的，すなわち $I(0)$ である。それゆえ，銀行貸出，実質GDP，消費者物価の3変数に関し，レベル変数にJohansen共和分検定を施すと，トレース検定によっても最大固有値検定によってもいずれも第19表で示されるごとく，「H_0：共和分の関係にない」という帰無仮説は10%の有意水準で棄却できない。したがって，$lend$, gdp, $lcpi$ の3変数の1階の階差変数ならびにマネーサプライ $m2$ のレベル変数に対し，ラグ基準に照らして1次の誘導形VARを推計する。さらに，この誘導形VARの推定値から一定の識別制約を課して構造VARに変換するために，これまでの各推計結果を勘案して次のような各変数に対する経済的意味合いを想定する。

(1) 通貨当局の各種金融政策を具現化した総合的政策変数として，銀行貸出額を考える。
(2) マネーサプライ（M2ベース）は中間政策目標とする。
(3) 金融政策によって実質GDP水準が決まり，さらにそのマクロ需給ギャップから物価水準は影響を受けると考える。
(4) 消費・投資の決定はバックワード・ルッキングのみならずフォワード・ルッキングにも行われ，したがって実質GDPは"即時的"に金融ブロック変数の影響を受けるものとする。

以上のような想定から，「逐次的制約」としてのコレスキー順序を ($\Delta lend$, $m2$, Δgdp, $\Delta lcpi$) と仮定してコレスキー分解を施せば，ここに構造VARは"適度に"識別が可能となる[36]。こうして求められた構造VARを基に，銀行貸出ショックを1標準偏差だけプラスで与えたときの各3変数 ($m2$, Δgdp, $\Delta lcpi$) への単純インパルス応答ならびに累積インパルス応答を求めると，第

---

[35] 実質GDPの1階の階差に対するADF単位根検定に関しては，結果は以下のごとくである。
Null Hypothesis: D(GDP) has a unit root：
ADF test statistic $= -3.224873$ （$P = 0.0215$）

[36] 本章・補論2。

4 金融政策と物価の制御　*311*

第16図　単純インパルス応答

Response of M2 to Policy Shock

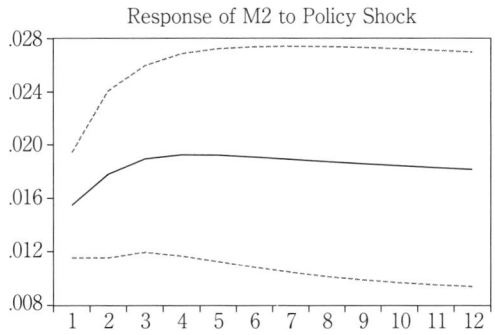

Response of D(GDP) to Policy Shock

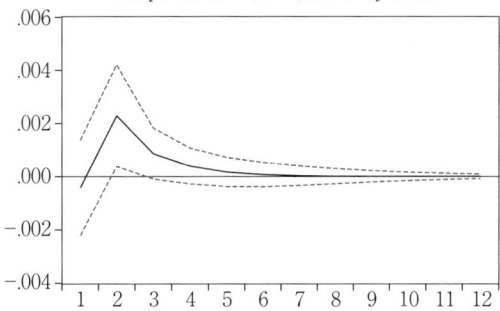

Response of D(LCPI) to Policy Shock

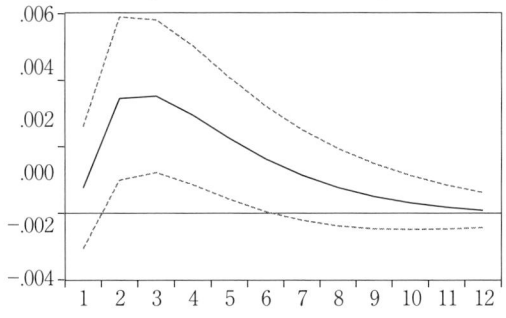

第17図　累積インパルス応答

Accumulated Response of M2 to Policy Shock

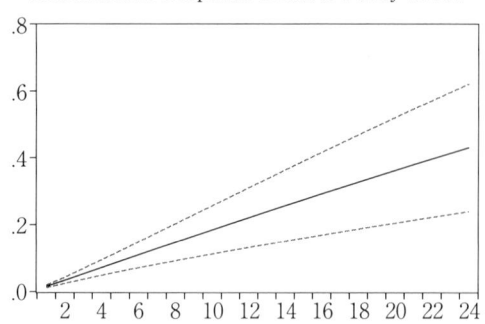

Accumulated Response of (GDP) to Policy Shock

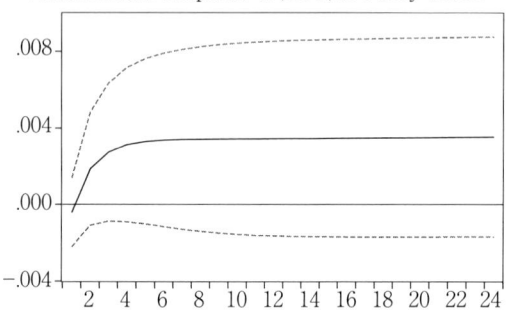

Accumulated Response of D(LCPI) to Policy Shock

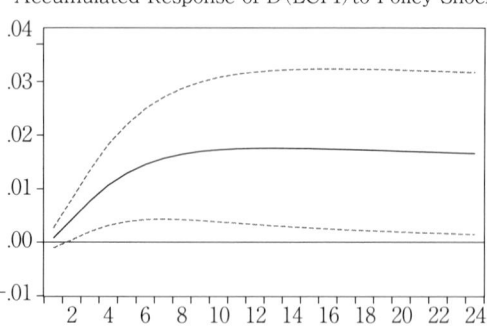

4 金融政策と物価の制御

第20表　テイラー・ルール式：OLS 推計

Dependent Variable: RATE
Method: Least Squares
Sample (adjusted): 1981 2012
Included observations: 32 after adjustments
Convergence achieved after 3 iterations
INTRATE = C(1)*INTRATE(-1)+(1-C(1))*(C(2)*CPI + C(3)*GDPRATE)

	Coefficient	Std. Error	t-Statistic	Prob.
C(1)	0.729267	0.059284	12.3013	0
C(2)	0.440297	0.105749	4.163614	0.0003
C(3)	0.489309	0.076269	6.415607	0
R-squared	0.830618	Mean dependent var		0.074506
Adjusted R-squared	0.818936	S.D. dependent var		0.020213
S.E. of regression	0.008601	Akaike info criterion		-6.584873
Sum squared resid	0.002145	Schwarz criterion		-6.447461
Log likelihood	108.358	Hannan-Quinn criter.		-6.539325
Durbin-Watson stat	2.367261			

第21表　テイラー・ルール式：MCMC 推計
(Posterior Distributions of the Parameters)

Variable	Mean	SD	SE	95% Interval
Int Rate(-1)	0.3466	0.1719	0.001719	[0.01572　0.68397]
Inflation Rate	0.1283	0.0357	0.000357	[0.05899　0.19896]
GDP Gap($+1$)	0.0136	0.0564	0.000564	[-0.09890　0.12414]

16図・第17図のように示すことができる。これより銀行貸出が緩和的金融政策によって増加すると実質 GDP は拡大し消費者物価は上昇するが，逆に銀行貸出が金融引き締め政策により減少すると実質 GDP は縮小し物価上昇は抑制されることが分かる。かくして窓口指導，預金準備率操作，法定・超過準備への付利金利操作，公開市場操作など，金融の量に働きかける中国通貨当局の金融政策手段は，物価や成長へのトランスミッション・メカニズムが有効に機能していると結論付けることができる。

314 第7章 中国のインフレーション：統計的分析

第 18 図　中国テイラー・ルール（OLS 推計）

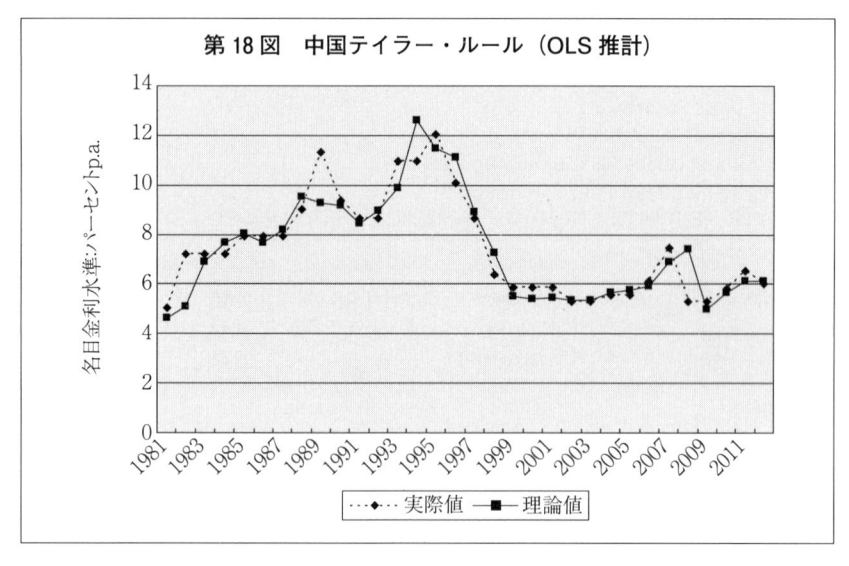

第 19 図　中国テイラー・ルール（MCMC 推計）

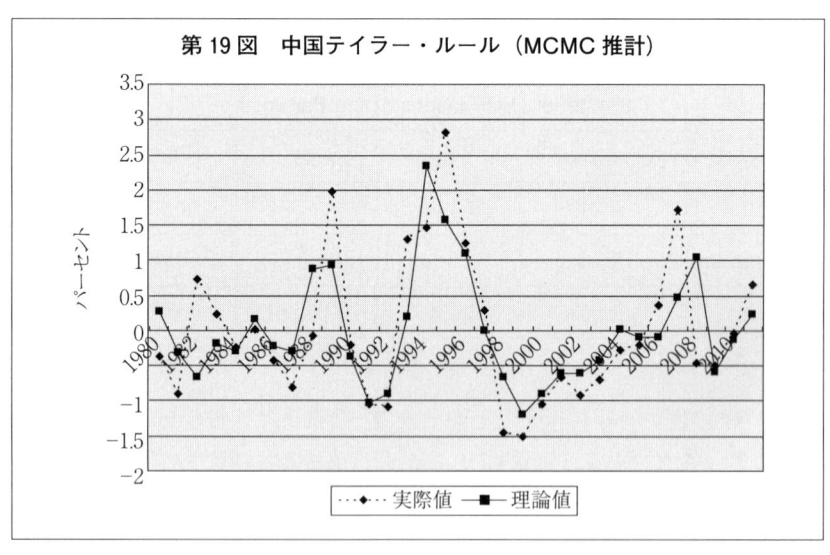

3 中国通貨当局の金融政策反応式

中国通貨当局の主たる金融政策変数は，上述のごとく銀行貸出や通貨供給など金融の量に働きかけるものであった。しかしながら，もう一方の主要な政策変数である金利水準に関しても，その金融政策フレームワークとしての物価安定と成長維持という二大政策目標のもと，いわゆるテイラー・ルールに則した極めてオーソドックスな政策運営を行っていることが以下の回帰分析結果より見て取れる。

中国銀行貸出金利に関して，これは通貨当局のコントロール下にあることを考慮すれば政策金利の代理変数と看做すことができるから，r_t を名目銀行貸出金利，π_t を消費者物価上昇率（一部小売物価上昇率），y_t を実質 GDP（OLS では成長率）として，テイラー・ルール型金融政策反応式をそれぞれ OLS：

$$r_t = ar_{t-1} + (1-a)(b_1\pi_t + b_2 y_t) + \varepsilon_t$$
$$\varepsilon_t \sim i.i.d. N(0,\sigma^2)$$

MCMC：

$$\widehat{r}_t = a\widehat{r}_{t-1} + (b_1\widehat{\pi}_t + b_2 E_t[\widehat{y}_{t+1}]) + \varepsilon_t$$
$$\varepsilon_t \sim i.i.d. N(0,\sigma^2)$$

と定式化する。ただし MCMC 推計において ^付き変数は y_t に関しては定常状態からの対数線形乖離を，また金利 r_t ならびにインフレ率 π_t に関しては定常状態からの線形乖離を表す。定常状態は Hodrick-Prescott フィルターによる傾向値で近似する。さらにこれら MCMC 推計では，需給ギャップは中国通貨当局の政策行動を勘案して今期までの実績値ではなく 1 期先の需給動向を見込んだ予測値とする。推計期間は金利に関して統計データが利用可能な 1980 年より今日までの年次データとする。かくしてそれら回帰計算結果を示せば第 20 表・第 21 表のようになる。また，これら金利の理論値と実際値とを対比させれば第 18 図・第 19 図のごとくである。これより，金融政策の慣性（inertia）は，中国の場合凡そ 70～75％ であり，また金融政策判断のウエイトは需給ギャップ動向より物価重視の傾向にあることが分かる。

5　結　び

　中国は，1978年末に「改革開放政策」を導入したことにより，従来の伝統的な「計画経済」から「市場経済」へ移行することとなったが，その過程で様々な"制度的矛盾"によって物価水準の持続的上昇をもたらした。すなわち，供給構造が急拡大する需要構造に対応できない状況や，労働生産性を上回る賃金の高騰，素原材料価格・エネルギー価格や生産者物価・卸売物価の上昇，財政赤字ないしは金融システムの不備による過大な通貨供給など，多種多様な原因が複雑に絡み合って物価に影響を及ぼした。その結果，中国経済は1978年以降今日まで，1980年，1985年，1988年・89年，1994年，2008年をピークとする五つのインフレ・サイクルを経験した。

　そこで，これら中国のインフレーション問題に関し，本章における時系列統計分析を通して明らかになった点をまとめれば以下のごとくである。

[1]　中国消費者物価の月次変動分散をGARCHモデルで検証すると，「クラスタリング現象」の存在することが有意に確認される。すなわち，大きな物価変動の後は大きな変動が続き，安定した物価の動きの後は安定した動きの続くことが推計結果から見て取れる。ただし，EGARCH・TGARCHモデルによれば，同じ規模の変動分散であれば，物価が高騰してもあるいは下落しても共に将来の物価変動に及ぼす影響は同程度であることが示される。また，GARCHモデルの推計結果より中国経済が長期的・構造的にインフレ体質を有しているとは必ずしも言い難いことが分かる。さらに一般には物価変動のボラティリティが高まると，将来の価格高騰を見越した消費者の買いだめ・買い急ぎを招来してインフレ昂進につながる事例が多いが，GARCH-Mモデルの推計結果より中国ではそうした傾向は見当たらないと言える。

[2]　インフレ発生のメカニズムを，①需要サイド，②供給サイド，③金融サイドの3側面から分析してみると，まず中国経済において，最小二乗推計結果よりマクロの需給が逼迫するとインフレの昂進することが確認される。つぎに，供給面では，賃金が上昇すると物価には上昇圧力とし

て働き,他方,労働生産性が上昇すると物価には緩和圧力として働くことが,共和分の関係式によってもあるいはマルコフ連鎖モンテカルロ法による推計結果によっても示される。その他,川上の素原材料価格や中間財投入価格が上昇すると,一定のチャネルを経て消費者物価に跳ね返ってくることがベクトル誤差修正モデルの推計から確かめられる。加えて,中国では為替レート変動の生産者物価に対する「パス・スルー効果」の極めて高いことも見て取れる。さらに金融面では,最小二乗推計結果やGranger因果性検定から,中国で銀行貸出額やマネーサプライが増加すると一定の期間を経て消費者物価の昂進につながることが検証される。ただし銀行貸出金利は消費者物価に対して明確なGrangerの因果関係があるとは言えず,両者はともに同時的に決定されると見ることができる。

[3] 「ハイブリッド型」新ケインジアン・フィリップス曲線式――この式には,過去の情報のみならず合理的予想形成に基づいて将来をも見据えて最適化を図る主体的行動様式が反映されている――に対し,一般化積率法で推計すると,今期のインフレ率決定に際しては,中国ではフォワード・ルッキングな要素がバックワード・ルッキングな要素よりやや優越して影響していることが窺える。また,実質GDPギャップの係数に関しては符号が負となっている。これは,C. Sims (1992) が指摘した「物価パズル」と同様に,中国でインフレが昂進すると,経済政策は今後引き締め基調に転ずるかもしれぬとの判断や,家計の消費活動や企業の生産活動にも"手控え"の動きの誘発されることなど,将来予想を伴う内生的反応もあって今期の実質GDPギャップに負の影響を及ぼしているものと考えられる。

[4] 中国通貨当局の採る金融政策にどの程度の物価制御機能があるかを検証すべく,構造VARを適用して分析すると,単純インパルス応答ならびに累積インパルス応答結果より,窓口指導,預金準備率操作,法定・超過準備への付利金利操作,公開市場操作など,金融の量に働きかける中国通貨当局の政策手段は,物価や成長へのトランスミッション・メカニズムが有効に機能していると結論付けることができる。更に金利政策に関しては,OLS推計やMCMC推計によりオーソドックスな「テイラ

ー・ルール」に則して運営されていることが見て取れる。

　以上が本章の主要分析結果である。本章では，中国におけるインフレ問題に対して従来の定性的分析・解釈とは異なる新たな視点からの論点整理が試みられた。ただし，中国におけるこれらインフレーションの統計分析に関しては，利用可能なデータの制約から，経済主体の動学的最適化行動＝ミクロ的基礎を有するところのより厳密な動学的一般均衡モデルをベースとした計量経済学的検証ができなかった。したがって，本章では経済変数間の ad hoc な関数関係式を想定した言わば「経験則」を統計的に確認するに止まった。

補論1　データ説明

　本章の中国インフレーションに対する時系列統計分析で使用されたデータは以下の通りである。

消費者物価（CPI）：
　月次データに関しては，中国国家統計局（NBSC）の「China Monthly Economic Indicators」に記載されている CPI の前月比を基に，2011 年 1 月を 100.0 とする指数系列を 12 か月分作成した。ついで，IMF（2012）の「Consumer Prices」前年同月比をこれに乗じて 1986 年 1 月〜2012 年 5 月の原指数を作成した。四半期データは月次指数の 3ヶ月単純平均であり，X-12-ARIMA で季節調整を施した。年次データに関しては IMF（2012）を用いた。

実質 GDP：
　年次データに関しては，IMF（2012）を用いた。ただし四半期データに関しては 1999 年第 4 四半期以前は IMF（2012）では利用できないため，Abeysinghe, T. and G. Rajaguru (2004), "Quarterly Real GDP Estimates for China and ASEAN with a Forecast Evaluation" *Journal of Forecasting* Vol. 23,

pp. 431-447 の推計値を用いて 2000 年 Q1 からのデータと接続させた。季節調整値は X-12-ARIMA によって求めた。

生産者物価：
　IMF（2012）の「Producer Prices」前年同月比月次データを用いた。

名目賃金：
　中国国家統計局「China Statistical Yearbook 各年版」の「Per Capita Annual Income of Urban Households」データを採用した。

雇用：
　中国国家統計局「China Statistical Yearbook 各年版」の「Number of Employed Persons at Year-end by Three Strata of Industry」データを採用した。

金利：
　IMF（2012）の「Lending Rate (Percent per Annum, End of Period)」を用いた。

銀行貸出金額：
　IMF（2012）の「Domestic Credit by Banking Institutions (Billions of Yuan, End of Period)」を用いた。季節調整値は X-12-ARIMA によって求めた。

マネーサプライ（M2）：
　IMF（2012）の「Money plus Quasi-Money (Billions of Yuan, End of Period)」を用いた。季節調整値は X-12-ARIMA によって求めた

第一次産品世界価格：
　IMF（2012）「Commodity Prices」のうち「All Primary Commodities; Market Price Index（2005＝100.0）」を用いた。

なお,本章においてこれら時系列データに対し,統計分析ソフトとしてMatlab (R2012a), EViews7, ならびに R (2.11.1) をそれぞれ用いた。

補論2　識別問題

本補論2では,本章の構造ベクトル自己回帰モデル推計で問題とされた「識別問題」を検討する[37]。

1　SVAR

まず,実証分析のフレームワークとして,構造ベクトル自己回帰モデル (structural vector autoregression; SVAR) を設定する。構造 VAR とは凡そ次のような構造を有するものである。

いま k 個の変数から構成される経済を考える。k 次元(列)ベクトル $X_t=(x_{1t},x_{2t},\cdots x_{kt})'$ を k 種類の経済変数,同じく k 次元(列)ベクトル $\varepsilon_t=(\varepsilon_{1t},\varepsilon_{2t},\cdots \varepsilon_{kt})'$ を k 種類の構造ショック(ないしはイノベーション)とすれば,構造 VAR は過去 p 期の変数ベクトルと今期の構造ショック(攪乱項)ベクトルの和として,

(1)　　　$B_0 X_t = B_1 X_{t-1} + B_2 X_{t-2} + \cdots + B_p X_{t-p} + \varepsilon_t$

と表現できる。ここで,$k \times k$ 係数行列 $B_i (i=1,2,\cdots p)$ は変数間の内生的な相互依存関係を示しており,経済学的に全体構造が解釈可能という意味で構造(structural)モデルと称される。また,攪乱項ベクトル ε_t は,

(2)　　　$E(\varepsilon_t)=0$

　　　　　$\mathrm{var}(\varepsilon_t)=E(\varepsilon_t \varepsilon_t')=\Sigma_\varepsilon (k \times k)$

　　　　　$\mathrm{cov}(\varepsilon_t \varepsilon_s)=E(\varepsilon_t \varepsilon_s')=0 \quad (t \neq s)$

という性質を有するものと仮定する。ここで共分散行列 Σ_ε は一般に非対角行列である。さらにこれら攪乱項ベクトル ε_t が正規分布に従うものとすれば,最尤推定法(ML)が適用できて,これより上述各パラメータを求める

---

[37]　以下構造 VAR の議論に関しては,松浦／マッケンジー (2012) 第7章,宮尾 (2006) 第2章,森棟 (1999) 第10章による。

ことができる。さらに(1)式にラグ・オペレータ L を適用すれば，

(3) $\qquad B(L)X_t = \varepsilon_t$

となる。ただし，$B(L) = B_0 - B_1 L - \cdots B_p L^p$ なる L の p 次多項式である。

　つぎに構造モデルの識別（identification）問題を議論するために，VARの別表現形式であるベクトル移動平均（vector moving average; VMA）モデルを考える。すなわち，有限のラグ次数（e.g. p 次）を持つ定常的な(1)式ないしは(3)式の構造VARは，右辺に逐次代入を繰り返すことにより，現在および過去の k 次元構造ショック・ベクトル（i.e. k 個の攪乱項）のみで説明される構造 VMA(∞) モデルに変換できる。したがって，(1)式ないしは(3)式は，

(4) $\qquad X_t = D_0 \varepsilon_t + D_1 \varepsilon_{t-1} + D_2 \varepsilon_{t-2} \cdots$

または

(5) $\qquad X_t = D(L) \varepsilon_t$

と書ける。ただし，L はラグ・オペレータで，$D(L) = D_0 + D_1 L + D_2 L^2 + \cdots$ であり，$D_j (j=0,1,2,\cdots)$ は $k \times k$ の係数行列である。

2　識別制約問題

　p 次の構造 VAR である(1)式に対応する誘導形 VAR は

(6) $\qquad X_t = A_1 X_{t-1} + A_2 X_{t-2} + \cdots + A_p X_{t-p} + u_t$

または

(7) $\qquad A(L) X_t = u_t$

$\qquad\qquad$ ただし，$A(L) = I - A_1 L - A_2 L^2 \cdots - A_p L^p$

と表せる。(6)式において，係数行列 A_i は，$A_i = B_0^{-1} B_i (i=1,2,\cdots p)$ である。また，u_t は誘導形の誤差項ベクトルで，$u_t = B_0^{-1} \varepsilon_t$ であり，更に u_t の共分散行列は，$\Sigma_u = B_0^{-1} \Sigma_\varepsilon (B_0^{-1})'$（ただし行列$[\ ]'$は転置行列を表す）である。(6)式の誘導形 VAR は構造モデルと同様にして，つぎのような誘導形 VMA モデルに変換できる。すなわち，

(8) $\qquad X_t = u_t + C_1 u_{t-1} + C_2 u_{t-2} + \cdots$

または

(9) $\qquad X_t = C(L) u_t$

ただし，$C(L)=I+C_1L+C_2L^2+\cdots$
である。

ところで，(6)式の誘導形VARに関する最小二乗推定量（OLS）は(1)式の最尤推定量（ML）に漸近的に一致することが知られている[38]。したがって，標本期間が十分大きいとき，この大標本特性を生かして先ずOLSにより(6)式の誘導形モデルを求め，次いで一定の識別制約を課すことにより(1)式の構造モデルを確定することが可能となる。いま誘導形モデルから構造モデルへの変換行列 $R(k \times k)$ を導入し，さらに構造ショック・ベクトル ε_t は直交化（orthogonalize）され，且つ

(10) 　　$\Sigma_\varepsilon = I$ 　　（I：単位行列）

と仮定しておく。すると誘導形VMAモデル(9)式は，

(11) 　$X_t = C(L)u_t$
　　　　$= C(L)RR^{-1}u_t$
　　　　$= D(L)\varepsilon_t$

と変換できる。ここで $\varepsilon_t = R^{-1}u_t$ なので，(10)式を考慮すれば，

(12) 　　$\Sigma_\varepsilon = R^{-1}\Sigma_u(R^{-1})' = I$

となるから，

(13) 　　$\Sigma_u = RR'$

という条件式が求まる。この Σ_u は対称行列なので，(13)式は $k(k+1)/2$ 個の独立した条件式を提供するから，更に $k(k-1)/2$ 個の条件式が追加されれば変換行列 R の k^2 個の要素は全て一意的に確定する。これにより，誘導形モデルの推計値（i.e. $A(L)$ の係数ならびに誤差項ベクトル u_t）は構造モデルにおける $B(L)$ の係数ならびに構造ショック・ベクトル ε_t の時系列を与えることになる。かくして，変換行列 R に与える追加条件を種々検討することが「識別制約（identification restriction）問題」と称され，これら作業によりOLSによる誘導形モデルの推計値から経済学的に全体系の解釈が可能な構造VARを確定することが可能となる。

---

[38] 山本（1988）第8章。

3 短期制約と長期制約

a 短期制約仮定

短期（同時点）制約とは，構造 VAR の係数行列 B_0 に対して制約を課すものである。すなわち，k 次元変数ベクトル $X_{t-i}=(x_{1,t-i}, x_{2,t-i}, \cdots x_{k,t-i})'$ ($i=0,1,2,\cdots p$) の同時点間（i.e. t 期中）における相互依存関係のみに着目し，① x_1 は他の変数と独立して決定される，② x_2 は x_1 のみに依存して決まる，③ x_3 は x_1, x_2 に依存して決まる，…と，変数間の依存関係を逐次的（recursive）に拡張していくものとする。すると係数行列 B_0 は下三角行列となるから逆行列 B_0^{-1} も下三角行列となり，また(6)式，(10)式，ならびに(13)式より $B_0^{-1}=R$ であるから R も下三角行列となって，R の各要素は過不足なく一意的に決まる[39]。かくしてここに構造 VAR は適度に識別可能（just identifiable）となる[40]。

b 長期制約仮定

長期制約とは，(5)式の構造 VMA モデルにおいて，同時点（i.e. t 期）に発生した特定構造ショックの毎期（i.e. $t-i$）期（$i=0,1,2,\cdots$）の累積的効果に対しゼロ制約を課すというものである[41]。

例えば，(5)式の $X_t=D(L)\varepsilon_t$ において 2 変数（$k=2$）モデルを考えると，

$$(14) \quad \begin{pmatrix}x_{1t}\\x_{2t}\end{pmatrix}=\begin{bmatrix}d_{11}(L) & d_{12}(L)\\d_{21}(L) & d_{22}(L)\end{bmatrix}\begin{pmatrix}\varepsilon_{1t}\\\varepsilon_{2t}\end{pmatrix}$$

となる。ここで $d_{12}(L)$ は現在および過去の第 2 構造ショック（i.e. $\varepsilon_{2,t-i}$ ($i=0,1,2,\cdots$)）が t 期の第 1 変数 x_{1t} へ及ぼす効果を表している。この $D(L)$ 行列で $L=1$ と置けば，

$$(15) \quad D(1)=D_0+D_1+D_2+\cdots=\sum_{j=0}^{\infty}D_j$$

であるから，$d_{12}(1)=0$ とゼロ制約を課した $D(1)$ 行列

---

[39] 実際の計算では $\Sigma_u=RR'$ にコレスキー分解を施して R 行列を求め，また，コレスキー順序を変えることでそれら推計結果の頑健性をチェックする。なおこれらコレスキー分解に関しては畠中道雄（1996）『計量経済学の方法・改訂版』創文社 pp.296-297 を参照。
[40] Sims(1980), Christiano et al. (1999).
[41] 宮尾（2006）第 2 章．Branchard and Quah (1989).

$$(16) \quad D(1) = \begin{bmatrix} d_{11}(1) & 0 \\ d_{21}(1) & d_{22}(1) \end{bmatrix}$$

は，t 期に発生した第 2 構造ショックの第 1 変数への無限大期先に亘る累積的効果がゼロ，すなわち，長期的には第 2 構造ショックの第 1 変数に及ぼす効果は「中立的」と解される。

実際に構造識別を行うためには，変換行列 R を一意的に決定することが必要であるが，例えば (11) 式の $C(L)R=D(L)$ に対し $L=1$ を代入すると，$C(1)R=D(1)$ となる。これを二乗すれば[42]，(13) 式を考慮することにより，

$$(17) \quad D(1)D(1)' = C(1)R(C(1)R)' = C(1)\Sigma_u C(1)'$$

を得る。ここで長期制約から $D(1)$ は下三角行列であるため，(17) 式にコレスキー分解を施せば，

$$(18) \quad R = C(1)^{-1} D(1)$$
$$= C(1)^{-1} \mathrm{Chol}\left[(C(1)\Sigma_u C(1)')^{\frac{1}{2}}\right]$$

が求まる（ただし，$\mathrm{Chol}[\,\cdot\,]$ はブラケット内の行列のコレスキー分解）。ここでゼロ制約 $d_{12}(1)=0$ より

$$(19) \quad D(1)D(1)' = \begin{bmatrix} d_{11}(1)^2 & d_{11}(1)d_{21}(1) \\ d_{21}(1)d_{11}(1) & d_{21}(1)^2 + d_{22}(1)^2 \end{bmatrix}$$

であるから，かくして長期制約は，

$$(20) \quad d_{11}(1)^2 = \mathrm{Chol}\left[(C(1)\Sigma_u C(1)')\right]_{11}$$
$$d_{21}(1) = \mathrm{Chol}\left[(C(1)\Sigma_u C(1)')\right]_{21} / d_{11}(1)$$
$$d_{22}(1)^2 = \mathrm{Chol}\left[(C(1)\Sigma_u C(1)')\right]_{22} - d_{21}(1)^2$$

を意味する。この (20) 式からさらに $d_{11}(1)>0(<0)$ なる符号制約を課すことにより[43]，$A(L)X_t=u_t$ に対し OLS 推定量で求めた $A(1)$（$=C(1)^{-1}$）ならびに Σ_u によって行列 R における 2×2 個のすべての要素が一意的に決定され，ここに構造 VAR が適度に識別されたことになる。

---

[42] $D(1)$ は対称行列であるので，$D(1)D(1)=D(1)D(1)'$ となる。

[43] 例えば，本章第 3 節第 5 項において $d_{11}(1)>0$ を仮定することは，$X_t=(\Delta gdp_t, \Delta cpi_t)'$ に対して $\varepsilon_{1t}>0 \Rightarrow \Delta gdp_t>0$，すなわち誤差項と GDP 階差とが順相関であることを仮定することと同値である。

最終章　ポスト・クライシス時代の新たな国際通貨制度

本書の第1章から第7章まで，動学的一般均衡理論の基本型を様々な方向に発展させ，それら応用形に依拠しつつグローバル化の進展する国際経済金融事象に対して理論的・計量的分析を試みた。本書を締め括るにあたって，そうした分析対象の背後にある現実事象の流れに関し，本最終章において俯瞰しておこう。

1　はじめに

戦後の国際通貨取引の枠組みが取り極められてから凡そ70年経ったいま，幾多の試練を経て国際通貨制度を再構築しようとする機運が胎動している[1]。

戦後の新しい国際通貨制度は，1944年7月に米国ニュー・ハンプシャー州ブレトン・ウッズにおいて主要連合国44カ国が集まって開催された会議から始まる。そこで制定された国際通貨制度に係わる取極が，ブレトン・ウッズ体制として戦後の国際通貨取引の枠組みを与えることとなった。それから今日まで凡そ70年もの歳月が経とうとしている。その間，国際通貨制度は幾多の変遷を辿った。当初のブレトン・ウッズ体制は各国の様々な思惑や利害に翻弄され，遂には1971年8月の米国政府によるドル・金の交換停止をもってその幕を閉じた。そして1973年2月～3月には主要通貨は"制度

---

[1]　例えば，国際通貨研究所シンポジウム「ポストクライシスの国際通貨体制を考える─基軸通貨の将来像とアジアの使命─」2010年3月，日本国際経済学会第71回全国大会共通課題「グローバル金融・経済危機への行方─世界経済の転換点を解明する─」2012年10月，一橋大学大学院商学研究科シンポジウム「グローバル金融・財政危機後の国際金融システムの再構築」2013年2月などが最近開催された。また，Eichengreen (2011) が基軸通貨としての今後の米ドルの地位に関し説得的な議論を展開している。

なき制度"としての変動相場制に移行した。1980年代半ばに至ると、それら変動相場制は当初のクリーン・フロートから管理フロートへと変容し、プラザ合意、ルーブル合意など、主要国間における政策協調の制度化が枢要な政策課題となった。そうした流れの中で、欧州は各国協調の下、スネークや経済通貨制度（EMS）の経験と学習を踏まえ、1999年1月には政治的決断も加わって永年の悲願であった共通通貨ユーロを誕生させることにより、ここに経済統合を完成させた。

　他方において、通信情報技術の革命的進歩により、各国金融資本市場の規制緩和や内外資本取引の自由化と相俟って、市場間のリンケージは飛躍的に高まった。通貨はそれゆえ瞬時のうちに多額の取引が地球的規模で行われるようになった。その結果、経済のグローバル化は加速した。かくして、通貨危機の発生メカニズムも大きく変質した。一国の例えば経常収支の大幅赤字に起因するというよりは、なんらかのきっかけで市場参加者がひとたび通貨投機の発生を予想すると、投機情報が急速にグローバル化した市場内で伝播し、群衆行動や伝染・波及によって"自己実現的"に通貨投機を発生させる。1990年代の欧州、メキシコ、東アジア、ロシア、ブラジルなどにおける通貨危機が端的にそれらを例証している。さらに、2000年代半ば以降には、100年に一度あるかないか（グリーンスパン前FRB議長の下院公聴会における答弁）というほど深刻な米国発の金融危機を世界にもたらした。また、2009年秋に顕現したギリシャの財政赤字問題は、欧州金融資本市場全般の信用不安・信用収縮を発生させ、世界経済の先行き不透明感を倍加させた。さらには日本では2011年3月に"1000年に1度"と言われる"貞観地震"以来の大震災が発生し、世界的に景気回復の途を遅らせた。これらは押し並べて経済のグローバル化に伴う負の側面と言える。

　今や世界経済地図も大きく変貌しつつある。これまで米国や欧州、日本などが世界経済を主導してきた。しかしながら、昨今、BRICsを初めとする新興国経済の台頭は目覚しいものがある。とりわけ、中国経済の発展は著しい。中国GDPは今や米国に次ぐ位置を占め、自国を取り巻く経済環境を与件とする「小国経済」から文字通りの「大国経済」としてその動向は世界経済に何らかの影響を及ぼすまでに至った。かくして人民元の"重み"は加速

しつつある。

　こうした戦後から今日に至るまでの国際経済金融環境の変化や国際通貨制度の変遷・変容を踏まえ，今日，新たな通貨制度構築の議論が活発化し始めている。すなわち，グローバル化の進展する国際金融資本市場において，通貨の自由な取引を保証しつつ通貨危機のリスクを最小化するような通貨制度を，単なる理念型ではなく"現状"に即して構築しようとする試みである。そこで，本章において，まず戦後の国際通貨制度を概観する。ついで，1990年代から2000年代にかけてマーケットを震撼させた欧州通貨制度（EMS）危機，メキシコ通貨危機，東アジア通貨危機，米国金融危機，欧州財政金融危機の各状況を検証する。また，中国人民元の台頭にも言及する。そのうえで，新たな国際通貨制度の構築を試論的に展望し，最終章を締め括る[2]。

2　戦後の国際通貨制度

　本節では，戦後の国際通貨制度を担ったブレトン・ウッズ体制と変動相場制への移行，そして政策協調の制度化を概観する[3]。

1　ブレトン・ウッズ体制
a　発足
　戦後の新しい国際通貨制度は，米国ニュー・ハンプシャー州ブレトン・ウッズで開催された会議から始まる。1944年7月，戦後の世界経済の復興と

---

[2]　本章において「国際通貨制度」，「外国為替相場制度」，「国際金融体制」なる語句を用いるとき，それぞれに関し通例に倣って，国際通貨制度（International Monetary Regime）とは「公的部門・民間部門による国境を越えた異種通貨の交換に対し，公式・非公式に定まった規則や慣行」を意味し，また，外国為替相場制度（Foreign Exchange Rate Regime）とは「各国通貨の交換を秩序だって実施していくための取り決め・仕組みや慣行」を意味するものとする。さらに国際金融体制（International Financial System）とは「国境をまたがるさまざまな通貨・資本・金融取引などの複合体が機能する枠組み」として国際通貨制度や外国為替相場制度を包含するより広義の概念を意味するものとする（岡田（2001）第1章，ditto（2006）第1章）。

[3]　本節を纏めるにあたっては，尾上（1993），河合（1995），小宮・須田（1983），山本（1997），Dormel（1978），Eichengreen（1996），Gardner（1969），Scammel（1975），Solomon（1977），Yeager（1976）を参照した。

国際通貨の安定を目的に，連合国44か国が米国ニュー・ハンプシャー州ブレトン・ウッズに集まり，ブレトン・ウッズ協定を定めた。それに基づいて1945年に国際通貨基金（IMF）と国際復興開発銀行（IBRD）が設立され，前者は1947年から，後者は1946年からそれぞれ実際に業務を開始した。IMFの主たる目的は，為替の安定をはかり，競争的な切り下げを回避することで国際貿易の均衡のとれた拡大を実現しつつ，雇用，所得，生産の拡大を促進することや，加盟国が短期的な国際収支困難に陥った際一定の条件のもとで融資を行うこととした。

b IMF体制の内容

ブレトン・ウッズ会議で決まったIMF体制の概要とは，凡そ以下のような内容のものである。

(i) 平価の設定

加盟国は，自国通貨の平価を，金もしくは1944年7月1日現在の米ドルの金価値（1トロイ・オンス（31.1035g）35米ドル）に対して定めるものとした。実際には，米国のみが金にたいして直接平価を定め，他の国は全て米ドルに対して平価を定めた。そして，加盟国は，直物為替レートをこの平価から計算されるパリティーの上下1%以内に維持する義務を負った。

(ii) アジャスタブル・ペッグ

こうした加盟国の平価は，通常固定されたものであるが，その国が基礎的不均衡に陥った場合のみ変更が許された（adjustable peg system）。しかも，こうした平価の変更は，加盟国の提議に対し，それが10%以下のときはIMFは異議を唱えないが，それ以上の時はIMFの承認を必要とする厳しいものであった。

(iii) 金為替本位制または金ドル本位制

米国は，米ドルを保有する各国の通貨当局の要請があれば，何時でも金1オンス35ドルの法定平価で金との交換に応ずるとした。したがって，金と結び付いた米ドルを国際的な基軸通貨とすることは，金為替本位制ないしは金ドル本位制と称された。

(iv) クォータ制

　IMF はその名の示す通り，加盟国からの資金をプールすることによって運営された。加盟国に対しては，GDP，外貨準備高，貿易額などを基準に出資額（クォータ）が割り当てられ，全クォータの25％は金で，残額は自国通貨により払い込みがなされた。クォータは議決の投票権のみならずIMF資金利用の限度額やIMFとの全ての取引の基準となった。

(v) 融資制度

　為替の安定を目的とするIMFでは，加盟国の国際収支の短期不均衡に対しては外貨資金の供給をおこなうことで混乱を回避しようとした。IMFからの信用供与は引き出し（drawing）と呼ばれ，借入国が自国の通貨をIMFに引き渡し，その見返りにIMFが保有している他の国の通貨，例えば米ドル，英ポンドを購入する。返済は逆にIMFの指定する通貨を払い込んで，IMFが保有している自国通貨を買い戻す（repurchase）。そして，各加盟国は，IMFの保有する自国通貨の額が自国の割当額の200％に達するまで引き出すことが出来た。

2　ブレトン・ウッズ体制の変容と終焉

a　問題点

　こうして戦後の国際通貨制度を担うブレトン・ウッズ体制は発足した[4]。しかしながら，ブレトン・ウッズ協定の第1の特徴であった通貨の交換性による多角的決済システムは，1958年12月まで実現しなかった。すなわち，西欧諸国は戦後復興が長引いたことにより，深刻なドル不足を懸念して過渡的規定であったところの経常勘定に関する為替取引を規制する14条国の取り扱いを長期化させた。加えて，その間，スターリング・ブロックと欧州決済同盟という米ドル以外の通貨を使用する二つの地域決済システムを存在させた。かくして，ブレトン・ウッズ協定に基づく米ドルの多角的決済システ

　4）櫻井はS. ストレインジの説を紹介して，ブレトン・ウッズ体制が機能したのは，西欧諸国14か国が通貨の交換性を回復した1958年から金の二重価格制を採用した1968年までの僅か10年間に過ぎなかったとしている（櫻井公人「変動相場制と国際相互依存」尾上（1993）p.311）。

ム稼動が遅れた。

　また，協定の第 2 の特徴であった調整可能な釘付けとしての平価システムは，しだいに平価の変更がタブーに近い事実上の固定相場制となっていった。したがって，米ドルだけが金平価をもち，その他の通貨は固定為替レートによりドル平価を持つといった非対称的な構造により，米ドルが国際通貨制度における (N−1) 国論のまさに N 番目の特権的地位を占めることとなった。

　さらに，ブレトン・ウッズ協定の第 3 の特徴であった IMF 引出権による国際流動性供給は長期間にわたって機能することはなかったから，米国の国際収支赤字によるドル供給が取って代わった。

　こうして"各国平等の通貨システム"という理念に裏付けられところの IMF 中心の国際通貨制度として発足したブレトン・ウッズ体制であったが，やがて金ドル本位制[5]として"米国中心"の国際金融システムに再編されることとなった。

b　ゴールド・ラッシュ

　国際流動性の供給は一方で米国国際収支 (i.e. 基礎収支) の赤字を意味するから，金交換ならびに対外短期債務増は米ドルに対する信認を低下させ，ひいてはゴールド・ラッシュに結び付くこととなった。1960 年には第一次ゴールド・ラッシュが起こり，ロンドン金市場では金価格が 40 ドルに高騰した。その背景には西欧諸国における過剰ドルの存在が影響した[6]。1965 年

---

[5]　金ドル本位制とは，金と米ドルとの交換に支えられた固定為替レート制という金為替本位制的要素と，基軸通貨的機能を米ドルのみが果たすという米ドル本位制的要素が組み合わさったものである (山本 (1997) p.95)。ただし，ブレトン・ウッズ体制下で金裁定取引を行うことができるのは，金本位制下における為替銀行＝民間部門などではなく通貨当局＝公的部門のみであった。

[6]　1960 年 11 月から 61 年 3 月に至る米ドル危機を契機に，金ドル本位制としてのブレトン・ウッズ体制に関する問題点を明らかにしようとする議論が活発化した。その主なものとして，R. トリフィンの流動性ジレンマ論 (Triffin (1960)) と C. P. キンドルバーガーの国際金融仲介説 (Kindleberger (1966)) である。トリフィンは，ブレトン・ウッズ体制は国際金為替本位制であり，金保有額以上の流動性供給は対外短期債務増となってドル信認の低下につながると主張した。他方，キンドルバーガーは，ブレトン・ウッズ体制は米ドル本位制であり，米国は"世界の銀行"的機能を果たすものであると主張した。

には第二次ゴールド・ラッシュが発生した。米国はベトナム戦争に参戦し，金カバー率（i.e. 金/対外短期債務残高）が低下し続けたことによる。1967年に至ると，英ポンド危機で米国は支援に失敗したことから，ドル信認の低下より遂には第三次ゴールド・ラッシュを生むこととなった。翌68年3月にはベトナム戦争の激化を契機に再度ゴールド・ラッシュが起こり，LDN金市場は一時閉鎖することとなった。このとき，米国政府は金の市場価格管理放棄を宣言するまで追い詰められた。

c 金プール

第一次ゴールド・ラッシュ以降，米ドルを国際的に協力して支援すべく1962年に米，英，仏，西独，伊，蘭，ベルギー，スイスが金の売買コンソーシアムを結成し，多角的金プールを形成した。その後，第三次ゴールド・ラッシュまでは金を売却するよりも購入した金額のほうが多かったこともあって，おおむね金プールは成功した。しかしながら，1967年になると状況は大きく変わる。金価格が高騰し，金プールは金の市場への売却量を増やさざるを得なくなったのだ。したがって，これを不満とする仏国は金売却を批判し，金プールから脱退した。さらに同年11月には英ポンド切り下げ直後に第三次ゴールド・ラッシュが発生すると，ここに金プールは解体に向かった。すなわち，翌1968年に金プール参加国はコミュニケを発表し，金プールの崩壊とともに，金の公定価格と自由市場価格とを分離する金の二重価格制が出現した。

d ブレトン・ウッズ体制の終焉

金二重価格制により，米政権の金融節度の欠如（ビナイン・ネグレクト；優雅に無視）が顕著となった。とりわけ米国の基礎的不均衡拡大は一層の米ドル信認の低下と通貨投機を招来した。かくして，1971年8月15日，ニクソン大統領は金ドル交換停止を含む「新経済政策」を発表し，ここに戦後の国際通貨制度を担ったブレトン・ウッズ体制の基盤が崩壊した。

e スミソニアン合意／制度なき制度の改革

ニクソン大統領の金ドル交換停止声明後，主要国は従来の固定相場制度を維持することが出来なくなり，変動相場制度への移行を余儀なくされた。しかしながら，為替の安定のためには相場の固定が必要であるとの認識から，1971年12月，米国スミソニアン博物館に集まった主要10か国は，過去数か月に亘った変動相場制から固定相場制への復帰に合意した。このスミソニアン協定では，金との交換性のない米ドルで平価に類似した「セントラル・レート」を基準相場として設け，これの上下2.25％の変動幅を認めるいわゆるワイダー・バンドが採用された。スミソニアン合意の骨子は以下の通りである。

(i) 金の公定価格を1オンス35ドルから38ドルに変更（7.89％の切り下げ），

(ii) 主要通貨の対米ドルに対する切り上げ（日本は1米ドル360円から308円と16.88％の切り上げ），

(iii) 為替相場の変動幅を従来の上下1％から上下2.25％に拡大し，弾力性をもたらせる。

こうしたスミソニアン協定により，米ドルは主要通貨に対し約10％切り下げられたので，米国の国際収支は改善に向かうと期待された。ところが，米国の国際収支は依然として大幅な赤字を続けたことから，米ドルに対する信認は再び揺らぎ，1973年2月，欧州諸国は変動相場制に移行し，3月には主要通貨は全て新相場制に移行した。かくして，金の裏付けのない米国の国内通貨が国際的に使用されるこうした新制度は，米国にとってみれば国際収支の赤字に煩わされることがなくなるから国際収支に節度を欠くこととなり，放漫な経済政策によるインフレ昂進が一層米ドルの価値を不安定なものにさせた。

3 変動相場制

a 制度なき制度（nonsystem）

1973年2-3月，主要通貨が変動相場制に移行したが，ここで注意すべき

は，こうした移行が，固定相場制か変動相場制かという自由な選択肢の下で，合理的判断に基づいて後者が選び取られたのでは決してなかったということである。すなわち，1971年12月，スミソニアン合意の当事国十か国が，高まる投機的圧力に屈伏し相次いで介入義務を放棄した結果として，金本位制のような貨幣法やブレトン・ウッズ体制のような国際協定を持たない，いわゆる「制度なき制度」としての変動相場制に移行せざるを得なかったのである。当時，IMFならびに各国通貨当局の公式見解では，変動相場制は緊急避難で暫定的なものと受け止められ，国際通貨体制の再構築を目的とした二十か国委員会が設置されるなど，安定的かつ調整可能な平価制度への復帰が模索された。

b マクロ経済への影響

ところで，こうした「制度なき制度」としての変動相場制は，たとえそれが合理的判断に基づいて自由に選び取られたものではなかったにせよ，少なくとも当初は，①為替投機の為替レート安定化作用，②為替レート変動の経常収支自動調整機能，③金融政策の独立性・自律性確保，④外生的な攪乱要因からの遮断・隔離，などのようなマクロ経済的効果が期待された。

(i) 為替投機のレート安定化効果

例えば，近い将来円高・ドル安を予想する投機家は，円買い・ドル売りの先物予約を行うであろう。ところで実際近い将来円高・ドル安になったとすると，その時点で先物予約を実行し且つ直物市場で円売り・ドル買いによって鞘を抜こうとするであろうから，これは円安・ドル高に働き，実際の市場での円高・ドル安傾向を緩和する。逆に予想が外れて円安・ドル高になると，こうした緩和力は作用しないが，予想がいつも外れて為替差損を被るような投機家は次第に淘汰されるであろうから，結局のところ，投機的取引は為替レートの安定化に働くとした。

(ii) 為替変動の国際収支調整機能

経常収支が例えば黒字となって為替レートの自由な変動により円レートが増価すると，円高は輸出減・輸入増をもたらすから，経常収支が迅速に調整されるとするものである。

(iii) 金融政策の独立性・自律性の確保

国際収支は上述(ii)のごとく為替レートの自由な変動により調整されるから，マクロ経済政策，とりわけ金融政策は対外均衡に向ける必要がなく，専ら国内均衡の追及のみにあてればよいとされた。

(iv) 攪乱・政策の隔離効果

一国の名目的攪乱や金融政策の変化は為替レートの変動によって吸収されるため，他国に実物的な影響を及ぼさないと考えられた。

c 評価

しかしながら，変動相場制に移行して一定の期間が経つと，様々な検証結果により上述効果に対して以下のような評価がなされた。

(i) 安定化

一般に為替レートの安定度は，①短期的な乱高下（ボラティリティ），過剰反応（オーバーシューティング），バブル（ファンダメンタルズとは無関係な為替レートの一方向的・累積的な動き）の有無，ペソ問題（重要なファンダメンタルズないしは政策レジームの変化に対する民間の予想に基づき為替レートが変動する現象で，そのような予想が実現しないと，為替レートの動きと現行政策レジームや事後的に観察されるファンダメンタルズとの間に大きな乖離が生ずる），②中長期的なミス・アラインメント（国内・国外均衡と整合的な実質為替レートからの乖離）の有無とその持続性，③将来の為替レートに対する予測可能性の程度，によって測られる。しかしながら，現実の為替レートの動きは，これらいずれの尺度によっても安定しているとは言い難いものであった。こうした不安定化の要因としては，変動相場制の下で為替管理や資本取引規制に関する緩和・自由化が進み，国際資本移動が飛躍的に活発化した結果，予想為替レートあるいはそれを決める将来のファンダメンタルズや経済政策の予想の変化に市場が敏感に反応し，大量の資本移動が瞬時に地球的規模で起こるようになったからである。ただし，こうした為替レートの不安定性が，通貨制度そのものに内在する欠陥と考えるべきものなのか，それとも実体経済や政策の不整合に起因するものかという点の識別は，通貨制度を論ずる上で極めて重要であろう。

(ii) 調整機能

為替レートが時として大幅に変化したにもかかわらず，結局のところ J カーブ効果や履歴効果（ヒステリシス）が働いて国際収支は迅速には調整されないこと，そして，J カーブの場合，それが最終的に調整されるまで一定の期間，例えば半年〜3 年程度のタイム・ラグの生ずることなどが，計量モデルに基づく各種シミュレーション結果から明らかになってきた。

(iii) 独立性・自律性

経済政策の独立性・自律性に関しては，現実には多くの国々で単に国内均衡（物価と失業の最適トレードオフ選択）のみならず，為替レートの安定化や対外不均衡是正のためにマクロ経済政策を割り当てる必要が生じている。それは，国内価格が短期的には粘着的あるため，名目為替レートの変動が実質為替レートの変動を惹起し，したがって他のマクロ経済変数の調整を最終的に必要とするからである。

(iv) 遮断・隔離

財政政策はもちろんのこと，金融政策やその他名目的攪乱も実体経済へ何らかの影響を及ぼすことから，そうした影響は経済のグローバル化とともに容易に国際的に伝播するため，一国のマクロ経済政策が他国から独立的であることは実際上困難なことが明らかになった。

4 政策協調

a 政策協調の制度化

変動相場制では，金本位制のような貨幣法やブレトン・ウッズ体制のような国際協定を持つことなく，いわゆる"システムの民営化"[7]がなされた。すなわち，国際収支の調整や国際流動性供給などは公的規則・制度に拠ることなく市場に全面的に委ねられた。したがって，各国通貨当局は，もろもろの政治経済状況に対して優雅に無視する政策対応をはかった。いわゆるクリーン・フロート政策である。しかしながら，各国政府にとって国際的な政策協調の制度化の試みが必要となる事象に遭遇することとなった。

---

7) この言葉は D. T. Llewellyn による（山本（1997）p.132）。

b　プラザ合意

1981年に米国でレーガン政権が発足すると，いわゆるレーガノミックスは高金利，ドル高，軍事費増大，双子の赤字を招いた。したがって，米ドル高の是正が喫緊の課題となり，1985年9月22日にG5の蔵相・中央銀行総裁会議がニューヨークのプラザ・ホテルで開催された。そこでは，

(ⅰ)　米ドルを現行水準から10〜12％下方調整（1ドル＝240円から218〜14円），

(ⅱ)　ドル売りの協調介入期間は6週間，

(ⅲ)　介入規模は180億ドル，各通貨当局の1日の最大介入額は3〜4億ドル，介入通貨はドル，円，独マルクの三通貨，

(ⅳ)　介入資金の分担は米30％，独25％，日30％，英5％，仏10％，

などが取り決められた。

c　プラザ合意の日本への影響

こうした急速な円高は，一方で輸出競争力低下に伴う日本企業の海外移転を促進させると同時に，他方で，円高不況回避に伴う大幅金融緩和とそれに伴う資産価格バブルを招来した。

d　ルーブル合意

主要国によるプラザ合意と政策協調によって米政府の明確な政策転換を読み取った市場は，その後米ドル買いから一転して米ドル売りを続けたから，各国通貨に対して米ドル為替レートは減価傾向を辿った。そのため，米ドル・レートの安定化をはかるべく，1987年2月にG7はパリ郊外のルーブル博物館に集まり，当面の水準近辺に安定させるため協調介入の用意あることを宣言した。例えば，日本円に対しては当日の1ドル＝153.5円を中心レートとみなし，その上下2.5％の範囲内にレファレンス・レンジ（参考相場幅）を設定することを明らかにした。しかしながら，これら合意の効果は長続きせず，5週間後の3月末にはドル下落が再び始まった。

e　ブラック・マンデー

米ドルの下落傾向はその後も止まらず,海外投資家にとって為替差損を回避するための米国の株・債券投売りを招き,1987年10月にはついにニューヨーク市場株価を大暴落させた。これ以降,米ドルはさらに下落を続けることとなった。

3　国際通貨金融危機

1990年代に入ると,マーケットを震撼させるような出来事が次々と起こった。欧州通貨制度(EMS)危機,メキシコ通貨危機,東アジア通貨危機などである。1980年代の国際通貨危機は,いわば経常収支赤字幅拡大とそれに伴う対外債務残高に対する sustainability(維持可能性)への懸念が発生させた。だが,1990年代の上述危機は,通貨取引のグローバル化に伴い,情報への反応それ自体が群集行動(herding),伝染(contagion),波及(spillover)を生み,その結果として自己実現的予想に基づいて危機を発生させることとなった[8]。

1　欧州通貨制度(EMS)危機[9]

まず,1992年6月に,経済通貨同盟(EMU)への移行スケジュールを含むマーストリヒト条約がデンマークの国民投票で批准拒否となったことで,EMUの実現可能性に疑念が持たれた。その結果,英ポンドや伊リラの大量売りが生じた。このことは,欧州通貨制度(EMS)の基底をなすところの調整可能な釘付け制度(アジャスタブル・パリティ・グリッド)である為替相場メカニズム(ERM)に大きな緊張を生んだ。次いで,ドイツでは,東西両ドイツ統一に伴う巨額の財政赤字によってインフレ圧力が高まっていたから,

---

[8] 自己実現的予想による通貨危機発生の理論的メカニズムに関しては,岡田(2001)第9章参照。市場参加者が,きっかけは何であれ,ひとたびそれが通貨危機を惹き起こすと予想すれば自己実現的に危機を発生させる事象が,今日通貨取引のグローバル化とともに顕著となった。

[9] 本項は,岡田(2001)第1章を基に纏めた。

7月に公定歩合を0.75%引き上げ，金融引締め政策を採った。かくして，ドイツに多額の外貨が流入し，ERM参加国の対マルク相場の多くは変動幅の下限に張り付いた。さらに9月に入り，フランスのマーストリヒト条約批准投票が近づくと，デンマーク同様否決されるのではあるまいかとの憶測が高まり，一層激しい通貨投機に見舞われた。かくして，伊リラの単独切下げに始まり，最終的には英ポンドや伊リラのERMからの離脱や，スペイン・ペセタ，ポルトガル・エスクードなどの切下げに追い込まれた。また，事実上ERMに参加していた北欧三国も変動相場制に移行した。93年夏には，通貨危機が再び生じ，8月2日に緊急蔵相・中銀総裁会議の席上で，ERMの中心相場は変更しないものの変動幅の上下限をそれまでの2.25%から15%へ拡大することが決定された。これは，ERMに期待された本来の機能を著しく弱めることを意味した[10]。

2　メキシコ通貨危機[11]

メキシコは，1980年代後半から積極的な経済改革を進め，累積債務問題の解決，財政の再建，インフレの抑制，高成長の確保，経済の民営化・自由化などに努めた。その結果，1992年末にNAFTA（北米自由貿易協定）に調印したこともあって，翌93年にはメキシコへの資本流入は約300億ドルと，ラテン・アメリカ全体への資本流入の約半分を占めるまでに至った。しかしながら，94年に入ると，米国の金利上昇に加え，3月には与党の大統領候補であったコロシオが殺害されたこともあって，資本の流入が抑制されるかないしは流出気味となった。かくして，外貨準備高は急減し，ペソ建の国債であるセテスが売れなくなるとともに，事実上米ドル建の短期国債であるテソボノスに国債発行の比重が急速に移っていった。これは，投資家にとってメ

---

10) 山本によれば，1992・93年の欧州通貨制度危機とともに，為替相場メカニズム（ERM）の変動幅がそれぞれ上下2.25%（計4.50%）から15%（計30%）まで拡大したことにより，"事実上の変動相場制"になったことをもって，EMSの崩壊としている（山本（1997）p.201）。他方，田中（素）は変動幅の拡大したEMSはむしろ投機を困難化させ，さらにEMS参加国の通貨統合に対する決意の強化と相俟って為替相場をむしろ「安定化」させたとして，"広幅EMS"を積極的に評価している（田中（素）（2002）pp.56-57）。

11) 本項は，岡田（2001）第1章を基に纏めた。

キシコ・ペソの過大評価にともなう為替リスクの高まりを意味した。秋になると，与党幹事長の暗殺や大統領の弟のコロシオ暗殺関与疑惑に経済成長の低迷も加わって，資本流出が再燃した。大統領選でとりあえず与党が勝利するが，しかしながら新政府は最終的にはペソ切下げを含む経済政策を実行するのではないかという懸念をマーケットから払拭できず，資本流出は加速した。そして，12月20日には遂にペソの切下げに追い込まれた。しかしながら，通貨切下げ以外にこうした事態に対処すべき有効な手立てが講じられなかったから（errors of December），その後，ペソの再切下げとフロートへの移行，テソボノス償還にともなう金利の高騰，株価の暴落，通貨不安の他国への伝染・波及（i.e. テキーラ効果）などをもたらした。翌年1月31日にIMF・米国を中心とする総額500億ドルの支援パッケージが策定され，メキシコ通貨危機はとりあえず最悪状態を脱した。

3　東アジア通貨危機[12]
a　共通事情

1980年代後半から1990年代半ばにかけて，東アジアでは①高成長による投資インセンティブの高まり，②外資流入規制緩和，③固定相場制による為替リスク軽減，④内外金利差拡大，などから海外資金が大量に流入した。その結果，金融機関の脆弱な審査機能もあって国内信用は増大し，タイでは不動産融資に，インドネシアでは大統領ファミリーに，そして韓国では財閥（ジェボル）に資金が向かった。かくして，それら多額の与信は不良債権化し，信用不安から資金の流出を招き，通貨価値が下落するとともに，国際通貨危機とバランス・シート危機という双子の危機を発生させ，最終的にはタイ，インドネシア，韓国の3か国は国際通貨基金（IMF）による支援に委ねる結果となった。

12）　本項は，岡田（2001）第6章，第7章，ならびに ditto（2006）第6章を基に纏めた。その他，例えば，伊藤（2003），吉富（2003），Eichengreen（1999），Goldstein（2002），Yoshitomi and ADBI Staff（2003）は東アジア通貨危機に関する重要な論点を深く掘り下げ且つ示唆に富んだ政策命題を提示しており，いずれも今日刮目に価する所論である。

b　メカニズム

東アジアでは，国際的な「米ドル建て」・「短期」資金が地場銀行の仲介機能（変換機能＋与信機能）を活用して「自国通貨建て」・「中長期」投資資金として大量に貸し出された。このことが，通貨と満期のダブル・ミスマッチをもたらし，双子の危機（twin crises）すなわち，国際通貨危機とバランス・シート危機ないしは流動性不足危機と債務超過危機を発生させた。

c　各国事情

タイでは通貨バスケット・ペッグ制により為替リスクを軽減させる一方，為替管理自由化（1990年5月）やオフショア市場（BIBS）の創設（1992年9月）など対外取引自由化を促進させた。その結果，経常収支赤字幅が拡大し，マクロ経済政策も有効に機能しなかった。

インドネシアでは，開発政策を積極的に押し進め，対外債務は警戒水準を上回った。また，金融システムは，中央銀行と国営銀行と共に，小規模な民間商業銀行によって構成される脆弱なものであった。加えて，スハルト大統領の親族・側近支配によるコングロマリットがインドネシア経済を牛耳った。

韓国では，円安による価格競争力の低下や半導体価格の下落とあいまって，財閥の過剰投資と資金繰り悪化とが最終的にウォン投機=国際通貨危機を招いた。

4　人民元の台頭[13]

東アジアでは，上述した通貨危機の深刻なダメージを蒙るに及んで改めて東アジア国際通貨体制における中国人民元の役割が強く認識された。

a　プレゼンスの高まり

中国は，2009年に建国60周年を迎えた。中国は近年に至り，急速に発展する経済力を背景に，政治，外交，軍事などの面でその存在感を大きく高め

---

[13]　本項は岡田（2011a）第6章を基に纏めた。

た。中国の経済力は実質 GDP 統計が利用可能な 1978 年以降，わずか数年を除き年率二桁ないしはそれに近い成長を遂げた[14]。これら中国の多方面におけるプレゼンスの高まりに伴い，人民元の"国際化"に関する動きが近年加速した。人民元が国際化するとは，具体的にはたとえば，①貿易取引における決済やインボイス上において人民元使用が高まる，②対中国証券投資や非居住者人民元預金等を通じ，非居住者による人民元資産保有が増加する，③中国の資本市場における人民元建て外債発行や中国為銀による人民元建て対外貸付等，国際的な資本金融取引に人民元が使用されるようになる，④各国通貨当局による外貨準備中の人民元保有割合が増加する，などを意味することになる[15]。かくして，人民元の国際化が進めば，まず財サービスや金融資産の国際間取引が人民元によって計算・決済される割合が増すことから中国にとって為替リスクが軽減され，それに伴い財サービス取引や資本取引が拡大する。また通貨発行益も中国にとって享受できるし，介入目的の外貨準備も低減できる。さらに，中国元に対する内外金融資本市場が活発化し，資金の効率的配分を促進させる。加えて，国際金融制度の構築や国際的金融ルールの制定などにおいて中国の発言権は強まるし，人民元のいわゆる"国際的地位"は一層高まることとなる。もちろん人民元の国際化により，人民元通貨金融政策の自律性は制限されるし，国内金融資本市場の不安定性増というデメリットも同時に甘受する必要はある[16]。

　2009 年 7 月に，中国政府は人民元の貿易決済に係わる取り決めを規定した「越境貿易人民元決済試行管理方式」を交付した。すなわち，従来貿易決済はほぼ米ドルに限定されていたが，国務院は珠江デルタ地域，長江デルタ地域，香港・マカオ地域他と ASEAN との貿易に限って人民元建て決済を許すこととした[17]。また，続く 10 月には総額 60 億元の人民元建て国債（満期が 2 年，3 年，5 年の 3 種類）を中国本土外（i.e. 香港）で初めて発行した。

---

[14] IMF (2012a).
[15] 日本経済新聞社編（1980）『金融の国際化』日本経済新聞社，pp.9-20。
[16] ibid.
[17] 江原規由（2009）「動き出した人民元の国際化」*China Internet Information Center Web Site*（www.china.org.cn）。

これまで，中国債券の購入可能な非居住者は，原則中国政府から許可を得た機関投資家に限られ，且つ購入限度額も設けられていた。だが今回は個人投資家も含めて特別な許可は必要なく，しかも上限のないのが大きな特色である[18]。

こうして中国政府は漸次人民元の国際化を推し進めようとしているが，そこで喫緊の課題となるのが，人民元の変動相場制への移行問題である。中国人民銀行は，2005年7月にそれまで1米ドルあたり8.28元前後でペッグされてきた為替レートを対米ドルで2.1％程度切り上げると同時に，今後為替市場の需給に基づき，通貨バスケット値を参考にした管理相場制（人民銀行が発表する中間レートに対して上下0.3％の範囲内で変動させる）を採用すると発表した[19]。それ以降今日まで，人民元は通貨当局の実需原則を基本とした厳格な為替管理のもと，対米ドルに対し緩やかな増価傾向を辿りつつ極めて安定した動きを示している。しかしながら，人民元の国際化には，経常取引・資本取引共に為替管理が撤廃され，人民元の自由な使用が許された完全変動相場制への移行が不可欠であろう。

b 人民元の国際化

人民元の国際化を論ずるにあたって，例えば1970年代後半から1980年代にかけて議論された「円為替取引の自由化と円の国際化」問題が参考になるであろう[20]。したがって，人民元為替取引の自由化や人民元の国際化を考えるに際しては次のようなステップを踏まえる必要がある。

---

18) 『読売新聞』2009年10月5日・第7面。
19) 中国人民行公告〔2005〕第16号，2005-07-21（http://test.pbc.gov.cn/publish/zhengcehuobisi/641/1375/13752/13752_.html）。但し2007年5月18日には，1日の変動幅を上下0.3％から0.5％に拡大した。
20) 例えば以下の文献を参照。香西泰（1981）「円国際化のメリット＆デメリット」『週刊東洋経済』昭和56年10月1日号，幸島祥夫（1978）「東京金融・資本市場の国際化」『金融ジャーナル』昭和53年9月号，幸田精蔵編（1983）『外国為替論入門・第2版』有斐閣　第3章・第11章，榊原英資（1978）「円高構造対策としての円の国際化」『ESP』昭和53年10月号，原信（1976）「円の国際化を考える」『日本経済新聞』昭和51年5月15日，山下英次（1980）「望まれる円国際化の進展」日本経済新聞社編『金融の国際化』pp.9-20，湯野勉（1978）「円による貿易金融の現状と課題」『東京銀行月報』昭和53年5月号。

(1) 特別行政区「香港」の活用

ユーロ円東京市場構想のごとく，香港を人民元のオフショア市場（外-外取引）として機能させ，人民元の自由交換性を確保する。また，直物為替取引のみならず，先物為替取引市場の拡大は，為替リスクの低減に不可欠である。加えて，香港における金融規制・監督をできるだけ緩和し，人民元建ての株式・債券，手形・CP，為替，預金などに対する非居住者の自由な取引を保証しつつ，金利の源泉徴収税や資産運用益に係わる所得税を低減することにより，非居住者にとっての人民元利用・保有の利便性・有用性を高めるであろう。その際，アジア開発銀行や世界銀行などネームの通った金融機関による元建て外債の発行や，あるいは元建てBA市場の創設などは，人民元の国際的認知度を高め，人民元の対外取引を促進するには格好のものとなるであろう。

(2) 国内金融システムの強化

R. マッキノンは，自由な内外資金移動を保証する前に，適切な手順（sequence）として，国内金融システムの強化を主張した[21]。なぜなら，脆弱な国内金融システムは通貨投機や国際通貨動揺を招きやすいからである。したがって，四大国有銀行（中国農業銀行，中国銀行，中国建設銀行，中国工商銀行）のいっそうの財務基盤強化を図るとともに，外国系銀行・証券会社・保険会社の人民元業務に対する自由化を進めつつ，これと対抗し得る民族系金融機関の経営戦略強化を促進させる。

(3) 対外取引の自由化

香港での非居住者との人民元取引に関する学習効果を生かし，これを漸次中国本土での取引に拡大・浸透させる。その際，中国通貨当局の規制・監督は，BIS基準や欧米中央銀行の国際的慣行に則ったものであることが強く望まれる。

---

21) McKinnon (1991) p. 113.

5 東アジアの今後の対応[22]

a 工程分業

東アジアでは，日本・NIEs が中間財を生産し，ASEAN・中国がそれら中間財を輸入したあと完成財・最終財に組み立てて欧米の最終消費地へ輸出するという，いわゆる「工程分業」ないしは「垂直的」産業内分業の動きが加速し，その結果として域内貿易は急増している。こうした東アジアにおける生産ネットワークの確立はまた，多くの国々が通貨取引のグローバル化の進展と呼応して，為替管理・資本取引に関する対外開放化や金融サービスの規制緩和・自由化を推し進めたことにより，国際間資金フローも域内で活発化した。

b 経済統合

東アジアのマクロ経済は，例えば日本，韓国，台湾，シンガポール，マレーシア，タイの間で，GDP，個人消費，粗固定資本形成などの経済変数に関し，その増加率の相関度が高まり，それら諸国の景気変動に同期性・同調性の見られることが確認されるに至った。したがって，東アジアとりわけ上述諸国は，労働の移動性，経済の開放性，輸出の多様性，財サービス・金融統合度，ショックの対称性というような域内為替レート安定を志向する最適通貨圏基準に照らして，安定化のためのコストが十分小さくなりつつある状況に至っている。

c ロード・マップ

こうした一連の経緯を背景に，域内為替レートが安定的で且つ国際通貨危機にも頑強な東アジアの国際通貨制度に関する議論が今日深まりつつある。

東アジアの域内・域外貿易や直接投資を促進し，且つ国際通貨危機のリスクを軽減する頑強な外国為替相場制度，すなわち，為替レートの安定化という政策目標に照らして"最適な"東アジアの外国為替相場制度とはどのよう

---

[22] 本項は，岡田（2006）第10章を基に纏めた。本項の議論の基礎となっている計算結果に関しては，同章を参照。

なものであろうか。

　文化的・民族的・宗教的多様性ないしは混成性と著しい貧富の格差を背景とした東アジアにおける今後の望ましい為替相場制度を考えるとき，制度実現への「ロード・マップ」（工程表）として，①実行の容易さの度合い，②マクロ経済変数の収斂度，③制度的インフラ確立の程度，④強固な政治的決意の有無，などを加味して検討していく必要があるであろう。そうした点から言えば，今後の検討課題として以下のようなロード・マップが描ける。

　　ステップ１　通貨バスケット制：個別ウエイト
　　ステップ２　通貨バスケット制：共通ウエイト
　　ステップ３　アジア通貨制度（AMS）・為替レートメカニズム（ERM），アジア通貨同盟（AMU）

　東アジアにおける経済関係の多様性の進展から，対米ドル中心の安定化を図る外国為替相場制度よりも，日本円，ユーロ，その他通貨を加味した通貨バスケット制のほうが，自国（実効）為替レート安定化という政策目標に照らして望ましいことは言うまでもない。例えば，米ドルが日本円に対して大幅にフロート・アップするとき，米ドル主体の自国為替レートでは日本円に対して増価し，したがって全体として当該国の輸出競争力を著しく減ずる結果となり得るからである。ユーロに対しても同様である。それ故，ここに米国以外の他国・地域との貿易・直接投資・金融取引関係を考慮した通貨バスケット制の考えが出てくる。ただし，こうした東アジアの新興市場諸国で通貨バスケット制の導入を考えるとき，以下のような①構成通貨の種類，②構成通貨ウエイトの算定法，③個別ウエイトか共通ウエイトか，④通貨バスケットの管理法，等が重要な検討課題となる。

　(1) 構成通貨の種類

　通貨バスケットの構成通貨に関して，米ドル，日本円，ユーロの主要三通貨とするか，更に域内通貨その他を含めるか否かという問題が生ずる。

　(2) 構成通貨ウエイトの算定法

　各構成通貨のウエイト関しては，貿易取引のシェアに応じて算定するか，資本取引のシェアまで含めるかどうかという問題に加えて，仮に貿易取引シ

ェアに限定したとしても，構成通貨との兼ね合いで，米国，日本，欧州，東アジア域内の取引以外の，例えば中南米地域や中近東諸国，南アジア，オセアニア，アフリカ諸国等との貿易取引をどこまで考慮するかという問題が残る．

(3) 個別ウエイトか共通ウエイトか

次に構成通貨の算定法が決まったとき，そうしたウエイトを各国が各々個別に自国の貿易シェアに基づいて計算し採用するのか（個別ウエイト方式），あるいはなんらかの単一ウエイト・共通ウエイトなるものを決め，それらをメンバー各国全員が一致して採用するのか（共通ウエイト方式）という問題が生ずる．全てのメンバー国が同時に共通ウエイト（プラス共通通貨構成）を一致して採用すれば，少なくとも域内為替レートは相対的に安定化する．しかしながら共通のウエイトや共通の通貨構成を採用するためには，参加メンバー国間の利害調整に必要な交渉や拘束力のある取り決め，更にはサーベイランス／モニタリング制度の構築などが前提となるから，個別ウエイト方式のほうが実現ははるかに容易であろう．

(4) 通貨バスケットの管理法

最後に，通貨バスケットの上述内容が決まったとして，①通貨バスケット・レートをペッグするのか，②ペッグを一定の基準に従ってクロールさせるのか（クローリング・ペッグ），③（固定）変動幅を設定するのか，④変動幅自体をクロールさせるのか，⑤管理フロートとするのか，⑥完全フロートとするのか，という通貨バスケットの管理問題が残っている．

かくして，以上の(1)〜(4)の諸点を勘案すると，一つの実行性ある案として以下のような通貨バスケット制（個別ウエイト方式）が考えられる．

(a) 構成通貨として米ドル，日本円，ユーロを採用する．
(b) 計算の便宜性・簡便性から貿易シェアに基づいて通貨ウエイトを計算する．
(c) これらウエイトは各国が個別に算定して採用する（個別ウエイト方式）．
(d) こうして算定されるバスケット通貨に対しては緩やかな管理フロート制とする．

d 通貨バスケット制：共通ウエイト

　東アジア新興国は，その多様性・混成性から日米欧その他の国々に対してそれぞれ独自の経済関係を持ち，したがって単一・共通通貨バスケット（共通ウエイト・プラス・共通構成通貨）を各国が同時に採用することはそう容易なことではあるまい。単一・共通通貨バスケット制の採用には，各国間の経済政策の収斂や，物価安定を含む経済パフォーマンスの収斂などが不可欠の前提条件であり，そうした前提条件に対し，必ずしも同調し得ない国もあるであろう。さらにこの制度は米ドル・ペッグより優越する制度であるの認識で一致しても，なお東アジア各国のなかには米ドル・ペッグに固執する国の可能性もあり，したがって「協調の失敗」から域内全ての国々の同時採用が原則である。また，通貨バスケットのウエイトや構成通貨に関して仮に同意が得られたとしても，①市場介入やバスケット通貨の管理法に関する共通ルール，②スワップ協定などの緊急融資を含む流動性不足時の対処法，③サーベイランス/モニタリング制度（取り決めプラス専担機関）の構築，④"peer pressure"の活用，など検討すべき課題は多い。かくして個別通貨ウエイト・バスケット制から共通通貨ウエイト・バスケット制への移行には，大きな政治的決断とそしてまた強い運動エネルギーやジャンプ力が要求される。しかしながら，東アジア各国政府間の対話・交渉が進展するなかで，金融政策に関する個別自由裁量の余地は狭まるが，他方で米ドル，日本円，ユーロの主要三通貨に加え，域内為替レートの安定が貿易・直接投資・金融取引拡大をもたらし更なる成長につながるという，いわゆる政策協調の利害得失に関する共通の認識が深まることで，自ずと共通バスケット制の採用も視野に入ってくるであろう。さらにその先，ステップ3のアジア通貨制度（AMS）・為替レートメカニズム（ERM）やアジア通貨同盟（AMU）も将来の検討課題として考えられる。

4　米国金融危機

　信用力の低い個人向け住宅融資であるサブプライム・ローン市場の混乱に端を発した米国の金融危機は，100年に1度あるかないか（グリーンスパン

前FRB議長（2008））というほどの深刻な信用不安・信用収縮をもたらした。そして，2008年9月には米国5大証券会社の一翼を担ってきた「リーマン・ブラザーズ」が破綻したことにより，それまでの米国の金融構造は根底から覆されることとなった。さらにそれら金融危機の拡大は，世界の金融機関におけるローン残高や保有証券をことごとく劣化させ，多額の損失を発生させた。その結果，こうした信用危機は世界の実体経済をして1930年代の大恐慌を想起させるほどの未曾有の不況にまで追い込んだ。各国政府や財政・金融当局，主要国際機関は，これら経済危機からの脱却を図るべく，あらゆる手立てを講じた。本節では，これら米国金融危機を検証する[23]。

1　金融危機の図式：サブプライム・ローン問題

米住宅市場は，2000年に入って2006年まで活況を呈した。優良顧客（プライム層，スーパー・プライム層）でない信用力の劣る顧客に対しても，住宅価格上昇で担保された住宅抵当融資＝サブプライム・ローン（sub-prime lending）がなされ，その残高は急増した。これらサブプライム・ローン債権は，証券化機関（ジニーメイ，ファニーメイ，フレディマック）や民間の特別目的会社によって，ABS（asset backed securities；資産担保証券）を担保とするCDO（collateralized debt obligation；債務担保証券）として証券化された。これらABS CDOは各トランシェに切り分けられ，加えてモノライン（保証会社）との保証契約やCDS（credit default swap）により保証力が強化され，金融グローバル化の波に乗ってこれら証券は世界の投資家に売却された。しかしながら，そもそも高レバレッジと短期借り・長期運用という脆弱な基盤のうえに信用連鎖のグローバル化が進んだことは，ひとたびサブプライム・ローンの債務不履行が米国内で顕現すると，その影響は止め処もなく世界中に及ぶことを意味した。

---

23)　本項は，岡田（2011a）第7章を基に纏めた。より詳細な議論ならびに参照資料文献などに関しては同章参照。

2 金融危機
a サブプライム・ローンの破綻

　2001年6月から始まった米国の金融緩和政策は2004年6月末には終わり，米通貨当局は金融引き締め政策に転じた。これに伴い，住宅需要は急速に減少し，住宅価格も急落した。かくして，住宅価格の上昇を前提としたサブプライム・ローンの延滞率は徐々に高まってゆき，2007年第4四半期にはついに20%弱となった。同時期における住宅抵当ローン全体の延滞率は6%程度であったから，サブプライム・ローンの焦げ付きはまさに住宅ローン全体の平均に対し，そのおよそ3倍という高い数字となった。

　サブプライム・ローンの不良債権化がかくのごとく進行すると，住宅金融会社の資金繰りは急速に逼迫し，資金調達もままならず，業務の破綻・倒産に追い込まれるものも出た。このような状況から，2007年頃より，ムーディーズやS&Pなど主要格付け会社は，サブプライム・ローン担保証券やABS CDOのようなサブプライム・ローン関連商品の格付けを広範囲に亘り，大幅に引き下げるようになった。サブプライム・ローンの不良債権化の拡大はまた一方で，債務不履行にともなう元利金の支払いを保証していたモノライン保証会社の経営危機を招き，モノライン保証会社の格付けも引き下げられた。このことは，モノライン保証会社の信用保証を受けたサブプライム・ローン関連証券の格付け引下げをもたらすという悪循環を生んだ。

　サブプライム・ローン関連市場がひとたび危機的状況に陥ると，ABS CDOの最大の投資家であるヘッジファンドは，短期資金で長期運用を図るという不安定な財務構造のもと，その多くが解約・閉鎖に追い込まれた。また，ABS CDOは世界中の投資家によって購入されたことから，信用連鎖のグローバル化により，米国内の商業銀行，証券会社・投資銀行，保険会社，年金基金のみならず，欧州・アジア・豪州などの投資家も大きな損害を蒙った。加えて，金融機関の財務内容のこれら悪化にともなう信用リスクの高まりは，システミック・リスクの懸念から銀行間短期資金市場のスプレッド幅を大幅に拡大させた。こうした金融機関の流動性不足の招来は，さらにまた雪崩を打つように世界的信用不安・信用収縮をもたらし，それが実体経済の急激な需要減少，そして世界的大不況へとつながった。

b　世界金融危機とリーマン・ショック

　米国サブプライム・ローン市場の混乱に端を発した金融危機は，瞬く間に世界中に伝染・波及し，米国自身も大手証券会社の破綻・再編成を伴う大きな痛手を負った。

　全米第5位の証券会社ベア・スターンズが，2007年以降その傘下にあった二つのヘッジファンドにおけるサブプライム・ローン関連証券投資の巨額損失により，2008年3月に資金繰りに行き詰まって実質的に破綻状態となり，自力再建ができず2008年5月にはJPモルガン・チェース銀行に買収された。

　2008年9月15日には，米五大証券会社の一角を占めたリーマン・ブラザーズが米連邦破産法第11条の適用を申請した。経営状況が悪化していた同社は大きすぎて潰せない（too big to fail）として，市場は米政府・FRBの救済を期待していたがそれを裏切ることとなり，関係者には大きな衝撃が走った。リーマン・ブラザーズの最近5ヵ年の資産構成を見ると，破綻直前3ヵ年における資産全体の約半分が不動産関連資産であった。さらに同社の資本構成を見ると，短期負債が負債全体の80％以上を占め，また，レバレッジ比率は25倍〜30倍という高い値であった。こうして，リーマン・ブラザーズは，ひとたび住宅価格の下落やあるいは金利上昇・流動性減少に見舞われると，ひとたまりもなく市場に翻弄されるような極めて脆弱な財務体質に陥っていった。かくして同社は，不動産関連投資への傾斜を是正し，投資運用部門の主要部分を売却するという再建策を打ち出して，財務省・FRBの仲介のもと，米バンク・オブ・アメリカや英バークレイズ・バンクへの売却交渉を進めたが，救済買収の条件であったFRB融資が受けられず，結局のところ11条倒産を免れ得なかった。同社の破産手続きに伴い，米国事業は英バークレイズ・バンクに，欧州・アジア事業は日本の野村ホールディングズによって買収された。

　2008年9月15日は，リーマン・ブラザーズの破綻に加え，もうひとつ大事件が重なった。すなわち，リーマン・ブラザーズ売却交渉の一方の当事者であったバンク・オブ・アメリカが，サブプライム関連事業の損失で赤字決算となった全米第3位の証券会社であるメリルリンチを救済買収すると発表

したことである．かくして，世界の金融ビジネスをリードした米五大証券会社のうち，3社までが市場から消え去った．残るゴールドマン・サックスとモルガン・スタンレーの2社も，9月21日には米連邦準備制度理事会によって両社の銀行持ち株会社化が承認され，両社は米証券取引委員会（SEC）から米連邦準備理事会の監督下に移った．ここに米国における"証券専業"としてのビジネス・モデルは消滅し，"総合金融化"に向かって米の金融再編成は一段と加速しつつ，米金融業界は歴史的な大転換点を迎えることとなった．

　リーマン・ブラザーズの破綻と共にもう一方の重要問題は，住宅抵当ローン関連証券の市場価格急落に伴う評価損と，クレジット・デフォルト・スワップ取引の損失を蒙った AIG（American International Group, Inc.）の救済策である．AIG は保険事業に加えて，金融サービス事業を手がける米最大手保険会社であるが，2008年1月以降，サブプライム・ローン問題で経営は急速に悪化した．AIG は資産規模も大きく，リスクを管理する市場で中心的な役割を果たしており，したがって同社の破綻は CDS 市場などの大混乱を引き起こす恐れがあった．こうしたことから，関係者は政府当局によるなんらかの救済策を期待した．しかしながら，大きすぎて潰せないと思われたリーマン・ブラザーズが倒産に追い込まれたことにより市場はパニックに陥り，AIG の株価はリーマン・ショック翌日の9月16日には一時70％も急落した．最終的に同日，FRB は AIG へ最大850億ドル（10月には1228億ドルに引き上げ）の2年間に限定した緊急的な繋ぎ融資を約束し，また AIG 株の79.9％の購入権を取得するなど，同社の救済を決断した．それ以降，AIGは米連邦準備理事会の管轄下で再建を図ることとなった．

　その後も金融危機に基づく米金融業界の淘汰・再編は続いた．

3　米国金融危機の原因

　ところで，今回の信用不安・金融危機に関して様々な論者が様々な視点からその発生因や問題点を指摘している．例えば，サブプライム・ローンの欠陥商品説，金融資本の強欲（greed）説，金融工学への過信説，高レバレッジによるバブル現象説，行過ぎた証券化説，格付け機関の無能力説，米ドル

基軸通貨体制の構造的欠陥説，資本主義固有の病理現象説，などである。これらに対して本節では，主たる原因を以下のような米国の金融制度設計のそもそもの生い立ちに遡って，その基本思想の差異に基づく規制・監督の在り方に求めることができると考える。

米国では大恐慌の教訓を基に「1933年銀行法」（通称グラス・スティーガル法）によって銀証分離，すなわち銀行業と証券業は明確に分離された。そして一方で銀行業は，不特定多数の預金者から預金を受け入れために（depository institutions），"預金者保護"（to protect the general public）という大義名分のもと数々の規制・監督の網が被せられることとなった。他方，証券業は"市場原理"（principles of the market）に基づく規制のない自由な取引と市場参加者の自己責任原則を楯に，情報公開や価格形成の透明性・公平性を求めた証券取引委員会（SEC）の監督規制がせいぜいであった[24]。その結果，米国の金融は，様々なレベルで厳しいコントロールを受ける銀行業の周辺において，政府による"規制"よりも市場による"規律"が重視されるところの相対的に規制・監督の緩やかな証券業が跋扈した。そして，1975年の手数料自由化や1982年の一括登録制度導入などを踏まえ，証券業者間の新たな商品開発等による収益拡大競争が激しさを増した結果，近年の金融ビジネスにおける証券化（securitization），グローバル化（globalization）の流れに乗って，金融工学の発達や高レバレッジ化とあいまって"暴走"したと考えられる。かくして，こうした暴走を制御すべき公的規制・監督がうまく市場にビルト・インされていれば本来回避できたであろう点をもって，今回の金融危機の主たる原因を「制度設計の不備」に求めることができるであろう。それゆえ，こうした金融危機の再発を防止するための具体策として考えられることは，銀行業のみならず証券業他にも適切な規制・監督の網を張るということであろう。実際，米政府は2009年3月になり，不安の連鎖を招く恐れ

---

[24] これにさらにムーディーズ（Moody's Investors Service），S&P（Standard & Poor's），フィッチ（Fitch Ratings）など格付け会社の投資情報を加えることができる。しかしながら，企業の格付けに関する現データは格付け会社のみが閲覧可能であり，しかも高い格付け商品を供給すればするほど彼らにとって収益の上がる構造となっていた。また，債券発行会社が手数料を払って格付け会社に格付け審査を依頼することから，利害相反行為（conflict of interests）の懸念も以前より指摘されていた。

のある銀行，証券，保険などの金融会社を単独の機関で横断的に監督すること，一定規模のヘッジファンドをSECへの登録制にして情報開示を強化すること，デリバティブ取引全般を規制・監督すべき枠組みを創設すること，などを盛り込んだ「金融規制改革案」の検討に着手した。そして上下院の様々な議論を経て，2010年7月には米国大統領は最終案（Dodd-Frank Wall Street Reform and Consumer Protection Act）に署名し，ここに銀証分離を定めた「1933年銀行法」（通称グラス・スティーガル法）以来の金融大改革プランと言われる同法を成立させた。世界の金融システムの安定化に向けて，それら改革の成否が今や厳しく問われているのである。

5　欧州財政金融危機

　前節で見たごとく，2000年代半ば以降，サブプライム・ローン市場の混乱に端を発した米国の金融危機は深刻な信用不安・信用収縮をもたらした。ところが，世界経済の景気回復が未だ完全とは言えないなか，今度は欧州に財政金融危機が発生した。1993年のマーストリヒト条約により1999年1月から共通通貨「ユーロ」が導入され，ここにユーロ圏が誕生した。2000年代に入ると，共通通貨ユーロは揺籃期から国際通貨としての定着期を経て，2004年秋に始まるEUの中・東欧諸国への東方拡大もあり，米ドルに匹敵する双極的地位を獲得した。しかしながら，2009年秋にはギリシャの財政赤字問題が顕現し，その支援策を巡ってユーロ圏各国の利害対立が顕著となった。その結果，同じく財政赤字を抱えるアイルランド，ポルトガルに対しても国債債務不履行危機が波及した。それゆえ，そうした国々の国債を保有するEU全域の銀行経営不安を生んだ。2011年にはスペイン，イタリアに対し信用不安・流動性懸念が広がり，政府が妥当な利率によって市場から資金調達することが困難となった。かくして，欧州金融資本市場は縮小し，加えてギリシャのユーロ圏からの離脱可能性など，ユーロ圏の存立そのものが問われる事態に陥った。ただし，2012年9月の欧州中央銀行による南欧短期国債の無制限購入表明により，とりあえずユーロ危機は小康状態を保っている。本節ではこうした欧州財政金融危機を検証する[25]。

1 欧州統合

a 経緯

20世紀に二度にわたる世界大戦を経験した欧州にとって,政治的・経済的統合は悲願であった。まず,1952年にECSC(欧州石炭鉄鋼共同体)が設立され,資源の共同管理が始まった。1958年にはさらに経済の共同管理を推し進めるべく,EEC(欧州経済共同体)が設立された。1968年にはEC(欧州共同体)として,関税同盟,財の自由な移動・一体化が図られた。1970年にはECがウェルナー報告をまとめ,EMU(経済通貨同盟)の段階的実現を展望した。そして,1989年には「ドロール委員会報告」によって経済通貨同盟形成の三段階論(i.e. 政策協調,中央銀行創設,統一通貨の流通)が提唱された。さらに,1993年にはEU(欧州連合)として,財サービス,労働,資本の自由な移動・一体化まで進んだ。そして,1999年に至ると,EMU(経済通貨同盟)として通貨の一体化という政治経済統合の最終目標が達成された。この間,通貨統合に限って見れば,スネーク(共同フロート,中心レート±2.25%)の創世記(1951-79)があった。ただし仏はマルクの変動に付いていくことができず76年再離脱した。ついで発展期(1979-93)として,EMS(欧州通貨制度)とERM(為替レートメカニズム:ECUが為替レートの基準通貨,±2.25%以内の変動幅,パリティ・グリッド等)の時期を経て,最終的に1993年のマーストリヒト条約によりEMU(経済通貨同盟)が実現して完成期(1993-)に至った。

b 統合の条件

ユーロに参加するには,通貨の共通性・統一性という性格上,以下の厳しい条件が課せられた。

物価の安定:CPIが,加盟国中最も低位の3カ国のインフレ率から過去1年間1.5%以内にあること,

財政収支の健全化:財政赤字がGDPの3%以内であり,債務残高がGDPの

---

25) 本節は,岡田(2012b)を基に纏めた。より詳細な議論ならびに参照資料文献などに関しては同論文を参照。

60％以内であること,
通貨の安定：少なくとも 2 年間は ERM の変動幅を遵守し, 他の加盟国通貨に対して切り下げられないこと,
金利の安定：長期金利が, 加盟国中最も物価の安定している 3 カ国の長期金利から過去 1 年以上 2％を超えないこと。

c　ユーロ圏発足

その結果, これら条件を満たしたドイツ, フランス, イタリア, ベルギー, オランダ, ルクセンブルグ, アイルランド, スペイン, ポルトガル, オーストリア, フィンランドの欧州 11 カ国が第一次グループとして共通通貨ユーロを導入し, 1999 年 1 月より「ユーロ圏」は発足した。当初参加条件を満たせずこれらグループに入れなかったギリシャがその後経済パフォーマンスを改善し, 2002 年 1 月に遅れて参加を果たした。さらに 2007 年から 2011 年にかけて, スロベニア, キプロス, マルタ, スロバキア, エストニアが参加し, 今日上述 17 カ国で「ユーロ圏 (Eurozone)」を構成している。

ユーロ圏の通貨機構である中央銀行制度 (Eurosystem) は, 上部機関である欧州中央銀行 (ECB) と下部機関のユーロ圏加盟各国中央銀行 (NCBs) から構成され, ECB が"通貨価値の安定"を最優先課題として政策金利その他の決定を行うとともに NCBs がそれら決定事項を実行する。この ECB は, 役員会 (総裁, 副総裁, 4 名の理事), 政策委員会 (役員会メンバー, 加盟国中銀総裁) から成り, ①加盟国全体の金融政策策定・実施, ②外国為替操作, ③加盟国の外貨準備保有・運用, ④支払い決済システムの円滑な運営の促進, などの主たる任務を担うと同時に, さらに ECB は NCBs とともに唯一の法定通貨たるユーロを発行する[26]。

2　欧州財政金融危機

a　経緯

今日世界の金融資本市場を大きく揺るがすに至った欧州財政金融危機の発

---

26) 欧州中央銀行ウェブサイト (www.ecb.europa.eu)。

端は，ギリシャの財政問題であった。南欧その他周縁国（e.g. ポルトガル，イタリア，アイルランド，ギリシャ，スペイン）は，ユーロ圏に参加したことにより，低金利・低為替リスクによって国債の発行や海外からの資金導入がそれ以前に比して容易となった。このことは，一方で欧州銀行の過大なクロスボーダーバンキングをもたらし，また他方で政府部門が財政節度を欠くことにより，例えばアイルランド，スペインでは住宅不動産バブルを発生させることとなった。また，ギリシャでは公共部門肥大化，税金捕捉率低，公務員の高賃金・年金優遇などにより大幅財政赤字を記録した。こうしたギリシャの国家債務残高増は，粉飾操作の疑念も加わって債務不履行（デフォルト）懸念を惹き起こし，南欧他国へ危機（i.e. ソブリン・リスク）が波及することとなった。例えば，アイルランド，ポルトガルに対しては国債債務不履行危機をもたらした。さらに，スペイン，イタリアは，信用不安・流動性危機が生じて政府が妥当な利率により市場から資金を調達することが困難な状況となった。加えて，銀行危機も発生した。すなわち，これら各国国債を保有するEU全域の銀行におけるシステミック・リスクが急増したことから，銀行は資金調達が困難となると同時に与信残高の縮小も発生した。

b ユーロ危機の構造的原因

(i) 危機の構造的要因

欧州統合は，20世紀に二度にわたる世界大戦を経験した苦い教訓を踏まえ，1970年に欧州共同体（EC）がウェルナー報告をまとめ，経済通貨同盟（EMU）の段階的実現を展望した。1979年には為替レートメカニズム（ERM）を中心に据えた欧州通貨制度（EMS）を発足させた。そして，1989年には「ドロール委員会報告」によって経済通貨同盟形成の三段階論（i.e. 政策協調，中央銀行創設，共通通貨の流通）が提唱され，1993年のマーストリヒト条約により1999年1月から共通通貨「ユーロ」が導入され，ここにユーロ圏が誕生した。

こうした一連の過程で，ユーロ圏の制度構築が必ずしも十全ではなかったことが露呈した[27]。すなわち，ユーロ圏＝欧州経済通貨同盟が，当初理念として考えられた水平型の制度から現実には垂直型の制度へと転換せざるを得

なくなったが，このことは，制度構築時には想定されてなかったものである。当初企図された案は，同質的な先進国同士の通貨同盟という性格のものであった。しかしながら，ユーロ圏参加に際しては，第1段で見たような物価，為替，財政ポジション，金利に関する厳しい事前審査，すなわち「収斂4条件」があるにもかかわらず，現実にはその後，経済パフォーマンスの相対的に劣る南欧諸国も参加した。したがって域内の経済格差が解消できず，ユーロ圏に不均一な経済的要素が残存した。さらにまた，「通貨は一つ，財政はバラバラ」なる制度も災いした。単一市場，共通通貨，欧州中央銀行によって構築された制度は，それ自体国家と類似の構造を有する[28]。しかしながら，財政は各国の主権に委ねられたから，リージョナル・インバランス問題ないしは中核国・周縁国問題が生じた。ところで，国家であればそうした場合，通常は財政による富の再配分機能を活用して経済の格差是正をはかるという方策が採られる。だが，ユーロ圏のような分権的な財政制度では，効果的な財政資金のトランスファー・システムがビルトインされておらず，各国の利害・得失が衝突して財政による富の再配分機能は有効には働かなかった。

(ⅱ) 欧州の構造変化

20世紀のEC統合時代，西欧諸国はECを世界に冠たる先進国同盟としてEC統合に誇りを持った。しかしながら21世紀になり，中・東欧諸国が同盟に参加すると，先進国＋途上国連合のEUへと変質した。したがって，西欧諸国は自国を誇ることができても，EUのどこを誇るべきか不明となった。かくして，EUの一体性は弱まり，連邦主義志向は低減した。また，中核国たる独の欧州政策も変化した。すなわち，独は欧州から取るべきものはすべて取ると（e.g. 独統一と統一通貨による経済繁栄等），国益との兼ね合いで，EUにこれまで以上に新たな責任をもたされることへの強い拒否反応が顕現した[29]。

---

27) 以下ユーロ圏制度構築の不完全性に関する議論は，田中（素）（2002）（2010）に拠った。
28) 田中（俊）（1998）第3章。
29) 田中（素）（2010）終章。

3 欧州危機への対応策

かくして、ユーロ圏が「最適通貨圏」[30]の最適圏域を越えて拡大し過ぎた現状では、金利政策は通貨同盟の単一中央銀行が一元的・集権的に担い、他方、財政政策は同盟内の各国政府が自らの責任と裁量で実施する経済は、最適財政金融ポリシー・ミックスによっては経済危機が発生し易い。したがって、次のような政策命題が導かれる[31]。

a 新制度への発展

財政による富の再配分機能を活用すべくユーロ圏に中核国から周縁国への財政移転メカニズムを装備し、もって経済の格差是正をはかるという方策が採られる必要がある。加えて、国内産業間や国際間の労働移動を促進させて同盟内における価格・賃金の硬直性・粘着性の是正を図ることも重要である。

b 経済政府の創設と銀行同盟の実現

欧州中央銀行に加えて最終的には各国の財政権限を統合しユーロ圏全体の財政政策を監督する「欧州財務省」を創設し、「通貨は一つ、財政はバラバラ」の弊害を是正する。すなわち、公的資金の各国移転に加え、①ユーロ圏各国が自国の議会で予算を決定する前に審議・調整する、②ユーロ圏国で財政政策の協調を強め、財政不均衡を縮小しつつ、税制の一体化を高める、などを実施する。更には、銀行検査、破綻処理の枠組み、預金保険制度の各々を一元化する「銀行同盟」の実現化も重要である。

c 原点への回帰

経済のグローバル化が進展する今日、欧州政治経済統一のメリットの再確認が必要である。例えば、①域内におけるヒト、モノ、カネの自由な移動、②財サービス・金融における規模の経済性、③為替リスクの低減、④為替手

---

30) 最適通貨圏の議論は岡田（2006）第8章参照。
31) 本政策命題の理論的根拠に関しては、岡田（2012b）Ⅲ・Ⅳ・Ⅴ参照。

数料の回避，など，今日，共通通貨「ユーロ」なくして欧州経済はもはや成り立たないところまで来ている。加えて，一国単独より複数国のほうが政治力・外交力は格段に増す。欧州通貨統一の原点たるマーストリヒト条約（1993）における「ユーロ＝経済通貨＋政治通貨」の公式を再確認する必要があるであろう。

6　結び——新たな国際通貨制度の構築に向けて——

　第2節から第5節までの議論を踏まえ，ポスト・クライシス時代の新たな国際通貨制度の構築を実行可能性という観点からどのように考えていったらよいのであろうか。米ドルが今日，事実上の"基軸通貨"であるのは間違いなく，各国は諸々の実情を反映してそれら米ドルに対するハード・ペッグ，ソフト・ペッグ，完全変動相場制など様々な国際通貨制度を採用している。しかしながら，「法外な特権」を有する米ドルの一極集中型国際通貨制度は，不安定で且つ脆弱な構造を本来的に有していると言わざるを得ない。そのためにも（N-1）番目の各国は二国間ないしは多国間の会議で米国政府に規律・節度を求めつつ有効な手立てを自ら講じて行く必要があるであろう。

1　基軸通貨

　国際通貨制度とは，一般に「公的部門・民間部門による国境を超えた異種通貨の交換に対し，公式・非公式に定まった規則や慣行」を意味する[32]。ところで，個々の国々は，自国内ではその国の政府・中央銀行が発行する通貨のみを法定通貨（legal tender）として認めている。それゆえ，ある通貨が基軸通貨（key currency）として広く国境を跨がる経常・資本取引手段に使用されるためには，①計算単位（基準通貨，表示通貨，建値通貨，契約通貨），②支払い手段（介入通貨，決済通貨，取引通貨），③価値貯蔵手段（準備通貨，資産・投資通貨）としての役割をグローバルに果たすことが求められる[33]。そ

---

32) McKinnon (1996) pp. 23-24.
33) 島崎 (1998) pp.8-11.

して，そのためには，①自由交換性ないしは一般受容性があること，②価値安定性ないしは国際的信認があること，③取引規模が相対的に大きいこと，④自由で開放された市場があって使用・保有の利便性が高いこと，などの条件を満たしていなければならない[34]。今日，上述した役割・条件に照らして実際上最も良く使用されているのは米ドルである。例えば，世界の外国為替市場で売買される取引高の通貨別割合は4割強が米ドルであり，2割のユーロ，1割の日本円を大きく引き離している[35]。また，世界各国の外貨準備のうち，米ドルは約6割（通貨別種類未判別分を除く）を占めている[36]。さらに，国際的に取引される一次産品の太宗は米ドル建て表示であるし，国際的債券手形発行残高のおよそ3～4割は米ドル建てとなっている[37]。したがって，"de jure" で自国通貨と並存ないしは代替して米ドルが使用される「ドル化」（dollarization）を別にしても，"de facto" でも米ドルが基軸通貨の役割を担っている。

2 米ドル基軸通貨体制

戦後の国際通貨制度は，ブレトン・ウッズ体制から変動相場制への移行を経て，多様な変遷を辿ってきた。その結果，世界各国は，ハード・ペッグ（通貨同盟，ドル化，カレンシー・ボード制），ソフト・ペッグ（特定通貨ペッグ，変動幅固定制，クローリング・バンド制，バスケット・ペッグ制，管理フロート制），完全フロートなど，様々な外国為替相場制度をそれぞれの事情に応じて採択してきた。さらに欧州通貨制度（EMS）危機，メキシコ通貨危機，東アジア国際通貨危機，米国金融危機，欧州財政金融危機などの国際通貨金融危機を踏まえるとき，理念的ないしは規範的には幾多の国際通貨制度が考えられるであろう。例えば，「複数」基軸通貨体制や二極為替相場制（ハード・ペッグ制と完全変動相場制），通貨バスケット制ないしは BBC（band, basket, and crawl）ルールなどがその候補である。しかしながら，今

---

34) 山本（1997）pp.4-5.
35) Bank for International Settlement (2010) p. 12.
36) International Monetary Fund (2012b).
37) Bank for International Settlement (2012) p. A8.

後，ユーロ，日本円，人民元の使用がその周辺国に拡大していくことがあるとしても，予見し得る将来においてこれら通貨が米ドルに匹敵するほどの基軸通貨としての地位を得ることは考え難い[38]。しかも今日，国際間の通貨取引や資本移動がこれほど活発化し，且つ各国間の経済格差が解消せず，さらに通貨価値の「メートル原器」たる金を欠いた状況下では，全面的な固定相場制への回帰は不可能である。したがって，現実的には現行の米ドルをもってこれを基軸とする国際通貨制度を前提に，その"安定性"を強化することで運営を図っていくことが肝要であろう。その際，基軸通貨国たる米国自身が規律・節度（discipline）をもって経済運営を適切に行うことは言うまでもない。国際通貨制度とは公的部門・民間部門による国境を越えた異種通貨の交換に対し，公式・非公式に定まった規則や慣行であることを既に述べた。したがって，各国通貨の交換を秩序だって実施していくための取り決めや慣行としては，特定の国が有利・不利になることなく，各国間で「公平」で且つ「対称的」なものであることが望まれる。しかしながら，米ドルが国際的基軸通貨である場合，米ドル通貨を発行する米国は，シニョレッジ・ゲインを享受出来るばかりでない。例えば，米国が持続的な経常収支赤字を出しても，資産運用の形で世界中の米ドルが米国に還流するかぎりその赤字はほぼ自動的にファイナンスされるから（i.e. ドルの自動還流システム），米国はドル安防止や経常収支赤字削減のためにとりたてて引き締め的なマクロ経済運営を強制されることはないという「非対称的」立場にある。それゆえ，米国は「法外な特権」[39]を有しており，米国以外の国々と国際通貨制度に関して対称的な取極めにコミットするインセンティブが極めて弱いと言わざるを得ない。米ドル一極集中型の国際通貨制度は，こうして不安定で且つ脆弱な構造

---

38) アイケングリーンは，近著において，ユーロの誕生や中国人民元の台頭，そして2008年米金融危機や欧州財政金融危機を含む国際金融史の視点から「基軸通貨論」を展開した。その結果，結論として現状肯定的に米ドルの基軸通貨としての優位性を展望している。ただし，懸念材料として，今後米ドルがその役割を終えることがあるとするならば，それは投資家の思惑や地政学的紛争等の他律的要因ではなく，制御不能となる米国自身の財政赤字問題であるとしている（Eichengreen (2011) Chap. 7）。

39) さらにまた，アイケングリーンは上述著書（Eichengreen (2011)）に対して「法外な特権」（exorbitant privilege）という題を与え，これら米ドルの非対称性を特色付けている。

を本来的に有していることに留意すべきであろう[40]。

かくのごとき状況を勘案すると，各国政府は，おのおの協調を図りつつ以下のような政策を実行することもまた改めて重要である[41]。

a 制度選択

変動相場制や固定相場制はそれぞれの特色を有しており，とりわけ通貨取引のグローバル化に伴い国際通貨危機の発生リスクが顕著となった今日では，唯一絶対の望ましい為替制度は見当たらない。各制度は歴史的に育まれたそれぞれの国の政治経済的枠組み・活動の現状を色濃く反映したものとなっている。したがって，変動相場制を採択した場合には，風に逆らう式やスムージング・オペレーション式の市場介入策によって，為替相場の乱高下や過剰反応，バブル，ペソ問題，ミスアラインメントなどを最小にする策が現実的と言える。他方，固定相場制を採択した場合には，当該通貨への信認の有無が公定平価を維持し，通貨投機を防ぐために肝要である。そのために，為替政策の立証性（verifiability）並びに透明性が重要となってくるであろう。

b 資本移動管理

大量の特に「短期性」資本が急激に流出入することは，ともすれば実体経済に大きなダメージを与え易く，国際金融システムの不安定性を増幅させがちである。したがって，原則としては自由移動を保証する制度へのコミットメントを維持しつつも，国際資本の無定限な流出入が生じた際には，問題の

---

40) 米ドル一極集中型ドル基軸通貨体制の持つ不安定性・脆弱性を補強するものとして，米ドル，ユーロに加え，日本円ないしは人民元の「三極複数基軸通貨体制」や「通貨バスケット制（個別ウエイト・共通ウエイト）」構想が今日俎上に上がっている。こうした制度の採用を一層推し進めることにより，対ドル為替相場変動に伴う輸出競争力低下のリスクを回避し得るのみならず，貿易契約通貨，投資通貨，準備通貨などで多通貨分散型への転換を実質的にはかることによって，各国間にある程度の対称関係が回復され，国際通貨としての米ドルの非対称性から来る構造的問題をより軽減し得ることが期待される。ただし，これら構想を具体化・実現化するに際しては，数多くの政治的・経済的問題点を克服する必要があるであろう。

41) 以下，a～fに関して岡田（2006）第2章・第10章参照。

6 結び——新たな国際通貨制度の構築に向けて—— *363*

多い直接規制策に頼ることではなく，とりわけ「流入時」に市場の価格メカニズムを援用したような"market friendly"の規制策を採ることが望ましい。すなわち，具体的には源泉徴収税などを流入資本に課すことや，銀行部門を通じた流入資本に対して一定割合を無利子で中央銀行に預託させることなどにより，資本移動コスト（i.e. 資本価格）を一時的に高めることで流入を抑制させる策である。

c　マクロ経済運営

経済ファンダメンタルズと整合的な均衡為替レートから逸脱しないよう，経済成長率，インフレ率，失業率，国際収支赤字黒字幅，マネーサプライ増減率，利子率水準などの各マクロ経済変数に照らして適正な経済運営をはかり，さらに対外純債務残高/GDP，対外債務元利支払額/輸出額，対外債務元利支払額/外貨準備高などの数値との関連で，経常収支赤字幅や対外債務残高にサステイナビリティの懸念が持たれないような的確な対外債務管理が望まれる。

d　国内金融システム強化

国際金融システムを安定化させるための国際通貨制度としては，「国内」金融システムの強化ということも必要とされるであろう。なぜならば，脆弱な国内金融システムが国際通貨動揺を一層加速させるからである。したがって，とりわけ新興国市場では次のような国内金融システムの強化策が必要とされるであろう。

(i)　適切な手順（sequence）を踏まえた金融の自由化を実施する[42]。
(ii)　短期性資本の国際間移動が極めて不安定であることに鑑みて，成熟した長期資本市場を育て上げ，短期借入れを中長期コミットメントによるロールオーバーによって事実上の中長期貸出を行う現状から脱皮させる。
(iii)　金融仲介機関による間接金融のみならず，機関投資家の育成も含めて

---

42) McKinnon (1991) p. 113.

株式・債券市場を充実させ，調達・運用チャネルの多様化をはかる。
(iv) リスクヘッジの手段として，先物・先渡し市場，スワップ市場，デリバティブ市場を発展させる。
(v) 審査能力の不備は多額の不良債権を生み，金融機関の財務内容の毀損を招くことから，金融機関の審査能力を向上させ，モニタリング機能を強化させる。
(vi) 金融機関同士の合併・統合による集約化で規模の経済性や範囲の経済性を求め，効率性・収益性・競争力を高める。

e 情報開示

通貨取引のグローバル化とともに，情報の伝播とそれに対する反応が，国際金融システムの安定性に重要な影響を及ぼす。したがって，透明性・信頼性の高い情報をタイムリーに広く市場に開示することにより，風評・伝聞や噂，私的情報を減らし，金融機能を高めることで，システムの安定性確保をはかることが有効になってくる。

f セーフティ・ネット

IMF改革に加え，地域的セーフティ・ネット（RSN）の創出をはかることが望まれる。このRSNはIMFなどとは異なり，マクロ経済政策に関する協議・改善勧告，通貨・資本市場への相互監視，外貨流動性の相互補填等，当該地域の域内全体の相互依存関係ないしは横関係をベースとする。したがって，この制度によって，当該地域「全体」に対する国際市場での信認を確立し，限界的資本供給先であるエマージング・マーケットにありがちな脆弱性・不安定性を最小化するものである。その一環として，例えば東アジア地域においては，新宮沢構想（短期資金支援スキーム，民間資金活用策等）の促進，チェンマイ・イニシャティブ（アセアン・スワップ・アレンジメント，二国間・多国間スワップ取極及びレポ取極）の実施などは評価されるであろう。

参考文献

相沢幸悦(1997)『ヨーロッパ単一通貨圏』東洋経済新報社
青木正彦／金瀅基／奥野正彦編（白鳥正喜監訳）(1997)『東アジアの経済発展と政府の役割』日本経済新聞社
アンワール, M.／尾村敬二編 (1994)『インドネシアにおける地方開発』アジア経済研究所
井草邦雄訳 (1987)『インドネシアの経済開発実績と工業化政策』アジア経済研究所
――／S. スディオノ編 (1992)『インドネシアの産業投資とその役割』アジア経済研究所
――／――編 (1993)『インドネシアの地域開発と工業化』アジア経済研究所
伊藤隆敏 (1997)「資本移動と振興市場―メキシコ危機の教訓」『経済研究』第48巻4号
―― (2003)「為替レート制度と国際金融の枠組み」小野他編『現代経済学の潮流2003』東洋経済新報社
伊東政吉／江口英一編著 (1983)『アメリカの金融革命』有斐閣
岩田一政 (2010)『デフレとの闘い:日銀副総裁の1800日』日本経済新聞出版社
岩田規久男 (2009)『金融危機の経済学』東洋経済新報社
―― (2011)『ユーロ危機と超円高恐慌』日本経済新聞出版社
岩田健治 (1996)『欧州の金融統合』日本経済評論社
石見徹／伊藤元重編 (1990)『国際資本移動と累積債務』東京大学出版会
植田和男 (2012)「非伝統的金融政策の有効性:日本銀行の経験」大垣昌夫／小川一夫／小西秀樹／田渕隆俊編『現代経済学の潮流2012』東洋経済新報社, pp.03-32
ウォンハンチャオ, W.／岸本幸生 (1988)『タイの経済政策―歴史・現状・展望―』アジア経済研究所
鵜飼博史 (2006)「量的緩和政策の効果:実証研究のサーベイ」『金融研究』第25巻第3号, pp01-45, 日本銀行金融研究所
梅澤達雄 (1992)『スハルト体制の構造と変容』アジア経済研究所
大蔵省外国為替等審議会 (1998)「アジア通貨危機に学ぶ」http://www.mof.go.jp
大滝雅之 (2005)『動学的一般均衡のマクロ経済学』東京大学出版会
大谷聡／白塚重典／代田豊一郎 (2006)「再論・為替レートのパス・スルー低下」福田慎一／小川英治編『国際金融システムの制度設計』東京大学出版会, pp.143-172
大森祐浩 (2001)「マルコフ連鎖モンテカルロ法の最近の展開」『日本統計学会誌』第31巻第3号 pp.305-344
―― (2007)「マルコフ連鎖モンテカルロ法」蓑谷千凰彦／縄田和満／和合肇編著『計量経済学ハンドブック』朝倉書店 pp.699-723
――／渡部敏明 (2008)「MCMCとその確率的ボラティリティモデルへの応用」国友直人／山本拓監修『21世紀の統計科学I:社会・経済の統計』東京大学出版会 pp.223-266

大山慎介／小島亮太／中村慎也（2005）「中国のインフレ変動」『日本銀行ワーキングペーパーシリーズ』No.05-J-07
王紅／長井滋人（2007）「中国における金融市場調節：金融政策か為替政策か」『日本銀行ワーキングペーパーシリーズ』No.07-J-9
岡田義昭（2001）『国際金融―理論と政策―』法律文化社
――（2006）『国際金融の新たな枠組み』成文堂
――（2009）『開放経済下の新マクロ経済分析』成文堂
――（2010）「二国間開放マクロ経済モデルの統計的検証：テクニカル・ノート」 *mimeo*
――（2011a）『国際金融論攷：新開放マクロ経済学的分析』成文堂
――（2011b）「開放経済の動学的確率的過程分析：テクニカル・ノート」 *mimeo*
――（2011c）「金融政策分析に対するひとつのマクロ経済学的枠組み：テクニカル・ノート」 *mimeo*
――（2011d）「日米金融政策：テクニカル・ノート」 *mimeo*
――（2011e）「変動相場制と日本経済：テクニカル・ノート」 *mimeo*
――（2012a）「雇用，賃金，およびインフレーション：テクニカル・ノート」 *mimeo*
――（2012b）「欧州財政金融危機」『愛知学院大学論叢・商学研究』第53巻第1号，2012年12月
――（2012c）「欧州財政金融危機：テクニカル・ノート」 *mimeo*
――（2013）「不況，デフレ，および金融危機：テクニカル・ノート」 *mimeo*
小川一夫（2009）『「失われた10年」の真実』東洋経済新報社
小川和男（1998）『ロシア経済事情』岩波書店
翁邦雄（2011）『ポスト・マネタリズムの金融政策』日本経済新聞出版社
奥田宏司（2002）『ドル体制とユーロ，円』日本経済評論社
尾上修悟編著（1993）『国際金融論』ミネルヴァ書房
掛谷建郎（1993）『米銀の崩壊と再生』日本経済新聞社
嘉治佐保子（2006）「EUの経済政策」田中俊郎／庄司克宏編（2006）『EU統合の軌跡とベクトル』慶応義塾大学出版会，第6章
加藤秀樹編（1996）『アジア各国の経済・社会システム』東洋経済新報社
加藤涼（2007）『現代マクロ経済学講義―動学的一般均衡モデル入門―』東洋経済新報社
河合正弘（1994）『国際金融論』東京大学出版会
上川孝夫／新岡智／増田正人編（2000）『通貨危機の政治経済学』日本経済評論社
――／矢後和彦編（2007）『国際金融史』有斐閣
関税・外国為替等審議会（2002）『アジア経済・金融の諸問題への取組み』
国宗浩三編（1998）『97／98アジア経済危機』アジア経済研究所
グラス・スティーガル法研究会編（1998）『業際問題を超えて―日米金融制度改革の研究』日本証券経済研究所
黒田東彦（2013）「量的・質的金融緩和と金融システム」日本金融学会2013年度春季大会特別講演会配布資料

高坂章（1991）「途上国の国際収支とそのファイナンス」植田和男／深尾光洋編『90年代の国際金融』日本経済新聞社

古澄英男（2008）「マルコフ連鎖モンテカルロ法入門」国友直人／山本拓監修『21世紀の統計科学Ⅲ：数理・計算の統計科学』東京大学出版会，pp.271-304

小早川周司（1999）「銀行取付の発生と情報の役割」『日本銀行金融研究所ディスカッション・ペーパー』No.99-J-8

小宮隆太郎（1975）『国際経済学研究』岩波書店

────／須田美矢子（1983）『現代国際金融論──理論編・歴史政策編』日本経済新聞社

ゴレムベ，K. H.／D. S. ホーランド（馬渕紀壽訳）（1982）『アメリカの銀行制度』日本経済新聞社

斉藤雅士／福永一郎（2007）「資産価格と金融政策：動学的一般均衡モデルによる分析と展望」『ディスカッション・ペーパー・シリーズ』2007-J-21，日本銀行金融研究所

佐賀卓雄（1991）『アメリカの証券業』東洋経済新報社

島崎久彌（1987）『ヨーロッパ通貨統合の展開』日本経済評論社

────（1996）『大欧州圏の形成』白桃書房

────（1997）『欧州通貨統合の政治経済学』日本経済評論社

白井早由里（2000）『カレンシーボードの経済学』日本評論社

白川方明（2008）『現代の金融政策：理論と実際』日本経済新聞出版社

────（2009）「金融政策の実践と金融システム：思考様式を巡る変遷」『金融研究』2009年10月号，日本銀行金融研究所，pp.21-26

白塚重典（2010）「わが国の量的緩和政策の経験──中央銀行バランスシートの規模と構成を巡る再検証──」『フィナンシャル・レビュー』2010年第1号，財務省財務総合政策研究所

進藤栄一／平川均（2006）『東アジア共同体を設計する』日本経済評論社

世界銀行（柳原透監訳）（2000）『東アジア再生への途』東洋経済新報社

高月昭年（1992）『銀行経営と金融制度：米国の経験』外国為替貿易研究会

────／由井真人（1984）『銀行──自由化への戦略』日本経済新聞社

滝井光夫／福島光丘編著（1998）『アジア通貨危機』日本貿易振興会

田坂敏雄（1996）『バーツ経済と金融自由化』御茶の水書房

田中明彦（2009）『ポスト・クライシスの世界──新多極時代を動かすパワー原理』日本経済新聞出版社

田中素香（2002）『ユーロ：その衝撃とゆくえ』岩波新書778

────（2010）『ユーロ：危機の中の統一通貨』岩波新書1282

────編著（1996）『EMS：欧州通貨制度』有斐閣

田中隆之（2008）『「失われた十五年」と金融政策』日本経済新聞出版社

田中俊郎（1998）『EUの政治』岩波書店

田辺敏憲（1985）『アメリカの金融機関経営』東洋経済新報社

谷内満（1997）『アジアの成長と金融』東洋経済新報社

谷口誠（2004）『東アジア共同体』岩波書店
谷崎久志（2007）「状態空間モデル」蓑谷千凰彦／縄田和満／和合肇編著『計量経済学ハンドブック』朝倉書店，第 20 章
チアサクーン, S.／C. マナットパイブーン／吉田幹生編著（1989）『タイの 1980 年代経済開発政策』アジア経済研究所
通商産業省通商政策局経済協力課編（1996）『新時代のアジア協力』
露口洋介（2009）「最近の中国におけるホットマネーの動き」『日銀レビュー』No.2009-J-8
中妻照雄（2007）『入門ベイズ統計学』朝倉書店
二階堂副包（1960）『現代経済学の数学的方法』岩波書店
日本銀行企画局（2006）「主要国の中央銀行における金融調整の枠組み」www.boj.or.jp
―― （2009）「今次金融経済危機における主要中央銀行の政策運営について」*BOJ Reports and Research Paper*，2009 年 9 月
日本銀行金融研究所編（2011）『日本銀行の機能と業務』有斐閣
日本経済学会（2012）「2011 年度秋季全国大会パネル討論Ⅱ・非伝統的金融政策の評価」大垣昌夫・小川一夫・小西秀樹・田渕隆俊編『現代経済学の潮流 2012』東洋経済新報社
日本国際問題研究所編（2012）「試練に直面する欧州経済」『国際問題』2012 年 5 月号
野々口秀樹／武田洋子（2000）「米国における金融制度改革法の概要」『日本銀行調査月報』2000 年 1 月，pp.1-14
畑瀬真理子（2001）「最近のドル化・ユーロ化を巡る議論について」『ロンドン事務所ディスカッション・ペーパー・シリーズ』No.01-2，日本銀行
服部正純（2002）「通貨危機への対応策としての流動性の意義について」『金融研究』2002 年 6 月号
ハディ, H.／三平則夫編（1990）『インドネシアの経済開発政策の展開』アジア経済研究所
樊鋼（2003）（関志雄訳）『中国・未完の経済改革』岩波書店
フィッシャー, S. 他（岩本武和監訳）（1999）『IMF 資本自由化論争』岩波書店
福田慎一／計聡（2001）「通貨危機後の東アジアの通貨制度」『ディスカッション・ペーパー』No.2001-J-11，日本銀行金融研究所
福永一郎（2006）「資本市場の不完全性下の金融政策」『日銀レビュー』2006-J-13，日本銀行
藤木裕（1999）「エマージング・マーケット諸国の為替相場制度・金融制度の選択について」『ディスカッション・ペーパー』No.99-J-35，日本銀行金融研究所
藤森英男編（1990）『アジア諸国の産業政策』アジア経済研究所
ポール・ミーク（日本銀行米国金融市場研究会訳）（1984）『米国の金融政策と金融市場』時事通信社
本多佑三／黒木祥弘／立花実（2010）「量的緩和政策」『フィナンシャル・レビュー』Vol.99, No.1, pp.59-81，財務省財務総合政策研究所

マイヤーズ，M. G.（吹春寛一訳）（1979）『アメリカ金融史』日本図書センター
松浦克己／コリン・マッケンジー（2012）『EViewsによる計量経済分析［第2版］』東洋経済新報社
松尾直彦（1996）『アメリカ金融制度の新潮流』金融財政事情研究会
水野和夫（2008）『金融大崩壊』NHK出版
御代田雅敬（1994）『米銀の復活』日本経済新聞社
三平則夫編（1991）『インドネシア輸出主導型成長への展望』アジア経済研究所
――／佐藤百合編（1992）『フルセット主義工業化の行方』アジア経済研究所
宮尾龍蔵（2006）『マクロ金融政策の時系列分析』日本経済新聞社
武藤一郎／松永美幸／上山聡子／福本智之（2010）「最近における中国の不動産価格の上昇について」『日銀レビュー』No.2010-J-3
武藤恭彦（1978）「為替投機の経済安定化効果」『季刊現代経済』No.33
武藤敏郎／大和総研編（2009）『米国発金融再編の衝撃』日本経済新聞出版社
森棟公夫（1999）『計量経済学』東洋経済新報社
安中章夫／三平則夫編（1995）『現代インドネシアの政治と経済』アジア経済研究所
柳原透編（1992）『アジア太平洋の経済発展と地域協力』アジア経済研究所
山口綾子（2012）「ソブリン危機を背景に進むユーロ圏のガバナンス改革」『Newsletter』No.21, 国際通貨研究所
山澤逸平／鈴木敏郎／安延申編著（1995）『APEC入門』東洋経済新報社
山本栄治（1997）『国際通貨システム』岩波書店
――（2002）『国際通貨と国際資金循環』日本経済評論社
山本拓（1988）『経済の時系列分析』創文社
矢野浩一（2009）「DYNAREによる動学的確率的一般均衡シミュレーション：新ケインズ派マクロ経済モデルへの応用」内閣府経済社会総合研究所『経済分析』181号，pp.153-194
吉川洋（2000）『現代マクロ経済学』創文社
――（2013）『デフレーション』日本経済新聞出版社
吉冨勝（2003）『アジア経済の真実』東洋経済新報社
和合肇（1998）「ベイズ計量経済分析における最近の発展」『日本統計学会誌』第28巻第3号, pp.253-305
――（2007）「ベイジアン計量経済学」蓑谷千凰彦／縄田和満／和合肇編著『計量経済学ハンドブック』朝倉書店, pp.665-698
渡部敏明（2009）「DSGEモデルとVARモデルの計量分析：MCMCのマクロ金融政策への応用」2009年度統計関連学会連合大会チュートリアルセッション配布資料
渡部洋（1999）『ベイズ統計学入門』福村出版
Allen, F. (2000), "Financial Structure and Financial Crisis," *Working Paper* No. 10, ADB Institute
―― et al. (2002), "A Balance Sheet Approach to Financial Crisis," *IMF Working Paper*,

WP/02/210
―― and E. Carletti (2008), "The Role of Liquidity in Financial Crises," *Paper presented at the Annual Economic Symposium*, the Federal Reserve Bank of Kansas City
Ariyoshi, A. et al. (2000), "Capital Controls: Country Experiences with Their Use and Liberalization," *IMF Occasional Paper* No. 190, International Monetary Fund
Arrow, K. (1959), "Towards a Theory of Price Adjustment," in M. Abramovitz ed., *The Allocation of Economic Resources*, Stanford University Press
Asian Development Bank (2004), *Monetary and Financial Integration in East Asia*, Palgrave Macmillan
Atkeson, A. and Jose-Victor Rios-Rull (1996), "The Balance of Payments and Borrowing Constraints: An Alternative View of the Mexican Crisis," *Journal of International Economics*, Vol. 41, No. 3/4
Bailliu, J. and J. Murray (2002), "Exchange Rate Regimes in Emerging Markets," *Bank of Canada Review*, Winter 2002/03
Bank for International Settlement (2010), *Triennial Central Bank Survey*
―― (2012), *BIS Quarterly Review*, December 2012
Barro, R. J. and H. J. Grossman (1976), *Money, Employment and Inflation*, Cambridge University Press
Beetsma, R. M. W. J. and H. Jensen (2005), "Monetary and Fiscal Policy Interaction in a Micro-founded Model of a Monetary Union," *Journal of International Economics*, Vol.67, pp.320-352
Benassy, J. P. (1977), "A Neo-Keynesian Model of Price and Quantity Determination in Disequilibrium," in G. Schwodiauer ed. (1977), *Equilibrium and Disequilibrium in Economic Theory*, D. Reidel Publishing Co.
―― (1982), *The Economics of Market Disequilibrium*, Academic Press
Berg, A. and E. Borensztein (2000), "Full Dollarization: The Pros and Cons," *IMF Economic Issues*, No. 24
Bernanke, B. (2007), "Federal Reserve Communications," *Speech delivered at the Cato Institute 25th Annual Monetary Conference*, 14 November, Washington, D.C.
―― (2008a), "Reducing Systemic Risk," *at the Annual Economic Symposium*, the Federal Reserve Bank of Kansas City
―― (2008b), "Current Economic and Financial Conditions," *Business Economics*, Vol.43, No. 4, pp.8-12
―― (2008c), "Housing, Mortgage Markets, and Foreclosures," *at the Federal Reserve System Conference on Housing and Mortgage Markets*, Washington, D.C.
―― (2008d), "Troubled Asset Relief Program and the Federal Reserve's Liquidity Facilities," *before the Committee on Financial Services*, U. S. House of Representatives, Washington, D.C.

—— (2009a), "Federal Reserve Policies to Ease Credit and their Implications for the Fed's Balance Sheet," *at the National Press Club Luncheon*, the National Press Club, Washington, D.C.

—— (2009b), "Federal Reserve Programs to Strengthen Credit Markets and the Economy," *before the Committee on Financial Services*, U. S. House of Representatives, Washington, D. C.

—— (2009c), "The Crisis and the Policy Response," *at the Stamp Lecture*, London School of Economics, London, England

—— (2009d), "Federal Reserve Policies in the Financial Crisis," *at the Greater Austin Chamber of Commerce*, Austin, Texas

——, M. Gertler, and S. Gilchrist (1999), "The Financial Accelerator in a Quantitative Business Cycle Framework," in Taylor, J. B. and M. Woodford eds. *Handbook of Macroeconomics*, Vol.1, North-Holland, Chap.21, pp.1341-1393

Bird, G. and R.S. Rajan (2002), "The Evolving Asian Financial Architecture," *Essays in International Economics*, No.226, Princeton University

Blanchard, O. and C.M. Kahn (1980), The Solution of Linear Difference Models under Rational Expectations," *Econometrica*, Vol.48, pp.1305-1311

—— and D. Quah (1989), "The Dynamic Effects of Aggregate Demand and Supply Disturbances," *American Economic Review*, Vo.79, pp.655-673

—— and S. Fischer (1989), *Lectures on Macroeconomics*, The MIT press.

—— and J. Gali (2007), "Real Wage Rigidities and the New Keynesian Model," *Journal of Money, Credit and Banking*, Vol.39, pp.35-65

—— and —— (2008), "Labor Markets and Monetary Policy: A New-Keynesian Model with Unemployment," *Working Paper* 13897, National Bureau of Economic Research

Bollerslev, T. (1986), "Generalized Autoregressive Conditional Heteroskedasticity," *Journal of Econometrics*, Vol.31, pp.307-327

Bretton Woods Commission (1994), *Bretton Woods: Looking to the Future*

Broeck, M.D. and A. Guscina (2011), "Government Debt Issuance in the Euro Area: The Impact of the Financial Crisis," *IMF Working Paper*, WP/11/21, International Monetary Fund

Brouwer, G.de and M. Kawai, eds. (2004), *Exchange Rate Regimes in East Asia*, Routledge Curzon

Buiter, W.H. (2008), "Central Banks and Financial Crises," *Paper presented at the Annual Economic Symposium*, the Federal Reserve Bank of Kansas City

—— (2011), "The Euro will Survive, but It won't be Pretty," in *www.nikkei.com*, November 9, 2011

Calomiris, C. (2008), "The Subprime Turmoil: What's Old, What's New, and What's Next," *Paper presented at the Annual Economic Symposium*, the Federal Reserve Bank of

Kansas City

Calvo, G. A. (1983), "Staggered Prices in a Utility-Maximizing Framework," *Journal of Monetary Economics*, Vol.12, pp.383-398

—— and E.G. Mendoza (1996), "Mexico's Balance-of-Payments Crisis: A Chronicle of a Death Foretold," *Journal of International Economics*, Vol.41, No.3/4

—— and C. M. Reinhart (2000a), "Reflecting on Dollarization," *www. bsos. umd. edu/econ/ciecalvo.htm*

—— and —— (2000b), "Fear of Floating," *NBER Working Paper*, No.7973

Carlton, D. (1996), "A Critical Assessment of the Role of Imperfect Competition in Macroeconomics," *Working Paper* 5782, National Bureau of Economic Research

Chang, R. and A. Velasco (1998), "Financial Crises in Emerging Markets: A Canonical Model," *Economic Research Report*, RR#98-21, New York University

Chari, V. V. and R. Jagannathan (1988), "Banking Panics, Information, and Rational Expectations Equilibrium," *Journal of Finance*, Vol.43, No.3

Chib, S. and E. Greenberg (1995), "Understanding the Metropolis-Hastings Algorithm," *The American Statistician*, Vol.49, No.4, pp.327-335

Chipman, J.S. and P. Kindleberger eds. (1980), *Flexible Exchange Rates and the Balance of Payments*, North-Holland

Christensen, I. and A. Dib (2008), "The Financial Accelerator in an Estimated New Keynesian Model," *Review of Economic Dynamics*, Vol.11, pp.155-178

Christiano, L.J., M. Eichenbaum and C.L. Evans (1999), "Monetary Policy Shocks: What Have We Learned and to What End?" in J.B. Taylor and M. Woodford eds. *Handbook of Macroeconomics* Vol. 1A, Elsevier Science Publishers, Chap.2

——, ——, and —— (2005), "Nominal Rigidities and the Dynamic Effects of a Shock to Monetary Policy," *Journal of Political Economy*, Vol.113, pp.1-45

——, R. Motto, and M. Rostagno (2008), "Shocks, Structures or Monetary Policy?: The Euro Area and U.S. after 2001" *Journal of Economic Dynamics and Control*, Vol.32, No.8, pp. 2476-2506

Christoffel, K. and T. Linzert (2005), "The Role of Real Wage Rigidities and Labor Market Frictions for Unemployment and Inflation Dynamics," *Working Paper Series* No.556, European Central Bank

Clower, R.W. (1969), "The Keynesian Counter-Revolution: A Theoretical Approach," in R.W. Clower ed. *Monetary Theory, Selected Readings*, Penguin Education

Cole, H. and T.J. Kehoe (1996), "A Self-fulfilling Model of Mexico's 1994-1995 Debt Crisis," *Journal of International Economics*, Vol.41, No.3/4

Corsetti, G., P. Pesenti and N. Roubini (1998), "What Caused the Asian Currency and Financial Crisis?" *NBER working Paper*, No.6833

De Santis, R.A. (2012), "The Euro Area Sovereign Debt Crisis," *Working Paper Series*, No.

1419, European Central Bank

Diamond, D.W. and P.H. Dybvig (1983), "Bank Runs, Deposit Insurance, and Liquidity," *Journal of Political Economy*, Vol.91, No.3

Domar, E.D. (1957), *Essays in the Theory of Economic Growth*, Oxford University Press

Dormel, A.V. (1978), *Bretton Woods: Birth of a Monetary System*, The Macmillan Press

Dixit, A. K. and J. E. Stiglitz (1977), "Monopolistic Competition and Optimal Product Diversity," *American Economic Review*, Vol.67, pp.297-308

Drazen, A. (1998), "Political Contagion in Currency Crises," *NBER Conference Paper*

Dreze, J. ed. (1974), *Allocation under Uncertainty, Equilibrium and Optimality*, Macmillan and Co. Ltd.

Eichengreen, B. (1994), *International Monetary Arrangements for the 21st Century*, The Brooking Institute

—— (1996), *Globalizing Capital*, Princeton U.P.

—— (1999), *Toward a New International Financial Architecture: A Practical Post-Asia Agenda*, Institute for International Economics

—— (2007), *Global Imbalances and the Lessons of Bretton Woods*, The MIT Press

—— (2011), *Exorbitant Privilege: The Rise and Fall of the Dollar and the Future of International Monetary System*, Oxford University Press

——, A.K. Rose and C. Wyplosz (1996), "Contagious Currency Crises," *NBER Working Paper*, No.5681

Ellis, L. (2008), "The Housing Meltdown: Why did it happen in the United States?" *Working Paper* No.259, Bank for International Settlements

Engle, R.F., D.M. Lilien and R.P. Robins (1987), "Estimating Time Varying Risk Premia in the Term Structure," *Econometrica*, Vol. 55, No. 2, pp. 391-407

Erceg, C. J., D. W. Henderson, and A. T. Levin (1999), "Optimal Monetary Policy with Staggered Wage and Price Contracts," *International Finance Discussion Paper* 640, Board of Governors of the Federal Reserve System

Faia, E. (2006), "Optimal Monetary Policy Rules with Labor Market Frictions," *Working Paper Series* No.698, European Central Bank

Federal Housing Finance Agency (2009), *News Release*, February 24, 2009

Ferrero, A. (2009), "Fiscal and Monetary Rules for a Currency Union," *Journal of International Economics*, Vol.77, pp.1-10

Feyzioglu, T. (2004), "Price Dynamics in China," *IMF Occasional Paper*, No. 232, International Monetary Fund

Fischer, S. (1998), "The IMF and the Asian Crisis," *IMF Speeches*, March 20, 1998, International Monetary Fund

—— (1999), "On the Need for an International Lender of Last Resort," *Journal of Economic Perspectives*, Vol.13, No.4

―― (2001), "Exchange Rate Regimes: Is the Bipolar View Correct?" *www.imf.org*
―― et al. (1998), "Should the IMF Pursue Capital-Account Convertibility?" *Essays in International Finance*, No.207, Princeton University
Fleming, J.M. (1962), "Domestic Financial Policies under Fixed and Floating Exchange Rate," *International Monetary Fund Staff Paper*, Vol.9
Flood, R.P. and P.M. Garber (1984), "Collapsing Exchange-rate Regimes," *Journal of International Economics*, Vol.17, No.1/2
Frankel, J.A. (1993), *On Exchange Rates*, The MIT Press
―― (2004), "Lessons from Exchange Rate Regimes in Emerging Economies," in Asian Development Bank ed., *Monetary and Financial Integration in East Asia*, Palgrave Macmillan
―― and A.K. Rose (1995), "Empirical Research on Nominal Exchange Rate," in Grossman and Rogoff (1995), Chap.33
French and Japanese Staff (2001), "Exchange Rate Regimes for Emerging Market Economies," *www.mof.go.jp*
Frenkel, J.A. ed. (1983), *Exchange Rates and International Macroeconomics*, The University of Chicago Press
Gali, J. (2008a), *Monetary Policy, Inflation, and the Business Cycle: An Introduction to the New Keynesian Framework*, Princeton University Press
―― (2008b), "The New Keynesian Approach to Monetary Policy Analysis: Lessons and New Directions," *Paper presented at the Center for Financial Study Symposium*, Frankfurt, October 4, 2007
―― (2010), "Monetary Policy and Unemployment," *Working Paper* 15871, National Bureau of Economic Research
―― (2011), *Unemployment Fluctuations and Stabilization Policies: A New Keynesian Perspective*, The MIT Press
―― and M. Gertler (1999), "Inflation Dynamics: A Structural Econometric Analysis," *Journal of Monetary Economics*, Vol.44, pp.195-222
―― and ―― (2007), "Macroeconomic Modeling for Monetary Policy Evaluation," *Working Paper* 13542, National Bureau of Economic Research
―― and ―― eds. (2009), *International Dimensions of Monetary Policy*, The University of Chicago Press
―― and T. Monacelli (2005), "Monetary Policy and Exchange Rate Volatility in a Small Open Economy," *Review of Economic Studies*, Vol.72, pp.707-734
―― and ―― (2008), "Optimal Monetary and Fiscal Policy in a Currency Union," *Journal of International Economics*, Vol.76, pp.116-132
――, F. Smets, and R. Wouters (2011), "Unemployment in an Estimated New Keynesian Model," *Working Paper* 17084, National Bureau of Economic Research

Gamerman, D. and H.F. Lopes (2006), *Markov Chain Monte Carlo: Stochastic Simulation for Bayesian Inference*, 2nd ed., Chapman & Hall
Gardner, R. (1969), *Sterling-Dollar Diplomacy*, 2nd edition, McGraw Hill
Gelain, P. and M. Guerrazzi (2010), "A DSGE Model from the Old Keynesian Economics: An Empirical Investigation," *CDMA Working Paper Series* No.14, University of St. Andrews
Gertler, M. and P. Karadi (2011), "A Model of Unconventional Monetary Policy," *Journal of Monetary Economics*, Vol.58, pp.17-34
―― and N. Kiyotaki (2011), "Financial Intermediation and Credit Policy in Business Cycle Analysis," in Friedman, B.M. and M. Woodford eds. *Handbooks of Monetary Economics*, Vol.3A, North-Holland, Chap.11, pp.547-599
―― and A. Trigari (2006), "Unemployment Fluctuations with Staggered Nash Wage Bargaining," *Working Paper* 12498, National Bureau of Economic Research
――, L. Sala and A. Trigari (2008), "An Estimated Monetary DSGE Model with Unemployment and Staggered Nominal Wage Bargaining," *Working Paper* No. 341, Bocconi University
Ghosh, A.R., A.M. Gulde and H.C. Wolf (2002), *Exchange Rate Regimes*, The MIT Press
Gilchrist, S. and M. Saito (2007), "Expectations Asset Prices, and Monetary Policy: The Role of Learning," in Campbell, J.Y. ed. *Asset Prices and Monetary Policy*, The University of Chicago Press, pp.45-102
Glosten, L.R., R. Jagannathan and D.E. Runkle (1993), "On the Relation between the Expected Value and the Volatility of the Normal Excess Return on Stocks," *Journal of Finance*, Vol.48, pp.1779-1801
Goldstein, M. (2002), *Managed Floating Plus*, Institute for International Economics
Gorton, G.B. (2008), "The Panic of 2007," *Paper presented at the Annual Economic Symposium*, the Federal Reserve Bank of Kansas City
Grandmont, J.M. (1971), "Short-run Equilibrium Analysis in a Monetary Economy," in Dreze ed. (1974) *Allocation under Uncertainty, Equilibrium and Optimality*, Macmillan and Co. Ltd.
Grauwe, P.D. (1994), *The Economics of Monetary Integration*, Oxford U.P.
Grossman, G.M. and K. Rogoff eds. (1995), *Handbook of International Economics*, Vol.3, North-Holland
Hamilton, J.D. (1994), *Time Series Analysis*, Princeton University Press
Hansen, A.H. (1953), *A Guide to Keynes*, McGraw-Hill Book Co. Inc.
Hansen, L.R. (1982), "Large Sample Properties of Generalized Method of Moments Estimators," *Econometrica*, Vol.50, pp.1029-1054
Harrod, R.F. (1948), *Towards a Dynamic Economics*, Macmillan and Co. Ltd.
Hayashi, F. (2000), *Econometrics*, Princeton University Press
Heer, B. and A. Maussner (2009), *Dynamic General Equilibrium Modeling*, Springer

Hicks, J. R. (1937), "Mr. Keynes and the 'Classics': A Suggested Interpretation," *Econometrica*, April 1937
—— (1950), *A Contribution to the Theory of the Trade Cycle*, Clarendon Press
Ichiue, H., T. Kurozumi, and T. Sunakawa (2008), "Inflation Dynamics and Labor Adjustments in Japan: A Bayesian DSGE Approach," *Working Paper Series* No.08-E-9, Bank of Japan
Iiboshi, H., S. Nishiyama, and T. Watanabe (2006), "An Estimated Dynamic Stochastic General Equilibrium Model of the Japanese Economy: A Bayesian Analysis," *mimeo*
——, T. Matsumae, and S. Nishiyama (2013), "Sources of Great Recession: A Bayesian Approach of a Data Rich DSGE Model with Time-Varying-Volatility Shocks," *at the 5th Annual ESRI-CEPREMAP Joint Workshop*, Tokyo
International Monetary Fund (1998a), "Statement by Managing Director on the IMF Program with Indonesia," *IMF News Brief*, No.98/2
—— (1998b), "The IMF Response to the Asian Crisis," *IMF Fact Sheet*
—— (1998c), "Indonesia-Supplementary Memorandum of Economic and Financial Policies," April 10, 1998
—— (2003), *The IMF and Recent Capital Account Crises: Indonesia, Korea, and Brazil*
—— (2007), *Global Financial Stability Report*, October 2007
—— (2008a), *Global Financial Stability Report*, April 2008
—— (2008b), *Global Financial Stability Report*, October 2008
—— (2009), *Global Financial Stability Report*, April 2009
—— (2011a), *International Financial Statistics*, CD-ROM, January 2011
—— (2011b), *International Financial Statistics*, CD-ROM, July 2011
—— (2012a), *International Financial Statistics*, CD-ROM, September 2012
—— (2012b), *Currency Composition of Official Foreign Exchange Reserves*, December 2012
—— (2013), *International Financial Statistics*, CD-ROM, June 2013
Intriligator, M.D. (1971), *Mathematical Optimization and Economic Theory*, Prentice-Hall, Inc.
Isard, P. (2005), *Globalization and the International Financial System*, Cambridge U.P.
Ito T. (2004), "Exchange Rate Regimes and Monetary Cooperation: Lessons from East Asia and Latin America," *Japanese Economic Review*, Vol.55, No.3
—— (2005), "The Exchange Rate in Japanese Economy: The Past, Puzzles, and Prospect," *Japanese Economic Review*, Vol.56, No.1
—— and Y.C. Park (2004), "Exchange Rate Regimes in East Asia," in Asian Development Bank ed., *Monetary and Financial Integration in East Asia*, Palgrave Macmillan
—— and F.S. Mishkin (2006), "Two Decades of Japanese Monetary Policy and the Deflation Problem," in Ito, T. and A. Rose eds. *Monetary Policy with Very Low Inflation in the Pacific Rim*, The University of Chicago Press, pp.131-193

Jeanne, O. and C. Wyplosz (2001), "The International Lender of Last Resort: How Large is Large Enough?" *IMF Working Paper* WP/01/76

Jones, R. and P. Kenen eds. (1985), *Handbook of International Economics*, Vol.2, North-Holland

Kaldor, N. (1940), "A Model of the Trade Cycle," *Economic Journal*, Vol.50, 1940

Kalecki, M. (1954), *Theory of Economic Dynamics*, Allen and Unwin

Kaminsky, G.L., S. Lizondo and C.M. Reinhart (1998), "Leading Indicators of Currency Crises," *IMF Staff Papers*, Vol.45, International Monetary Fund

—— and C.M. Reinhart (1999), "The Twin Crises: The Causes of Banking and Balance-of-Payment Problems," *American Economic Review*, Vol.89, No.3

——, ——, and C.A. Vegh (2003), "The Unholy Trinity of Financial Contagion," *Journal of Economic Perspective*, Vol.17, No.4

Kashyap, A.K., R.G. Rajan and J.C. Stein (2008), "Rethinking Capital Regulation," *Paper presented at the Annual Economic Symposium*, the Federal Reserve Bank of Kansas City

—— and J. Zettelmeyer (2002), "Original Sin, Balance Sheet Crises, and the Roles of International Lending," *IMF Working Paper* WP/02/234, International Monetary Fund

Kawai, M. (2002), "Exchange Rate Arrangements in East Asia: Lessons from the 1997-98 Currency Crisis," *Monetary and Economic Studies*, December 2002, Bank of Japan

—— (2004), "The Case for a Tri-polar Currency Basket System for Emerging East Asia," in Brouwer, G.de and M. Kawai, eds. (2004), *Exchange Rate Regimes in East Asia*, Routledge Curzon

—— and H. Kuroda (2002), "Strengthening Regional Financial Cooperation in East Asia," *Pacific Economic Papers*, No.333

Kendall, W.S. (2005), *Markov Chain Monte Carlo: Innovations and Applications*, Lecture Notes Series, Institute for Mathematical Sciences, World Scientific Singapore

Kenen, P. (1969), "The Theory of Optimum Currency Areas: An Eclectic View," in Mundell/Swoboda eds., *Monetary Problems of the International Economy*, University of Chicago Press, pp.41-60

—— (1994), *International Economy*, Cambridge U.P.

Keynes, J.M. (1936), *The General Theory of Employment, Interest and Money*, Macmillan & Co., Ltd. (reprinted 1957)

Kindleberger, C.P. (1966), "The Dollar and World Liquidity: A Minority View," *Economist*, February 5, 1966

King, R.G. and M.W. Watson (1998), "The Solution of Singular Linear Difference Systems under Rational Expectations," *International Economic Review* Vol. 39, p.p. 1015-1026

Kiyotaki, N. (1998), "Credit and Business Cycle," *Japanese Economic Review*, Vol.49, pp. 18-35

—— and J. Moore (1997), "Credit Cycles," *Journal of Political Economy*, Vol.105, No.2, pp.

211-248

Klein, L.R. (1947), *The Keynesian Revolution*, Macmillan and Co. Ltd.

Klein, M.W. (2002), "Dollarization and Trade," *NBER Working Paper*, No.8879

Krause, M.U. and T.A. Lubik (2007), "The (Ir)relevance of Real Wage Rigidity in the New Keynesian Model with Search Frictions," *Journal of Monetary Economics* Vol.54, pp. 706-727

Krueger, A. O. (2000), "Conflicting Demands on the International Monetary Fund," *American Economic Review*, Vol.90, No.2

Krugman, P.R. (1979), "A Model of Balance of Payment Crises," *Journal of Money, Credit and Banking*, Vol.11, No.3

—— (1996), "Are Currency Crises Self-fulfilling?" *NBER Macroeconomics Annual* 1996

—— (2000), *Currency Crises*, The Chicago U.P.

—— and M. Miller eds. (1992), *Exchange Target and Currency Bands*, Cambridge U.P.

Kuhn, H.W. and A.W. Tucker (1951) "Nonlinear Programming," in *Proceedings of the Second Berkeley Symposium on Mathematical Studies and Probability*, University of California Press

Kydland, F.K. and E.C. Prescott (1982), "Time to Build and Aggregate Fluctuations," *Econometrica* Vol.50, pp.1345-1370

LeBalon, B. and R. McCulloch (2000), "Floating, Fixed, or Super-Fixed? Dollarization Joins the Menu of Exchange-Rate Options," *American Economic Review*, Vol.90, No.2

Leijonhufvud, A. (1968), *On Keynesian Economics and the Economics of Keynes*, Oxford University Press

Levin, A.T. (2009), "Comment," in Gali/ Gertler eds. (2009)

——, A. Onatski, J.C. Williams, and N. Williams (2005), "Monetary Policy under Uncertainty in Micro-founded Macroeconometric Models," *Working Paper* 11523, National Bureau of Economic Research

Lucas, Jr., R.E. (1981), *Studies in Business Cycle Theory*, The MIT Press

—— (1987), *Models of Business Cycles*, Basil Blackwell Ltd.

MacDonald, M. and M.P. Taylor eds. (1992), *Exchange Rate Economics*, Vol.2 and Vol.3, Cambridge U.P.

Maddison, A. (2005), "Aspects of the Economics of Climate Change," *Evidence submitted to the Select Committee on Economic Affairs*, House of Lords, London, February 20, 2005

Malinvaud, E. (1977), *The Theory of Unemployment Reconsidered*, Basil Blackwell

Mankiw, N.G. (1985), "Small Menu Cost and Large Business Cycles: A Macroeconomic Model of Monopoly," *Quarterly Journal of Economics*, May 1985

—— and D. Romer (1991), *New Keynesian Economics*, Vols.1 and 2, The MIT Press

Masson, P. (2000), "Exchange Rate Regime Transitions," *IMF Working Paper*, WP/00/134, International Monetary Fund

McCandless, G. (2008), *The ABCs of RBCs*, Harvard U.P.
McKinnon, R.I. (1963), "Optimum Currency Areas," *American Economic Review*, Vol.53, No.4
―― (1991), *The Order of Economic Liberalization: Financial Control in the Transition to a Market Economy*, The Johns Hopkins UP
―― (1996), *The Rules of the Game: International Money and Exchange Rates*, The MIT Press
Miller, V. (1998), "The Double Drain with a Cross-Border Twist: More on the Relationship between Banking and Currency Crises," *American Economic Review*, Vol.88, No.2
―― (2000), "Central Bank Reactions to Banking Crises in Fixed Exchange Rate Regimes," *Journal of Development Economics*, Vol.63, pp.451-472
Mishkin, F.S. (1999), "Global Financial Instability: Framework, Events, Issues," *Journal of Economic Perspectives*, Vol.13, No.4
Montiel, P.J. (2004), "An Overview of Monetary and Financial Integration in East Asia," in Asian Development Bank ed., *Monetary and Financial Integration in East Asia*, Palgrave Macmillan
Mood, A.M. and F.A. Graybill (1963), *Introduction to the Theory of Statistics*, Second ed., McGraw-Hill Book Co. Inc.
Mortensen, D.T. and C.A. Pissarides (1994), "Job Creation and Job Destruction in the Theory of Unemployment," *Review of Economic Studies* Vol.61, PP.397-416
―― and ―― (1999a), "Job Reallocation, Employment Fluctuations and Unemployment," *Handbook of Macroeconomics*, Vol.1, edited by J.B. Taylor and m. Woodford, Chap.18, Elsevier Science
―― and ―― (1999b), "New Developments in Models of Search in the Labor Market," *Handbook of Labor Economics*, Vol.3, edited by O. Ashenfelter and D. Card, Chap.39, Elsevier Science
Mundell, R.A. (1963), "Capital Mobility and Stabilization Policy under Fixed and Flexible Exchange Rates," *Canadian Journal of Economics and Political Science*, Vol.29, No.4
Mussa, M. et al. (2000), "Exchange Rate Regimes in Increasingly Integrated World Economy," *IMF Occasional Paper*, No.193, International Monetary Fund
Negishi, T. (1979), *Microeconomic Foundations of Keynesian Macroeconomics*, North-Holland
Nelson, D.B. (1991), "Conditional Heteroskedasticity in Asset Returns: A New Approach," *Econometrica*, Vol.59, pp.347-370
Niehans, J. (1984), *International Monetary Economics*, Johns Hopkins U.P.
Obstfeld, M. (1986), "Rational and Self-fulfilling Balance of Payment Crises," *American Economic Review*, Vol.76, No.1
―― (1994), "The Logic of Currency Crises," *Cahiers Economiques et Monetaires*, No.43,

Banque de France
—— (1996), "Models of Currency Crises with Self-fulfilling Features," *European Economic Review*, Vol.40, No.3/5
—— (1997a), "Open-Economy Macroeconomics: Developments in Theory and Policy," *NBER Working Paper*, No.6319
—— (1997b), "Destabilizing Effects of Exchange Rate Escape Clause," *Journal of International Economics*, Vol.43, No.1/2
—— (1998), "The Global Capital Market: Benefactor or Menace?" *Journal of Economic Perspectives*, Vol.12, No.4
—— and K. Rogoff (1995a), "Exchange Rate Dynamics Redux," *Journal of Political Economy*, Vol.103, No.3
—— and —— (1995b), "The Mirage of Fixed Exchange Rates," *Journal of Economic Perspective*, Vol.9, No.4
—— and —— (1996), *Foundations of International Macroeconomics*, The MIT Press
—— and —— (1998), "Risk and Exchange Rates," *NBER Working Paper*, No.6694
—— and —— (2000a), "New Directions for Stochastic Open Economy Models," *Journal of International Economics*, Vol.50, pp.117-153
—— and —— (2000b), "Do We Really Need a New International Monetary Compact?" *NBER Working Paper*, No.7864
OECD (1998), *Reports on the International Financial Architecture*
Ogawa, E and T. Ito (2000), "On the Desirability of a Regional Basket Currency Arrangement," *NBER Working Paper*, No.8002
—— and Y.N. Sasaki (2004), "Cost, Benefits, and Constraints of the Currency Basket Regime for East Asia," in Asian Development Bank ed., *Monetary and Financial Integration in East Asia*, Palgrave Macmillan
Onatski, A. and N. Williams (2005), "Empirical and Policy Performance of a Forward-looking Monetary Model," *mimeo*
Park, Y.C. and J.W. Lee (2002), "Financial Crisis and Recovery: Patterns of Adjustment in East Asia, 1996-99," *Research Paper* No.45, ADB Institute
Postlewaite, A. and X. Vives (1987), "Bank Runs as an Equilibrium Phenomenon," *Journal of Political Economy*, Vol.95, No.3
Radelet, S. and J. Sachs (1998a), "The Onset of the East Asian Financial Crises," *NBER Conference Paper*
—— and —— (1998b), "The East Asian Financial Crisis: Diagnosis, Remedies, Retrospect," *mimeo*
Ramsey, F. (1928), "A Mathematical Theory of Saving," *Economic Journal*, December 1928
Reinhart, C.M. (2000), "The Mirage of Floating Exchange Rates," *American Economic Review*, Vol.90, No.2

—— and K.S. Rogoff (2002), "The Modern History of Exchange Rate Arrangements: A Reinterpretation," *NBER Working Paper*, No.8963

Riet, A.V. ed. (2010), "Euro Area Fiscal Policies and the Crisis," *Occasional Paper Series*, No. 109, European Central Bank

Robert, C.P. and G. Casella (2004), *Monte Carlo Statistical Methods*, 2nd ed. Springer

Roberts, J.M. (1995), "New Keynesian Economics and the Phillips Curve," *Journal of Money, Credit and Banking*, Vol.27, pp.975–984

Rogoff, K. (1999), "International Institutions for Reducing Global Financial Instability," *Journal of Economic Perspectives*, Vol.13, No.4

Romer, D. (2012), *Advanced Macroeconomics*, 4th ed., McGraw-Hill Co. Inc.

Sachs, J., A. Tornell and A. Velasco (1996a), "Financial Crises in Emerging Markets: The Lessons from 1995," *NBER Working Paper*, No.5576

——, —— and —— (1996b), "The Mexican Peso Crisis: Sudden Death or Death Foretold," *Journal of International Economics*, Vol.41, No.3/4

Sahuc, J. and F. Smets (2008), "Differences in Interest Rate Policy at the ECB and the Fed: An Investigation with a Medium-scale DSGE Model" *Journal of Money, Credit, and Banking*, Vol. 40, No. 2, pp. 505-521

Samuelson, P.A. (1939), "Interaction between the Multiplier Analysis and the Principle of Acceleration," *Review of Economics and Statistics*, Vol.21, 1939

—— (1948), *Economics: An Introductory Analysis*, McGraw-Hill Book Co. Inc.

Savastano, M. A. (1992), "Collapse of a Crawling Peg Regime in the Presence of a Government Budget Constraint," *IMF Staff Papers*, Vol.39, International Monetary Fund

Scammel, W.M. (1975), *International Monetary Policy: Bretton Woods and After*, Macmillan Press

Shiller, R.J. (1995), "Conversation, Information, and Herd Behavior," *American Economic Review*, Vol.85, No.2

Sims, C.A. (1980), "Macroeconomics and Reality," *Econometrica*, Vol.48, pp.1-48

—— (1992), "Interpreting the Macroeconomic Time Series Facts: The Effect of Monetary Policy," *European Economic Review*, Vol.39, pp.975-1000

—— (2000), "Solving Linear Rational Expectations Models," *mimeo*

Smets, F. and R. Wouters (2003), "An Estimated Dynamic Stochastic General Equilibrium Model of the Euro Area," *Journal of the European Economic Association*, Vol.1, pp. 1123-1175

—— and —— (2006), "Model Appendix," *mimeo*

—— and —— (2007), "Shocks and Frictions in US Business Cycles: A Bayesian DSGE Approach," *American Economic Review*, Vol.97, No.3, pp.586-606

Solomon, R. (1977), *The International Monetary System 1945-1976*, Harper & Row

Solow, R. (1979), "Another Possible Source of Wage Stickiness," *Journal of Macroeconomics*,

Vol.1, No.1.

Sugo, T. and K. Ueda (2007), "Estimating a DSGE Model for Japan: Evaluating and Modifying a CEE/SW/LOWW Model," *Working Paper Series*, No.07-E-2, Bank of Japan

Summers, L. H. (2000), "International Financial Crises: Causes, Prevention, and Cures," *American Economic Review*, Vol.90, No.2

Svensson, L. E. O. (1992), "The Foreign Exchange Risk Premium in a Target Zone with Devaluation Risk," *Journal of International Economics*, Vol.33. No.1/2

—— (2005), "Monetary Policy with Judgment: Forecast Targeting, *Working Paper* 11167, National Bureau of Economic Research

Swan, D. (1995), *The Economics of Common Market*, Penguin Books

The World Bank (1993), *The East Asian Miracle*, Oxford U.P.

Taylor, S. (1986), *Modeling Financial Time Series*, Wiley and Sons

Tokyo Center for Economic Research (2002), *Report on the Study Group on Exchange Rate Regimes for Asia*

Triffin, R. (1960), *Gold and the Dollar Crisis: The Future of Convertibility*, Yale U.P.

Trigari, A. (2004a), "Equilibrium Unemployment, Job Flows and Inflation Dynamics," *Working Paper Series* No.304, European Central Bank

—— (2004b), "Labor Market Search, Wage Bargaining and Inflation Dynamics," *IGIER Working Paper* No.268, Bocconi University

—— (2006), "The Role of Search Frictions and Bargaining for Inflation Dynamics," *IGIER Working Paper* No.304, Bocconi University

Uhlig, H. (1999), "A Toolkit for Analyzing Nonlinear Dynamic Stochastic Models Easily," *mimeo*

—— (2003), "Quantitative Macroeconomics and Numerical Methods," *mimeo*

United States Congress (1933a), *Securities Act of 1933*, www.sec.gov/about/laws/sa33.pdf

—— (1933b), *Banking Act of 1933: Glass-Steagall banking bill*, Chase National Bank of the City of New York

—— (1934), *Securities Exchange Act of 1934*, www.sec.gov/about/laws/sa34.pdf

—— (1935), *Banking Act of 1935*, U.S. Government Printing Office

—— (1999), *Gramm-Leach-Bliley Act*, thomas.loc.gov/

U.S. Department of the Treasury (2009), *Framework for Regulatory Reform*, March 26, 2009

U.S. Securities and Exchange Commission (2008), *Certificate of Exchange in Accountability Reporting*, www.sec.gov/

—— (2009), "What We Do," *www.sec.gov/about/whatwedo.shtml*

Volker, P. and T. Gyoten (1992), *Changing Fortune*, Times Press

Walsh, C.E. (2003), *Monetary Theory and Policy*, Second ed., The MIT Press

—— (2005), "Labor Market Search, Sticky Prices, and Interest Rate Rules," *Review of*

Economic Dynamics, Vol.8, pp.829–849
── (2009), "Monetary Policy in Europe versus the United States: What Explains the Difference?" in Gali/ Gertler eds. (2009)
Wickens, M. (2008), *Macroeconomic Theory: A Dynamic General Equilibrium Approach*, Princeton University Press
Williamson, J. (1995), *What Role for Currency Boards?* Institute for International Economics
── (1999), "Crawling Bands or Monitoring Bands: How to Manage Exchange Rates in a World of Capital Mobility," *International Economics Policy Briefs*, 99-3, Institute for International Economics
── (2000a), *Exchange Rate Regimes for Emerging Markets: Reviving the Intermediate Option*, Institute for International Economics
── (2000b), "Development of the Financial System in Post-Crisis Asia," *Working Paper* No.8, ADB Institute
── (2001), "The Case for a Basket, Band and Crawl (BBC) Regime for East Asia," in D. Gruen and J. Simon eds. *Future Direction for Monetary Policy in East Asia*, Reserve Bank of Australia
── and M. Miller (1987), *Targets and Indicators*, Institute for International Economics
Woodford, M. (2003), *Interest and Prices*, Princeton University Press
World Bank (1993), *The East Asian Miracle*, Oxford U.P.
Wyplosz, C. (2001), "A Monetary Union in Asia? Some European Lessons," in D. Gruen and J. Simon eds. *Future Direction for Monetary Policy in East Asia*, Reserve Bank of Australia
── (2004), "Regional Exchange Rate Arrangements: Lessons from Europe for East Asia," in Asian Development Bank ed., *Monetary and Financial Integration in East Asia*, Palgrave Macmillan
Yakhin, Y. (2007), "Solving Linear Rational Expectations Model," *mimeo*
Yeager, L.B. (1976), *International Monetary Relations: Theory, History, and Policy*, 2nd edition, Harper & Row
── and M. Miller (1987), *Targets and Indicators*, Institute for International Economics
Yoshitomi, M. and K. Ohno (1999), "Capital-Account Crisis and Credit Contraction," *Working Paper* No.2, ADB Institute
── and S. Shirai (2001), "Designing a Financial Market Structure in Post-Crisis Asia," *Working Paper* No.15, ADB Institute
── and ADBI Staff (2003), *Post-Crisis Development Paradigms in Asia*, ADB Institute
Zakoian, J.M. (1994), "Threshold Heteroskedastic Models," *Journal of Economic Dynamics and Control*, Vol.18, pp.931–955

論文初出一覧

　本書は，これまで『愛知学院大学論叢・商学研究』ならびに愛知学院大学産業研究所報『地域分析』に掲載された論文（すべて単著）を基に加筆・訂正したものである。その初出一覧を示せば以下のごとくである。なお転載を認められた商学会長ならびに産業研究所長にはここに感謝申し上げる次第である。

第1章　経済分析のための理論的枠組み：理論史的変遷
　　　※「金融政策分析に対するひとつのマクロ経済学的枠組み」『愛知学院大学論叢・商学研究』第52巻第1・2号，2011年12月
第2章　動学的一般均衡モデルとその開放化：基本モデル
　　　※「開放経済の動学的確率的過程分析：新開放マクロ経済理論の一類型」『愛知学院大学論叢・商学研究』第51巻第2・3号，2011年3月
　　　※「変動相場制と日本経済：新開放マクロ経済理論に依拠した小規模計量モデル推計を中心として」『地域分析』第50巻第2号，愛知学院大学産業研究所，2012年3月
第3章　日米金融政策の比較分析
　　　※「日米金融政策：動学的一般均衡モデル分析」『地域分析』第50巻第1号，愛知学院大学産業研究所，2011年9月
第4章　雇用，賃金，およびインフレーション
　　　※「雇用，賃金，およびインフレーション」『地域分析』第51巻第2号，愛知学院大学産業研究所，2013年3月
第5章　不況，デフレ，および金融危機
　　　※「不況，デフレ，および金融危機：動学的貨幣経済一般均衡（DMEGE）モデル分析」『愛知学院大学論叢・商学研究』第54巻第1号，2013年10月
第6章　財政金融リスクとマクロ経済へのインパクト：欧州の事例
　　　※「欧州財政危機」『愛知学院大学論叢・商学研究』第53巻第1号，2012年12月
第7章　中国のインフレーション：統計的分析
　　　※「中国のインフレーションの時系列統計分析」『愛知学院大学論叢・商学研究』第53巻第2・3号，2013年3月
最終章　ポスト・クライシス時代の新たな国際通貨制度
　　　※「ポスト・クライシス時代の新たな国際通貨制度：試論的考察」『地域分析』第52巻第1号，愛知学院大学産業研究所，2013年9月

事項索引

あ 行

ABS CDO …………… 348, 349
ARCH 効果 ……………… 277
EGARCH ……… 276, 277, 316
$IS\text{-}LM$(モデル)分析 …… 12, 51, 176
アジャスタブル・ペッグ
　……………………………… 328
一物一価の法則 …………… 91
一般化モーメント法(GMM)
　………………………………… 304
——の操作変数 ……… 304
インセンティブ制約 …… 188, 189
インデクセーション・ルール
　（ウッドフォード型——）
　…… 79, 80, 87, 132, 154, 183, 184, 196, 238
インパルス応答 …… 17, 43, 69, 100, 112, 168, 172, 209, 291, 301, 310, 317
インフレ・サイクル（中国
　——）……… 271, 272, 316
ウェルナー報告 …… 220, 225, 326, 356
エージェンシー・コスト
　………………… 176, 178, 187
エージェンシー問題 …… 176, 178, 198, 209
欧州
　——安定メカニズム(ESM)
　…………………………… 223
　——共同体(EC) …… 220, 225, 354, 357
　——金融安定基金(EFSF)
　……………………………… 223
　——財政金融危機 …… 220-225, 229, 263, 353, 355

——財務省 ………… 264, 358
——中央銀行(ECB) ‥221, 223, 226, 263, 264, 355
——通貨制度(EMS) ‥225, 337, 354, 356
——通貨制度危機 …… 327, 337, 338, 360
——連合(EU) …… 353-357
オブズフェルド-ロゴフ・モ
　デル ……………… 68, 69, 111

か 行

GARCH ……………… 276, 316
　—— M モデル …… 279, 316
　——効果 ………………… 277
カーネル密度(中国消費者物
　価上昇率——) ………… 275
改革開放政策(中国)…… 270, 271, 272, 308, 316
外国為替市場 …………… 71, 99
開放マクロ経済学 ………… 67
価格
　——改定 … 31, 87, 132, 154, 195, 238
　——転嫁率 …… 80, 87, 155, 184, 196, 239
　——設定式 …… 32, 88, 155, 164, 197, 207, 239
　——遷移式（集計的——）
　…… 32, 88-89, 155, 197, 240
　——の硬直性 ……… 19, 26
隔離効果(変動レートの)
　…………………… 334, 335
確率分布
　事後 …………… 110, 129
　事前 ………… 109, 110, 129
稼動検査(burn-in)期間 … 49, 111, 287
稼動資本ストック ………… 73

稼働率費用関数 …………… 74
カリブレーション …… 17, 42, 51, 69, 100-106, 167-173, 209-216, 259-262
カルボ型粘着価格モデル(価
　格改定確率) ………… 31, 79, 86, 154, 183, 195, 238
カルマン・フィルター …… 47
為替レート …… 67, 68, 75, 82, 83, 111, 131
　——の過剰反応 …… 334, 362
　——のＪカーブ効果 …… 335
　——のバブル …… 334, 362
　——のペソ問題 …… 334, 362
　——のミス・アラインメン
　　ト ………………… 334, 362
　——の予測可能性 …… 334
　——の乱高下（ボラティリ
　　ティ）………… 334, 362
　——の履歴効果（ヒステリ
　　シス）……………… 225
　実質——…… 91, 93, 94, 99, 100, 102-106
　名目—— …… 71, 91, 108
間接金融 ………………… 308
基軸通貨（キー・カレンシー）
　……… 328, 330, 352, 359-362
技術水準 …… 30, 84, 152, 191, 236
季節調整 …… 49, 108, 110, 127, 129, 293, 299, 318, 319
ギブス・サンプラー … 48, 49, 54, 287
共和分関係（——の検定）
　…… 284, 286, 287, 290, 291, 299, 310, 317
ギリシャ財政問題 …… 220, 221, 222, 223, 326, 353, 356
銀行同盟(欧州) …… 224, 358

386　事項索引

銀行部門
　　——の貸出債権価値評価式
　　…………………………204
　　——の貸出債権増加率式
　　……………………204, 208
　　——の貸出先企業外部借入
　　れ資金プレミアム式…206,
　　216-219
　　——の貸出先企業限界収益
　　式………………………206
　　——の貸出先企業主体的均
　　衡式………………………205
　　——の貸出先企業純資産遷
　　移式………………………206
　　——の貸出レバレッジ比率
　　……188, 189, 194, 213, 214,
　　216-219
　　——の貸出レバレッジ比率
　　閾値式……………………205
　　——の純資産価値評価式
　　…………………………204
　　——の純資産増加率式
　　…………………………204
　　——の予想リターン式
　　…………………………206
金ドル本位制…………328, 330
金プール……………………331
金融規制改革案(米国)……353
金融資本市場………………201
　　の不完全性…176, 177,
　　178, 185, 187, 209, 215
金融政策
　　——の慣性………134, 315
　　——の独立性・自律性
　　……………………334, 335
　　コミットメント型——
　　…………………37, 38, 39, 41, 51
　　裁量型——…37, 38, 41, 51
　　テイラー・ルール型——
　　……40, 41, 45, 49, 63, 89,
　　100, 104, 108, 134, 161, 167,
　　198, 208, 259, 315, 317
　　非伝統的——……114, 139,
　　174, 175, 177

金利平価………………92-93
クーン-タッカー定理……36,
　150, 182, 235, 256
クォータ制(IMF)………329
クリスティアーノ・タイプ・
　モデル………………69, 111
グレンジャー因果性検定
　…………………………296, 317
経済通貨同盟(欧州)　→　通
　貨同盟
経済の開放度…72, 90, 91, 233
ケインジアン経済学…10, 11,
　12
ケインズ革命……………10, 11
ケインズ経済学……10, 11, 12
限界費用…………86, 152, 246
コール・レート…48, 50, 114,
　115, 135, 138
ゴールド・ラッシュ……330-
　331
交易条件…………90, 91, 241
公共財サービス……240-241,
　246
構造ショック…17, 20-22, 26,
　69, 100, 102-105, 112, 126,
　135, 144, 168, 170, 172, 173,
　204, 209, 211, 212, 216, 221,
　260, 301, 320-324
構造パラメータ……17, 42, 43,
　51, 69, 100, 112, 167, 209,
　260
購買力平価………………92, 99
効用関数
　相対的危険回避度一定タイ
　プ(CRRA型)——……72,
　147, 180
効率賃金仮説………………23
後発優位性…………………270
国際収支調整………………333
国際通貨制度…325, 327, 329,
　330, 331, 334, 344, 359, 360,
　361, 363
国際マクロ経済学　→　開放
　マクロ経済学

国内価格(インフレ率)……89,
　98, 103
国内金融システム……363-364
固定相場制……330, 332, 333,
　339, 361, 362
個別財需要………30, 75-76,
　234-235
雇用確率……149, 156, 160, 165
雇用遷移式…………………165
コレスキー順序……291, 310,
　323, 324

さ　行

J-統計量…………………307
Z-統計量…………………277
債券市場……33, 95, 161, 244
財サービス
　　——市場……33, 94, 99, 161,
　　167, 178, 200, 208, 243
　　最終——…………82, 151
　　中間——…………84, 152
財裁定………………………91
財政金融ポリシー・ミックス
　…………255, 258, 263, 264
財政収支…………89, 160, 197
財政政策(欧州)……221, 231,
　251, 254, 255, 258, 260, 263,
　264
最適化行動　→　主体的均衡
最適通貨圏…………221, 225,
　227-230, 263, 344, 358
サブプライム・ローン
　…………………347-351, 353
識別問題…291, 301, 307, 310,
　320-324
事業継続率…………………193
シグナル機能……27, 33, 147,
　159, 200, 201, 231
事後確率密度関数……49, 63
自己実現的予想………326, 337
市場介入策…………………362
市場通貨建て(PTM)………82
失業給付金………146, 149, 158
実質金利(フィッシャー方程

式) ………………… 133
実物的景気循環論…14, 17, 25
自然利子率(ウィクセル・タイプ——) ….253, 254, 258, 259, 263
シムズの解法(線形合理的予想モデルの——) ……… 46, 59-62, 167
資本移動管理 ………… 362-363
資本ストック
　　——市場 ……… 95, 162, 201
　　——遷移式 …… 73, 97, 148, 163, 180, 203
資本レント ………………… 190
社会的厚生(損失)関数 …. 35, 255, 265-268
主体的均衡
　　家計の—— … 29-30, 76-79, 149-151, 181-183, 235-236
　　企業の—— … 31-32, 85-86, 191, 194-195, 237-238
純資産遷移式
　　企業部門の—— ………… 193
　　銀行部門の—— ………… 189
消費オイラー方程式 … 29, 33, 96, 163, 202, 235, 236, 245
消費習慣 ………………… 129
　　——仮説 ………… 71, 147
　　——係数 ………… 72, 148
消費弾力性 ……………… 130
消費・余暇トレードオフ条件式 …………… 30, 236, 245
所得収支(企業の——) …… 190
情報開示 ………………… 364
情報の非対称性 …… 176, 178, 209
新 IS-LM 体系 ……………… 51
新オープン・エコノミー・マクロ経済学(NOEM) … 68, 111, 221
新開放マクロ経済学 → 新オープン・エコノミー・マクロ経済学
新ケインジアン経済学 →

ニュー・ケインジアン経済学
新ケインジアン・フィリップス(NKP)曲線 … 34, 35, 36, 41, 45, 133, 164, 246, 259, 304
人民元 …… 274, 291, 326, 327, 340-343, 361, 362
スタグフレーション …… 212, 216
スミソニアン合意(——協定) ……………… 332
スメッツ-バウターズ・モデル ……………… 69, 111
セーフティ・ネット ……… 364
政策協調 …326, 327, 335, 336, 347, 354, 356
生産関数(コブ-ダグラス型——) ‥ 85, 98, 164, 207, 245
生産技術 ………………… 84
生産性ショック …… 209, 216
生産者通貨建て(PCP) …… 82
ゼロ金利政策 …… 50, 139, 174
線形ガウシアン状態空間モデル ……………… 47
全要素生産性 → 技術水準
総合的物価指標 … 75, 90, 92, 99
ソフト・ペッグ …… 359, 360
ソロー残差 → 技術水準

た 行

TGARCH ……… 276, 277, 316
対数線形
　　——化 …… 26, 95, 96, 112-124, 144, 216
　　——乖離 ……… 34, 45, 95, 97-99, 124, 162, 164, 202, 203, 207, 246, 315
　　——近似(式) … 34, 42, 69, 95, 96, 100, 106, 112, 113, 123, 162, 163, 165, 166, 173, 202, 204-206, 208, 209, 245-248, 304, 306

事項索引　*387*

大数の法則 ………… 149
単位根検定 …283, 284, 290, 293, 299, 306, 309, 310
逐次的制約 ………… 291, 310
中国
　　——金融政策 …… 271, 272, 308, 309, 310, 313, 315, 317
　　——人民銀行 …… 270, 274, 308
中所得国の罠 …………… 270
賃金の硬直性 …………… 145
賃金マークアップ率 …… 133
賃金率
　　——改定 ………… 132, 183
　　——設定式 …81, 97, 185, 203
　　——遷移式(集計的——)
　　………………… 81, 185
賃貸契約 ………… 192-193
通貨同盟 ……… 357, 358, 360
　　アジア—— …… 345, 347
　　経済——(EMU) …… 220, 221, 225, 229, 230, 263, 337, 354, 356
　　共通—— …… 229-232, 236-255, 259, 260, 263, 265, 267
通貨バスケット …… 340, 342, 345, 346, 347, 360, 362
ディープ・パラメータ → 構造パラメータ
定常均衡解 → 定常状態
定常状態 … 26, 34, 43, 49, 61, 69, 73, 74, 95-100, 102, 106, 110, 112, 113, 123, 124, 129, 144, 148, 162-168, 170, 173, 180, 202-210, 245-253, 260, 266, 306, 315
動学的 IS 曲線 …… 34, 36, 41, 45, 248, 259
動学的(確率的)一般均衡(DSGE)モデル …… 23, 25, 28, 69, 111, 143, 144, 177, 221

388　事項索引

貨幣経済——……179, 215
失業——…………142, 144
小国開放経済——……232
二国間開放経済——…69, 71, 106, 112, 116, 138
動学的均衡解 → 定常状態
導管体…………………176
同形的………………71, 232
投資オイラー方程式……96, 163, 202
投資財サービス…………74
投資調整費用関数…………73
独占的競争………19, 22, 23, 25-28, 31-33, 41, 51, 68, 70, 72, 74, 77, 79, 82, 97, 134, 144-147, 154, 178, 179, 183, 191, 194, 195, 200, 201, 230, 231, 233, 238, 258
トランスミッション・メカニズム……291, 309, 313, 317
ドロール委員会報告……220, 225, 354, 356

な 行

ナッシュ均衡……………37, 50
ナッシュ交渉
　——威嚇点……………145
　——解……………145, 158
　——プロセス……145, 147, 153, 154, 157, 165, 166
　——ルール…145, 157, 159
ナッシュ積………………157
二国間開放経済動学の一般均衡モデル → 動学的(確率的)一般均衡(DSGE)モデル
ニュー・ケインジアン経済学………………19, 22, 142
ニュー・ケインジアン・フィリップス曲線式 → 新ケインジアン・フィリップス曲線式
ノー・ポンジー・ゲーム条件式………30, 151, 182, 236

は 行

BBC ルール………………360
VAR → ベクトル自己回帰モデル
バーゲニング・パワー…157, 159
ハード・ペッグ……359, 360
パス・スルー効果…291, 317
バックワード・ルッキング……13, 35, 68, 133, 134, 304, 306, 310
バラッサ-サミュエルソン効果…………………………226
パレート効率的資源配分……222, 249-255, 258-260, 263, 265, 266
東アジア……339, 340, 343-347
　——通貨危機……326, 327, 337, 339, 360
ビジネス継続率
　銀行——…………………189
　財サービス生産——……189
非伝統的金融政策 → 金融政策
費用最小化………85-86, 97, 152-153, 164
標本経路……………49, 63
フィッシャー方程式……206
フィナンシャル・アクセラレータ……………177, 211, 215
フィリップス曲線…281, 317
フェデラルファンド・レート……48, 50, 114, 115, 138, 139
フォワード・ガイダンス……………………42, 174
フォワード・ルッキング……13, 35, 67, 68, 112, 133, 134, 304, 306, 310
不完全雇用……143, 145, 172
不均一分散検定(ホワイト・テスト)……………………277
物価パズル…………307, 317
部分ゲーム完全均衡…37, 50

プラザ合意………326, 336
ブラック・マンデー……337
ブランシャール-カーンの条件………………………38, 167
ブレトン・ウッズ体制…325, 327-331, 333, 335, 360
平価設定…………………328
平方完成法…………………58
ベクトル自己回帰モデル(VAR)……………272, 291, 301, 310, 317, 320-324
ベルマン方程式……157, 188
変動相場制………326, 327, 332-335, 338, 342, 359, 360, 362
ホドリック-プレスコット・フィルター……49, 108, 110, 127, 129, 135, 283, 304, 315

ま 行

マーストリヒト条約……220, 225, 337, 338, 353, 354, 356, 359
マクロ経済運営…………363
マッチング型サーチ・モデル……………145, 147, 172
マッチング関数(コブ-ダグラス型——)………156, 165
マルコフ連鎖の収束定理……………………53, 55
マルコフ連鎖モンテカルロ法によるベイズ推定法……48, 49, 51-59, 69, 107, 111, 112, 116, 126, 129, 138, 286, 287, 317
マンデル-フレミング・モデル……………………………67
ミクロ(経済)的基礎…13, 14
メキシコ通貨危機…327, 337, 338-339
メトロポリス-ヘイスティングス・アルゴリズム……55, 111, 126
メニュー・コスト……19, 21,

事項索引　*389*

22, 26

や　行

ユーロ(欧州共通通貨——)
　……220, 224-226, 264, 326,
　345-347, 353-355, 359-362,
ユーロ共同債……………224
ユーロ圏…220-227, 229, 230,
　263, 264, 353, 355, 356, 357,
　358
有効需要の原理……10, 11, 141
融資制度(IMF)……………329
予算制約式…75, 148, 180, 233
45度線図モデル……………12

ら　行

ラムゼイ・モデル………23-25
リーマン・ショック(リーマ
　ン・ブラザーズ破綻)
　……114, 139, 141, 348, 350,
　351
リアル・ビジネス・サイクル
　論　→　実物的景気循環論
リスク・シェア………93, 242
量的緩和政策……50, 114, 139,
　141, 174, 175, 177, 198-200,
　208, 213, 216
ルーカス批判……12-14, 67, 68

ルーブル合意………326, 336
労働
　——時間…………159, 165
　——市場…33, 94, 144, 162,
　167, 178, 201, 244, 268-269
　——生産性…283, 284, 287,
　316, 317
　——の代替弾力性………133
　——費用………………283
ロピタルの定理………91, 233

わ　行

ワルラス的模索過程………95,
　159, 162, 200, 201, 268, 269

人名索引
(アルファベット順)

有吉章 …………………… 224
Arrow, K. ………………… 19
Barro, R.J. ……………… 19
Benacy, J.P. …………… 19
Bernanke, B. …… 114, 177, 178, 179, 186, 217
Blanchard, O. …… 23, 39, 100, 142, 301, 323
Calvo, G.A. …… 31, 79, 86, 154, 183, 238
Casella, G. ……………… 52
Chib, S. ………………… 55, 57
Christensen, I. ………… 178
Christiano, L.J. …… 69, 71, 115, 143, 177, 179, 209, 323
Christoffel, K. ………… 142
Clower, R.W. …………… 19
Div, A. ………………… 178
Dixit, A.K. …… 23, 28, 80, 232
Domar, E.D. …………… 12
Dormel, A.V. ………… 327
Dreze, J. ……………… 19
Eichenbaum, M. …… 69, 71, 143, 177, 179, 209
Eichengreen, B. …… 327, 339, 361
Engle, R.F. …………… 279
Erceg, C.J. …… 69, 71, 96, 143
Evans, C.L. …… 69, 71, 143, 177, 179, 209
Faia, E. ……………… 142
Feyzioglu, T. ………… 274
Fischer, S. ……………… 23
Fleming, J.M. ………… 12, 67
Gali, J. …… 28, 68, 71, 142, 221, 232, 246, 248, 265, 304
Gamerman, D. ………… 52
Gardner, R. …………… 327
Gelain, P. ……………… 142

Gertler, M. …… 68, 142, 177, 178, 179, 186, 188, 217, 246, 304
Gilchrist, S. …… 177, 178, 179, 186, 217
Goldstein, M. ………… 339
Grandmont, J.M. ……… 19
Greenberg, E. ………… 55, 57
Grossman, H.J. ………… 19
Guerrazzi, M. ………… 142
Hamilton, J.D. ………… 47
樊鋼 …………………… 274
Hansen, A.H. ………… 12
Hansen, L.R. ………… 307
Harrod, R.F. ………… 12
Hayashi, F. ……… 304, 306
Heer, B. ……… 25, 28, 68
Henderson, D.W. …… 69, 71, 96, 143
Hicks, J.R. …………… 12
本多佑三 ……………… 175
Ichiue, H. …………… 142
Iiboshi, H. …… 71, 96, 100, 143, 179
Intriligator, M.D. ……… 25
Ito, T. ………………… 175, 339
岩田規久男 ………… 114, 222
Kahn, C.M. ………… 39, 100
Kaldor, N. …………… 12
Kalecki, M. …………… 12
Karadi, P. …… 177, 178, 179, 186, 188
加藤涼 …………… 25, 28, 39
河合正弘 ……………… 327
Kendall, W.S. ………… 52
Kenen, P. …………… 228
Keynes, J.M. …… 11, 142, 145
Kindleberger, C.P. …… 330
Kiyotaki, N. …… 177, 178, 179,

186, 188
Klein, L.R. …………… 12
古澄英男 …… 52, 53, 54, 55
小宮隆太郎 …… 228, 327
Krause, M.U. ………… 142
Kurozumi, T. ………… 142
Kydland, F.K. ………… 14
Leijonhufvud, A. ……… 19
Levin, A.T. …… 69, 71, 96, 100, 143
Linzert, T. …………… 142
Lopes, H.F. …………… 52
Lubik, T.A. …………… 142
Lucas Jr, R.E. …… 12, 13, 67
Malinvaud, E. ………… 19
Mankiw, N.G. ………… 19, 22
Matsumae, T. ………… 179
Maussner, A. …… 25, 28, 68
McCandless …………… 68
McKenzie, C. ………… 320
McKinnon, R.I. …… 228, 343, 359, 363
Mishkin, F.S. ………… 175
Monacelli, T. …… 71, 221, 232, 265
Mortensen, D.T. …… 147, 156, 172
Motto, R. ……………… 115
Mundell, R.A. …… 12, 67, 228
松浦克己 ……………… 320
宮尾龍蔵 ………… 320, 323
武藤敏郎 ……………… 274
森棟公夫 ……………… 320
長井滋人 ……………… 308
中妻照雄 …… 52, 54, 55
根岸隆 ………………… 19
二階堂副包 ………… 269
西村和雄 ……………… 233
Nishiyama, S. …… 71, 96, 100,

143, 179
Obstfeld, M. ……28, 68, 69, 71
小川一夫……………114, 174
岡田義昭…327, 337, 338, 339, 340, 344, 348, 354, 358, 362
翁邦雄………………………139
尾上修悟……………327, 329
大森祐浩……52, 53, 54, 55, 56
大滝雅之……………………19
大谷聡………………………291
大山慎介………273, 283, 308
Onatski, A. …………………71
王紅…………………………308
Pissarides, C.A. ……147, 156, 172
Prescott, E.C. ………………14
Quah, D. ……………301, 323
Ramsey, F. ……………23, 25
Robert, C.P. …………………52
Roberts, J.M. ………………35
Rogoff, K. ……………28, 68, 71
Romer, D. ……………19, 68
Rostagno, M. ………………115
Sahuc, J. ……………………115
櫻井公人……………………329

Sala, L. ……………………142
Samuelson, P.A. ……………12
Scammel, W.M. ……………327
島崎久弥……………225, 359
白川方明………114, 139, 175
白塚重典……………………175
Sims, C.A. ……………60, 323
Smets, F. ……69, 71, 96, 100, 110, 115, 129, 142, 143, 147, 177, 179, 209, 259
Solomon, R. …………………327
Solow, R. ……………………23
Stiglitz, J.E. ……23, 28, 80, 232
須田美矢子…………………327
Sugo, T. ……………………100
Sunakawa, T. ………………142
Svensson, L.E.O. ……………38
田中素香…225, 227, 228, 230, 338
田中隆之……………114, 174
田中敏郎……………………357
谷崎久志……………………47
Triffin, R. ……………………330
Trigari, A. ……………142, 147
露口洋介……………………274

人名索引 *391*

Ueda, K. ……………………100
鵜飼博史……………………175
Uhlig, H. ………112, 115, 136
和合肇………………………52
Walsh, C.E. ……28, 68, 142, 143
渡部敏明……52, 54, 55, 56, 71, 96, 100, 143
Wickens, M. …………25, 28, 68
Williams, J.C. …………71, 100
Williams, N. …………71, 100
Woodford, M. …28, 38, 68, 71, 79, 87, 148, 154, 183, 239, 267
Wouters, R. …69, 71, 96, 100, 110, 129, 142, 143, 147, 177, 179, 209, 259
Yakhin, Y. …………………60
山本栄治…327, 330, 335, 338, 360
山本拓………………………322
矢野浩一……………………100
Yeager, L.B. ………………327
吉川洋………………………23
吉冨勝………………………339

著者紹介
岡田義昭（おかだ　よしあき）
愛知学院大学商学部・大学院商学研究科教授
博士（商学）
1969年早稲田大学商学部卒業，1971年同大学院修士課程修了，1975年同大学院博士課程単位取得退学，1980-82年英国ロンドン・スクール・オブ・エコノミクス大学院留学，1995-97年米国アジア太平洋研究センター特別研究フェロー，2000年9月中国上海財経大学金融学院交換教授。
国際金融論専攻。

主要著書
『国際金融研究』（単）十一房出版（1997年），『マネーマーケットの大潮流』（共）東洋経済新報社（1999年），『国際金融：理論と政策』（単）法律文化社（2001年），『現代経済理論』（単）成文堂（2003年），『国際金融の新たな枠組み』（単）成文堂（2006年），『現代経済理論［第2版］』（単）成文堂（2008年），『開放経済下の新マクロ経済分析』（単）成文堂（2009年），『国際金融論攷』（単）成文堂（2011年）他。

グローバル化への挑戦と開放マクロ経済分析

2014年3月1日　初版第1刷発行

著　者	岡　田　義　昭
発行者	阿　部　耕　一

〒162-0041　東京都新宿区早稲田鶴巻町514番地
発行所　株式会社　成　文　堂
電話03(3203)9201（代）　FAX03(3203)9206
http://www.seibundoh.co.jp

製版・印刷　藤原印刷　　製本　佐抜製本　　　　検印省略
☆乱丁・落丁本はおとりかえいたします☆
©2014　Y. Okada　Printed in Japan
ISBN 978-4-7923-4246-3 C3033

定価（本体7500円＋税）